Studien zum Wirtschaftsstrafrecht

herausgegeben von
Klaus Tiedemann / Bernd Schünemann

Band 21

Carsten Niewerth

# Die strafrechtliche Verantwortlichkeit des Wirtschaftsprüfers

Centaurus Verlag & Media UG 2004

**Carsten Niewerth**, Dr. jur., studierte Rechtswissenschaften und promovierte 2003 an der Universität Bayreuth. Er ist als Rechtsanwalt in einer Kanzlei in Bayreuth tätig.

Die Deutsche Bibliothek – CIP-Einheitsaufnahme

**Niewerth, Carsten:**
Die strafrechtliche Verantwortlichkeit des Wirtschaftsprüfers /
Carsten Niewerth. - Herbolzheim: Centaurus-Verl., 2004
  (Studien zum Wirtschaftsstrafrecht ; Bd. 21
  Zugl.: Bayreuth, Univ., Diss. 2003
  ISBN 978-3-8255-0452-6      ISBN 978-3-86226-379-0 (eBook)
  DOI 10.1007/978-3-86226-379-0

## ISSN 0938-9512

*Alle Rechte, insbesondere das Recht der Vervielfältigung und Verbreitung sowie der Übersetzung, vorbehalten. Kein Teil des Werkes darf in irgendeiner Form (durch Fotokopie, Mikrofilm oder ein anderes Verfahren) ohne schriftliche Genehmigung des Verlages reproduziert oder unter Verwendung elektronischer Systeme verarbeitet, vervielfältigt oder verbreitet werden.*

© CENTAURUS Verlags-GmbH & Co. KG, Herbolzheim 2004

Satz: Vorlage des Autors
Umschlaggestaltung: DTP-Studio, Antje Walter, Hinterzarten

Meinen Eltern

## *Vorwort*

Der Beruf des Wirtschaftsprüfers ist in Verbindung mit spektakulären und für die Öffentlichkeit oftmals überraschenden Unternehmensschieflagen und -zusammenbrüchen in den vergangenen Jahren wiederholt in die Kritik geraten. Schäden, individuelle wie auch volkswirtschaftliche, in bisher ungeahnten Dimensionen wurden durch Bilanzmanipulationen vertuscht. Weil die wahre wirtschaftliche Situation durch die oft nur wenige Monate zuvor erstellten, testierten und erläuterten Jahresabschlüsse nicht erhellt werden konnte, wurde wiederholt die Frage nach einer strafrechtlichen Mitverantwortung des Wirtschaftsprüfers gestellt.

Der Beruf des Wirtschaftsprüfers selbst befindet sich in einem bisher einzigartigen Umbruch. Die nationale Rechnungslegung gleicht sich europarechtlichen Vorgaben an, welche selbst wiederum einer Vergleichbarkeit der internationalen Rechnungslegung offen gegenüberstehen. Die Frage nach der strafrechtlichen Verantwortung ist auch für den Berufsstand unter diesen Aspekten von größter Wichtigkeit.

In der Zeit des Zusammentreffens dieser beiden Entwicklungen ist die vorliegende Thematik aktueller denn je. Um so überraschender ist, daß eine strafrechtliche Aufarbeitung dieses Themas bislang noch nicht stattgefunden hat.

Diese Arbeit wurde von der Rechtswissenschaftlichen Fakultät der Universität Bayreuth im Wintersemester 2001/02 als Dissertation angenommen. Vor der entgültigen Drucklegung erfolgte eine Überarbeitung, die im Februar 2004 abgeschlossen wurde.

Zahlreiche Personen hatten bedeutenden Anteil an der Entstehung dieser Arbeit, die an dieser Stelle nicht unerwähnt bleiben sollen. An erster Stelle steht dabei mein akademischer Lehrer und Doktorvater, Herr Prof. Dr. Gerhard Dannecker, der die Untersuchung angeregt und intensiv betreut hat. Hierfür und für seine vielen konstruktiven Anregungen in zahlreichen Gesprächen möchte ich Ihm meinen herzlichsten Dank aussprechen. Für die Übernahme des Zweitgutachtens gilt mein besonderer Dank Herrn Prof. Dr. Roland Schmitz. Herrn Prof. Dr. Dres. h.c. Klaus Tiedemann sowie Herrn Prof. Dr. Bernd Schünemann danke ich für die Aufnahme der Arbeit in ihrer Schriftenreihe.

Ohne familiäre Unterstützung wäre diese Arbeit nicht zustande gekommen. Mein Dank gilt zunächst meinen Eltern, die meine akademische Ausbildung stets gefördert und unterstützt haben und denen diese Arbeit gewidmet ist. Ebenfalls gilt mein Dank meinen Freunden, namentlich Herrn Dr. Andreas Dietz, für jegliche Unterstützung am Gelingen. Letztlich gilt mein herzlichster Dank meiner Frau

Martina, die nicht nur Korrektur gelesen, sondern das Entstehen der Arbeit mit viel Verständnis für die Arbeitsbelastung mitgetragen hat.

Bayreuth, im Februar 2004 Carsten Niewerth

## Inhaltsübersicht

Vorwort ........................................................................................................... VII
Inhaltsübersicht .............................................................................................. IX
Inhaltsverzeichnis ........................................................................................... XI
Literaturverzeichnis ....................................................................................... XV
Abkürzungsverzeichnis ................................................................................ LIII

### I. Einleitung ................................................................................................. 1
A. Allgemeines ............................................................................................... 1
B. Aktuelle Fälle ............................................................................................ 1
C. Strafverfahren ........................................................................................... 2
D. Überblick über die Literatur zur strafrechtlichen Verantwortung des Wirtschaftsprüfers ..... 3
E. Zielsetzung der Arbeit .............................................................................. 5

### II. Wirtschaftsprüfer und Jahresabschlußprüfung ................................... 6
A. Der Wirtschaftsprüfer .............................................................................. 6
B. Jahresabschluß und Strafrecht ............................................................... 26
C. Geschützte Rechtsgüter .......................................................................... 48
D. Änderung der Strafvorschriften ............................................................ 71
E. Praktische Bedeutung der §§ 331 ff. HGB .......................................... 101
F. Exkurs: Bilanzänderung und Ergänzungsprüfung ............................ 110
G. Zusammenfassung ................................................................................ 119

### III. Aktuelle Entwicklungen auf dem Gebiet der Rechnungslegung ........ 121
A. Gesetz zur Kontrolle und Transparenz im Unternehmensbereich (KonTraG) ........ 121
B. Kapitalaufnahmeerleichterungsgesetz (KapAEG) .............................. 147

### IV. Wirtschaftsstrafrechtliche Besonderheiten ....................................... 191
A. Bilanzstrafrechtliche Sonderprobleme ................................................ 191
B. Unbestimmte Tatbestandsmerkmale ................................................... 198
C. Unklare Rechtslage ................................................................................ 216
D. Prognoseentscheidungen ...................................................................... 217
E. Zusammenfassung ................................................................................ 219

Inhaltsübersicht

**V. Außerhalb der Jahresabschlußprüfung liegende Prüfungsanlässe .......... 220**
    A. Systematisches .................................................................................................. 220
    B. Aktienrechtliche Prüfungen ............................................................................. 221
    C. Prospektprüfung ................................................................................................ 235
    D. Sonstige betriebswirtschaftliche Prüfungen ................................................. 240
    E. Zusammenfassung ............................................................................................. 241
**VI. Gesamtergebnis ............................................................................................. 242**
**Anhang: Aktuelle Fälle ....................................................................................... 244**
**Stichwortverzeichnis ........................................................................................... 256**

## *Inhaltsverzeichnis*

Vorwort ............................................................................................................... VII

Inhaltsübersicht .................................................................................................. IX

Inhaltsverzeichnis ............................................................................................... XI

Literaturverzeichnis ........................................................................................... XV

Abkürzungsverzeichnis ..................................................................................... LIII

**I. Einleitung** ................................................................................................... 1
    A. Allgemeines ............................................................................................. 1
    B. Aktuelle Fälle .......................................................................................... 1
    C. Strafverfahren ......................................................................................... 2
    D. Überblick über die Literatur zur strafrechtlichen Verantwortung des Wirtschaftsprüfers ....... 3
    E. Zielsetzung der Arbeit ............................................................................. 5

**II. Wirtschaftsprüfer und Jahresabschlußprüfung** ...................................... 6
    A. Der Wirtschaftsprüfer ............................................................................. 6
        1. Überblick über die historische Entwicklung ........................................ 6
            a) Entwicklung bis 1931 .................................................................... 6
            b) Notverordnung vom 19. September 1931 ..................................... 8
            c) Ländervereinbarung vom 15. Dezember 1931 ............................. 11
            d) Wirtschaftsprüferordnung (WPO) von 1961 ................................ 12
        2. Stellung des Wirtschaftsprüfers ........................................................ 15
        3. Exkurs: Der Wirtschaftsprüfer, ein freier Beruf? .............................. 17
        4. Praktische Erfahrungen ..................................................................... 18
        5. Aufgaben und Zielsetzung der Abschlußprüfung ............................. 19
            a) Bilanzzwecke ............................................................................... 19
            b) Jahresabschlußprüfung ................................................................. 20
        6. Internationalisierung .......................................................................... 23
        7. Zusammenfassung ............................................................................. 25
    B. Jahresabschluß und Strafrecht ............................................................... 26
        1. Entwicklung der Strafvorschriften .................................................... 26
        2. Strafrechtliche Absicherung des Jahresabschlusses ......................... 41
            a) Bezugsgegenstand ....................................................................... 41
            b) Beteiligte als Adressaten der Strafnormen .................................. 41
            c) §§ 332 und 333 HGB ................................................................... 43
        3. Folgerungen ....................................................................................... 45
        4. Zusammenfassung ............................................................................. 46
    C. Geschützte Rechtsgüter .......................................................................... 48
        1. Begriff und Bedeutung des geschützten Rechtsguts ........................ 48
        2. Funktionen des Rechtsguts ................................................................ 50

## Inhaltsverzeichnis

    a) Rechtsgut als Auslegungskriterium ............................................. 50
    b) Rechtsgut als rechtspolitisches Instrument ................................. 50
  3. Zweck des Jahresabschlusses ........................................................... 51
    a) Übergeordneter Zweck der Bilanz ............................................... 51
    b) Zweck der Jahresabschlußprüfung ............................................... 54
  4. Praktische Bedeutung des Jahresabschlusses ..................................... 56
  5. Schutzgut des handelsrechtlichen Jahresabschlusses ......................... 57
    a) § 331 HGB .................................................................................... 57
    b) § 332 HGB .................................................................................... 63
    c) § 333 HGB .................................................................................... 68
  6. Zusammenfassung ........................................................................... 70

D. Änderung der Strafvorschriften ............................................................ 71
  1. Gang der Untersuchung .................................................................... 71
  2. Rechtliche und inhaltliche Änderungen ........................................... 71
    a) Ausgangslage 1931 ...................................................................... 71
    b) Aktiengesetz von 1937 ................................................................ 72
    c) Aktiengesetz von 1965 ................................................................ 72
    d) Bilanzrichtlinien-Gesetz von 1985 .............................................. 74
  3. Faktische Änderungen ...................................................................... 99
  4. Zusammenfassung ........................................................................... 99

E. Praktische Bedeutung der §§ 331 ff. HGB ............................................ 101
  1. § 331 HGB ...................................................................................... 102
  2. § 332 HGB ...................................................................................... 103
  3. § 333 HGB ...................................................................................... 104
  4. Hinreichender Schutz der Öffentlichkeit ........................................ 104
    a) Bewährung des Systems der Kontrolle der Geschäftsführung bei der AG ................. 104
    b) Erwartungslücke .......................................................................... 105
    c) Generalpräventive Wirkung der §§ 331 ff. HGB ....................... 107
    d) Reformüberlegungen .................................................................. 108
    e) Ausschöpfung berufsrechtlicher Instrumentarien ...................... 110
  5. Zusammenfassung ........................................................................... 110

F. Exkurs: Bilanzänderung und Ergänzungsprüfung ............................... 110
  1. Ausgangssituation ............................................................................ 111
  2. Strafbarkeit nach § 332 HGB .......................................................... 113
  3. Zusammenfassung ........................................................................... 119

G. Zusammenfassung ................................................................................ 119

## III. Aktuelle Entwicklungen auf dem Gebiet der Rechnungslegung ............ 121

A. Gesetz zur Kontrolle und Transparenz im Unternehmensbereich (KonTraG) ............ 121
  1. Gründe für den Erlaß des Gesetzes ................................................. 121
  2. Gegenstand der Gesetzesänderungen ............................................. 122
    a) Gegenstand und Umfang der Prüfung ....................................... 122
    b) Lagebericht ................................................................................. 124
    c) Prüfungsbericht .......................................................................... 125
    d) Bestätigungsvermerk .................................................................. 128
    e) Maßnahmen zur Stärkung der Unabhängigkeit des Wirtschaftsprüfers .................. 131
    f) Stellungnahme ............................................................................ 134

3. Auswirkungen der außerstrafrechtlichen Änderungen auf das Strafrecht ................ 136
   a) Prüfungsbericht ................................................................................................. 138
   b) Bestätigungsvermerk ........................................................................................ 142
4. Zusammenfassung ................................................................................................... 147

B. Kapitalaufnahmeerleichterungsgesetz (KapAEG) ....................................................... 147
1. Grundsätzliche Erwägungen ................................................................................... 147
2. Zentrale Regelungsmaterie ..................................................................................... 149
   a) Voraussetzungen im einzelnen .......................................................................... 150
   b) Befristung .......................................................................................................... 152
3. Rechtliche Kritikpunkte .......................................................................................... 153
   a) Verfassungsrechtliche Bedenken ....................................................................... 153
   b) International anerkannte Rechnungslegungsgrundsätze .................................... 156
   c) Vereinbarkeit der IAS und US-GAAP mit den EU-Richtlinien ........................ 156
   d) Gleichwertigkeit zum HGB-Abschluß ............................................................... 159
   e) Konzernlagebericht ............................................................................................ 160
   f) Aufteilung der handelsrechtlichen Rechnungslegung ........................................ 160
   g) Auswirkungen auf den Wirtschaftsprüferberuf ................................................. 163
   h) Zusammenfassung ............................................................................................. 163
4. Regelungssysteme nach § 292a HGB ..................................................................... 164
   a) Allgemeines ....................................................................................................... 164
   b) International Accounting Standards (IAS) ........................................................ 164
   c) *Generally Accepted Accounting Principles* (US-GAAP) ............................... 167
   d) Vergleich zur HGB-Rechnungslegung .............................................................. 170
5. Konsequenzen des § 292a HGB für die §§ 331 ff. HGB ........................................ 171
   a) Auswirkungen auf § 332 HGB .......................................................................... 171
   b) Auswirkungen auf § 331 Nr. 2 HGB ................................................................. 176
   c) Auswirkungen auf § 331 Nr. 3 HGB ................................................................. 178
   d) Auswirkungen auf § 333 HGB .......................................................................... 189
6. Zusammenfassung ................................................................................................... 189

## IV. Wirtschaftsstrafrechtliche Besonderheiten ........................................................ 191

A. Bilanzstrafrechtliche Sonderprobleme ........................................................................ 191
1. Relativität der Bilanzwahrheit als Grundlagenproblem ......................................... 191
2. Bedeutung der GoB und der Verlautbarungen des IDW ........................................ 194

B. Unbestimmte Tatbestandsmerkmale ........................................................................... 198
1. Begriff und Zulässigkeit unbestimmter Tatbestandsmerkmale .............................. 199
2. Bestimmtheitsgebot des Art. 103 II GG ................................................................. 200
   a) Konkretisierung der Anforderungen durch das BVerfG ................................... 200
   b) Konkretisierungen der Literatur ........................................................................ 202
   c) Tendenzen in der Rechtsprechung und Gesetzgebung ...................................... 203
   d) Zusammenfassung ............................................................................................. 204
3. Analogieverbot des Art. 103 II GG ........................................................................ 204
   a) Auslegung unbestimmter Tatbestandsmerkmale ............................................... 204
   b) Abgrenzung Auslegung – Analogie .................................................................. 207
4. Eigenständigkeit des Strafrechts bei der Norminterpretation ................................. 214
5. Teilergebnis ............................................................................................................. 216

C. Unklare Rechtslage ..................................................................................................... 216

XIII

D. Prognoseentscheidungen .................................................................................................. 217
E. Zusammenfassung ........................................................................................................... 219

## V. Außerhalb der Jahresabschlußprüfung liegende Prüfungsanlässe ........... 220
A. Systematisches .................................................................................................................. 220
B. Aktienrechtliche Prüfungen ............................................................................................. 221
  1. Gründungsprüfung nach § 33 AktG ............................................................................ 224
     a) Allgemeines und Prüfungszweck ............................................................................. 224
     b) Prüfungsgegenstand und Umfang ........................................................................... 225
     c) Konsequenzen für § 403/§ 33 AktG ........................................................................ 226
  2. Aktienrechtlichen Sonderprüfungen ............................................................................ 227
     a) Sonderprüfung nach § 142 AktG ............................................................................. 227
     b) Sonderprüfung nach § 258 AktG ............................................................................. 230
     c) Sonderprüfung nach § 315 AktG ............................................................................. 232

C. Prospektprüfung ................................................................................................................ 235
  1. Strafbarkeit unrichtiger Angaben in Prospekten nach § 264a StGB ....................... 235
     a) Allgemeines ............................................................................................................... 235
     b) Rechtsgut ................................................................................................................... 236
     c) Täterschaft ................................................................................................................. 236
     d) Auslegung des objektiven Tatbestandes ................................................................ 238
  2. Keine Vermögensbetreuungspflicht nach § 266 StGB .............................................. 239

D. Sonstige betriebswirtschaftliche Prüfungen .................................................................. 240
  1. Unterschlagungsprüfung .............................................................................................. 240
  2. Kreditwürdigkeitsprüfung ............................................................................................. 241

E. Zusammenfassung ........................................................................................................... 241

## VI. Gesamtergebnis .................................................................................................... 242

## Anhang: Aktuelle Fälle ......................................................................................... 244

## Stichwortverzeichnis ............................................................................................... 256

## *Literaturverzeichnis*

**Achterberg, Verwaltungsrecht**
Achterberg, Norbert: Allgemeines Verwaltungsrecht. Ein Lehrbuch. 2. Auflage, Heidelberg 1986.

**Adler/Düring/Schmaltz, Exkurs zu den §§ 400, 405, 407**
Schmaltz, Kurt; Forster, Karl-Heinz; Goerdeler, Reinhard: Rechnungslegung und Prüfung der Aktiengesellschaft. Band 2. Prüfung/Feststellung/Rechtsbehelfe. Stuttgart 1971.

**Adler/Düring/Schmaltz (1979)**
Adler, Hans; Düring, Walther; Schmaltz, Kurt (Hrsg.): Rechnungslegung und Prüfung der Aktiengesellschaft. Band 2. Prüfung, Feststellung Rechtsbehelfe. 4. Auflage, Stuttgart 1979.

**Adler/Düring/Schmaltz (1987)**
Adler, Hans; Düring, Walther; Schmaltz, Kurt (Hrsg.): Rechnungslegung und Prüfung der Unternehmen. Kommentar zum HGB, AktG, GmbHG, PublG nach den Vorschriften des Bilanzrichtlinien-Gesetzes. Band 3. 5. Auflage, Stuttgart 1987.

**Adler/Düring/Schmaltz**
Forster, Karl-Heinz; Goerdeler, Reinhard; Lanfermann, Josef; Müller, Hans P.; Siepe, Günter; Stolberg, Klaus (Hrsg.): Rechnungslegung und Prüfung der Unternehmen. 7. Teilband, §§ 316-330 HGB. 6. Auflage, Stuttgart 2000.

**AktG GK/(Bearbeiter)**
Barz, Hans; Brönner, Herbert; Klug, Ulrich (Hrsg.): Aktiengesetz – Großkommentar. Band 4. 3. Auflage, Berlin 1975.

**Albach, in: Aschfalk/Hellfors/Marettek (Hrsg.), FS Hartmann**
Albach, Horst: Konzentrationstendenzen im wirtschaftlichen Prüfungswesen. In: Aschfalk, Bernd; Hellfors, Sven; Marettek, Alexander (Hrsg.): Unternehmensprüfung und -beratung. Festschrift für Bernhard Hartmann. Freiburg 1976. S. 55-65.

**Amelung, Rechtsgüterschutz**
Amelung, Knut: Rechtsgüterschutz und Schutz der Gesellschaft. Untersuchungen zum Inhalt und zum Anwendungsbereich eines Strafrechtsprinzips auf dogmengeschichtlicher Grundlage; zugleich ein Beitrag zur Lehre von der "Sozialschädlichkeit" des Verbrechens. Frankfurt/M. 1972.

**Andreae/Kirchhoff/Pfeiffer (Hrsg.), FS Benisch**
Andreae, Clemens-August; Kirchhoff, Jochen; Pfeiffer, Gerd (Hrsg.): Wettbewerb als Herausforderung und Chance. Festschrift für Werner Benisch. Köln, Berlin, Bonn, München 1989.

**Arndt, JuS 1979**
Arndt, Gottfried: Die dynamische Rechtsnormverweisung in verfassungsrechtlicher Sicht – BVerfGE 47, 285. In: Juristische Schulung 1979, 784 ff.

# Literaturverzeichnis

**Arzt/Weber, BT**
Arzt, Gunther; Weber, Ulrich: Strafrecht. Besonderer Teil. Bielefeld 2000.

**Aschfalk/Hellfors/Marettek (Hrsg.), FS Hartmann**
Aschfalk, Bernd; Hellfors, Sven; Marettek, Alexander (Hrsg.): Unternehmensprüfung und -beratung. Festschrift für Bernhard Hartmann. Freiburg 1976.

**Assmann, AG 1994**
Assmann, Heinz Dieter: Das künftige deutsche Insiderrecht (II). In: Die Aktiengesellschaft, 1994, 237 ff.

**Assmann/Lenz/Ritz**
Assmann, Heinz-Dieter; Lenz, Jürgen; Ritz, Corinna: Verkaufsprospektgesetz. Verkaufsprospektverordnung. Verkaufsprospektgebührenverordnung. Kommentar. Köln 2001.

**Bachmann, Vorsatz und Rechtsirrtum**
Bachmann, Jochen: Vorsatz und Rechtsirrtum im Allgemeinen Strafrecht und im Steuerstrafrecht. Berlin 1993.

**Backes, Abgrenzung**
Backes, Peter: Zur Problematik der Abgrenzung von Tatbestands- und Verbotsirrtum im Steuerstrafrecht. Köln 1981.

**Backherms, JuS 1980**
Backherms, Johannes: Zur Einführung: Recht und Technik. In: Juristische Schulung 1980, 9 ff.

**Badura, in: Püttner, (Hrsg.), FS Bachof**
Badura, Peter: Gestaltungsfreiheit und Beurteilungsspielraum der Verwaltung, bestehend aufgrund und nach der Maßgabe des Gesetzes. In: Püttner, Günter (Hrsg.): Festschrift für Otto Bachof zum 70. Geburtstag. München 1984. S. 169-189.

**Badura, ZfG 1987**
Badura, Peter: Die parlamentarische Volksvertretung und die Aufgabe der Gesetzgebung. In: Zeitschrift für Gesetzgebung 1987, 300 ff.

**Baetge (Hrsg.), Entwicklungen**
Baetge, Jörg (Hrsg.): Aktuelle Entwicklungen in Rechtsprechung und Wirtschaftsprüfung: Reformbedarf, Perspektiven, internationale Einflüsse. Vorträge und Diskussionen zum 12. Münsterischen Tagesgespräch des Münsteraner Gesprächskreises Rechnungslegung und Prüfung e.V. am 24.5.1996. Düsseldorf 1997.

**Baetge (Hrsg.), Rechnungslegung und Prüfung**
Baetge, Jörg (Hrsg.): Rechnungslegung und Prüfung 1994. Vorträge der Jahre 1991-1993 vor dem Münsteraner Gesprächskreis Rechnungslegung und Prüfung e.V. Düsseldorf 1994.

**Baetge/Dörner/Kleekämper/Wollmert (Hrsg.), Rechnungslegung nach IAS**
Baetge, Jörg; Dörner, Dietrich; Kleekämper, Heinz; Wollmert, Peter; Kirsch, Hans-Jürgen (Hrsg.): Rechnungslegung nach International Accounting Standards: Kommentar auf der Grundlage des deutschen Bilanzrechts. 2. Auflage, Stuttgart 2002.

**Baetge/Kirsch/Thiele, Bilanzen**
    Baetge, Jörg; Kirsch, Hans-Jürgen; Thiele, Stefan: Bilanzen. 6. Auflage, Düsseldorf 2002.

**Baetge/Thiele, in: Budde/Moxter/Offerhaus (Hrsg.), FS Beisse**
    Baetge, Jörg; Thiele, Stefan: Gesellschafterschutz versus Gläubigerschutz – Rechenschaft versus Kapitalerhaltung. Zu den Zwecken des deutschen Einzelabschlusses vor dem Hintergrund der internationalen Harmonisierung. In: Budde, Wolfgang Dieter; Moxter, Adolf; Offerhaus, Klaus (Hrsg.): Handelsbilanzen und Steuerbilanzen. Festschrift zum 70. Geburtstag von Prof. Dr. h.c. Heinrich Beisse. Düsseldorf 1997. S. 11-24.

**Baumann, MDR 1958**
    Baumann, Jürgen: Die natürliche Wortbedeutung als Auslegungsgrenze im Strafrecht. In: Monatsschrift für Deutsches Recht 1958, 394 ff.

**Baumann/Weber/Mitsch, AT**
    Baumann, Jürgen; Weber, Ulrich; Mitsch, Wolfgang: Strafrecht. Allgemeiner Teil. Ein Lehrbuch. 10. Auflage, Bielefeld 1995.

**Baumbach/Duden/Hopt, 28. Aufl.**
    Baumbach, Adolf; Duden, Konrad; Hopt, Klaus J: Kommentar zum Handelsgesetzbuch. 28. Auflage, München 1989.

**Baumbach/Hopt, HGB**
    Baumbach, Adolf; Hopt, Klaus: Kommentar zum Handelsgesetzbuch. 30. Auflage, München 2000.

**Baumbach/Hueck, AktG**
    Baumbach, Adolf; Hueck, Götz: Kommentar zum Aktiengesetz. 13. Auflage, München 1968.

**Baumbach/Hueck, GmbHG**
    Baumbach, Adolf; Hueck, Alfred; Fastrich, Lorenz; Hueck, Götz; Schulze-Osterloh, Joachim (Hrsg.): GmbH-Gesetz. Gesetz betreffend die Gesellschaften mit beschränkter Haftung. 17. Auflage, München 2000.

**BBK/(Bearbeiter)**
    Budde, Wolfgang D.; Clemm, Herrmann; Ellrott, Helmut; Förschle, Gerhart; Hoyos, Martin (Hrsg.): Beck'scher Bilanzkommentar. Der Jahresabschluß nach Handels- und Steuerrecht, §§ 238-339 HGB. Konzernabschluß, Prüfung, Offenlegung. 5. Auflage, München 2003.

**Beham/Herrmann, Wirtschaftstreuhänder 1941**
    Beham, Peter; Herrmann, K.: Die gesetzlichen Prüfungen im Bereich der privaten und öffentlichen Wirtschaft. In: Der Wirtschaftstreuhänder 1941, 25 ff.

**Beisse, StuW 1981**
    Beisse, Heinrich: Die wirtschaftliche Betrachtungsweise bei der Auslegung de Steuergesetze in der neueren deutschen Rechtsprechung. In: Steuer und Wirtschaft 1981, 1 ff.

Literaturverzeichnis

**Beisse, BB 1990**
Beisse, Heinrich: Grundsatzfragen der Auslegung des neuen Bilanzrechts. In: Der Betriebsberater 1990, 2007 ff.

**Belke/Oemichen (Hrsg.), Wirtschaftsstrafrecht**
Belke, Rolf; Oemichen, Joachim (Hrsg.): Aktuelle Fragen des Wirtschaftsstrafrechts in Theorie und Praxis. Bamberg 1983.

**Berz, Tatbestandsverwirklichung**
Berz, Ulrich: Formelle Tatbestandsverwirklichung und materieller Rechtsgüterschutz. Eine Untersuchung zu den Gefährdungs- und Unternehmungsdelikten. München 1986.

**Bettermann, Auslegung**
Bettermann, Karl August: Die verfassungskonforme Auslegung. Grenzen und Gefahren. Heidelberg 1986.

**Beutler/Bieber/Pipkorn/Streil**
Beutler, Bengt; Bieber, Roland; Pipkorn, Jörn; Streil, Jochen: Die Europäische Union. Rechtsordnung und Politik. 5. Auflage, Baden-Baden 2001.

**Biener, in: Baetge (Hrsg.), Entwicklungen**
Biener, Herbert: Offene Fragen zur Qualität der Abschlußprüfung. In: Baetge, Jörg (Hrsg.): Aktuelle Entwicklungen in Rechtsprechung und Wirtschaftsprüfung: Reformbedarf, Perspektiven, internationale Einflüsse. Vorträge und Diskussionen zum 12. Münsterischen Tagesgespräch des Münsteraner Gesprächskreises Rechnungslegung und Prüfung e.V. am 24.5.1996. Düsseldorf 1997. S. 1-12.

**Biener, HGB-Bilanzrecht**
Biener, Herbert: Das neue HGB-Bilanzrecht. Einführung, HGB erstes bis drittes Buch mit Erläuterungen zu den durch das KapCoRiLiG geänderten Vorschriften, sonstige Gesetzesänderungen mit Erläuterungen, Materialien, EU-Bilanzrichtlinien, Urteile des EuGH. Köln 2000.

**Biener/Berneke, Bilanzrichtlinengesetz**
Biener, Herbert; Berneke, Wilhelm: Bilanzrichtlinien-Gesetz. Textausgabe des Bilanzrichtlinien-Gesetzes vom 19.12.1985 (Bundesgesetzbl. I S. 2355) mit Bericht des Rechtsausschusses des Deutschen Bundestages, Regierungsentwürfe mit Begründung, EG-Richtlinien mit Begründung, Entstehung und Erläuterung des Gesetzes. Düsseldorf 1986.

**Binding, Normen I**
Binding, Karl: Die Normen und ihre Übertretung. Eine Untersuchung über die rechtmäßige Handlung und die Arten des Delikts. Band I: Normen und Strafgesetze. Aalen 1965.

**Bitz/Schneeloch/Wittstock**
Bitz, Michael; Schneeloch, Dieter; Wittstock, Wilfried: Der Jahresabschluß. Rechtsvorschriften, Analyse, Politik. 3. Auflage, München 2000.

**Bleckmann, BB 1984**
Bleckmann, Albert: Gemeinschaftsrechtliche Probleme des Entwurfs des Bilanzrichtlinie-Gesetzes. In: Der Betriebsberater 1984, 1525 f.

## Literaturverzeichnis

**Bleckmann, Europarecht**
Bleckmann, Albert: Europarecht. Das Recht der Europäischen Union und der Europäischen Gemeinschaften. 6. Auflage, Köln, Berlin, Bonn, München 1997.

**Bloy, JR 1980**
Bloy, R.: Urteilsanmerkung zu HansOLG 3 Ws 60/79. In: Juristische Rundschau 1980, 480 f.

**Blumers/Frick/Müller (Hrsg.), Betriebsprüfungshandbuch**
Blumers, Wolfgang; Frick, Jörg; Müller, Lutz (Hrsg.): Betriebsprüfungshandbuch. Loseblattsammlung, München Stand: Juli 1999.

**Böcking/Orth, DB 1998**
Böcking, Hans-Joachim; Orth, Christian: Neue Vorschriften zur Rechnungslegung und Prüfung durch das KonTraG und das KapAEG. Ergebnisse eines kapitalmarktinduzierten Reformzwanges. In: Der Betrieb 1998, 1241 ff.

**Böcking/Orth, WPg 1998**
Böcking, Hans-Joachim; Orth, Christian: Kann das "Gesetz zur Kontrolle und Transparenz im Unternehmensbereich (KonTraG)" einen Beitrag zur Verringerung der Erwartungslücke leisten? Eine Würdigung auf der Basis von Rechnungslegung und Kapitalmarkt. In: Die Wirtschaftsprüfung 1998, 351 ff.

**Böttcher/Hueck/Jähnke (Hrsg.), FS Odersky**
Böttcher, Reinhard; Hueck, Götz; Jähnke, Burkhard (Hrsg.): Festschrift für Walter Odersky zum 65. Geburtstag am 17. Juli 1996. Berlin 1996.

**Bormann/Gucht, BB 2003**
Bormann, Michael; Gucht, Christiane: Übermittlung des Prüfungsberichts an den Aufsichtsrat – ein Beitrag zu § 170 Abs. 3 S. 2 AktG. In: Der Betriebsberater 2003, 1887 ff.

**Brakensiek/Hütten, BB 1999**
Brankensiek, Sonja; Hütten, Christoph: Gliederung von Bilanz und GuV in einem befreienden Konzernabschluß. In: Der Betriebsberater, 1999, 1108 f.

**Breuer, AöR 1976**
Breuer, Rüdiger: Direkte und indirekte Rezeption technischer Regeln durch die Rechtsordnung. In: Archiv des öffentlichen Rechts 1976, 46 ff.

**Brugger, VA 1987**
Brugger, Winfried: Rechtsprobleme der Verweisung im Hinblick auf Publikation, Demokratie und Rechtsstaat. In: Verwaltungsarchiv 1987, 1 ff.

**Bruns, JR 1984**
Bruns, H. J.: Die sog. "tatsächliche" Betrachtungsweise im Strafrecht. Ihre methodische Bedeutung und ihr praktischer Anwendungsbereich. In: Juristische Rundschau 1984, 133 ff.

**Buchheim/Gröner, BB 2003**
Buchheim, Regine; Gröner, Susanne: Anwendungsbereich der IAS-Verordnung an der Schnittstelle zu deutschem und zu EU-Bilanzrecht. In: Der Betriebsberater 2003, 953 ff.

**Budde, in: Budde/Moxter/Offerhaus (Hrsg.), FS Beisse**
Budde, Dieter: Konzernrechnungslegung nach IAS und US-GAAP und ihre Rückwirkungen auf den handelsrechtlichen Einzelabschluß. In: Budde, Wolfgang Dieter; Moxter, Adolf; Offerhaus, Klaus (Hrsg.): Handelsbilanzen und Steuerbilanzen. Festschrift zum 70. Geburtstag von Prof. Dr. h.c. Heinrich Beisse. Düsseldorf 1997. S. 105-121.

**Bullinger, Selbstermächtigung**
Bullinger, Martin: Die Selbstermächtigung zum Erlaß von Rechtsnormen. Studien über ein Kuriosum der Staatspraxis. Heidelberg 1958.

**Busse von Colbe, BB 2002**
Busse von Colbe, Walther: Kleine Reform der Konzernrechnungslegung durch das TransPuG. Ein weiterer Schritt zur Internationalisierung und Kapitalmarktorientierung. In: Der Betriebsberater 2002, 1583 ff.

**Bydlinski, Methodenlehre**
Bydlinski, Franz: Juristische Methodenlehre und Rechtsbegriff. 2. Auflage, Wien 1991.

**Castan, Rechnungslegung**
Castan, Edgar: Rechnungslegung der Unternehmung. 3. Auflage, München 1990.

**Castan, in: Castan/Heymann/Ordelheide (Hrsg.), BeckHdR**
Castan, Edgar: Rechtsfolgen bei Verstößen gegen die Rechnungslegungsvorschriften. Vorschriften des Handelsrechts (einschl. Nebenstrafrecht) bei Verstößen gegen die Rechnungslegungsvorschriften. In: Castan, Edgar; Heymann, Gerd; Ordelheide, Dieter; Pfitzer, Norbert; Scheffler, Eberhard (Hrsg.): Beck'sches Handbuch der Rechnungslegung. Band 3. Loseblattsammlung, München Stand: Juni 2003. Abschnitt D 10

**Castan/Heymann/Ordelheide, BeckHdR**
Castan, Edgar; Heymann, Gerd; Ordelheide, Dieter; Pfitzer, Norbert; Scheffler, Eberhard (Hrsg.): Beck'sches Handbuch der Rechnungslegung. Band 3. Loseblattsammlung, München Stand: Juni 2003.

**Cerny, MDR 1987**
Cerny, Jochen: § 264a StGB – Kapitalanlagebetrug. Gesetzlicher Anlegerschutz mit Lücken. In: Monatsschrift für Deutsches Recht 1987, 271 ff.

**Ciupka/Schmidt, Kriminalistik 1989**
Ciupka, Joachim; Schmidt, Uwe: Beispiele gefällig? Eine Situationsanalyse der Organisierten Kriminalität in Berlin. In: Kriminalistik, 1989, 199 ff.

**Clauß, NJW 2001**
Clauß, Carsten: Die Kontrolle der Qualitätssicherung im Berufsstand der Wirtschaftsprüfer und vereidigten Buchprüfer. In: Neue Juristische Wochenschrift 2001, 2383 ff.

**Clemm, WPg 1984**
Clemm, Hermann: Erwartungen an die Abschlußprüfung. In: Die Wirtschaftsprüfung 1984, 645 ff.

**Cobet, Rechnungslegung**
Cobet, Hans: Fehlerhafte Rechnungslegung. Eine strafrechtliche Untersuchung zum neuen Bilanzrecht am Beispiel von § 331 Abs. 1 Nr. 1 des Handelsgesetzbuches. Pfaffenweiler 1991.

**Crezelius, Steuerliche Rechtsanwendung**
Crezelius, Georg: Steuerliche Rechtsanwendung und allgemeine Rechtsordnung. Grundlagen für eine liberale Besteuerungspraxis. Herne, Berlin 1983.

**Czech, Haftung**
Czech, Hartmut W.: Die Haftung des Wirtschaftsprüfers und des C.P.A. gegenüber Dritten. Hamburg 1977.

**Dannecker, Steuerhinterziehung**
Dannecker, Gerhard: Steuerhinterziehung im internationalen Wirtschaftsverkehr. Köln 1984.

**Dannecker, NStZ 1985**
Dannecker, Gerhard: Die Verfolgungsverjährung bei Submissionsabsprachen und Aufsichtspflichtverletzungen in Betrieben und Unternehmen. Zugleich eine Anmerkung zu BGH, NJW 1984, 2372. In: Neue Zeitschrift für Strafrecht 1985, 49 ff.

**Dannecker, BB 1987**
Dannecker, Gerhard: Der Schutz von Betriebs- und Geschäftsgeheimnissen. Zur Situation nach der Neuregelung durch das Zweite Gesetz zur Bekämpfung der Wirtschaftskriminalität (2. WiKG). In: Der Betriebsberater 1987, 1614 ff.

**Dannecker, Rivista Trimestrale 1990**
Dannecker, Gerhard: Die neuere Rechtsprechung des Bundesgerichtshofs zur Bedeutung der Grundsätze "nullum crimen sine lege" und "ne bis in idem" für das Wirtschaftsstraf- und Wirtschaftsordnungswidrigkeitenrecht. In: Rivista Trimestrale di Diritto Penale dell' Economia 1990, 449 ff.

**Dannecker, JZ 1996**
Dannecker, Gerhard: Strafrecht in der Europäischen Gemeinschaft. Eine Herausforderung für Strafrechtsdogmatik, Kriminologie und Verfassungsrecht. In: Juristen Zeitung 1996, 869 ff.

**Dannecker, Jura 1998**
Dannecker, Gerhard: Die Entwicklung des Strafrechts unter dem Einfluß des Gemeinschaftsrechts. In: Jura 1998, 79 ff.

**Dannecker, in: Blumers/Frick/Müller (Hrsg.), Betriebsprüfungshandbuch, Abschnitt K**
Dannecker, Gerhard: Strafrechtliche Folgen. In: Blumers, Wolfgang; Frick, Jörg; Müller, Lutz (Hrsg.): Betriebsprüfungshandbuch. Loseblattsammlung, München Stand: Juli 1999. Abschnitt K.

**Dannecker, in: Wabnitz/Janovski (Hrsg.), Wirtschaftsstrafrecht, Kapitel 1**
Dannecker, Gerhard: Die Entwicklung des Wirtschaftsstrafrechts in der Bundesrepublik Deutschland. In: Wabnitz, Heinz-Bernd; Janowski, Thomas (Hrsg.): Handbuch des Wirtschafts- und Steuerstrafrechts. 2. Aufl., München 2004. Kapitel 1.

## Literaturverzeichnis

**Dannecker/Fischer-Fritsch**
Dannecker, Gerhard; Fischer-Fritsch, Jutta: Das EG-Kartellrecht in der Bußgeldpraxis. Köln, Berlin, Bonn 1989.

**Darnstädt, JuS 1978**
Darnstädt, Thomas: Der Irrtum über normative Tatbestandsmerkmale im Strafrecht. In: Juristische Schulung 1978, 441 ff.

**de Weerth, Bilanzordnungswidrigkeiten**
Weerth, Jan de: Die Bilanzordnungswidrigkeiten nach § 334 HGB unter besonderer Berücksichtigung der europarechtlichen Bezüge. Pfaffenweiler 1994.

**Di Fabio, NJW 1990**
Di Fabio, Udo: Richtlinienkonformität als ranghöchstes Normauslegungsprinzip? Überlegungen zum Einfluß des indirekten Gemeinschaftsrechts auf die nationale Rechtsordnung. In: Neue Juristische Wochenschrift 1990, 947 ff.

**Dierlamm, NStZ 2000**
Dierlamm, Alfred: Verletzung der Berichtspflicht gem. § 332 HGB – eine Analyse des gesetzlichen Tatbestandes. In: Neue Zeitschrift für Strafrecht 2000, 130 ff.

**Dietz, Handelsgeschichte**
Dietz, Alexander: Frankfurter Handelsgeschichte. 2. Band. Glashütten i. Taunus 1970.

**Dörner, in: Baetge (Hrsg.), Entwicklungen**
Dörner, Dietrich: Berichterstattung durch den Abschlußprüfer und Auswirkungen auf die Abschlußprüfung. In: Baetge, Jörg (Hrsg.): Aktuelle Entwicklungen in Rechnungslegung und Wirtschaftsprüfung. Düsseldorf 1997.

**Dörner, DB 1998**
Dörner, Dietrich: Ändert das KonTraG die Anforderungen an den Abschlußprüfer? In: Der Betrieb 1998, 1 ff.

**Dörner, in: Poll (Hrsg.), FS Brönner**
Dörner, Dietrich: Die Einführung der externen Qualitätskontrolle für Wirtschaftsprüfer in Deutschland. In: Poll, Jens (Hrsg.): Bilanzierung und Besteuerung der Unternehmen. Das Handels- und Steuerrecht auf dem Weg ins 21. Jahrhundert. Festschrift für Herbert Brönner zum 70. Geburtstag. Stuttgart 2000. S. 93-105.

**Dörner/Menold/Pfitzer (Hrsg.), Reform**
Dörner, Dietrich; Menold, Dieter; Pfitzer, Norbert (Hrsg.): Reform des Aktienrechts, der Rechnungslegung und Prüfung. KonTraG – KapAEG – EuroEG – StückAG. Stuttgart 1999.

**Dörner/Schwengel, DB 1997**
Dörner, Dietrich; Schwengel, Irene: Anstehende Änderungen der externen Rechnungslegung sowie deren Prüfung durch den Wirtschaftsprüfer. In: Der Betrieb 1997, 285 ff.

**Drescher, Maßgeblichkeitsgrundsatz**
Drescher, Sebastian: Die Zukunft des deutschen Maßgeblichkeitsgrundsatzes vor dem Hintergrund einer Neuorientierung des handelsrechtlichen Bilanzsystems. Unter besonderer Berücksichtigung des US-amerikanischen Rechnungslegung. Düsseldorf 2002.

**Durchlaub, DB 1974**
Durchlaub, Wolfgang: Die vertragliche Haftung des Wirtschaftsprüfers gegenüber Dritten. In: Der Betrieb 1974, 905 ff.

**Ebenroth/Boujong/Joost/(Bearbeiter)**
Ebenroth, Carsten Thomas; Boujong, Karlheinz; Joost, Detlev: Handelsgesetzbuch. Band 1. §§ 1-342a. München 2001.

**Ebke, Wirtschaftsprüfer**
Ebke, Werner: Wirtschaftsprüfer und Dritthaftung. Bielefeld 1983.

**Ebke, WPK-Mitteilungen 1997**
Ebke, Werner F.: Zum Ausschluß der Dritthaftung im Rahmen des Entwurfs eines Gesetzes zur Kontrolle und Transparenz im Unternehmensbereich (KonTraG). In: WPK-Mitteilungen 1997, 108 ff.

**Eisfeld, Wirtschaftsprüfer 1953**
Eisfeld, Curt: Vom Falliten-Buchhalter zum Wirtschaftsprüfer. In: Der Wirtschaftsprüfer, 1953, 208 ff.

**Eisfeld, Wirtschaftsprüfung 1956**
Eisfeld, Curt: Zur Entstehungsgeschichte des Wirtschaftsprüferberufes. In: Die Wirtschaftsprüfung, 1956, 450 ff.

**Elsing/Schmidt, BB 2002**
Elsing, Siegfried; Schmidt, Matthias: Individuelle Informationsrechte von Aufsichtsratsmitgliedern einer Aktiengesellschaft. In: Der Betriebsberater 2002, 1705.

**Emmerich, in: IDW (Hrsg.), Rechnungslegung**
Emmerich, Gerhard: Neue Anforderungen an Abschlußprüfung und Abschlußprüfer. In: Institut der Wirtschaftsprüfer in Deutschland e.V. (Hrsg.): Weltweite Rechnungslegung und Prüfung. Bericht über die IDW-Fachtagung 1. und 2. Oktober 1997 in Hannover. Düsseldorf 1998. S. 339-355.

**Enderle, Blankettstrafgesetz**
Enderle, Bettina: Blankettstrafgesetze. Verfassungs- und strafrechtliche Probleme von Wirtschaftsstraftatbeständen. Frankfurt a.M., Berlin 2000.

**Engisch, Einführung**
Engisch, Karl: Einführung in das juristische Denken. 9. Auflage, Stuttgart 1997.

**Erbs/Kohlhaas/(Bearbeiter)**
Erbs, Georg; Kohlhaas, Max; Ambs, Friedrich (Hrsg.): Strafrechtliche Nebengesetze. Band I-IV. Loseblatt, München Stand: 151. Lieferung, 2004.

# Literaturverzeichnis

**Ernst/Seibert/Stuckert**
Ernst, Christoph; Seibert, Ulrich; Stuckert, Fritz: KonTraG, KapAEG, StückAG, EuroEG. Textausgabe mit Begründungen der Regierungsentwürfe, Stellungnahmen des Bundesrates mit Gegenäußerungen der Bundesregierung, Berichten des Rechtsausschusses des Deutschen Bundestages. Düsseldorf 1998.

**Ertel (Hrsg.), Wirtschaftsprüfung**
Ertel, Hermann Anatol (Hrsg.): Wirtschaftsprüfung. Ein Handbuch für das Revisions- und Treuhandwesen. Band 1. Berlin, Wien 1933.

**Esser, Haftung**
Esser, Karl Peter: Die zivilrechtliche Haftung des Wirtschaftsprüfers gegenüber Dritten aus dem Bestätigungsvermerk nach dem Aktiengesetz und nach dem Entwurf eines Gesetzes über den Vertrieb von Anteilen an Vermögensanlagen. Münster 1981.

**Euler, in: Budde/Moxter/Offerhaus (Hrsg.), FS Beisse**
Euler, Roland: Bilanzrechtstheorie und internationale Rechnungslegung. In: Budde, Wolfgang Dieter; Moxter, Adolf; Offerhaus, Klaus (Hrsg.): Handelsbilanzen und Steuerbilanzen. Festschrift zum 70. Geburtstag von Prof. Dr. h.c. Heinrich Beisse. Düsseldorf 1997. S. 171-188.

**Euler, BB 2002**
Euler, Roland: Paradigmenwechsel im handelsrechtlichen Einzelabschluß: Von den GoB zu den IAS? In: Der Betriebsberater 2002, 875 ff.

**Everling, RabelsZ 1986**
Everling, Ulrich: Rechtsvereinheitlichung durch Richterrecht in der Europäischen Gemeinschaft. In: Rabels Zeitschrift 1986, 193 ff.

**Eyles, Niederlassungsrecht**
Eyles, Uwe: Das Niederlassungsrecht der Kapitalgesellschaften in der Europäischen Gemeinschaft. Die Überlagerung des deutschen Gesellschaftsrechts und Unternehmenssteuerrecht durch Europäisches Gemeinschaftsrecht. Konstanz 1990.

**Ficker/König/Kreuzer (Hrsg.), FS v. Caemmerer**
Ficker, Hans Claudius; König, Detlef; Kreuzer, Karl F. u. a. (Hrsg.): Festschrift für Ernst von Caemmerer zu seinem 70. Geburtstag. Tübingen 1978.

**Firgau, in: Krekeler/Tiedemann/Ulsenheimer (Hrsg.), HWiStR, Art. Bestätigungsvermerk**
Firgau, Bernhard: Bestätigungsvermerk. In: Krekeler, Wilhelm; Tiedemann, Klaus; Ulsenheimer, Klaus; Weinmann, Günther (Hrsg.): Handwörterbuch des Wirtschafts- und Steuerstrafrechts. Mit Ordnungswidrigkeiten und Verfahrensrecht. Heidelberg Stand: Mai 1990.

**Flume, DB 1973**
Flume, Werner: Die Frage der bilanziellen Behandlung von Leasing-Verhältnissen. Eine Auseinandersetzung mit der Leasing-Stellungnahme des Hauptfachausschusses der Wirtschaftsprüfer HFA 1/73. In: Der Betrieb 1973, 1661 ff.

**Förschle/Holland/Kroner**
Förschle, Gerhart; Holland, Bettina; Kroner, Matthias: Internationale Rechnungslegung. IAS und HGB – Geplante Änderungen des IASB und Anhang-Checkliste. 6. Auflage, Bonn 2003.

**Forster, ZfB 1988**
Forster, Karl-Heinz: Aufsichtsrat und Abschlußprüfung. In: ZfB 1988, 783 ff.

**Forster, WPg 1998**
Forster, Karl-Heinz: Abschlußprüfung nach dem Regierungsentwurf des KonTraG. In: Die Wirtschaftsprüfung 1998, 41 ff.

**Freilinghaus, in: Ertel (Hrsg.), Wirtschaftsprüfung**
Freilinghaus, Otto: Das Interesse des Staates an der Wirtschaftsprüfung. In: Ertel, Hermann Anatol (Hrsg.): Wirtschaftsprüfung. Ein Handbuch für das Revisions- und Treuhandwesen. Band 1. Berlin, Wien 1933. S. 13-27.

**Frisch, JZ 1974**
Frisch, Wolfgang: Der Begriff des "Verletzten" im Klageerzwingungsverfahren. Eine dogmatische Grundlegung aus Anlaß der Entscheidung OLG Hamm NJW 1972, 1874. In: Juristen Zeitung 1974, 7 ff.

**Geerds, Wirtschaftsstrafrecht**
Geerds, Detlev: Wirtschaftsstrafrecht und Vermögensschutz. Frankfurt a.M. 1990.

**Geilen/Zöllner**
Geilen, Gerd; Zöllner, Wolfgang: Aktienstrafrecht. Erläuterungen zu den §§ 300-405 AktG. Köln, Berlin, Bonn, München 1984.

**Gelhausen, in: IDW (Hrsg.), WP-Handbuch, Abschnitt E**
Gelhausen, Wolf Dietrich: Erläuterungen zu den für alle Kaufleute geltenden Vorschriften zum Jahresabschluß. In: Institut der Wirtschaftsprüfer in Deutschland e.V. (Hrsg.): Wirtschaftsprüfer-Handbuch 2000. Band 1. 12. Auflage, Düsseldorf 2000. Abschnitt E.

**Gelhausen/Mujkanovic, AG 1997**
Gelhausen, Wolf Dietrich; Mujkanovic, Robin: Der Entwurf eines Kapitalaufnahmeerleichterungsgesetzes. Bedeutung für die Rechnungslegung, Prüfung und Offenlegung. In: Die Aktiengesellschaft, 1997, 337 ff.

**Gerhard, Wirtschaftsprüferordnung**
Gerhard, Karl-Heinz: Wirtschaftsprüferordnung. Textausgabe mit Auszügen aus der Begründung. Köln, Berlin, Bonn 1961.

**Geßler/Hefermehl/Eckardt/(Bearbeiter)**
Geßler, Ernst; Hefermehl, Wolfgang; Eckardt, Ulrich; Kropff, Bruno (Hrsg.): Aktiengesetz, Kommentar. Band 2, §§ 76-147. Band 3, §§ 148-178. Band 6, §§ 291-410. München 1974, 1973, 1994.

**GGK/(Bearbeiter)**
Dreier, Horst (Hrsg.): Grundgesetz. Kommentar. Band III. Artikel 83 – 146. Tübingen 2000.

## Gimpel-Kloos, Wahlrechte
Gimpel-Kloos, Brigitte: Die Ausübung nationaler Wahlrechte im Hinblick auf die Zielsetzungen der 4. EG-Richtlinie. Dargestellt am Beispiel Großbritanniens und der Bundesrepublik. Heidelberg 1991.

## Gloeckner, Haftung
Gloeckner, Heinrich E.: Die zivilrechtliche Haftung des Wirtschaftsprüfers. Göttingen 1967.

## Godin/Wilhelmi
Godin, Reinhard von; Wilhelmi, Sylvester: Aktiengesetz vom 6. September 1965. Kommentar. Band II, §§ 179-410 AktG. 4. Auflage, Berlin 1971.

## Goebel, DB 1995
Goebel, Andrea: Die Konzernrechnungslegung nach HGB, IAS und US-GAAP. Eine Synopse wesentlicher Unterschiede und Gemeinsamkeiten. In: Der Betrieb 1995, 2489 ff.

## Götz, NJW 1992
Götz, Volkmar: Europäische Gesetzgebung durch Richtlinien – Zusammenwirken von Gemeinschaft und Staat. In: Neue Juristische Wochenschrift 1992, 1849 ff.

## Götz, AG 1995
Götz, Heinrich: Die Überwachung der Aktiengesellschaft im Lichte jüngerer Unternehmenskrisen. In: Die Aktiengesellschaft 1995, 337 ff.

## Graf, BB 2001
Graf, Walther: Neue Strafbarkeitsrisiken für den Wirtschaftsprüfer durch das KonTraG. In: Der Betriebsberater 2001, 562 ff.

## Gräfer/Demming (Hrsg.), Rechnungslegung
Gräfer, Horst; Demming, Claudia (Hrsg.): Internationale Rechnungslegung. Stuttgart 1994.

## Gräfer/Demming, in: Gräfer/Demming (Hrsg.), Rechnungslegung
Gräfer, Horst; Demming, Claudia: Harmonisierung und Standardisierung der Rechnungslegung. In: Gräfer, Horst; Demming, Claudia (Hrsg.): Internationale Rechnungslegung. Stuttgart 1994. S. 1-22.

## Gramich, wistra 1987
Gramich, Paul-Guido: Die Änderungen des Bilanzrichtliniengesetzes. In: wistra 1987, 158 ff.

## Grammer, SteuerStud 1998
Grammer, Peter A.: Internationale Rechnungslegungsvorschriften. In: Steuer und Studium 1998, 359 ff.

## Grewe, in: IDW (Hrsg.), WP-Handbuch, Abschnitt Q
Grewe, Wolfgang: Das Prüfungsergebnis. In: Institut der Wirtschaftsprüfer in Deutschland e.V. (Hrsg.): Wirtschaftsprüfer-Handbuch 2000. Band 1. 12. Auflage, Düsseldorf 2000. Abschnitt Q.

## Grewe, WPg 1986
Grewe, Wolfgang: Die Pflichtprüfung nach neuem Recht. In: Die Wirtschaftsprüfung 1986, 85 ff.

**Gross (Hrsg.), FS Wysocki**
Gross, Gerhard (Hrsg.): Der Wirtschaftsprüfer im Schnittpunkt nationaler und internationaler Entwicklungen. Festschrift zum 60. Geburtstag von Prof. Dr. Klaus v. Wysocki. Düsseldorf 1985.

**Großfeld, in: IDW (Hrsg.), Rechnungslegung**
Großfeld, Bernhard: Gesellschaftsrecht und internationale Bilanzierung. In: Institut der Wirtschaftsprüfer in Deutschland e.V. (Hrsg.): Weltweite Rechnungslegung und Prüfung. Bericht über die IDW-Fachtagung 1. und 2. Oktober 1997 in Hannover. Düsseldorf 1998. S. 105-122.

**GroßKomm AktG/(Bearbeiter)**
Hopt, Klaus J.; Wiedemann, Herbert (Hrsg.): Aktiengesetz. Großkommentar. 4. Auflage, Berlin 1997.

**Grünwald/Miehe/Rudolphi (Hrsg.), FS Schaffstein**
Grünwald, Gerald; Miehe, Olaf; Rudolphi, Hans-Joachim; Schreiber, Hans-Ludwig (Hrsg.): Festschrift für Friedrich Schaffstein zum 70. Geburtstag. Göttingen 1975.

**Hachenburg, GmbHG**
Ulmer, Peter (Hrsg.): Gesetz betreffend die Gesellschaften mit beschränkter Haftung (GmbHG). Großkommentar. 8. Auflage, Berlin 1997.

**Hackelmacher, WPg 1999**
Hackelmacher, Sebastian: KonTraGproduktive Wirtschaftsprüfung. In: Die Wirtschaftsprüfung 1999, 133 ff.

**Hahn, HGB**
Hahn, Friedrich von: Commentar zum Allgemeinen Deutschen Handelsgesetzbuch. 3. Auflage, Braunschweig 1878.

**Haller, DB 1993**
Haller, Axel: Die Rolle des International Accounting Standards Committee bei der weltweiten Harmonisierung der externen Rechnungslegung In: Der Betrieb 1993, 1297 ff.

**Haller, Rechnungslegung**
Haller, Axel: Die Grundlagen der externen Rechnungslegung in den USA. Unter besonderer Berücksichtigung der rechtlichen, institutionellen und theoretischen Rahmenbedingungen. 3. Auflage, Stuttgart 1993.

**Hammerl, Bankrottdelikte**
Hammerl, Horst: Die Bankrottdelikte. Zur strafrechtlichen und kriminologischen Problematik des einfachen und schweren Bankrotts (§§ 239, 240 KO). Frankfurt a.M 1970.

**Hanack/Rieß/Wendisch (Hrsg.), FS Dünnebier**
Hanack, Ernst-Walter; Rieß, Peter; Wendisch, Günter (Hrsg.): Festschrift für Hanns Dünnebier zum 75. Geburtstag. Berlin 1982.

## Literaturverzeichnis

**Hauschka, NJW 1989**
Hauschka: Der Stand der gemeinschaftsrechtlichen Rechtsangleichung im Recht der privaten Wirtschaft drei Jahre vor Vollendung des Binnenmarktes 1992. In: Neue Juristische Wochenschrift 1989, 3048 ff.

**Hauser, Jahresabschlußprüfung**
Hauser, Harald: Jahresabschlußprüfung und Aufdeckung von Wirtschaftskriminalität. Baden-Baden 2000.

**Hax, in: Muthesius (Hrsg.), Treuhandgesellschaft**
Hax, Karl: Wirtschaftsprüfung und Wirtschaftsberatung im Ablauf der wirtschaftlichen Entwicklung. In: Muthesius, Volkmar (Hrsg.): 75 Jahre Deutsche Treuhandgesellschaft. Frankfurt a.M. 1965. S. 99-127.

**Heck, AcP 140**
Heck, Philipp: Ersatzpflicht des Bilanzprüfers. Auszug aus einem Rechtsgutachten. In: Archiv für die civilistische Praxis, 140. Jg. (1935), 154 ff.

**Heinz, wistra 1983**
Heinz, Wolfgang: Wirtschaftskriminologische Forschungen in der Bundesrepublik Deutschland. In: wistra 1983, 128 ff.

**Helmrich, BiRiLiG**
Helmrich, Herbert: Bilanzrichtlinien-Gesetz. Texte, Stellungnahmen, Protokolle. München 1986.

**Henn, Aktienrecht**
Henn, Günter: Handbuch des Aktienrechts. 7. Auflage, Heidelberg 2002.

**Henning, VjSWG 1990**
Henning, Friedrich Wilhelm: Die externe Unternehmensprüfung in Deutschland vom 16. Jahrhundert bis zum Jahre 1931. In: Vierteljahrsschrift für Sozial- und Wirtschaftsgeschichte 1990, 1 ff.

**Herschel, JuS 1965**
Herschel, Wilhelm: Zur Behandlung gesetzlicher Unklarheiten – BVerwG, BB 1964, 1085. In: Juristische Schulung 1965, 259 ff.

**Herschel, NJW 1968**
Herschel, Wilhelm: Zivilrechtliche Bedeutung des strafrechtlichen Analogieverbotes. In: Neue Juristische Wochenschrift 1968, 533 f.

**Heymann/(Bearbeiter)**
Heymann, Ernst; Emmerich, Volker; Horn, Norbert; Berger, Klaus Peter (Hrsg.): Handelsgesetzbuch, Kommentar. Band 3, 3. Buch §§ 238-342a HGB. 2. Auflage, Berlin 1999.

**HK-HGB/(Bearbeiter)**
Glanegger, Peter; Güroff, Georg; Kirnberger, Christian (Hrsg.): Heidelberger Kommentar zum Handelsgesetzbuch. Handelsrecht. Bilanzrecht. Steuerrecht. Kommentar zum Handels-

gesetzbuch mit den Rechnungslegungsvorschriften nach dem Bilanzrichtlinien-Gesetz und den Steuern der kaufmännischen Personenunternehmen. 6. Auflage, Heidelberg 2002.

**Hoffmann/Knierim, BB 2002**
Hoffmann, Volker H.; Knierim, Thomas C.: Falsche Berichterstattung des Abschlußprüfers. In: Der Betriebsberater 2002, 2275 ff.

**Hohmann, Umweltdelikte**
Hohmann, Olaf: Das Rechtsgut der Umweltdelikte. Grenzen des strafrechtlichen Umweltschutzes. Frankfurt, Bern 1991.

**Hommelhoff, in: Böttcher/Hueck/Jähnke (Hrsg.), FS Odersky**
Hommelhoff, Peter: Deutscher Konzernabschluß: International Accounting Standards und das Grundgesetz. In: Böttcher, Reinhard; Hueck, Götz; Jähnke, Burkhard (Hrsg.): Festschrift für Walter Odersky zum 65. Geburtstag am 17. Juli 1996. Berlin 1996. S. 779-797.

**Hommelhoff, in: Baetge (Hrsg.), Entwicklungen**
Hommelhoff, Peter: Zum Ersatz des deutschen durch den internationalen Konzernabschluß. In: Baetge, Jörg (Hrsg.): Aktuelle Entwicklungen in Rechtsprechung und Wirtschaftsprüfung: Reformbedarf, Perspektiven, internationale Einflüsse. Vorträge und Diskussionen zum 12. Münsterischen Tagesgespräch des Münsteraner Gesprächskreises Rechnungslegung und Prüfung e.V. am 24.5.1996. Düsseldorf 1997. S. 109-134.

**Hönle, BB 1981**
Hönle, Bernd Michael: Der Wirtschaftsprüfer, ein Organ der Rechtspflege. Die Bestimmungen über die Unabhängigkeit der Organe der Rechtspflege als Vergleichsmaßstab für eine Neuregelung der Unabhängigkeit des aktienrechtlichen Abschlußprüfers. In: Der Betriebsberater 1981, 466 ff.

**Honsell, JuS 1976**
Honsell, Heinrich: Probleme der Haftung für Auskunft und Gutachten. In: Juristische Schulung 1976, 621 ff.

**Hopt, WPg 1986**
Hopt, Klaus J.: Die Haftung des Wirtschaftsprüfers. Rechtsprobleme zu § 323 HGB (§ 168 AktG a.F.). In: Die Wirtschaftsprüfung 1986, 461 ff., 498 ff.

**Hüffer, AktG**
Hüffer, Uwe: Aktiengesetz. 5. Auflage, München 2002.

**Hunger, Wirtschaftsprüfer**
Hunger, Joe R.: Die deutschen Wirtschaftsprüfer. Image und Selbstverständnis einer Profession. Düsseldorf 1981.

**IAS Explained**
International Accounting Standards Committee: International Accounting Standards Explained. New York 2001.

## IDW, FG 1/1983, WPg 1983
Institut der Wirtschaftsprüfer in Deutschland e.V. (Hrsg.): FG 1/1983. Grundsätze ordnungsgemäßer Durchführung von Prospektprüfungen. In: Die Wirtschaftsprüfung 1983, 124 ff.

## IDW, FG 1/1988, WPg 1989
Institut der Wirtschaftsprüfer in Deutschland e.V. (Hrsg.): FG 1/1988: Grundsätze ordnungsgemäßer Durchführung von Abschlußprüfungen. In: Die Wirtschaftsprüfung 1989, 9 ff.

## IDW, FG 2/1988, WPg 1989
Institut der Wirtschaftsprüfer in Deutschland e.V. (Hrsg.): FG 2/1988: Grundsätze ordnungsmäßiger Berichterstattung bei Abschlußprüfungen. In: Die Wirtschaftsprüfung 1989, 20 ff.

## IDW, FG 3/1988, WPg 1989
Institut der Wirtschaftsprüfer in Deutschland e.V. (Hrsg.): FG 3/1988: Grundsätze für die Erteilung von Bestätigungsvermerken bei Abschlußprüfungen. In: Die Wirtschaftsprüfung 1989, 27 ff.

## IDW, Rechnungslegung
Institut der Wirtschaftsprüfer in Deutschland e.V. (Hrsg.): Weltweite Rechnungslegung und Prüfung. Bericht über die IDW-Fachtagung 1. und 2. Oktober 1997 in Hannover. Düsseldorf 1998.

## IDW, WPg 1998, 29
Institut der Wirtschaftsprüfer in Deutschland e.V. (Hrsg.): Stellungnahme HFA 7/1997: Zur Aufdeckung von Unregelmäßigkeiten im Rahmen der Jahresabschlußprüfung. In: Die Wirtschaftsprüfung 1998, 29 ff.

## IDW, WPg 1998, 70
Institut der Wirtschaftsprüfer in Deutschland e.V. (Hrsg.): Verlautbarung: Abweichungen zwischen den Rechnungslegungsstandards des IASC und den Vorschriften des HGB. In: Die Wirtschaftsprüfung 1998, 70 ff.

## IDW, WPg 1998, 183
Institut der Wirtschaftsprüfer in Deutschland e.V. (Hrsg.): Praktisch relevante Abweichungen zwischen den Rechnungslegungsstandards des IASC und der 4. und 7. EG-Richtlinie. In: Die Wirtschaftsprüfung 1998, 183 ff.

## IDW, WPg 1998, 428
Institut der Wirtschaftsprüfer in Deutschland e.V. (Hrsg.): Verlautbarung des HFA: Bestätigungsvermerk zu einem befreienden Konzernabschluß nach § 292a HGB. In: Die Wirtschaftsprüfung 1998, 428 f.

## IDW, WPg 1998, 652
Institut der Wirtschaftsprüfer in Deutschland e.V. (Hrsg.): Benennung der künftigen Verlautbarungen. In: Die Wirtschaftsprüfung 1998, 652 f.

## IDW, WPg 1998, 653
Institut der Wirtschaftsprüfer in Deutschland e.V. (Hrsg.): RS HFA 1. Aufstellung des Lageberichts. In: Die Wirtschaftsprüfung 1998, 653 ff.

**IDW PS 350, WPg 1998, 663**
Institut der Wirtschaftsprüfer in Deutschland e.V. (Hrsg.): IDW PS 350: Prüfung des Lageberichts. In: Die Wirtschaftsprüfung 1998, 663 ff.

**IDW PS 450, WPg 1999, 601**
Institut der Wirtschaftsprüfer in Deutschland e.V. (Hrsg.): IDW PS 450: Grundsätze ordnungsgemäßer Berichterstattung bei Abschlußprüfungen. In: Die Wirtschaftsprüfung 1999, 601 ff.

**IDW PS 400, WPg 1999, 641**
Institut der Wirtschaftsprüfer in Deutschland e.V. (Hrsg.): IDW PS 400: Grundsätze für die ordnungsgemäße Erteilung von Bestätigungsvermerken. In: Die Wirtschaftsprüfung 1999, 641 ff.

**IDW, AAB**
Institut der Wirtschaftsprüfer in Deutschland e.V. (Hrsg.): Allgemeine Auftragsbedingungen für Wirtschaftsprüfer und Wirtschaftsprüfungsgesellschaften. Düsseldorf 2000.

**IDW, WP-Handbuch**
Institut der Wirtschaftsprüfer in Deutschland e.V. (Hrsg.): Wirtschaftsprüfer-Handbuch 2000. Band 1. 12. Auflage, Düsseldorf 2000.

**IDW PS 200, WPg 2000, 706**
Institut der Wirtschaftsprüfer in Deutschland e.V. (Hrsg.): IDW PS 200: Ziele und allgemeine Grundsätze der Durchführung von Abschlußprüfungen. In: Die Wirtschaftsprüfung 2000, 706 ff.

**IDW, WPg 2000, 762**
Institut der Wirtschaftsprüfer in Deutschland e.V. (Hrsg.): Entwurf des IDW PS 140: Die Durchführung von Qualitätskontrollen der Wirtschaftsprüferpraxis. In: Die Wirtschaftsprüfung 2000, 762 ff.

**IDW PS 460, WPg 2000, 916**
Institut der Wirtschaftsprüfer in Deutschland e.V. (Hrsg.): IDW PS 460: Arbeitspapiere des Abschlußprüfers. In: Die Wirtschaftsprüfung 2000, 916 ff.

**IDW, WPg 2001, 664**
Institut der Wirtschaftsprüfer in Deutschland e.V. (Hrsg.): Stellungnahme zum Vorschlag der EU-Kommission für eine Verordnung des Europäischen Parlaments und des Rates über die Anwendung internationaler Rechnungslegungsgrundsätze. In: Die Wirtschaftsprüfung 2001, 664 ff.

**IDW/WPK, WPg 1981**
Institut der Wirtschaftsprüfer in Deutschland e.V.; Wirtschaftsprüferkammer (Hrsg.): Gemeinsame Stellungnahme der Wirtschaftsprüferkammer und des Instituts der Wirtschaftsprüfer zum Entwurf eines Bilanzrichtlinie-Gesetzes. In: Die Wirtschaftsprüfung 1981, 609 ff.

**IDW/WPK, WPg 1995**
Institut der Wirtschaftsprüfer in Deutschland e.V.; Wirtschaftsprüferkammer (Hrsg.): Zur Qualitätssicherung in der Wirtschaftsprüferpraxis. In: Die Wirtschaftsprüfung 1995, 824 ff.

## Literaturverzeichnis

**Ihrig/Wagner, BB 2002**
Ihrig, Hans-Christoph; Wagner, Jens: Die Reform geht weiter: Das Transparenz- und Publizitätsgesetz kommt. In: Der Betriebsberater 2002, 789 ff.

**Immenga/Mestmäcker/(Bearbeiter)**
Immenga, Ulrich; Mestmäcker, Ernst-Joachim; Dannecker, Gerhard (Hrsg.): Gesetz gegen Wettbewerbsbeschränkungen. Kommentar. 3. Auflage, München 2001.

**International Accounting Standards 2002**
Internaitonal Accounting Standards Committee: International Accounting Standards 2002. Deutsche Ausgabe. Stuttgart 2002.

**Jakobs, AT**
Jakobs, Günther: Strafrecht Allgemeiner Teil. Die Grundlagen der Zurechnungslehre, Lehrbuch. 2. Auflage, Berlin 1991.

**Jansen/Pfitzer, in: Dörner/Menold/Pfitzer (Hrsg.), Reform**
Jansen, Wolf; Pfitzer, Norbert: Der Bestätigungsvermerk des Abschlußprüfers nach neuem Recht. In: Dörner, Dietrich; Menold, Dieter; Pfitzer, Norbert (Hrsg.): Reform des Aktienrechts, der Rechnungslegung und Prüfung. KonTraG – KapAEG – EuroEG – StückAG. Stuttgart 1999. S. 697-702.

**Jarass, NJW 1990**
Jarass, Hans-D.: Voraussetzungen der innerstaatlichen Wirkung des EG-Rechts. In: Neue Juristische Wochenschrift 1990, 2420 ff.

**Jarass/Pieroth**
Jarass, Hans D.; Pieroth, Bodo: Grundgesetz für die Bundesrepublik Deutschland. Kommentar. 6. Auflage, München 2002.

**Jescheck/Weigend, AT**
Jescheck, Hans-Heinrich; Weigend, Thomas: Lehrbuch des Strafrechts. Allgemeiner Teil. 5. Auflage, Berlin 1996.

**Joecks, wistra 1986**
Joecks, Wolfgang: Anleger- und Verbraucherschutz durch das 2. WiKG. In: wistra 1986, 142 ff.

**Kajüter, DB 2001**
Kajüter, Peter: Risikoberichterstattung: Empirische Befunde und der Entwurf des DSR 5. In: Der Betrieb 2001, 105 ff.

**Kaminski, in: IDW (Hrsg.), WP-Handbuch, Abschnitt A**
Kaminski, Horst: Der Beruf des Wirtschaftsprüfers. In: Institut der Wirtschaftsprüfer in Deutschland e.V. (Hrsg.): Wirtschaftsprüfer-Handbuch 2000. Band 1. 12. Auflage, Düsseldorf 2000. Abschnitt A.

**Kaminski, in: IDW (Hrsg.), WP-Handbuch, Abschnitt B**
Kaminski, Horst: Berufsorganisation. In: Institut der Wirtschaftsprüfer in Deutschland e.V. (Hrsg.): Wirtschaftsprüfer-Handbuch 2000. Band 1. 12. Auflage, Düsseldorf 2000. Abschnitt B.

**Kaufmann/Bemmann/Krauss (Hrsg.), FS Bockelmann**
Kaufmann, Arthur; Bemmann, Günter; Krauss, Detlev (Hrsg.): Paul Bockelmann zum 70. Geburtstag. München 1979.

**Kelsen, Staatslehre**
Kelsen, Hans: Allgemeine Staatslehre. Berlin, Zürich 1966.

**Kießner, Kreditbetrug**
Kießner, Ferdinand: Kreditbetrug – § 265b StGB. Freiburg 1985.

**Kindhäuser, Gefährdung**
Kindhäuser, Urs: Gefährdung als Straftat. Rechtstheoretische Untersuchungen zur Dogmatik der abstrakten und konkreten Gefährdungsdelikte. Frankfurt a.M. 1989.

**KK AktG/(Bearbeiter)**
Zöllner, Wolfgang (Hrsg.): Kölner Kommentar zum Aktiengesetz. Band 1: §§ 1-75 AktG; Band 4: Rechnungslegung der Aktiengesellschaft; Band 6: §§ 291-328 AktG. 2. Aufl., Köln 1987 ff.

**Kleekämper/Kuhlewind/Alvarez, in: Baetge/Dörer/Kleekämper/Wollmert (Hrsg.), Rechnungslegung nach IAS**
Kleekämper, Heinz; Kuhlewind, Andreas-Markus; Alvarez, Manuel: Ziele, Organisation, Entwicklung und Bedeutung des IASB. In: Baetge, Jörg; Dörner, Dietrich; Kleekämper, Heinz; Wollmert, Peter; Kirsch, Hans-Jürgen (Hrsg.): Rechnungslegung nach International Accounting Standards: Kommentar auf der Grundlage des deutschen Bilanzrechts. 2. Auflage, Stuttgart 2002. Teil A, Kapitel 1.

**Kleier, Empfehlungsverbote**
Kleier, Ulrich F.: Freistellungen von den Empfehlungsverboten nach deutschem (§ 38 Abs. 2 GWB) und europäischem (Art. 85 EWG-Vertrag) Kartellrecht. Mittelstandes-, Normen-, Typen und Konditionenempfehlungen. Berlin 1985.

**Klussmann, Geschäftslagetäuschungen**
Klussmann, Günther: Geschäftslagetäuschungen nach § 400 AktG 1965. Eine betriebswirtschaftlich-bilanzrechtliche und strafrechtliche Untersuchung. Stuttgart 1975.

**Koch, Wirtschaftsprüfer**
Koch, Waldemar: Der Beruf des Wirtschaftsprüfers. Berlin 1957.

**Koch/Rüßmann, Begründungslehre**
Koch, Hans-Joachim; Rüßmann, Helmut: Juristische Begründungslehre. Eine Einführung in die Grundprobleme der Rechtswissenschaft. München 1982.

**Kohlmann (Hrsg.), Steuerstrafrecht**
Kohlmann, Günter (Hrsg.): Strafverfolgung und Strafverteidigung im Steuerstrafrecht. Grundfragen des Steuerstrafrechts heute. Köln 1983.

**Köndgen, Selbstbindung**
Köndgen, Johannes: Selbstbindung ohne Vertrag. Zur Haftung aus geschäftsbezogenem Handeln. Tübingen 1980.

**Kontaktausschuß für Richtlinien der Rechnungslegung**
Kontaktausschuß für Richtlinien der Rechnungslegung: Eine Überprüfung der Konformität der Internationalen Rechnungslegungsgrundsätze (IAS) mit den europäischen Richtlinien der Rechnungslegung. Luxemburg 1998.

**KPMG (Hrsg.), Rechnungslegung**
KPMG Deutsche Treuhand Gesellschaft (Hrsg.): Rechnungslegung nach US-amerikanischen Grundsätzen. Grundlagen der US-GAAP und SEC-Vorschriften. 3. Auflage, Düsseldorf 2003.

**Krekeler/Tiedemann/Ulsenheimer (Hrsg.), HWiStR**
Krekeler, Wilhelm; Tiedemann, Klaus; Ulsenheimer, Klaus; Weinmann, Günther (Hrsg.): Handwörterbuch des Wirtschafts- und Steuerstrafrechts. Mit Ordnungswidrigkeiten und Verfahrensrecht. Heidelberg Stand: Mai 1990.

**Krey, Gesetzesvorbehalt**
Krey, Volker: Studien zum Gesetzesvorbehalt im Strafrecht. Eine Einführung in die Problematik des Analogieverbots Berlin 1977.

**Krey, JZ 1978**
Krey, Volker: Zur Problematik richterlicher Rechtsfortbildung contra legem. In: Juristen Zeitung 1978, 361 ff., 428 ff., 465 ff.

**Küper (Hrsg.), FS Lackner**
Küper, Wilfried (Hrsg.): Festschrift für Karl Lackner zum 70. Geburtstag am 18. Februar 1987. Berlin 1987.

**Kuhlewind, Bilanzrechtstheorie**
Kuhlewind, Andreas-Markus: Grundlagen einer Bilanzrechtstheorie in den USA. Frankfurt a. Main 1997.

**Küting/Hütten, StuB 1999**
Küting, Karlheinz; Hütten, Christoph: Warum denn aus Fehlern anderer lernen. Das DRSC und sein erster Standardentwurf. In: Steuern und Bilanzen 1999, 487 ff.

**Küting/Hütten, WPg 1999**
Küting, Karlheinz; Hütten, Christoph: Der befreiende Konzernlagebericht nach internationalen Vorschriften. Anmerkungen zur Frage der Existenz eines gesetzlich geregelten Sachverhalts. In: Die Wirtschaftsprüfung 1999, 12 ff.

**Küting/Weber/(Bearbeiter)**
Küting, Karlheinz; Weber, Claus-Peter (Hrsg.): Handbuch der Rechnungslegung. Einzelabschluß. Kommentar zur Bilanzierung und Prüfung. Loseblattsammlung, Stuttgart Stand: November 2003.

**Lackner/Kühl**
Lackner, Karl; Kühl, Kristian: Strafgesetzbuch. 24. Auflage, München 2001.

**Lammel, AcP 179**
Lammel, Siegbert: Zur Auskunftshaftung. In: Archiv für die civilistische Praxis, 1979, 337 ff.

**Lampe, in: Krekeler/Tiedemann/Ulsenheimer (Hrsg.), HWiStR, Art. Geheimnisverrat**
Lampe, Ernst Joachim: Geheimnisverrat. In: Krekeler, Wilhelm; Tiedemann, Klaus; Ulsenheimer, Klaus; Weinmann, Günther (Hrsg.): Handwörterbuch des Wirtschafts- und Steuerstrafrechts. Mit Ordnungswidrigkeiten und Verfahrensrecht. Heidelberg Stand: Mai 1990.

**Lanfermann, WPK-Mitteilungen 1998**
Lanfermann, Josef: Unzulässige Mitwirkung des Abschlußprüfers bei der Erstellung des Abschlusses. In: WPK-Mitteilungen 1998, 270 ff.

**Lange, JZ 1956**
Lange, Richard: Der Strafgesetzgeber und die Schuldlehre. Zugleich ein Beitrag zum Unrechtsbegriff bei den Zuwiderhandlungen. In: Juristen Zeitung 1956, 73 ff.

**Langenbucher, in: Baetge (Hrsg.), Entwicklungen**
Langenbucher, Günther: Qualität und Umfang der Abschlußprüfung. In: Baetge, Jörg (Hrsg.): Aktuelle Entwicklungen in Rechtsprechung und Wirtschaftsprüfung: Reformbedarf, Perspektiven, internationale Einflüsse. Vorträge und Diskussionen zum 12. Münsterischen Tagesgespräch des Münsteraner Gesprächskreises Rechnungslegung und Prüfung e.V. am 24.5.1996. Düsseldorf 1997. S. 61-107.

**Langer, Wirtschaftsprüfung**
Langer, Wolfram (Hrsg.): Wirtschaftsprüfung und Wirtschaftsrecht. Beiträge zum 75jährigem Bestehen der Treuhand-Vereinigung AG. Stuttgart 1980.

**Larenz, Methodenlehre**
Larenz, Karl: Methodenlehre der Rechtswissenschaft. 6. Auflage, Berlin, Heidelberg 1991.

**Larenz/Canaris, Methodenlehre**
Larenz, Karl; Canaris, Claus-Wilhelm: Methodenlehre der Rechtswissenschaft. 3. Auflage, Berlin 1995.

**Leffson, in: Gross (Hrsg.), FS Wysocki**
Leffson, Ulrich: Transnationale Einflüsse auf das deutsche Bilanzrecht. In: Gross, Gerhard (Hrsg.): Der Wirtschaftsprüfer im Schnittpunkt nationaler und internationaler Entwicklungen. Festschrift für Klaus von Wysocki. Düsseldorf 1985. S. 1-16.

## Literaturverzeichnis

**Leffson, GoB**
Leffson, Ulrich: Die Grundsätze ordnungsgemäßer Buchführung. 7. Auflage, Düsseldorf 1987.

**Leffson, Wirtschaftsprüfung**
Leffson, Ulrich: Wirtschaftsprüfung. 4. Auflage, Wiesbaden 1988.

**Leffson/Rückle/Goßfeld (Hrsg.), HuRbBR**
Leffson, Ulrich; Rückle, Dieter; Großfeld, Bernhard (Hrsg.): Handwörterbuch unbestimmter Rechtsbegriffe im Bilanzrecht des HGB. Köln 1986.

**Lichtner, Verschwiegenheitspflicht**
Lichtner, Rolf: Die Verschwiegenheitspflicht des Wirtschaftsprüfers im Vergleich mit den sonstigen rechts- und steuerberatenden Berufen. Osnabrück 1999.

**Liebl, Wirtschaftsstraftaten**
Liebl, Karlhans: Die Bundesweite Erfassung von Wirtschaftsstraftaten nach einheitlichen Gesichtspunkten. Ergebnisse und Analysen für die Jahre 1974-1981. Freiburg 1984.

**Liener, ZfB 1992**
Liener, Gerhard: Internationale Unternehmen brauchen eine globalisierte Rechnungslegung. In: ZfB 1992, 269 ff.

**LK/(Bearbeiter)**
Jescheck, Hans-Heinrich; Ruß, Wolfgang; Willms, Günther (Hrsg.): Strafgesetzbuch. Leipziger Kommentar. Großkommentar. 8. Lieferung, §§ 25-27; 14. Lieferung, §§ 15-18; 21. Lieferung, §§ 283-283d; 24. Lieferung, §§ 264-265b; 26. Lieferung, §§ 3-12. 11. Auflage, Berlin 1993 ff.

**Lohberger, Blankettstrafrecht**
Lohberger, Ingram Karl: Blankettstrafrecht und Grundgesetz. München 1968.

**Loitlsberger, Revisionswesen**
Loitlesberger, Erich: Treuhand und Revisionswesen. 2. Auflage, Stuttgart 1966.

**Lück, StB-Handbuch**
Lück, Wolfgang: Rechnungslegung nach Handels- und Steuerrecht. Auszug aus dem Steuerberater-Handbuch 1990. 4. Auflage, Bonn 1990.

**Lück, BB 2001**
Lück, Wolfgang: Anforderungen an die Redepflicht des Abschlußprüfers. In: Der Betriebsberater 2001, 404 ff.

**Lück, Rechnungslegung**
Lück, Wolfgang: Einführung in die Rechnungslegung. 11. Auflage, München, Wien 2002.

**Ludewig, Jahresabschlußprüfung**
Ludewig, Rainer: Die Darstellung der wirtschaftlichen Lage im Bericht über die aktienrechtliche Jahresabschlußprüfung. Düsseldorf 1955.

**Ludewig/Olbrich, WPg 1999**
Ludewig, Rainer; Olbrich, Thomas: Die gesteigerte Verantwortung des Abschlußprüfers nach dem KonTraG – Hilfsmittel zu deren Bewältigung (zur Anwendung eines Bilanz-Rating-Systems bei der Abschlußprüfung). In: Die Wirtschaftsprüfung 1999, 381 ff.

**Lutter, Europäisches Unternehmensrecht**
Lutter, Marcus: Europäisches Unternehmensrecht. Grundlagen, Stand und Entwicklung nebst Texten und Materialien zur Rechtsangleichung. 4. Auflage, Berlin 1996.

**Marburger, Technik**
Marburger, Peter: Die Regeln der Technik im Recht. Köln, Berlin, Bonn, München 1979.

**Marks/Schmidt, WPg 1998**
Marks, Peter; Schmidt, Stefan: Einführung einer externen Qualitätskontrolle im Berufsstand der deutschen Wirtschaftsprüfer. In: Die Wirtschaftsprüfung 1998, 975 ff.

**Marschdorf, DStR 1995**
Marschadorf, Hans J.: Möglichkeiten, Aufgaben und Grenzen des Jahresabschlußprüfers zur Aufdeckung von Wirtschaftsstraftaten im Rahmen der Jahresabschlußprüfung. In: DStR 1995, 11 ff., 149 ff.

**Marten, Abschlußprüfer**
Marten, Kai-Uwe: Der Wechsel des Abschlußprüfers. Ergebnisse einer empirischen Untersuchung des Prüfungsmarktes. Düsseldorf 1994.

**Matschke/Schildbach (Hrsg.), FS Sieben**
Matschke, Manfred Jürgen; Schildbach, Thomas (Hrsg.): Unternehmensberatung und Wirtschaftsprüfung. Festschrift für Prof. Dr. Günter Sieben zu seinem 65. Geburtstag. Stuttgart 1998.

**Maul, DB 1989**
Maul, Karl-Heinz: Geschäfts- und Konzernlagetäuschungen als Bilanzdelikte. In: Der Betrieb 1989, 185 ff.

**Maunz/Dürig/(Bearbeiter)**
Maunz, Theodor; Dürig, Günter; Herzog, Roman (Hrsg.): Grundgesetz. Kommentar. 42. Nachlieferung, München Stand: Februar 2003.

**Maurach/Schröder/Maiwald, BT I**
Maurach, Reinhart; Schroeder, Friedrich-Christian; Maiwald, Manfred: Strafrecht Besonderer Teil. Teilband 1. Straftaten gegen die Persönlichkeits- und Vermögenswerte. 9. Auflage, Heidelberg 2003.

**Maurach/Zipf, AT**
Maurach, Reinhart; Zipf, Heinz: Strafrecht Allgemeiner Teil. Teilband 1. Grundlehren des Strafrechts und Aufbau der Straftat. 8. Auflage, Heidelberg 1992.

**Meier, Jahresabschlußprüfung**
Meier, Rolf: Die Bedeutung der aktienrechtlichen Jahresabschlußprüfung für die Bekämpfung von Buchhaltungs- und Bilanzdelikten. Köln 1980.

**Meisel, Wirtschaftsprüfergeschichte**
Meisel, Bernd: Geschichte der deutschen Wirtschaftsprüfer. Entstehungs- und Entwicklungsgeschichte vor dem Hintergrund einzel- und gesamtwirtschaftlicher Krisen. Köln 1992.

**Mellwig, BB 1983**
Mellwig, Winfried: Bilanzrechtsprechung und Betriebswirtschaftslehre. Zu einigen Grundlagen der steuerlichen Bilanzrechtsprechung und ihrer betriebswirtschaftlichen Kritik. In: Der Betriebsberater 1983, 1613 ff.

**Merkel, in: Verdross (Hrsg.), FS Kelsen**
Merkel, Adolf: Prolegomena einer Theorie des rechtlichen Stufenbaues. In: Verdross, Alfred (Hrsg.): Gesellschaft Staat und Recht – Untersuchungen zur reinen Rechtslehre. Festschrift für Hans Kelsen zum 50. Geburtstage gewidmet. Frankfurt 1967. S. 252-294.

**Mertin, WPg 1989**
Mertin, Dietz: Verantwortlichkeit des Abschlußprüfers für Unterschlagungen. Neue Prüfungsstandards des AICPA zur Schließung der Erwartungslücke. In: Die Wirtschaftsprüfung 1989, 385 ff.

**Meyer, AG 1966**
Meyer, Fritz: Die Strafvorschriften des neuen Aktiengesetzes In: Die Aktiengesellschaft 1966, 109 ff.

**Meyer-Landrut, GmbHG**
Meyer-Landrut, Joachim; Miller, Georg; Niehus, Rudolf J.: Gesetz betreffend die Gesellschaften mit beschränkter Haftung (GmbHG). Berlin 1987.

**Michalski/(Bearbeiter)**
Michalski, Lutz (Hrsg.): Kommentar zum Gesetz betreffend die Gesellschaften mit beschränkter Haftung (GmbH-Gesetz). Band II: §§ 35-86 GmbHG. München 2002.

**Möhle, WPg 1954**
Möhle, Fritz: Zur Geschichte und geistigen Grundlage des Wirtschaftsprüferberufes. Aus Anlaß der 100-Jahrfeier des Institute of Chartered Accountants of Scotland In: Die Wirtschaftsprüfung 1954, 529 ff.

**Möhring, GRUR 1958**
Möhring, Phillip: Die Analogie im Kartellrecht. In: GRUR 1958, 541 ff.

**Moxter, in: Gross (Hrsg.), FS Wysocki**
Moxter, Adolf: Das System der handelsrechtlichen Grundsätze ordnungsmäßiger Bilanzierung. In: Gross, Gerhard (Hrsg.): Der Wirtschaftsprüfer im Schnittpunkt nationaler und internationaler Entwicklungen. Festschrift für Klaus von Wysocki. Düsseldorf 1985. S. 17-28.

**Moxter, StuW 1989**
Moxter, Adolf: Zur wirtschaftlichen Betrachtungsweise im Bilanzrecht. In: Steuer und Wirtschaft 1989, 232 ff.

**Moxter, BB 1997**
Moxter, Adolf: Die Vorschriften zur Rechnungslegung und Abschlußprüfung im Referentenentwurf eines Gesetzes zur Kontrolle und Transparenz im Unternehmensbereich. In: Der Betriebsberater 1997, 722 ff.

**MüKo AktG/(Bearbeiter)**
Kropff, Bruno; Semler, Johannes (Hrsg.): Münchener Kommentar zum Aktiengesetz. Band 7: §§ 222 – 277. 2. Auflage, München 2001. (= 2. Auflage des Geßler/Hefermehl/Eckardt/Kropff, Aktiengesetz)

**MüKo BGB/(Bearbeiter)**
Rebmann, Kurt; Säcker, Franz Jürgen; Rixecker, Roland (Hrsg.): Münchener Kommentar zum Bürgerlichen Gesetzbuch. Band 5: Schuldrecht, Besonderer Teil III, §§ 705-853. 3. Auflage, München 1997.

**MüKo HGB/(Bearbeiter)**
Ebke, Werner F. (Hrsg.): Münchener Kommentar zum Handelsgesetzbuch. Band 4. Drittes Buch. Handelsbücher. §§ 238-342a HGB. München 2001.

**E. Müller, in: Gross (Hrsg.), FS Wysocki**
Müller, Eberhard: Konzernabschluß und interne Steuerung im internationalen Unternehmen. In: Gross, Gerhard (Hrsg.): Der Wirtschaftsprüfer im Schnittpunkt nationaler und internationaler Entwicklungen. Festschrift für Klaus von Wysocki. Düsseldorf 1985. S. 159-176.

**F. Müller, Methodik**
Müller, Friedrich: Juristische Methodik. 7. Auflage, Berlin 1997.

**K. Müller, GenG**
Müller, Klaus: Kommentar zum Gesetz betreffend die Erwerbs- und Wirtschaftsgenossenschaften. Vierter Band. 2. Auflage, Bielefeld 2000.

**Müller-Gugenberger/Bieneck (Hrsg.), Wirtschaftsstrafrecht**
Müller-Gugenberger, Christian; Bieneck, Klaus (Hrsg.): Wirtschaftsstrafrecht. Handbuch des Wirtschafts- und Ordnungswidrigkeitenstrafrechts. 3. Auflage, Münster, Köln 2000.

**Münzinger, Bilanzrechtsprechung**
Münzinger, Rudolf: Bilanzrechtsprechung der Zivil- und Strafgerichte. Wiesbaden 1987.

**Nann, Wirtschaftsprüferhaftung**
Nann, Werner: Wirtschaftsprüferhaftung: Geltendes Recht und Reformüberlegungen. Frankfurt a.M. 1985.

**Nelles, Untreue**
Nelles, Ursula: Untreue zum Nachteil von Gesellschaften. Zugleich ein Beitrag zur Struktur des Vermögensbegriffes als Beziehungsbegriff. Berlin 1991.

**Neuling, BB 2003**
Neuling, Jasper: Die Teilnahmepflicht des Abschlußprüfers an Bilanzsitzungen des Aufsichtsrats im Aktienrecht. In: Der Betriebsberater 2003, 166 ff.

## Literaturverzeichnis

**Neumann, Blankostrafgesetz**
Neumann, Oskar: Das Blankostrafgesetz. Ein Beitrag zur Lehre und Reform des Reichsstrafrechts. Breslau 1908.

**Nicklisch, NJW 1983**
Nicklisch, Fritz: Technische Regelwerke – Sachverständigengutachten im Rechtssinne? In: Neue Juristische Wochenschrift 1983, 841 ff.

**Nickusch, Normativfunktion**
Nickusch, Karl-Otto: Die Normativfunktion technischer Ausschüsse und Verbände als Problem der staatlichen Rechtsquellenlehre. München 1964.

**Niehus, WPg 1986**
Niehus, Rudolf J.: Entwicklungstendenzen in der Rechnungslegung. In: Die Wirtschaftsprüfung 1986, 117 ff.

**Niehus, in: Matschke/Schildbach (Hrsg.), FS Sieben**
Niehus, Rudolf J.: Die Prüfung der internationalen Rechnungslegung von deutschen Kapitalgesellschaften – Zu Auswirkungen für den Abschlußprüfer und seinen Berufsstand. In: Matschke, Manfred Jürgen; Schildbach, Thomas (Hrsg.): Unternehmensberatung und Wirtschaftsprüfung. Festschrift für Prof. Dr. Günter Sieben zu seinem 65. Geburtstag. Stuttgart 1998. S. 483-512.

**Niehus/Thyll, US-GAAP**
Niehus, Rudolf J.; Thyll, Alfred: Konzernabschluß nach U.S. GAAP. Grundlagen und Gegenüberstellung mit deutschen Vorschriften. 2. Auflage, Stuttgart 2000.

**Oberbrinkmann, Handelsbilanz**
Oberbrinkmann, Frank: Statische und dynamische Interpretation der Handelsbilanz. Eine Untersuchung der historischen Entwicklung, insbesondere der Bilanzrechtsaufgabe und der Bilanzrechtskonzeption. Düsseldorf 1990.

**Oberndorf/Schambeck (Hrsg.), FS Fröhler**
Oberndorfer, Peter; Schambeck, Herbert (Hrsg.): Verwaltung im Dienste von Wirtschaft und Gesellschaft. Festschrift für Ludwig Fröhler zum 60. Geburtstag. Berlin 1980.

**Oechsle/Wirth, in: Dörner/Menold/Pfitzer (Hrsg.), Reform**
Oechsle, Eberhard; Wirth, Michael: Gegenstand und Umfang der Prüfung. In: Dörner, Dietrich; Menold, Dieter; Pfitzer, Norbert (Hrsg.): Reform des Aktienrechts, der Rechnungslegung und Prüfung. KonTraG – KapAEG – EuroEG – StückAG. Stuttgart 1999. S. 539-591.

**Oldenbourg, EG-Richtlinien**
Oldenbourg, Andreas: Die unmittelbare Wirkung der EG-Richtlinien im innerstaatlichen Bereich. München 1984.

**Oppermann, Europarecht**
Oppermann, Thomas: Europarecht. 2. Auflage, München 1999.

**Ordelheide, WPg 1996**
Ordelheide, Dieter: Internationalisierung der Rechnungslegung deutscher Unternehmen. Anmerkungen zum Entwurf eines Kapitalaufnahmeerleichterungsgesetzes. In: Die Wirtschaftsprüfung 1996, 545 ff.

**Ossenbühl, DVBl 1967**
Ossenbühl, Fritz: Die verfassungsrechtliche Zulässigkeit der Verweisung als Mittel der Gesetzgebung. In: Deutsches Verwaltungsblatt 1967, 401 ff.

**Otto, StV 1984**
Otto, Harro: Anmerkung zum Urteil des BGH, 1 StR 736/83 In: Strafverteidiger 1984, 462 f.

**Otto, Jura 1989**
Otto, Harro: Die sog. tatsächliche oder wirtschaftliche Betrachtungsweise – eine spezifisch strafrechtliche Auslegungsmethode? In: Jura 1989, 328 ff.

**Otto, ZStW 96**
Otto, Harro: Konzeption und Grundsätze des Wirtschaftsstrafrechts (einschließlich Verbraucherschutz). In: Zeitschrift für die gesamte Strafrechtswissenschaft Bd. 96 (1984), 339 ff.

**Otto, Aktienstrafrecht**
Otto, Harro: Aktienstrafrecht. Erläuterungen zu den §§ 399-410 AktG. Berlin 1997.

**Otto, AT**
Otto, Harro: Grundkurs Strafrecht. Allgemeine Strafrechtslehre. 6. Auflage, Berlin 2000.

**Otto, BT**
Otto, Harro: Grundkurs Strafrecht. Die einzelnen Delikte. 6. Auflage, Berlin 2002.

**Pabst, Kapitalanlagen**
Pabst, Günter: Rechtliche Risiken bei Konzeption und Vertrieb von Kapitalanlagen. Heidelberg 1988.

**Palandt/(Bearbeiter)**
Palandt, Otto (Hrsg.): Bürgerliches Gesetzbuch. 63. Auflage, München 2004.

**Paulus/Diederichsen/Canaris (Hrsg.), FS Larenz**
Paulus, Gotthard; Diederichsen, Uwe; Canaris, Claus-Wilhelm (Hrsg.): Festschrift für Karl Larenz zu seinem 70. Geburtstag. München 1973.

**Peemöller/Finsterer/Neubert, BB 1998**
Peemöller, Volker H.; Finsterer, Hans; Neubert, Martin: Bilanzierung von Unternehmen des Neuen Marktes nach IAS und US-GAAP. Analyse und Ergebnisse einer Umfrage. In: Der Betriebsberater 1998, 1103 ff.

**Peemöller/Spanier/Weller, BB 2002**
Peemöller, Volker H.; Spanier, Günter; Weller, Heino: Internationalisierung der externen Rechnungslegung: Auswirkungen auf nicht kapitalmarktorientierte Unternehmen. In: Der Betriebsberater 2002, 1799 ff.

## Literaturverzeichnis

**Pellens/Bonse/Gassen, DB 1998**
Pellens, Bernhardt; Bonse, Andreas; Gassen, Joachim: Perspektiven der deutschen Konzernrechnungslegung. Auswirkungen des Kapitalaufnahmeerleichterungsgesetzes und des Gesetzes zur Kontrolle und Transparenz im Unternehmensbereich. In: Der Betrieb 1998, 785 ff.

**Pellens/Füllbier/Ackermann, DB 1996**
Pellens, Bernhard; Füllbier, Rolf Uwe; Ackermann, Ulrich: International Accounting Standards Committee: Deutscher Einfluß auf Arbeit und Regelungen. In: Der Betrieb 1996, 285 ff.

**Penndorf, in: Ertel (Hrsg.), Wirtschaftsprüfung**
Penndorf, Balduin: Die geschichtliche Entwicklung des Revisionswesens. In: Ertel, Hermann Anatol (Hrsg.): Wirtschaftsprüfung. Ein Handbuch für das Revisions- und Treuhandwesen. Band 1. Berlin, Wien 1933. S. 40-47.

**Penzlin, Auswirkungen**
Penzlin, Dietmar: Strafrechtliche Auswirkungen der Insolvenzordnung. Herbolzheim 2000.

**Pfitzer, in: Dörner/Menold/Pfitzer (Hrsg.), Reform**
Pfitzer, Norbert: Aufbau und Inhalt des Prüfungsberichts nach neuem Recht. In: Dörner, Dietrich; Menold, Dieter; Pfitzer, Norbert (Hrsg.): Reform des Aktienrechts, der Rechnungslegung und Prüfung. KonTraG – KapAEG – EuroEG – StückAG. Stuttgart 1999. S. 649-677.

**Poll (Hrsg.), FS Brönner**
Poll, Jens (Hrsg.): Bilanzierung und Besteuerung der Unternehmen. Das Handels- und Steuerrecht auf dem Weg ins 21. Jahrhundert. Festschrift für Herbert Brönner zum 70. Geburtstag. Stuttgart 2000.

**Puppe, GA 1990**
Puppe, Ingeborg: Tatirrtum, Rechtsirrtum, Subsumtionsirrtum. In: Goltdammer's Archiv für Strafrecht 1990, S. 145 ff.

**Püttner, (Hrsg.), FS Bachof**
Püttner, Günter (Hrsg.): Festschrift für Otto Bachof zum 70. Geburtstag. München 1984.

**Quink, BB 1992**
Quink, Reiner: Die Haftung des handelsrechtlichen Abschlußprüfers. In: Der Betriebsberater 1992, 1675 ff.

**Raisch, ZHR 1966**
Raisch, Peter: Normqualität und Durchsetzbarkeit wirtschaftsrechtlicher Regelungen. In: Zeitschrift für das gesamte Handelsrecht und Wirtschaftsrecht 1966, 161 ff.

**Raisch/Maasch, in: Andreae/Kirchhoff/Pfeiffer (Hrsg.), FS Benisch**
Raisch, Peter; Maasch, Beate: Analogie: ein eigener Auslegungstopos? Ein Beitrag zur einheitlichen Interpretation des GWB. In: Andreae, Clemens-August; Kirchhoff, Jochen; Pfeiffer, Gerd (Hrsg.): Wettbewerb als Herausforderung und Chance. Festschrift für Werner Benisch. Köln, Berlin, Bonn, München 1989. S. 201-217.

## Literaturverzeichnis

**Reker/Pahl/Löcke, WPg 1998**
Reker, Jürgen; Pahl, Andreas; Löcke, Jürgen: Aufstellung eines befreienden Konzernabschlusses und -lageberichts nach International Accounting Standards durch Kreditinstitute. Anmerkungen zum Kapitalaufnahmeerleichterungsgesetz. In: Die Wirtschaftsprüfung 1998, 527 ff.

**Ress, Verwaltung 1987**
Ress, Georg: Wichtige Vorlagen deutscher Verwaltungsgerichte an den Gerichtshof der europäischen Gemeinschaft. In: Die Verwaltung 1987, 177 ff.

**Richter, Aktienrechtliche Publizität**
Richter, Martin: Die Sicherung der aktienrechtlichen Publizität durch ein Aktienamt. Köln, Berlin, Bonn, München 1975.

**Richter, Diskriminierung**
Richter, Hans: Die Diskriminierung als Kartellordnungswidrigkeit. Köln 1982.

**Rittner, Wirtschaftliche Betrachtungsweise**
Rittner, Fritz: Die sogenannte wirtschaftliche Betrachtungsweise in der Rechtsprechung des Bundesgerichtshofs. Karlsruhe 1975.

**Rost, Rechnungslegung**
Rost, Peter: Der internationale Harmonisierungsprozeß der Rechnungslegung. Theorie, Praxis, Perspektiven. Frankfurt a.M., Berlin 1991.

**Rowedder/(Bearbeiter)**
Rowedder, Heinz; Fuhrmann, Hans; Rittner, Fritz, (Hrsg.): Gesetz betreffend die Gesellschaften mit beschränkter Haftung. Kommentar. 4. Auflage, München 2002.

**Roxin, JuS 1966**
Roxin, Claus: Sinn und Grenzen staatlicher Strafe. In: Juristische Schulung 1966, 377 ff.

**Roxin, AT I**
Roxin, Claus: Strafrecht Allgemeiner Teil. Band 1: Grundlagen. Der Aufbau der Verbrechenslehre. 3. Auflage, München 1997.

**Ruhnke/Schmidt/Seidel, BB 2002**
Ruhnke, Klaus; Schmidt, Martin; Seidel, Thorsten: Anzuwendende Prüfungsvorschriften bei der Prüfung eines Konzernabschlusses nach § 292a HGB. In: Der Betriebsberater 2002, 138 ff.

**Satzger, Europäisierung**
Satzger, Helmut: Die Europäisierung des Strafrechts. Eine Untersuchung zum Einfluß des Europäischen Gemeinschaftsrechts auf das deutsche Strafrecht. Köln, München 2001.

**Sax, Analogieverbot**
Sax, Walter: Das strafrechtliche "Analogieverbot". Eine methodische Untersuchung über die Grenze der Auslegung im geltenden deutschen Strafrecht. Göttingen 1953.

**Schäfer, Regeln**
Schäfer, Karl-Wilhelm: Das Recht der Regeln der Technik. Köln 1965.

## Literaturverzeichnis

**Schenke, in: Oberndorf/Schambeck (Hrsg.), FS Fröhler**
Schenke, Wolf-Rüdiger: Verfassungsrechtliche Grenzen gesetzlicher Verweisungen. In: Oberndorfer, Peter; Schambeck, Herbert (Hrsg.): Verwaltung im Dienste von Wirtschaft und Gesellschaft. Festschrift für Ludwig Fröhler zum 60. Geburtstag. Berlin 1980. S. 87-126.

**Schenke, NJW 1980**
Schenke, Wolf-Rüdiger: Die verfassungsrechtliche Problematik dynamischer Verweisungen. In: Neue Juristische Wochenschrift 1980, 743 ff.

**Scherrer, DB 1977**
Scherrer: Die Neufassung der Grundsätze ordnungsgemäßer Durchführung von Abschlußprüfungen. Eine kritische Stellungnahme. In: Der Betrieb 1977, 1325 ff.

**Schlegelberger/Quassowski**
Schlegelberger, Franz; Quassowski, Leo: Aktiengesetz – Kommentar. 3. Auflage, Berlin 1937.

**Schlüchter, Irrtum**
Schlüchter, Ellen: Irrtum über normative Tatbestandsmerkmale im Strafrecht. Tübingen 1983.

**Schlüchter, wistra 1984**
Schlüchter, Ellen: Zur Bewertung der Aktiva für die Frage der Überschuldung. In: wistra 1984, 41 ff.

**Schlüchter, wistra 1985**
Schlüchter, Ellen: Zur Irrtumslehre im Steuerstrafrecht. In: wistra 1985, 43 ff.

**Schmaltz, Betriebswirtschaft 1932**
Schmaltz, Kurt: Der Wirtschaftsprüfer und seine Aufgaben. In: Die Betriebswirtschaft 1932, 254 ff.

**Schmedding, Konzernrechnungslegung**
Schmedding, Detlev: Unrichtige Konzernrechnungslegung. Zur Strafbarkeit unrichtiger oder verschleiernder Darstellungen im neuen Konzernbilanzrecht nach § 331 Nr. 2 HGB. Heidelberg 1991.

**K. Schmidt, Handelsrecht**
Schmidt, Karsten: Handelsrecht. 5. Auflage, Berlin 1999.

**S. Schmidt, Qualitätskontrollen**
Schmidt, Stefan: Externe Qualitätskontrollen zur Sicherung der Qualität der Abschlußprüfung. Düsseldorf 2000.

**Schmidt-Busemann, Handelsbücher**
Schmidt-Busemann, Wilfried: Entstehung und Bedeutung der Vorschriften über Handelsbücher. Göttingen 1977.

**Schmidt-Lademann, WM 1986**
Schmidt-Lademann, Walther: Zum neuen Straftatbestand "Kapitalanlagebetrug". (§ 264a StGB). In: Wertpapier Mitteilungen 1986, 1241 ff.

**Schmitt, Ordnungswidrigkeitenrecht**
Schmitt, Rudolf: Ordnungswidrigkeitenrecht. Dargestellt für den Bereich der Wirtschaft. Köln, Berlin, München, Bonn 1970.

**Schneider, Geschichte**
Schneider, Dieter: Geschichte betriebswirtschaftlicher Theorie. Allgemeine Betriebswirtschaftslehre für das Hauptstudium. München, Wien 1981.

**Schnellenbach, Änderungen**
Schnellenbach, Helmut: Die vorgesehenen Änderungen des Aktienstrafrechts im Regierungsentwurf zum Aktiengesetz 1960. Köln 1963.

**Schöch, in: Vogler/Herrmann (Hrsg.), FS Jescheck**
Schöch, Heinz: Empirische Grundlagen der Generalprävention. In: Vogler, Theo; Herrmann, Joachim (Hrsg.): Festschrift für Hans-Heinrich Jescheck zum 70. Geburtstag. Zweiter Halbband. Berlin 1985. S. 1081-1105.

**Scholz/(Bearbeiter)**
Crezelius, Georg; Emmerich, Volker; Tiedemann, Klaus (Hrsg.): Kommentar zum GmbH-Gesetz. Band 1, §§ 1-44, Anh. Konzernrecht; Band 2, §§ 45-87 9. Auflage, Köln 2000, 2002.

**Schönke/Schröder/(Bearbeiter)**
Schönke, Adolf; Schröder, Horst; Lenckner; Eser; Cramer; Stree (Hrsg.): Kommentar zum Strafgesetzbuch. 26. Auflage, München 2001.

**Schredelseker, in: Gross (Hrsg.), FS Wysocki**
Schredelseker, Klaus: Der Nutzen von Bilanzinformationen für Kapitalanlageentscheidungen. In: Gross, Gerhard (Hrsg.): Der Wirtschaftsprüfer im Schnittpunkt nationaler und internationaler Entwicklungen. Festschrift für Klaus von Wysocki. Düsseldorf 1985. S. 129-141.

**Schroers, Abschlußprüfer**
Schroers, Wolfgang: Der Abschlußprüfer als externer Berater. Zur Problematik einer Unternehmensberatung durch den Wirtschaftsprüfer. Köln 1977.

**Schruff, WPg 1986**
Schruff, Lothar: Der neue Bestätigungsvermerk vor dem Hintergrund internationaler Entwicklungen. In: Die Wirtschaftsprüfung 1986, 181 ff.

**Schubert/Hommelhoff (Hrsg.), Aktienrechtsreform**
Schubert, Werner; Hommelhoff, Peter (Hrsg.): Die Aktienrechtsreform am Ende der Weimarer Republik. Die Protokolle der Verhandlungen im Aktienrechtsausschuß des Vorläufigen Reichswirtschaftsrats unter dem Vorsitz von Max Hachenburg. Berlin 1987.

**Schulze-Osterloh, ZGR 1976**
Schulze-Osterloh, Joachim: Zur öffentlichen Funktion des Abschlußprüfers In: ZGR 1976, 411 ff.

## Literaturverzeichnis

**Schulze-Osterloh, in: Kohlmann (Hrsg.), Steuerstrafrecht**
Schulze-Osterloh, Joachim: Unbestimmtes Steuerrecht und strafrechtlicher Bestimmtheitsgrundsatz. In: Kohlmann, Günter (Hrsg.): Strafverfolgung und Strafverteidigung im Steuerstrafrecht. Grundfragen des Steuerstrafrechts heute. Köln 1983. S. 43-66.

**Schünemann, in: Kaufmann/Bemmann/Krauss (Hrsg.), FS Bockelmann**
Schünemann, Bernd: Methodische Prolegomena zur Rechtsfindung im Besonderen Teil des Strafrechts. In: Kaufmann, Arthur; Bemmann, Günter; Krauss, Detlev u.a. (Hrsg.): Paul Bockelmann zum 70. Geburtstag. München 1979. S. 117-132.

**Schünemann, in: Küper (Hrsg.), FS Lackner**
Schünemann, Bernd: Die Regeln der Technik im Strafrecht. In: Küper, Wilfried (Hrsg.): Festschrift für Karl Lackner zum 70. Geburtstag am 18. Februar 1987. Berlin 1987. S. 367-397.

**Schüppen, Bilanzstrafrecht**
Schüppen, Matthias: Systematik und Auslegung des Bilanzstrafrechts. Köln 1993.

**Seibert, in: Dörner/Menold/Pfitzer (Hrsg.), Reform**
Seibert, Ulrich: Das Gesetz zur Kontrolle und Transparenz im Unternehmensbereich (KonTraG). Die aktienrechtlichen Regeln im Überblick. In: Dörner, Dietrich; Menold, Dieter; Pfitzer, Norbert (Hrsg.): Reform des Aktienrechts, der Rechnungslegung und Prüfung. KonTraG – KapAEG – EuroEG – StückAG. Stuttgart 1999. S. 1-26.

**Seibert, BB 2003**
Seibert, Ulrich: Das 10-Punkte Programm "Unternehmensintegrität und Anlegerschutz". In: Der Betriebsberater 2003, 693 ff.

**Seifert/Hömig**
Seifert, Karl-Heinz; Hömig, Dieter: Grundgesetz für die Bundesrepublik Deutschland. 7. Auflage, Baden-Baden 2003.

**Sell, Bilanzdelikte**
Sell, Kirsten: Die Aufdeckung von Bilanzdelikten bei der Abschlußprüfung. Berücksichtigung von Fraud & Error nach deutschen und internationalen Vorschriften. Düsseldorf 1999.

**Sellien (Hrsg.), Gablers Wirtschaftslexikon**
Sellien, Reinhold (Hrsg.): Gablers Wirtschaftslexikon. 13. Auflage, Wiesbaden (Gabler) 1993.

**Sieber, ZStW 103**
Sieber, Ulrich: Europäische Einigung und Europäisches Strafrecht. In: Zeitschrift für die gesamte Strafrechtswissenschaft, Bd. 103 (1991), 957 ff.

**Siepe, in: Baetge (Hrsg.), Rechnungslegung und Prüfung**
Siepe, Günter: Das Risikoanalysesystem des Unternehmens als Gegenstand der Abschlußprüfung. In: Baetge, Jörg (Hrsg.): Rechnungslegung und Prüfung 1994. Vorträge der Jahre 1991-1993 vor dem Münsteraner Gesprächskreis Rechnungslegung und Prüfung e.V. Düsseldorf 1994. S. 235-265.

**SK/(Bearbeiter)**
Rudolphi, Hans-Joachim; Horn, Eckhard; Samson, Erich; Günther, Hans-Ludwig; Hoyer, Andreas (Hrsg.): Systematischer Kommentar zum Strafgesetzbuch. Band 1, Allgemeiner Teil (§§1-79b). Band 2, Besonderer Teil (§§ 80-358). Loseblattsammlung, Neuwied, Berlin Stand: April 2003 (AT), Oktober 2003 (BT).

**Staupe, Parlamentsvorbehalt**
Staupe, Jürgen: Parlamentsvorbehalt und Delegationsbefugnis. Zur "Wesentlichkeitstheorie" und zur Reichweite legislativer Regelungskompetenz, insbesondere im Schuldrecht. Berlin 1986.

**Steindorff, in: Paulus/Diederichsen/Canaris (Hrsg.), FS Larenz**
Steindorff, Ernst: Politik des Gesetzes als Auslegungsmaßstab im Wirtschaftsrecht. In: Paulus, Gotthard; Diederichsen, Uwe; Canaris, Claus-Wilhelm (Hrsg.): Festschrift für Karl Larenz zu seinem 70. Geburtstag. München 1973. S. 217-244.

**Steindorff, AG 1988**
Steindorff, Ernst: Gesellschaftsrecht, EG-Richtlinien und Art. 177 EWG-Vertrag. In: Die Aktiengesellschaft 1988, 57 ff.

**Steindorff, Grenzen**
Steindorff, Ernst: Grenzen der EG-Kompetenzen. Heidelberg 1990.

**Stephan, Zusammenschlußbegriff**
Stephan, Klaus-Dieter: Die Anwendung des Zusammenschlußbegriffs auf Personengesellschaften. Heidelberg 1989.

**Stern, Staatsrecht I**
Stern, Klaus: Das Staatsrecht der Bundesrepublik Deutschland. Band I: Grundbegriffe und Grundlagen des Staatsrechts, Strukturprinzipien der Verfassung. 2. Aufl., München 1984.

**Stoll, BB 1998**
Stoll, Jutta: Zur Verschwiegenheitspflicht des Wirtschaftsprüfers gegenüber Auftraggebern und geprüften Unternehmen. In: Der Betriebsberater 1998, 785 ff.

**Streinz, Europarecht**
Streinz, Rudolf: Europarecht. 6. Auflage, Heidelberg 2003.

**Strieder, BB 2003**
Strieder, Thomas: Interne Rotation bei Abschlußprüfern: Sonderfragen zum Regelungskreis des § 319 Abs. 3 Nr. 6 HGB. In: Der Betriebsberater 2003, 2227 ff.

**Strobel, DB 1977**
Strobel, Wilhelm: Das Krisenwarnproblem des Wirtschaftsprüfers nach § 166 II AktG. In: Der Betrieb 1977, 2153 ff.

**Sühner, AG 1984**
Sühner, Eckhard: Folgen der Verletzung von Rechnungslegungs- und Berichtspflichten durch eine Aktiengesellschaft. Auswirkungen des Bilanzrichtlinien-Gesetzesentwurfs. In: Die Aktiengesellschaft 1984, 16 ff.

Literaturverzeichnis

**Tagungsberichte der Sachverständigenkommission**
Bundesministerium der Justiz: Tagungsberichts der Sachverständigenkommission zur Bekämpfung der Wirtschaftskriminalität. "Reform des Wirtschaftsstrafrechts". 3. Band. Dritte Arbeitstagung in der Zeit vom 14. bis 18. Mai 1973 in Saulgau. Bonn 1973.

**Taupitz, Standesordnung**
Taupitz, Jochen: Die Standesordnungen der freien Berufe. Geschichtliche Entwicklung, Funktionen, Stellung im Rechtssystem. Berlin 1991.

**Thiel, in: IDW (Hrsg.), Rechnungslegung**
Thiel, Jochen: Maßgeblichkeit und internationale Bilanzierung. In: Institut der Wirtschaftsprüfer in Deutschland e.V. (Hrsg.): Weltweite Rechnungslegung und Prüfung. Bericht über die IDW-Fachtagung 1. und 2. Oktober 1997 in Hannover. Düsseldorf 1998. S. 91-104.

**Thomas, NJW 1991**
Thomas, Sven: Die Anwendung europäischen materiellen Rechts im Strafverfahren. In: Neue Juristische Wochenschrift 1991, 2233 ff.

**Tiedemann, Tatbestandsfunktionen**
Tiedemann, Klaus: Tatbestandsfunktionen im Nebenstrafrecht. Untersuchungen zu einem rechtsstaatlichen Tatbestandsbegriff, entwickelt am Problem des Wirtschaftsstrafrechts. Tübingen 1969.

**Tiedemann, in: Grünwald/Miehe/Rudolphi (Hrsg.), FS Schaffstein**
Tiedemann, Klaus: Straftatbestand und Normambivalenz. Am Beispiel der Geschäftsberichtfälschung. In: Grünwald, Gerald; Miehe, Olaf; Rudolphi, Hans-Joachim; Schreiber, Hans-Ludwig (Hrsg.): Festschrift für Friedrich Schaffstein zum 70. Geburtstag. Göttingen 1975. S. 195-210.

**Tiedemann, Wirtschaftsstrafrecht 1**
Tiedemann, Klaus: Wirtschaftsstrafrecht und Wirtschaftskriminalität. Band 1. Allgemeiner Teil. Hamburg 1976.

**Tiedemann, Wirtschaftsstrafrecht 2**
Tiedemann, Klaus: Wirtschaftsstrafrecht und Wirtschaftskriminalität. Band 2. Besonderer Teil. Hamburg 1976.

**Tiedemann, in: Ficker/König/Kreuzer (Hrsg.), FS v. Caemmerer**
Tiedemann, Klaus: Rechtsnatur und strafrechtliche Bedeutung von technischem Know-How. In: Ficker, Hans Claudius; König, Detlef; Kreuzer, Karl F. u. a. (Hrsg.): Festschrift für Ernst von Caemmerer zu seinem 70. Geburtstag. Tübingen 1978. S. 643-655.

**Tiedemann, in: Hanack/Rieß/Wendisch (Hrsg.), FS Dünnebier**
Tiedemann, Klaus: Handhabung und Kritik des neuen Wirtschaftsstrafrechts – Versuch einer Zwischenbilanz. In: Hanack, Ernst-Walter; Rieß, Peter; Wendisch, Günter (Hrsg.): Festschrift für Hanns Dünnebier zum 75. Geburtstag. Berlin 1982. S. 519-540.

**Tiedemann, in: Belke/Oemichen (Hrsg.), Wirtschaftsstrafrecht**
Tiedemann, Klaus: Auslegungs- und Methodenprobleme im neuen Wirtschaftsstrafrecht. In: Belke, Rolf; Oemichen, Joachim (Hrsg.): Aktuelle Fragen des Wirtschaftsstrafrechts in Theorie und Praxis. Bamberg 1983. S. 26-40.

**Tiedemann, JZ 1986**
Tiedemann, Klaus: Die Bekämpfung der Wirtschaftskriminalität durch den Gesetzgeber. Ein Überblick aus Anlaß des Inkrafttretens des 2. WiKG am 1.8.1986. In: Juristen Zeitung 1986, 865 ff.

**Tiedemann, JuS 1989**
Tiedemann, Klaus: Wirtschaftsstrafrecht, Einführung und Übersicht. In: Juristische Schulung 1989, 689 ff.

**Tiedemann, in: Krekeler/Tiedemann/Ulsenheimer (Hrsg.), HWiStR, Art. Bilanzstrafrecht**
Tiedemann, Klaus: Bilanzstrafrecht. In: Krekeler, Wilhelm; Tiedemann, Klaus; Ulsenheimer, Klaus; Weinmann, Günther (Hrsg.): Handwörterbuch des Wirtschafts- und Steuerstrafrechts. Mit Ordnungswidrigkeiten und Verfahrensrecht. Heidelberg Stand: Mai 1990.

**Tiedemann, in: Krekeler/Tiedemann/Ulsenheimer (Hrsg.), HWiStR, Art. Blankettstrafgesetz**
Tiedemann, Klaus: Blankettstrafgesetz. In: Krekeler, Wilhelm; Tiedemann, Klaus; Ulsenheimer, Klaus; Weinmann, Günther (Hrsg.): Handwörterbuch des Wirtschafts- und Steuerstrafrechts. Mit Ordnungswidrigkeiten und Verfahrensrecht. Heidelberg Stand: Mai 1990.

**Tiedemann, Verfassungsrecht**
Tiedemann, Klaus: Verfassungsrecht und Strafrecht. Heidelberg 1991.

**Tiedemann, NJW 1993, 23**
Tiedemann, Klaus: Europäisches Gemeinschaftsrecht und Strafrecht. In: Neue Juristische Wochenschrift 1993, 23 ff.

**Tiedemann, NJW 1993, 49**
Tiedemann, Klaus: Urteilsanmerkung zu EuGH, NJW 1993, 47. In: Neue Juristische Wochenschrift 1993, 49.

**Tiedemann/Cosson**
Tiedemann, Klaus; Cosson, Jean: Straftaten und Strafrecht im deutschen und französischen Bank und Kreditwesen. Köln, Berlin 1973.

**Tiedemann/Otto, ZStW 107**
Tiedemann, Klaus; Otto, Harro: Wirtschaftsstrafrecht. Teil III, 1. In: Zeitschrift für die gesamte Strafrechtswissenschaft Bd. 107 (1995), 597 ff.

**Tipke/Lang, Steuerrecht**
Tipke, Klaus; Lang, Joachim: Steuerrecht. 17. Auflage, Köln 2002.

**Tröndle/Fischer**
Tröndle, Herbert; Fischer, Thomas: Kommentar zum Strafgesetzbuch und Nebengesetzen. 51. Auflage, München 2003.

## Ulmer, WuW 1971
Ulmer, Peter: Überlegungen zur wirtschaftlichen Betrachtungsweise im Kartellrecht. In: Wirtschaft und Wettbewerb 1971, 878 ff.

## v. Eitzen, Wirtschaftsprüfer
Eitzen, Bernd von: Der Wirtschaftsprüfer im internationalen Umfeld. Eine statistische Untersuchung zum Berufsstand des Wirtschaftsprüfers, Probleme bei seiner Internationalisierung sowie bei der Harmonisierung von Ausbildung, Rechnungslegung und Prüfung. Freiburg 1996.

## v. Münch/Kunig/(Bearbeiter)
Münch, Ingo von; Kuig, Philip (Hrsg.): Grundgesetz-Kommentar. Band 2: Art. 20-69 5. Auflage, München 2001.

## Van Hulle, WPK-Mitteilungen 1996
Van Hulle, Karel: Grünbuch der Europäischen Kommission: Rolle, Stellung und Haftung des Abschlußprüfers in der Europäischen Union. Vorbemerkung von Prof. Karel Van Hulle. In: WPK-Mitteilungen 1996, 279 ff.

## Van Hulle, WPg 1998
Van Hulle, Karel: Die Zukunft der europäischen Rechnungslegung im Rahmen einer sich ändernden internationalen Rechnungslegung. In: Die Wirtschaftsprüfung 1998, 138 ff.

## Van Hulle/Lanfermann, BB 2003
Van Hulle, Karel; Lanfermann, Georg: Mitteilung der Europäischen Kommission zur Stärkung der Abschlußprüfung. In: Der Betriebsberater 2003, 1323 ff.

## Verdross (Hrsg.), FS Kelsen
Verdross, Alfred (Hrsg.): Gesellschaft Staat und Recht – Untersuchungen zur reinen Rechtslehre. Festschrift für Hans Kelsen zum 50. Geburtstage gewidmet. Frankfurt 1967.

## Vogler/Herrmann (Hrsg.), FS Jescheck
Vogler, Theo; Herrmann, Joachim (Hrsg.): Festschrift für Hans-Heinrich Jescheck zum 70. Geburtstag. Zweiter Halbband. Berlin 1985.

## Volkmann, ZRP 1995
Volkmann, Uwe: Qualifizierte Blankettnormen. Zur Problematik einer legislativen Verweisungstechnik. In: Zeitschrift für Rechtspolitik 1995, 220 ff.

## von der Groeben/Schwarze/(Bearbeiter)
Groeben, Hans von der; Thiesing, Jochen; Ehlermann, Claus-Dieter (Hrsg.): Kommentar zum Vertrag über die Europäische Union und zur Gründung der Europäischen Gemeinschaft. Band 1: Art. 1-53 EUV, Art. 1-80 EGV. 6. Auflage, Baden-Baden 2003.

## von der Heide, Vorsatzprobleme
Heide, Isabella Maria von der: Tatbestands- und Vorsatzprobleme bei der Steuerhinterziehung nach § 370 AO. Zugl. ein Beitrag zur Abgrenzung der Blankettstrafgesetze von Gesetzen mit normativen Tatbestandsmerkmalen. Bochum 1986.

**Wabnitz/Janovski (Hrsg.), Wirtschaftsstrafrecht**
Wabnitz, Heinz-Bernd; Janowski, Thomas (Hrsg.): Handbuch des Wirtschafts- und Steuerstrafrechts. 2. Aufl., München 2004.

**Warda, Abgrenzung**
Warda, Heinz-Günter: Die Abgrenzung von Tatbestands- und Verbotsirrtum bei Blankettstrafgesetzen. Berlin 1955.

**Weber, in: Leffson (Hrsg.), HuRbBR**
Weber, Harald: Unrichtige Wiedergabe und Verschleierung. In: Leffson, Ulrich; Rückle, Dieter; Großfeld, Bernhard (Hrsg.): Handwörterbuch unbestimmter Rechtsbegriffe im Bilanzrecht des HGB. Köln 1986. S. 319-325.

**Weidenbach, Blankettstrafgesetze**
Weidenbach, Peter: Die verfassungsrechtliche Problematik der Blankettstrafgesetze. Tübingen 1965.

**Welzel, MDR 1952**
Welzel, Hans: Zur Abgrenzung des Tatbestandsirrtums vom Verbotsirrtum. In: Monatsschrift für Deutsches Recht 1952, 584 ff.

**Welzel, JZ 1956**
Welzel, Hans: Der Verbotsirrtum im Nebenstrafrecht. In: Juristen Zeitung 1956, 238 ff.

**Welzel, Strafrecht**
Welzel, Hans: Das deutsche Strafrecht. Eine systematische Darstellung. 6. Auflage, Berlin 1958.

**Wessels/Beulke, AT**
Wessels, Johannes; Beulke, Werner: Strafrecht Allgemeiner Teil. Die Straftat und ihr Aufbau. 33. Auflage, Heidelberg 2003.

**Wessels/Hillenkamp, BT 2**
Wessels, Johannes; Hillenkamp, Thomas: Strafrecht Besonderer Teil. Teil 2. Straftaten gegen die Vermögenswerte. 26. Auflage, Heidelberg 2003.

**Westrick, Abschlußprüfung**
Westrick, Peter: Abschlußprüfung und Abschlußprüfer nach geltendem und zukünftigem Aktienrecht. Heidelberg 1963.

**Wiedefeld, in: IDW (Hrsg.), WP-Handbuch, Anhang 3**
Wiedefeld, Petra,: Die fachlichen Verlautbarungen des IDW. In: Institut der Wirtschaftsprüfer in Deutschland e.V. (Hrsg.): Wirtschaftsprüfer-Handbuch 2000. Band 1. 12. Auflage, Düsseldorf 2000. Anhang 3.

**Wöhe, Bilanzierung**
Wöhe, Günter: Bilanzierung und Bilanzpolitik. Betriebswirtschaftlich, Handelsrechtlich, steuerrechtlich. 9. Auflage, München 1997.

**Wollmert/Oser, DB 2000**
Wollmert, Peter; Oser, Peter: Befreiender internationaler Konzernabschluß (§ 292a HGB). In: Der Betrieb 2000, 729 ff.

**Wolz, WPK-Mitteilungen 1998**
Wolz, Matthias: Die Erwartungslücke vor und nach Verabschiedung des KonTraG. Zustandekommen, alte und neue Lösungswege vor dem Hintergrund des Gesetzes zur Kontrolle und Transparenz im Unternehmensbereich. In: WPK-Mitteilungen 1998, 122 ff.

**Worms, wistra 1987**
Worms, Alexander: § 264a StGB – ein wirksames Remedium gegen Anlageschwindel? (1. Teil) In: wistra 1987, 242 ff.

**WPK, Berufsgerichtliche Entscheidungen**
Wirtschaftsprüferkammer: Berufsgerichtliche Entscheidungen sowie Rügen in Wirtschaftsprüfersachen. Band I. November 1961 bis Februar 1978. Düsseldorf 1978.

**WPK, WPK-Mitteilungen 1996**
Wirtschaftsprüferkammer: Satzung über die Rechte und Pflichten bei der Ausübung der Berufe des Wirtschaftsprüfers und des vereidigten Buchprüfers (Berufssatzung der Wirtschaftsprüferkammer) vom 11.6.1996. In: WPK-Mitteilungen 1996, 176 ff.

**WPK, WPK-Mitteilungen 1997**
WPK: Entwurf eines Gesetzes zur Kontrolle und Transparenz im Unternehmensbereich. In: WPK-Mitteilungen 1997, 100 ff.

**Zielinski, wistra 1993**
Zielinski, Diethart: Zur Verletzteneigenschaft des einzelnen Aktionärs im Klageerzwingungsverfahren bei Straftaten zum Nachteil der Aktiengesellschaft. In: wistra 1993, 6 ff.

**Zippelius, Methodenlehre**
Zippelius, Reinhold: Juristische Methodenlehre. 8. Auflage, München 2003.

**Zirwas/Buchholz, Wirtschaftsprüfer 1938**
Zirwas, Reinhold; Buchholz, Paul: Das Genossenschaftliche Prüfungswesen. Grundzüge des Genossenschaftlichen Prüfungs- und Berufsrecht. In: Der Wirtschaftsprüfer 1938, 1 ff.

**Zuleeg, JZ 1992**
Zuleeg, Manfred: Der Beitrag des Strafrechts zur Europäischen Integration. In: Juristen Zeitung 1992, 761 ff.

## *Abkürzungsverzeichnis*

| | |
|---|---|
| a.A. | anderer Ansicht |
| a.a.O. | am angegebenen Ort |
| abl. | ablehnend |
| ABl. | Amtsblatt der Europäischen Union |
| AcP | Archiv für die civilistische Praxis (Zeitschrift) |
| ADHGB | Allgemeines Deutsches Handelsgesetzbuch v. 1861 |
| AG | Aktiengesellschaft, auch: Die Aktiengesellschaft (Zeitschrift) |
| AktG | Aktiengesetz vom 06.09.1965, BGBl. I, S. 1089, letztes ÄnderungsG v. 12.06.2003, BGBl. I, S. 838 |
| AktG | Aktiengesetz |
| AktG GK | Aktiengesetz Großkommentar |
| amtl. | Amtlich |
| Anh. | Anhang |
| Anm. | Anmerkung |
| AO | Abgabenordnung v. 16.03.1976, BGBl. I, S. 613, letztes ÄnderungsG v. 19.12.2001, BGBl. I, S. 3922 |
| AöR | Archiv des öffentlichen Rechts (Zeitschrift) |
| Art. | Artikel |
| AT | Allgemeiner Teil |
| AuslInvestG | Gesetz über den Vertrieb ausländischer Investmentanteileund über die Besteuerung der Erträge aus ausländischen Investmentanteilen |
| BB | Der Betriebs-Berater (Zeitschrift) |
| BBK | Beck'scher Bilanzkommentar |
| Begr. | Begründung |
| Betriebswirtschaft | Die Betriebswirtschaft (Zeitschrift) |
| BFH | Bundesfinanzhof |
| BGB | Bürgerliches Gesetzbuch i. d. Bekanntmachung v. 02.01.2002, BGBl. I, S. 42, letztes ÄnderungsG v. 24.08.2002, BGBl. I, 3412 |
| BGBl. | Bundesgesetzblatt |
| BGH | Bundesgerichtshof |
| BGHSt | Bundesgerichtshof, Entscheidungen in Strafsachen |
| BGHZ | Bundesgerichtshof, Entscheidungen in Zivilsachen |
| BiRiLiG | Bilanzrichtlinien-Gesetz vom 24.12.85 (BGBl. I, S. 2355) |
| BNotO | Bundesnotarordnung v. 24.02.1961, BGBl. I, S. 98, letztes ÄnderungsG v. 27.04.2002, BGBl. I, S.1467 |
| BPH | Betriebsprüfungshandbuch |
| BRAO | Bundesrechtsanwaltsordnung |
| BR-Drucks. | Bundesrats-Drucksache |
| BT | Besonderer Teil |
| BT-Drucks. | Bundestags-Drucksache |
| BVerfG | Bundesverfassungsgericht |
| BVerfGE | Bundesverfassungsgericht, Entscheidungen |
| bzw. | beziehungsweise |
| DB | Der Betrieb (Zeitschrift) |
| ders. | derselbe |
| dies. | dieselbe |

# Abkürzungsverzeichnis

| | |
|---|---|
| DöV | Die öffentliche Verwaltung (Zeitschrift) |
| DRS | Deutscher Rechnungslegungsstandard |
| DSR | Deutscher Standardisierungsrat |
| DStR | Deutsches Steuerrecht (Zeitschrift) |
| DVBl. | Deutsches Verwaltungsblatt (Zeitschrift) |
| DVO | Durchführungsverordnung |
| ebd. | ebenda |
| EG | Europäische Gemeinschaften |
| EGV | Vertrag zur Gründung der Europäischen Gemeinschaft |
| EU | Europäische Union |
| EuGH | Europäischer Gerichtshof |
| EWG | Europäische Wirtschaftsgemeinschaften |
| f. | folgend(e Seite) |
| ff. | fortfolgend(e Seiten) |
| FG | Fachgutachten |
| Fn. | Fußnote (Nummer) |
| FS | Festschrift (für ...) |
| GA | Goltdammer's Archiv für Strafrecht (Zeitschrift) |
| GG | Grundgesetz für die Bundesrepublik Deutschland |
| GmbH | Gesellschaft mit beschränkter Haftung |
| GmbHG | Gesetz betreffend die Gesellschaften mit beschränkter Haftung, v. 20.04.1892, RGBl., S. 477, letztes ÄnderungsG v. 19.07.2002, BGBl. I, S. 2681 |
| GoA | Grundsätze ordnungsgemäßer Abschlußprüfung |
| GoB | Grundsätze ordnungsgemäßer Buchführung |
| GRUR | Gewerblicher Rechtsschutz und Urheberrecht |
| GuV | Gewinn- und Verlustrechnung |
| GVG | Gerichtsverfassungsgesetz v. 09.05.1975, BGBl. I, S. 1077, letztes ÄnderungsG v. 12.06.2003, BGBl. I, S. 838 |
| h.M. | herrschende Meinung |
| HFA | Hauptfachausschuß des Instituts der Wirtschaftsprüfer in Deutschland e.V. |
| HGB | Handelsgesetzbuch, v. 10.05.1897, RGBl. S. 219, letztes ÄnderungsG v. 24.08.2002, BGBl. I, S. 3412 |
| HK-HGB | Heidelberger Kommentar zum HGB |
| HWiStR | Handwörterbuch Wirtschaftsstrafrecht |
| i.V.m. | in Verbindung mit |
| IASC | International Accounting Standards Committee |
| IDW | Institut der Wirtschaftsprüfer in Deutschland e.V. |
| IDW EPS | Entwurf Prüfungsstandards |
| IDW PH | IDW Prüfungshinweise |
| IDW PS | IDW Prüfungsstandard |
| IDW RH | IDW Rechnungslegungshinweise |
| IDW RS | IDW Rechnungslegungsstandard |
| IFAC | International Federation of Accountants |
| IFRS | International Financial Reporting Standard |
| IOSCO | Internationale Organisation der Börsenaufsichtsbehörden |
| ISA | International Standard on Auditing |
| JR | Juristische Rundschau (Zeitschrift) |
| Jura | Juristische Ausbildung (Zeitschrift) |

## Abkürzungsverzeichnis

| | |
|---|---|
| JuS | Juristische Schulung (Zeitschrift) |
| JZ | Juristen Zeitung (Zeitschrift) |
| Kap. | Kapitel |
| KapAEG | Gesetz zur Verbesserung der Wettbewerbsfähigkeit deutscher Konzerne an Kapitalmärkten und zur Erleichterung der Aufnahme von Gesellschafterdarlehn vom 20.04.1998, BGBl. I, S. 707 |
| KGaA | Kommanditgesellschaft auf Aktien |
| KK | Kölner Kommentar zum Aktiengesetz |
| KonTraG | Gesetz zur Kontrolle und Transparenz im Unternehmensbereich vom 27.04.1998, BGBl. I, S. 786 |
| Kriminalistik | Kriminalistik (Zeitschrift) |
| lit. | litera (lat. Buchstabe) |
| LK | Leipziger Kommentar zum Strafgesetzbuch |
| m. | mit |
| m.w.N. | mit weiteren Nachweisen |
| MDR | Monatsschrift für deutsches Recht |
| Mio. | Million(en) |
| MüKo | Münchener Kommentar (zum ...) |
| NJW | Neue Juristische Wochenschrift (Zeitschrift) |
| NStZ | Neue Zeitschrift für Strafrecht (Zeitschrift) |
| OLG | Oberlandesgericht |
| PublG | Publizitätsgesetz |
| RabelsZ | Rabels Zeitschrift für ausländisches und internationales Privatrecht |
| Rdn. | Randnummer |
| RegE | Regierungsentwurf |
| RGSt | Reichsgericht, Entscheidungen in Strafsachen |
| RM | Reichsmark |
| Rs. | Rechtssache (bei Urteilen des EuGH) |
| S. | Seite |
| s.o. | siehe oben |
| s.u. | siehe unten |
| SK | Systematischer Kommentar zum Strafgesetzbuch |
| Slg. | Sammlung von Entscheidungen des Europäischen Gerichtshofs (Jahr, Seite) |
| sog. | Sogenannt(e) |
| StBG | Steuerberatungsgesetz |
| StB-Handbuch | Steuerberater-Handbuch |
| SteuerStud | Steuer und Studium (Zeitschrift) |
| StGB | Strafgesetzbuch in der Fassung der Bekanntmachung vom 13.11.1998, BGBl. I, S. 3322, letztes ÄnderungsG v. 22.08.202, BGBl. I, S. 3390 |
| StPO | Strafprozeßordnung in der Fassung der Bekanntmachung vom 07.04.1987, BGBl. I, S. 1074, letztes ÄnderungsG v. 10.09.2003, BGBl. I, S. 1774 |
| StuB | Steuern und Bilanzen (Zeitschrift) |
| StuW | Steuer und Wirtschaft (Zeitschrift) |
| StV | Strafverteidiger (Zeitschrift) |
| TB | Tatbestand |
| Tz. | Teilziffer |
| u. | und |
| v. | vom (bei Gerichtsurteilen) |
| VA | Verwaltungsarchiv (Zeitschrift) |

## Abkürzungsverzeichnis

| | |
|---|---|
| VAG | Versicherungsaufsichtsgesetz |
| Verwaltung | Die Verwaltung (Zeitschrift) |
| vgl. | vergleiche |
| VjSWG | Vierteljahrsschrift für Sozial- und Wirtschaftsgeschichte |
| VO | Verordnung |
| Wirtschaftsprüfer | Der Wirtschaftsprüfer (Zeitschrift) |
| Wirtschaftstreuhänder | Der Wirtschaftstreuhänder (Zeitschrift) |
| wistra | Zeitschrift für Wirtschafts- und Steuerstrafrecht |
| WM | Wertpapier-Mitteilungen (Zeitschrift) |
| WPg | Die Wirtschaftsprüfung (Zeitschrift) |
| WP-Handbuch | Wirtschaftsprüfer-Handbuch |
| WPK | Wirtschaftsprüferkammer |
| WPK-Mitteilungen | Wirtschaftsprüferkammer-Mitteilungen (Zeitschrift) |
| WPO | Gesetz über eine Berufsordnung der Wirtschaftsprüfer, in der Fassung v. 05.11.1975, letztes ÄnderungsG v. 10.12.2001, BGBl. I, S. 3414 |
| WPOÄG | Gesetz zur Änderung von Vorschriften über die Tätigkeit der Wirtschaftsprüfer vom 19.12.2000 |
| WuW | Wirtschaft und Wettbewerb (Zeitschrift) |
| z.T. | zum Teil |
| ZfB | Zeitschrift für Betriebswirtschaft |
| ZfG | Zeitschrift für Gesetzgebung |
| ZGR | Zeitschrift für Unternehmens- und Gesellschaftsrecht |
| ZHR | Zeitschrift für das gesamte Handels- und Wirtschaftsrecht |
| ZIP | Zeitschrift für Wirtschaftsrecht |
| ZStW | Zeitschrift für die gesamte Strafrechtswissenschaft |

# I. Einleitung

## A. Allgemeines

Der Berufsstand des Wirtschaftsprüfers ist in den letzten Jahren im Zusammenhang mit spektakulären Unternehmensschieflagen wiederholt scharf in die Kritik geraten. In diesen Fällen, in denen vermeintlich überraschend und kurzfristig aufgetretene Krisen oder gar Zusammenbrüche größerer, als kreditwürdig geltender Unternehmen auftraten, wurde deutlich, daß die wenige Monate zuvor erstellten, testierten und ausführlich erläuterten Jahresabschlüsse die wahre wirtschaftliche Situation solcher Unternehmen mehr verschleiert als offenbart hatten.

## B. Aktuelle Fälle

Diese soeben skizzierte Konsatellation lag u.a. bei folgenden Unternehmen vor: Coop AG (1989), Balsam AG (1994), Metallgesellschaft AG (1994), Sektkellerei Schloß Wachenheim (1994), Schieß AG (1995), Südmilch AG (1995), Thyssen AG (1995), Aktiengesellschaft für Beteiligungen an Telekommunikationsunternehmen (1996), Bremer Vulkan Verbund (1996), Klöckner/Humbold/Deutz AG (1996), VK Mühlen AG (1996), FlowTex (2000), Holzmann AG (2000), HypoVereinsbank AG (2000), Berliner Bankgesellschaft (2001); Enron(2001), EM.TV (2002), WorldCom (2002).[1]

Ein signifikantes Beispiel stellte 1999/2000 der Fall der Holzmann AG dar. Der Wirtschaftsprüfungsgesellschaft wurden im Zusammenhang mit der Unternehmenskrise schwere Versäumnisse vorgeworfen. Wenn Fehlbeträge in Höhe von DM 2,4 Milliarden, die 27% der Bilanzsumme des Konzerns entsprach, nicht erkannt wurden, *muß sich nicht nur der Laie fragen, was eine handelsrechtliche Bilanzprüfung überhaupt noch aufdecken soll.*[2] Die Prüfer hatten laut späterer Aussagen zwar größte Bedenken, den *an der Grenze des Vertretbaren* befindlichen Jahresabschluß zu testieren, versahen ihn letztlich aber dennoch mit einem uneingeschränkten Bestätigungsvermerk.

---

[1] Eine Übersicht zu den aktuellen Fällen mit Einzelheiten und Fundstellen befindet sich im Anhang am Ende dieser Arbeit. Vgl. zu weiteren Fällen *Häcker*, in: Müller-Gugenberger/Bieneck (Hrsg.), Wirtschaftsstrafrecht, § 95 Rdn. 64.
[2] *Küting*, Der Spiegel, 16/2002 v. 15.04.2002.

Gleichzeitig hat eine erst 1996 erschienene Untersuchung zur Wirtschaftskriminalität offengelegt, daß 60% der 1.000 größten deutschen Unternehmen in den vergangenen Jahren Opfer wirtschaftskrimineller Handlungen waren. Sowohl die größten Vermögensschäden als auch die größten Schäden hinsichtlich des Vertrauens in das Rechnungswesen wurden dabei durch gefälschte Jahresabschlüsse verursacht.[3]

Dadurch hat nicht nur das allseits gerne zitierte hohe Ansehen des Berufsstandes der Wirtschaftsprüfer gelitten, das sich auf eine besondere Qualifikation dieses Berufsstandes gründet, die durch eine aufwendige und anspruchsvolle Ausbildung entsteht.[4] Die betroffenen Wirtschaftsprüfer sahen sich zudem mit zivilrechtlichen Schadensersatzansprüchen und strafrechtlichen Vorwürfen konfrontiert.

## C. Strafverfahren

Dennoch findet sich kein einziges veröffentlichtes Urteil, in dem ein Wirtschaftsprüfer wegen einer Straftat nach § 332 HGB oder einer Beihilfe zu § 331 HGB verurteilt wurde.[5]

Der Fall der Balsam AG ist, soweit erkennbar, der einzige Unternehmenszusammenbruch, bei dem auch gegen den Abschlußprüfer strafrechtliche Anklage erhoben wurde. Ihm wurde zusammen mit den anderen Angeklagten schwerer Betrug vorgeworfen. Beim Unterlaufen des Kontrollsystems der Kreditgeber sei dem Wirtschaftsprüfer eine *herausragende Funktion* zugekommen. Das Strafverfahren gegen ihn endete jedoch mit einem Freispruch. Zivilrechtlich ist dieser Fall ein Präzedenzfall: Die Wirtschaftsprüfer einigten sich mit den Gläubigern in einem außergerichtlichen Vergleich auf einen Schadensersatz in Höhe von DM 50 Mio.

Dieses Verfahren offenbarte, daß es für die Gerichte selbst bei sorgfältigster Arbeitsweise außerordentlich schwierig ist, komplexe Betrügereien aufzuklären. Sogar der gerichtlich bestellte Wirtschaftsprüfer vermochte die filigran verwobenen Geschäfte nicht mehr zu durchschauen. Er mußte seine Stellungnahme nachträglich in der Hauptverhandlung mehrfach revidieren.[6]

---

[3] *Langenbucher*, in: Baetge (Hrsg.), Entwicklungen, S. 73.
[4] *Koch*, Wirtschaftsprüfer, S. 12, 235; *v. Eitzen*, Wirtschaftsprüfer, S. 77.
[5] *Dierlamm*, NStZ 2000, 130, 131 bleibt einen Beweis für seine These der großen Relevanz der §§ 331 ff. HGB schuldig. Ebenso hat die zivilrechtliche Rechtsprechung bislang keinen Abschlußprüfer nach vertraglichen oder vertragsähnlichen Grundsätzen haften lassen. Bei freiwilligen Prüfungen oder anderen Prüfungsanlässen ist dies anders, vgl. *Quink*, BB 1992, 1681.
[6] *Geilen/Zöllner*, § 400 Rdn. 7; vgl. auch die Anlage.

Dieser Fall spiegelt die Erkenntnisse der Literatur über die rechtlichen und tatsächlichen Schwierigkeiten bei Wirtschaftsstraftaten wieder.[7] Sowohl für die Staatsanwaltschaften als auch die Gerichte sind die Bilanzdelikte sowohl rechtlich als auch tatsächlich sehr schwer zu handhaben. Die Verurteilungen basieren bei diesen Verfahren ganz überwiegend auf Vermögensdelikten. Bilanzrechtliche oder insolvenzrechtliche Delikte werden ganz überwiegend eingestellt.[8] Gleichzeitig vermeiden die Beteiligten die Durchführung von Zivilverfahren. Strafanträge werden nicht gestellt, außergerichtliche Vergleiche bevorzugt. Der Schaden, der durch einen Prozeß entstünde, wird von den Beteiligten größer erachtet als der bereits eingetretene.[9]

## D. Überblick über die Literatur zur strafrechtlichen Verantwortung des Wirtschaftsprüfers

Die strafrechtliche Literatur diskutiert hinsichtlich des Wirtschaftsprüfers eher Detailfragen. So sind die Fragen nach dem Schutzbereich der §§ 331 ff. HGB, der Rechtsnatur dieser Delikte und der Ausfüllungs- und Verweisungstechnik Gegenstand der Diskussion.[10] Gleichfalls existieren zu der Frage der Strafbarkeit mündlicher Äußerungen gegensätzliche Ansichten.[11] Der Schwerpunkt der den Wirtschaftsprüfer betreffenden Diskussion liegt jedoch eindeutig im zivilrechtlichen Bereich. Dort wird insbesondere eine mögliche Dritthaftung für Fahrlässigkeit er-

---

[7] Zu den Aufklärungsproblemen bei Wirtschaftsstraftaten *Dannecker*, in: Wabnitz/Janovski, Wirtschaftsstrafrecht, Kapitel 1, Rdn. 20 f.
[8] Mit Erlaß der Insolvenzordnung vom 05.10.1994, BGBl. I, S. 2866, wurde der Titel des vierungszwanzigsten Abschnitts des StGB von Konkursstraftaten auf Insolvenzstraftaten umgestellt.
[9] *Niemeyer*, in: Müller-Gugenberger/Bieneck (Hrsg.), Wirtschaftsstrafrecht, § 21 Rdn. 43 ff.; *Tiedemann/Cosson*, S. 5.
[10] Vgl. zum Schutzbereich etwa *Cobet*, Rechnungslegung, S. 21 ff.; zur Ausfüllungs- und Verweisungstechnik vgl. etwa KK AktG /*Geilen*, § 400 Rdn. 7; *Cobet*, Rechnungslegung, S. 8; *Klussmann*, Geschäftslagetäuschungen, S. 91; *Schmedding*, Konzernrechnungslegung, S. 17; *Schüppen*, Bilanzstrafrecht, S. 131. Vgl. auch *Enderle*, Blankettstrafgesetz, S. 79 ff.
[11] Geilen/Zöllner, § 403 Rdn. 28; Adler/Düring/Schmaltz, § 323 Rdn. 99; BBK/*Hense*, § 332 Rdn. 9; *Dannecker*, in: Blumers/Frick/Müller (Hrsg.), Betriebsprüfungshandbuch, Abschnitt K, Rdn. 608; Staub/*Dannecker*, § 332 Rdn. 33.

## Einleitung

örtert.[12] Daneben wird über den prüfungstechnischen und berufsrechtlichen Bereich diskutiert.[13] Hinsichtlich der Reformgesetze des KonTraG[14] und des KapAEG[15] findet sowohl eine verfassungsrechtliche Diskussion um deren Zulässigkeit[16] als auch eine zivilrechtliche Diskussion um eine aus der geänderten Aufgabenstellung resultierende ebenfalls andere zivilrechtliche Verantwortlichkeit statt.[17] Auswirkungen dieser Streitfragen auf das Strafrecht werden bislang nicht erkannt und erörtert.

Die Geheimhaltungspflicht des Wirtschaftsprüfers wird in der Literatur demgegenüber umfassend gewürdigt.[18] Sie folgt allgemeinen strafrechtlichen Prinzipien und weist keine Besonderheiten auf, die eine erneute vertiefte Untersuchung zu rechtfertigen vermag. Die praxisrelevante Konstellation einer Prüfung im Drittinteresse bei Unternehmenseinkäufen und -finanzierungen ist bereits hinreichend erörtert.[19] Strafrechtlich ergeben sich für den Wirtschaftsprüfer daraus keine Besonderheiten, so daß die den Wirtschaftsprüfer treffenden Geheimhaltungspflichten im Rahmen dieser Untersuchung nicht weiter vertieft werden.

---

[12] Vgl. dazu etwa das Verzeichnis des Schrifttums bei Adler/Düring/Schmaltz, § 323.
[13] Vgl. dazu etwa die Anpassung der Verlautbarungen des IDW an internationale Prüfungsstandards sowie die Einführung einer qualitativen Kontrolle der Arbeitsergebnisse des Wirtschaftsprüfers, sog. *peer review* durch die Reform der WPO zum 01.01.2001.
[14] Gesetz zur Kontrolle und Transparenz im Unternehmensbereich (KonTraG), vom 27.04.1998, BGBl. I, S. 786.
[15] Gesetz zur Verbesserung der Wettbewerbsfähigkeit deutscher Konzerne an Kapitalmärkten und zur Erleichterung der Aufnahme von Gesellschafterdarlehn (Kapitalaufnahmeerleichterungsgesetz – KapAEG), vom 20.04.1998, BGBl. I, S. 707.
[16] Vgl. zum Diskussionsstand etwa *Brugger*, VA 1987, 1 ff.; Maunz/Dürig/*Schmidt-Aßmann*, Art. 19 Abs. 4 Rdn. 207; *Breuer*, AöR 1976, 46, 78; *Badura*, in: Püttner, (Hrsg.), FS Bachof, S. 177; *Arndt*, JuS 1979, 784, 787; *Backherms*, JuS 1980, 9, 11. Ablehnend *Hommelhoff*, in: Baetge (Hrsg.), Entwicklungen, S. 116 ff.
[17] Vgl. etwa *Sell*, Bilanzdelikte, S. 93 ff.
[18] Staub/*Dannecker*, § 333 Rdn. 12 ff.; Ebenroth/Boujong/Joost/*Wiedmann*, § 333 Rdn. 2; MüKo HGB/*Quedenfeld*, § 333 Rdn. 8 ff.; Heymann/*Otto*, § 333 Rdn. 21 ff.; *Otto*, Aktienstrafrecht, § 404 Rdn. 24 ff.; Geßler/Hefermehl/Eckardt/*Kropff*, § 404 Rdn. 3 ff.; *Dannecker*, BB 1987, 1614; *Lichtner*, Verschwiegenheitspflicht, S. 70 f.; bzgl. der §§ 133a und 133b WPO *Dannecker*, Wabnitz/Janovski, Wirtschaftsstrafrecht, Kapitel 1, Rdn. 77.
[19] Vgl. dazu *Stoll*, BB 1998, 785 ff.

## E. Zielsetzung der Arbeit

Anläßlich der aktuellen Kritik am Berufsstand der Wirtschaftsprüfer wird in einem ersten Teil dieser Arbeit die grundsätzliche Bedeutung und Relevanz des Strafrechts für den Wirtschaftsprüfer bei der Jahresabschlußprüfung untersucht. Dazu werden die strafrechtlichen Normen im Zusammenhang mit den Aufgaben und Zielsetzungen der Jahresabschlußprüfung betrachtet. Bislang wurden in diesem Zusammenhang die Reformgesetze des AktG 1965 und des BiRiLiG nicht unter strafrechtlichen Aspekten gewürdigt. Auch dies wird im Rahmen der Untersuchung geschehen. Dabei wird sich zeigen, daß das Strafrecht keine qualitative Kontrolle der Arbeit des Wirtschaftsprüfers, sondern den Schutz in das Vertrauen der Richtigkeit von Informationen über die Gesellschaft bezweckt.

Der zweite Teil der Arbeit befaßt sich mit den aktuellen Gesetzen, dem KonTraG und dem KapAEG, und untersucht diese aktuellen Entwicklungen im Bereich der Rechnungslegung hinsichtlich ihrer strafrechtlichen Auswirkungen für den Wirtschaftsprüfer. Sowohl das KonTraG mit der Erweiterung der Berichtspflichten als auch das KapAEG mit seinen Befreiungsvorschriften brachten nicht unerhebliche Änderungen des Strafrechts für den Wirtschaftsprüfer mit sich, die bislang in der Literatur nicht erörtert wurden.

Desweiteren sollen systematische und verfassungsrechtliche Besonderheiten untersucht und aufgezeigt werden, die eine Anwendung des Strafrechts auf wirtschafts- und bilanzrechtliche Sachverhalte erschweren. Dabei wird sich zeigen, daß sowohl die restriktive Auslegung handelsrechtlicher Begriffe als auch die überaus diffusen Kriterien hinsichtlich einer Überprüfbarkeit von Prognoseentscheidungen zur untergeordneten Bedeutung des Bilanzstrafrechts in der Praxis beitragen.

In einem letzten Teil der Arbeit soll der Frage nachgegangen werden, ob sich die Bedeutung des Strafrechts bei anderen Prüfungsanlässen als der Jahresabschlußprüfung für den Wirtschaftsprüfer ändert. Die Literatur verweist allgemein auf die grundsätzliche Gleichheit der den Wirtschaftsprüfer betreffenden Strafnormen im HGB und im AktG. Bei genauerer Betrachtung sind aber Unterschiede festzustellen, die im einzelnen aufgezeigt werden sollen.

## II. Wirtschaftsprüfer und Jahresabschlußprüfung

### A. Der Wirtschaftsprüfer

Einleitend sollen die Gründe und die verfolgten Ziele dargestellt werden, die zur Schaffung der Profession des Wirtschaftsprüfers in ihrer heutigen Gestaltung geführt haben. Auf Gründe und Zielsetzungen wird im weiteren Verlauf der Untersuchung bei der Rechtsgutsbestimmung der einschlägigen Normen zurückgegriffen werden.

#### 1. Überblick über die historische Entwicklung

a) Entwicklung bis 1931

Der Beruf des Wirtschaftsprüfers ist das Ergebnis eines wirtschaftshistorischen Entwicklungsprozesses, wobei dessen Geschwindigkeit durch das Aufkommen des Kapitalismus im 19. Jahrhundert rapide und sprunghaft anstieg.[20] Bereits im Mittelalter erfuhr der Beruf bereits mehrere differenzierte Ausprägungen, dessen Entwicklungslinien sich heute in dem Berufsbild des Wirtschaftsprüfers vereinen.[21]

Eine *ganz wesentliche Wurzel* für die Entwicklung vom Buchführer über den internen Buchprüfer zum externen Revisor ist in der Schaffung von Aktiengesellschaften und der damit verbundenen Trennung von Eigentum und Disposition an und bei Gesellschaften zu erblicken, da eine interne Revision aufgrund ihrer Abhängigkeit von der Geschäftsführung keine Gewähr für eine objektive, unabhängige Berichterstattung bot.[22] In der Folgezeit erweiterte sich der anfangs relativ klei-

---

[20] Revisorische Tätigkeiten lassen sich bereits um 3000 v. Chr. belegen, vgl. *Meisel*, Wirtschaftsprüfergeschichte, S. 5, 17 ff. m.w.N.; *Hax*, in: Muthesius (Hrsg.), Treuhandgesellschaft, S. 100.
[21] *Leffson*, Wirtschaftsprüfung, S. 1 f.; *Penndorf*, in: Ertel (Hrsg.), Wirtschaftsprüfung, S. 41; *Loitlsberger*, Revisionswesen, S. 12; *Meisel*, Wirtschaftsprüfergeschichte, S. 23 ff. m.w.N.
[22] *Hax*, in: Muthesius (Hrsg.), Treuhandgesellschaft, S. 109 f.; *Möhle*, WPg 1954, 530; *Loitlsberger*, Revisionswesen, S. 13. Eine weitere Entwicklungslinie stellten die *gerichtlich vereidigten Bücherrevisoren* dar, wobei auch hier Objektivität und Unabhängigkeit der Sachverständigen gegenüber dem Sachverhalt entscheidend waren, vgl. *Penndorf*, in: Ertel (Hrsg.), Wirtschaftsprüfung, S. 46; *v. Eitzen*, Wirtschaftsprüfer, S. 7; *Meisel*, Wirtschaftsprüfergeschichte, S. 39, 50 f.; *Dietz*, Handelsgeschichte, S. 238 ff.; *Eisfeld*, Wirtschaftsprüfer 1953, 208.

ne Kreis der beherrschenden Gesellschafter beständig zu breit gestreuten Publikumsgesellschaften mit einem anonymen Gesellschafterkreis. Durch die ständige Vergrößerung des Adressatenkreises änderte sich der Charakter der Rechenschaftspflicht der Unternehmer gegenüber den Eigentümern über die Verwendung des ihnen überlassenen Kapitals.[23] Überwogen anfangs bei einem überschaubaren Gläubigerkreis die internen, privaten Kontrollinteressen der Kapitalgeber, mußte die Rechnungslegung nun öffentlich erfolgen, um auch den weitestgehend unbekannten Gläubigern zugänglich zu sein. Das Publizitätserfordernis ergab sich damit faktisch aus der an einen unbestimmten und unbestimmbaren Personenkreis gerichteten Rechenschaftslegung, die nunmehr überwiegend öffentlichen Interessen diente.[24]

Diese Publizität sollte die durch das im Jahre 1870 eingeführte Normativsystem entfallende staatliche Aufsicht ersetzen.[25] Die ihr beigemessenen gleichwertigen Regulationsfähigkeiten konnte sie aber nicht erfüllen, so daß es in der Folgezeit zu schwindelhaften Gründungen und Überbewertungen bereits in Aktiengesellschaften umgewandelter Unternehmen kam, wobei im Konkurs die Aktionäre ihr Kapital überwiegend fast gänzlich verloren. Mit der Aktienrechtsnovelle vom 18.07.1884[26] mußte der Gesetzgeber das Versagen des Systems der alleinigen Regulation durch die Publizität einräumen. Als Korrektur wurde neben der Gründungsprüfung eine schärfere zivil- und strafrechtliche Haftung der Gründer und der leitenden Organe eingeführt und der bislang fakultative Aufsichtsrat als ständiges Gesellschaftsorgan ausgestaltet.[27]

Seiner Funktionszuweisung als internes Kontrollorgan wurde er aber nicht gerecht, wobei einerseits die unzweckmäßige personelle Besetzung und unzureichende Kontrolltätigkeit des Aufsichtsrates selbst und andererseits die Undurchsichtigkeit der Bilanzen ständige Ansatzpunkte der Kritik waren.[28] Darüber hinaus war zu dieser Zeit die formelle Kontrollauffassung vorherrschend, was eine effektive Kontrolle verhinderte. Aus der unzureichenden internen Kontrolle ergab sich im

---

[23] *Leffson*, Wirtschaftsprüfung, S. 3.
[24] *Meisel*, Wirtschaftsprüfergeschichte, S. 38; *Hax*, in: Muthesius (Hrsg.), Treuhandgesellschaft, S. 111.
[25] Gesetz des Norddeutschen Bundes vom 11.06.1870, zitiert nach *Hahn*, HGB. Der Geltungsbereich des ADHGB wurde durch die Gesetze vom 16. und 22.04.1871 auf das ganze Reichsgebiet erweitert, vgl. auch *Meisel*, Wirtschaftsprüfergeschichte, S. 63 f.
[26] Gesetz betreffend die Kommanditgesellschaften auf Aktien und die Aktiengesellschaften vom 18.07.1884, RGBl. I, S. 123.
[27] *Meisel*, Wirtschaftsprüfergeschichte, S. 67 f. m.w.N.
[28] *Beham/ Herrmann*, Wirtschaftstreuhänder 1941, 26; *Leffson*, Wirtschaftsprüfung, S. 4.

Gläubigerinteresse ein zusätzlicher Impuls für eine stärkere externe Revisionstätigkeit. Die Inanspruchnahme von externen Bücherrevisoren bei Gründungen und zur Unterstützung des Aufsichtsrates führte dazu, daß sich die Einsicht der Notwendigkeit regelmäßiger Prüfungen durch ebenfalls externe Prüfer sowohl beim Gesetzgeber als auch bei den betroffenen Gesellschaften selbst durchsetzte,[29] zumal positive Erfahrungen mit der periodischen Pflichtprüfung durch das Genossenschaftsgesetz von 1889 vorlagen.[30] Nach dem Sinn des § 53 GenG 1889 sollte die Kontrolle der Vermögenslage Aufgabe des Aufsichtsrats sein und durch eine auf das allgemein Organisatorische ausgerichtete, externe Prüfung ergänzt werden.[31] Haftungsfragen sowie die Kontrolle der Geschäftsführung standen dabei eindeutig im Vordergrund. Gläubigerschutzinteressen wurden erst nach Zusammenbrüchen größeren Ausmaßes geäußert und beachtet.[32] Letztlich resultierten aus der Weltwirtschaftskrise Zusammenbrüche und Zahlungseinstellungen großer deutscher Unternehmen und Banken in einer insgesamt volkswirtschaftlich bedrohlichen Dimension, welche von den Vorständen teilweise mitverschuldet wurden.[33]

Aus historischer Sicht ist damit nicht ein einzelner eindeutiger Zweck für die Bildung der externen Revision feststellbar, sondern mehrere.

b)  Notverordnung vom 19. September 1931

Zur Begrenzung der binnenwirtschaftlichen Krise sowie um dem berechtigten Vertrauensverlust der Öffentlichkeit zu begegnen, sah sich der Gesetzgeber trotz der politisch instabilen Situation zum Handeln veranlasst nachdem er bereits in den

---

[29] Beginnend mit dem auslaufenden 19. Jahrhundert fand im Vorfeld der gesetzlichen Regelung eine freiwillige Jahresabschlußprüfung insbesondere bei den größeren Aktiengesellschaften zunehmende Bedeutung. Nach *Leffson*, Wirtschaftsprüfung, S. 4, sollen sich 60% der Aktiengesellschaften um das Jahr 1900 einer solchen satzungsgemäßen Prüfung unterzogen haben.

[30] Reichsgesetz betreffend die Erwerbs- und Wirtschaftsgenossenschaften vom 01.05.1889 i.d.F. v. 20.05.1898, RGBl. I, S. 810; zitiert als GenG 1889.

[31] *Zirwas-Buchholz*, S. 7.

[32] *Henning*, VjSWG 1990, 19; *Meisel*, Wirtschaftsprüfergeschichte, S. 82.

[33] Der erste große Zusammenbruch war die Frankfurter Allgemeine Versicherungsgesellschaft (FAVAG) im August 1929 deren Vorstände wegen Untreue und Bilanzverschleierung zu hohen Gefängnisstrafen verurteilt wurden, vgl. *Koch*, Wirtschaftsprüfer, S. 61 f. Im Juni 1931 wurden die hohen Verluste der Nordwolle bekannt, die durch die Dresdner Bank und die Danat Bank finanziert wurde; letztere. stelle im Juli 1931 wegen der hohen Verluste und des darauffolgenden Kapitalabzuges ihre Zahlungen ein. Gefördert wurden diese Zusammenbrüche durch Untreue, Unterschlagungen, Bilanzfälschungen oder Bilanzverschleierungen.

20er Jahren den Regelungsbedarf verkannt und die Entwicklung von Regelungen zunächst den nach wie vor zerstrittenen Berufsverbänden überlassen hatte.[34]
Er mußte nun das Scheitern seines Systems einer alleinigen Kontrolle durch den Aufsichtsrat in Verbindung mit der Publizität definitiv erkennen.[35] Unter dem Eindruck der Schäden der Inflation wurde die Forderung des Überganges von der unzureichenden formellen zur materiellen Kontrolle gestellt.[36]
Der Reichspräsident erließ per Notverordnung nach Art. 48 der Weimarer Verfassung am 19. September 1931 das Gesetz zur Pflichtprüfung des Jahresabschlusses der Aktiengesellschaften und KGaA durch sachverständige, unabhängige Prüfer.[37] Die Reform des Systems beinhaltete die Einführung einer externen Pflichtrevision neben der Prüfungspflicht des Aufsichtsrats und schuf so eine deutlich verbesserte Grundlage als Kontrollinstrument, um Manipulationen der Manager zu Lasten der Kapitalgeber zu verhindern.[38] Die Abschlußprüfung trat ergänzend neben die Vorschriften über die Rechnungslegung und diente den gleichen Zielen wie diese.[39] Diese Verordnung brachte sowohl in bilanzrechtlicher als auch in bilanzstrafrechtlicher Hinsicht einschneidende Neuerungen mit sich. Die wichtigsten Teile des Reformvorhabens wurden als Gesetz in den §§ 262a – 262g HGB a.F. verabschiedet, wobei sich der Gesetzgeber noch nicht festlegte, wer geeigneter *Bilanzprüfer* sein sollte.[40]
Zeitlich gestaffelt nach Wichtigkeit und Größe wurde die Pflichtprüfung in Abhängigkeit von der Anzahl der bestellten Wirtschaftsprüfer auf alle bedeutsamen gewerblichen Unternehmen erstreckt.[41] So waren auf Grund der ersten DVO vom

---

[34] *Langer*, Wirtschaftsprüfung, S. 3; *Meisel*, Wirtschaftsprüfergeschichte, S. 134, 172; *Schmaltz*, Betriebswirtschaft 1932, 254.
[35] Adler/Düring/Schmaltz § 316 Rdn. 8; *Meisel*, Wirtschaftsprüfergeschichte, S. 172. Dies wurde vor allem im Fall der FAVAG deutlich, vgl. *Eisfeld*, Wirtschaftsprüfung 1956, 450, 452; *Forster*, ZfB 1988, 789.
[36] *Eisfeld*, Wirtschaftsprüfung 1956, 450, 451.
[37] Verordnung des Reichspräsidenten über Aktienrecht, Bankenaufsicht und eine Steueramnestie v. 19.09.1931, RGBl. I, S. 493.
[38] *Marten*, Abschlußprüfer, S. 149; *Schüppen*, Bilanzstrafrecht, S. 79 f. m.w.N.
[39] *Westrick*, Abschlußprüfung, S. 15.
[40] Vgl. auch RGBl. I, S. 493, 496 f.
[41] Vgl. *Koch*, Wirtschaftsprüfer, S. 67; *Eisfeld*, Wirtschaftsprüfung 1956, 450, 451. Für gemeinnützige Wohnungsunternehmen durch die Verordnung des Reichspräsidenten vom 01.12.1930, RGBl. I, S. 517, insb. S. 593 ff.; für Versicherungsgesellschaften und Bausparkassen im Gesetz zur Änderung des Versicherungsaufsichtsgesetzes vom 30.03.1931, RGBl. I, S. 102 und in der Novelle zum Versicherungsaufsichtsgesetz vom 06.06.1931, RGBl. I, S. 315; für Wirtschafts-

15.12.1931[42] nur Gesellschaften prüfungspflichtig, deren Grundkapital RM 3 Mio. überstieg. Mit der DVO vom 20.12.1932[43] wurde diese auf RM 500.000 herabgesetzt und letztlich mit der DVO vom 16.12.1934[44] ganz aufgehoben, so daß ab diesem Zeitpunkt alle Aktiengesellschaften und KGaA der Pflichtprüfung unterlagen. Da einige Aktiengesellschaften bereits seit Mitte der 20er Jahre ihre Bilanzen auf freiwilliger Basis von Bilanzprüfern oder Treuhandgesellschaften prüfen ließen, stellte die gesetzliche Einführung keine gänzlich neue Aufgabe dar.[45] Neu war hingegen die Regelungsdichte der materiellen Prüfungsvorschriften. Die durch teilweisen Widerstand der Wirtschaft nach der Notverordnung aufgekommene Unsicherheit, ob Gesellschaftsorgane die Prüfung und damit den weitgehenden Einblick in Geschäftsvorgänge durch Beschluß ablehnen konnten, wurde erst im Juni 1934 abschlägig geklärt.[46]

Neben den Korrektiven des Aktienrechts verfolgte der Staat das weitergehende Eigeninteresse der Wirtschaft durch die Bereitstellung eines besonders qualifizierten Revisors ein Mittel zur Verfügung zu stellen, mit dessen Hilfe sie die

„Betriebe nach den modernen Grundsätzen der Betriebswirtschaftslehre und der Bilanzlehre wieder in Ordnung"[47]

bringen konnte und

„sich von allen Schlacken zu reinigen, die ihr seit der Inflationszeit noch anhaften",[48]

damit sie sich wieder Geltung und Ansehen gegenüber der ausländischen Wirtschaft zu verschaffen vermochte.

Sofern der Staat argumentiert, er wolle mit aller Energie der Wirtschaft neue Möglichkeiten eröffnen und sich nicht auf eine Nachahmung von Bilanzierungs-

---

betriebe der öffentlichen Hand durch die Notverordnung des Reichspräsidenten vom 06.10.1931, RGBl. I, S. 537; DVO vom 30.03.1933, RGBl. I, S. 163.

[42] RGBl. I, S. 760.
[43] RGBl. I, S. 563.
[44] RGBl. I, S. 125.
[45] Adler/Düring/Schmaltz, § 316 Rdn. 5.
[46] Die Pflichtprüfung stand zur Disposition der Aktionäre, welche durch einen Generalversammlungsbeschluß die Befreiung davon beschließen konnten, vgl. *K. Schmidt*, Handelsrecht, S. 450. Vgl. auch die 7. VO zur Durchführung der VO des Reichspräsidenten zum Aktienrecht usw. vom 08.06.1934, RGBl. I, S. 491. Die unterlassene Pflichtprüfung hatte danach die Nichtigkeit des Jahresabschlusses zur Folge. Das AktG 1937 hat diese Vorschrift dann in § 135 AktG 1937 übernommen, vgl. das Gesetz über Aktiengesellschaften und Kommanditgesellschaften auf Aktien vom 30.01.1937, RGBl. I, S. 107, zitiert als AktG 1937.
[47] *Freilinghaus*, in: Ertel (Hrsg.), Wirtschaftsprüfung, S. 26.
[48] *Freilinghaus*, in: Ertel (Hrsg.), Wirtschaftsprüfung, S. 26.

möglichkeiten anderer Länder beschränken,[49] so ist daraus zu folgern, daß er aus eigenem volkswirtschaftlichem Interesse die Wettbewerbsfähigkeit und Leistungsfähigkeit der Wirtschaft fördern wollte.[50] Damit waren der Schutz der Gesellschaften und mittelbar auch der Schutz der eigenen Volkswirtschaft ein weiteres durch den Wirtschaftsprüfer zu verfolgendes Ziel.

c) Ländervereinbarung vom 15. Dezember 1931

Zwecks Herbeiführung und Sicherung einheitlicher Regelungen bei Zulassung und Prüfung von *Bilanzprüfern* wurden zwischen der Reichsregierung und den Regierungen der einzelnen Länder *Grundsätze für die Bestellung des öffentlich bestellten Wirtschaftsprüfers* vereinbart.[51] In dieser ersten Durchführungsverordnung wurde bestimmt, daß die Befähigung zur Ausübung der neu geschaffenen Prüfungstätigkeit zunächst nur diejenigen besitzen, die in der erlassenen Anlage zur DVO aufgeführt sind.[52] Dieses gesetzliche Anforderungsprofil erfüllten 549 Wirtschaftsprüfer und 78 Wirtschaftsprüfungsgesellschaften.[53] Gleichzeitig wurde hier der Berufsstand zum ersten Mal mit dem rechtlich geschützten Namen des *Wirtschaftsprüfers* bezeichnet, der als Kompromiß der beteiligten Parteien zustande kam und den Tätigkeitsbereich des Wirtschaftsprüfers nicht gänzlich, aber doch hinreichend genau und unverwechselbar umschreibt.[54]

Der Verordnungsgeber entschied sich bei diesem Vorgehen gegen die Möglichkeit, einen bestehenden Beruf zum Abschlußprüfer zu qualifizieren, und für die Neuentwicklung des Berufsbildes, um diesen frei von den Berufsgruppen der Volkswirte, Juristen, technischen und kaufmännischen Organisatoren, Ingenieuren und ähnlichen Gruppen zu halten, welche sich zuvor unter der Berufsbezeichnung

---

[49] *Schmaltz*, Betriebswirtschaft 1932, 254.
[50] *Freilinghaus*, in: Ertel (Hrsg.), Wirtschaftsprüfung, S. 26.
[51] Die Verständigung mit den einzelnen Ländern war notwendig, da die Bestellung von Buchsachverständigen auf Grund des § 36 III der Reichsgewerbeordnung vom 21.10.1931, RGBl. I, S. 658, in der Kompetenz der Länder lag.
[52] 1. VO zur Durchführung der aktienrechtlichen Vorschriften der VO des Reichspräsidenten über Aktienrecht usw. vom 15.12.1931, RGBl. I, S. 760, Anlage S. 761. Abweichend davon wurden in Preußen schon vor dem Inkrafttreten dieser Wirtschaftsprüfer bestellt, vgl. *v. Eitzen*, Wirtschaftsprüfer, S. 10.
[53] *Hax*, in: Muthesius (Hrsg.), Treuhandgesellschaft, S. 102. Die Anzahl der Berufsangehörigen ist kontinuierlich von 549 im Jahre 1931 auf 11.355 zum 01.01.2003 angestiegen, vgl. http://www.wpk.de.
[54] Vgl. *Koch*, Wirtschaftsprüfer, S. 242 f., 245 mit Verweis auf die unbekannte Urheberschaft der jetzigen Berufsbezeichnung.

des Bücherrevisors zusammengefunden hatten.⁵⁵ Der gesetzgeberischen Intention entsprechend sollte der Wirtschaftsprüfer nicht alle bisherigen Erscheinungsformen wirtschaftsberatender Berufe in sich vereinigen; vielmehr sollte die Tätigkeit des Bücherrevisors verbessert, ergänzt, vertieft und vor allem auf einem einheitlichen und höheren Niveau ausgeübt werden.⁵⁶

### d) Wirtschaftsprüferordnung (WPO) von 1961

Mit der WPO vom 24.07.1961⁵⁷ als gesetzliche Grundlage des Berufsstandes wurde die in Deutschland zuvor bestehende Rechtszersplitterung beseitigt und die Selbstverwaltung des Berufs bundeseinheitlich geregelt. Die Aufgaben des Wirtschaftsprüfers ergeben sich abweichend aus den handelsrechtlichen Gesetzen des HGB, des AktG und des GmbHG. Detailfragen zum Berufsrecht ergeben sich aus der Berufssatzung; fachliche Details sind in Verlautbarungen und Stellungnahmen des IDW geregelt. Eine einheitliche Regelung durch die WPO wurde insbesondere aus fünf Gründen notwendig:⁵⁸

- Die Durchführung des EWG-Vertrages setzte ein einheitliches Berufsrecht voraus.
- Im Saarland gab es zuvor keine gesetzliche Regelung der wirtschaftsprüfenden Berufe.
- Die Anwendung des AktG erforderte einen einheitlich qualifizierten Wirtschaftsprüferberuf.
- Die Zersplitterung des Berufsrechts innerhalb der Besatzungszonen führte zu verfassungsrechtlichen Problemen.
- Die Berufsentwicklung und Berufsausübung wurden durch die Regelungsvielfalt wesentlich gehemmt.

Nachdem diverse Einzelbestimmungen der WPO durch die Verabschiedung anderer Gesetze u.a. im strafrechtlichen Bereich angepaßt wurden,⁵⁹ brachte das Gesetz

---

⁵⁵ *Meisel*, Wirtschaftsprüfergeschichte, S. 181.
⁵⁶ *v. Eitzen*, Wirtschaftsprüfer, S. 9.
⁵⁷ Verkündet am 29.07.1961, in Kraft getreten am 01.11.1961; BGBl. I, S. 1049.
⁵⁸ *Gerhard*, Wirtschaftsprüferordnung, S. 16. Desweiteren gab es keinen einheitlichen und hinreichenden Schutz der Berufsbezeichnung, vgl. *Koch*, Wirtschaftsprüfer, S. 138. Heute ist der unbefugte Gebrauch der Berufsbezeichnung des Wirtschaftsprüfers nach § 132a I Nr. 2 StGB strafrechtlich geschützt.
⁵⁹ BGBl. I, S. 2258. Art. 12 Nr. 4 des Gesetzes zur Änderung der StPO und des GVG v. 19.12.1964, BGBl. I, S. 1067; Art. 61 des Einführungsgesetzes z. Gesetz über Ordnungswidrigkeiten v. 24.5.1968, BGBl. I, S. 503; Art .14 d. Gesetzes zur Änderung v. Kostenermächtigun-

zur Änderung der Wirtschaftsprüferordnung und anderer Gesetze vom 20.8.1975, bekanntgemacht am 5.11.1975, eine erste umfassende Reform.[60] Die nächste wesentliche Änderung erfuhr die WPO durch das Bilanzrichtliniengesetz von 1985, mit dem die 4., 7. und 8. EU-Richtlinie (Prüferrichtlinie) in deutsches Recht transformiert wurde.[61] Einhergehend damit wurde das in Deutschland bestehende Prüfungsmonopol der öffentlich bestellten Wirtschaftsprüfer im Zuge der Harmonisierung der Rechnungslegungsvorschriften innerhalb der EU mit der Wiedereinführung des *vereidigten Buchprüfers* 1986 aufgegeben.[62]

Weitere Änderungen brachte das Zweite Gesetz zur Änderung der WPO vom 20.07.1990.[63] Darin war u.a. die wechselseitige Anerkennung entsprechender Berufsqualifikationen im Bereich der EU enthalten. Eine Erweiterung des Anwendungsbereiches folgte aus dem Einigungsvertrag vom 31.08.1990 und dem entsprechenden Gesetz vom 23.09.1990.[64]

Das Dritte Gesetz zur Änderung der WPO korrigierte mit Wirkung zum 01.01.1995 vor allem das berufsrechtliche Standesrecht.[65] Ausgehend vom Urteil des BVerfG zum Standesrecht der Rechtsanwälte war es notwendig, die im Rahmen von Berufsrichtlinien existierenden Eingriffsvorschriften in eine förmliche Berufssatzung zu übernehmen, um der Qualität standesrechtlicher Vorschriften zu genügen.[66] Die Standesrichtlinien, auf die sich die Ehrengerichte bei Eingriffen in die Berufsausübung stützten, sind nach Ansicht des BVerfG keine ausreichende gesetzliche Grundlage für *statusbildende* Entscheidungen im Sinne des Art. 12 I GG, an dem die Zulässigkeit und Verhältnismäßigkeit derartiger Maßnahmen zu beurteilen ist. Demnach brauche nicht jede Eingriffsnorm ausschließlich durch den Gesetzgeber erlassen zu werden, sondern könne auch durch eine mit Autonomie ausgestattete Körperschaft in Form einer Satzung erfolgen. Die Standesrichtlinien erfüllten aber nicht diese einzuhaltenden normativen Anforderungen. Außerdem enthalte die BRAO keine Ermächtigung zum Erlaß von Normen mit Satzungsqualität. Bloße Auffassungen des Berufsstandes könnten aber keinen

---

gen, sozialversicherungsrechtlichen und anderen Vorschriften v. 23.06.1970, BGBl. I, S. 805; Art. 172 d. Einführungsgesetzes zum Strafgesetzbuch v. 02.03.1974, BGBl. I, S. 469; Art. 14 d. Gesetzes zur Ermächtigung des Ersten Gesetzes zur Reform des Strafverfahrensrechts v. 20.12.1974, BGBl. I, S. 3686.

[60] BGBl. I, S. 2803.
[61] BGBl. I, S. 2355.
[62] Vgl. dazu *Grewe*, WPg 1986, 85, 86.
[63] BGBl. I, S. 1462.
[64] BGBl. II, S. 885.
[65] Drittes Gesetz zur Änderung der WPO v. 15.07.1994, BGBl. I, S. 1569.
[66] BVerfG, NJW 1988, 191.

Grundrechtseingriff legitimieren. Dieser Ansicht des BVerfG ist durch den Erlaß einer Berufssatzung der Wirtschaftsprüferkammer nach § 57 III, IV WPO vom 11.06.1996 Rechnung getragen worden.[67] Die letzten Änderungen erfolgten durch das Wirtschaftsprüferordnungs-Änderungsgesetz (WPOÄG).[68] Dadurch wurde die lange Zeit diskutierte und international bereits verbreitete Qualitätskontrolle, der sog. *peer review*, als § 57a I 1 WPO in das deutsche Recht eingeführt.[69] Inhaltlich bedeutet dies, daß im Abstand von drei Jahren eine Qualitätskontrolle durch einen anderen Berufsangehörigen durchgeführt wird. Widersetzen sich Wirtschaftsprüfer dieser Pflicht, so sind sie nach § 319 II 2 Nr. 2, III Nr. 7 HGB als Abschlußprüfer ausgeschlossen.[70] Es ist nicht Gegenstand dieser Kontrolle, ob ein bereits geprüfter Jahresabschluß tatsächlich richtig bewertet wurde.[71] Bereits aus der Berufssatzung folgt die Pflicht, eine Wirtschaftsprüferpraxis so einzurichten, daß die Einhaltung der Berufspflichten mit hinreichender Sicherheit gewährleistet ist.[72] Diese Pflicht, angemessene und wirksame Grundsätze und Maßnahmen zur Qualitätssicherung einzuführen, die *qualitätsgefährdende Risiken* aufdecken soll, wird nach der Gesetzesreform kontrolliert, wobei die Vorgaben der VO 1/1995 als Mindestanforderungen zu verstehenden sind.[73]

Organisiert und überwacht wird das Verfahren von der Wirtschaftsprüferkammer, die zu diesem Zweck die unabhängige *Kommission für Qualitätskontrolle* eingerichtet hat, § 57e I 3 WPO. Die Prüfung wird durch einen als *Prüfer für Qua-*

---

[67] WPK, Satzung über die Rechte und Pflichten bei der Ausübung der Berufe des Wirtschaftsprüfers und des vereidigten Buchprüfers (der Wirtschaftsprüferkammer) vom 11.06.1996, WPK-Mitteilungen 1996, 176 ff.

[68] Gesetz zur Änderung von Vorschriften über die Tätigkeit der Wirtschaftsprüfer (Wirtschaftsprüferordnungs-Änderungsgesetz – WPOÄG) vom 19.12.2000, BGBl. I, S. 1769 ff. Das Gesetz ist zum 01.01.2001 in Kraft getreten.

[69] Vgl. zur Diskussion um die Einführung einer Qualitätskontrolle etwa *Marks/Schmidt*, WPg 1998, 975 ff.; *Dörner*, in: Poll (Hrsg.), FS Brönner, S. 94 f.

[70] Die Regelung gilt für Berufsangehörige mit Mandanten, deren Anteile an einer Börse amtlich notiert sind, für die Prüfung von Abschlüssen für nach dem 31.12.2002 endende Geschäftsjahre, für alle anderen Berufsangehörigen für nach dem 31.12.2005 endende Geschäftsjahre.

[71] *Kaminski*, in: IDW (Hrsg.), WP-Handbuch, Abschnitt A, Rdn. 372.

[72] Vgl. etwa §§ 4 I, III und 7 der Berufssatzung. Vgl. auch die VO 1/1995 vom IDW und der WPK: Zur Qualitätssicherung in der Wirtschaftsprüferpraxis. IDW/WPK, WPg 1995, 824 ff.

[73] *Kaminski*, in: IDW (Hrsg.), WP-Handbuch, Abschnitt A, Rdn. 345; IDW/WPK, WPg 1995, 824 ff.; *Dörner*, in: Poll (Hrsg.), FS Brönner, S. 97; WP-Handbuch/*Kaminski*, Abschnitt A, Rdn. 346. Eingehend zu Modellen der internen Qualitätskontrolle *S. Schmidt*, Qualitätskontrollen, S. 111 ff.

*litätskontrolle* bei der Wirtschaftsprüferkammer registrierten Wirtschaftsprüfer nach § 57a III, VI WPO durchgeführt. Abgeschlossen wird die Prüfung mit einem *Qualitätskontrollbericht*, der eine Beurteilung des Prüfungsergebnisses enthält und sowohl der geprüften Praxis als auch der Kommission für Qualitätskontrolle ausgehändigt wird, § 57a V WPO.[74] Das Prüfungsergebnis kann sowohl uneingeschränkt bzw. eingeschränkt erteilt als auch versagt werden. Ob die wechselseitige Kontrolle[75] glaubwürdig ist oder sich tatsächlich qualitätsfördernd auswirkt bleibt abzuwarten.[76]

Unter strafrechtlichen Gesichtspunkten relevant sind die zwei neuen Tatbestände der §§ 133a, 133b WPO, die das WPOÄG mit sich brachte. Sanktioniert wird dort die Verletzung der Verschwiegenheitspflicht der Mitglieder des Qualitätskontrollbeirats nach § 57f IV WPO. Dies war nötig, um eine Strafbarkeitslücke zu schließen, da alle bestehenden Strafnormen nicht den Fall abdeckten, daß ein Geheimnis dem Wirtschaftsprüfer in seiner Eigenschaft als Mitglied dieses Gremiums bekanntgeworden ist.

## 2. Stellung des Wirtschaftsprüfers

Die Funktion des Wirtschaftsprüfers läßt sich schwer durch einen technischen Begriff beschreiben, da im deutschen Rechtssystem kein dem Wirtschaftsprüfer genau vergleichbares Berufsbild existiert. Er ist hinsichtlich der Pflichtprüfung Träger einer öffentlich-rechtlichen Funktion. Durch die Aufgabe des Konzessionssystems wurde die staatliche Aufsicht über gewisse Unternehmungen an ihn delegiert. Der Wirtschaftsprüfer wird daher gelegentlich als *Garant der Publizität* und Träger eines öffentlichen Auftrages bezeichnet.[77] Die Tätigkeit des Wirtschaftsprüfers erfolgt damit zugleich im öffentlichen Interesse. Gleichwohl wird er auf privatrechtlicher Grundlage tätig; er ist kein beliehener Unternehmer im Sinne des öf-

---

[74] Weitergehend zum Inhalt der Prüfung *Kaminski*, in: IDW (Hrsg.), WP-Handbuch, Abschnitt A, Rdn. 360 ff. Vgl. auch IDW EPS 140: Die Durchführung von Qualitätskontrollen der Wirtschaftsprüferpraxis, WPg 2000, 762 ff.

[75] Wechselseitige Prüfungen sollen ausgeschlossen sein um Mißbrauch zu verhindern, *Kaminski*, in: IDW (Hrsg.), WP-Handbuch, Abschnitt A, Rdn. 359. Dennoch kann dies nicht die Bildung von Prüfungsverkettungen verhindern, die das Kriterium der Wechselseitigkeit nicht mehr erfüllen und die Kontrolle zumindest teilweise damit unterlaufen.

[76] *Clauß*, NJW 2001, 2383 f.

[77] *Schulze-Osterloh*, ZGR 1976, 411, 416 ff.; *Schroers*, Abschlußprüfer, S. 94 f.

fentlichen Rechts.[78] Dementsprechend sieht die h.M. in dem Prüfungsvertrag einen zivilrechtlichen Vertrag, wobei umstritten ist, ob es sich bei der Geschäftsbesorgung um einen Dienst- oder Werkvertrag handelt.[79] Die Berufsgrundsätze der Unabhängigkeit und Unbefangenheit nach § 43 WPO charakterisieren die rechtliche Stellung des Prüfers. Er übt einen freien Beruf aus, vergleichbar mit dem eines Rechtsanwalts nach §§ 1, 2 BRAO, eines Steuerberaters nach §§ 32 II 1, 57 ff. StBG oder eines Notars nach § 1 BNotO. Anders als diese Berufsgruppen ist er aber kein Organ der Rechtspflege (§ 1 BRAO) oder unparteiischer Betreuer der Beteiligten (§ 14 BNotO). Ebenso ist er kein Organ der zu prüfenden Gesellschaft.[80]

Seine Tätigkeit im gesetzlichen Auftrag dient öffentlichen Interessen, ohne eine an der Rechnungslegung interessierte Gruppe zu bevorzugen; dies zeigt deutlich seine Informations- und Warnfunktion gegenüber der Gesellschaft. Seine Aufgabe ist daher am ehesten vergleichbar mit der eines Sachverständigen, der die Einhaltung spezieller Normen zu überprüfen, nicht aber deren Zweckmäßigkeit zu beurteilen hat. Seine Funktion läßt sich danach am besten mit dem Terminus *konstruktiv kritischer Sachverständiger* beschreiben.

---

[78] *Gloeckner*, Haftung, S. 21; Geßler/Hefermehl/Eckardt/*Kropff*, § 162 Anm. 4; MüKo HGB/*Ebke*, § 318 Rdn. 19; BBK/*Hense/Veltins*, § 318 Rdn. 14.

[79] *Henn*, Aktienrecht, Rdn. 1092; *Nann*, Wirtschaftsprüferhaftung, S. 22 ff. m. ausführl. Begründung; a.A. *Hönle*, BB 1981, 466, 468. Schulze-Osterloh, ZGR 1976, 411, 419 ff. Für einen Dienstvertrag sprechen sich u.a. aus: *Esser*, Haftung, S. 11; *Gloeckner*, Haftung, S. 22 f.; *Westrick*, Abschlußprüfung, S. 31; *Heck*, AcP 140, 154, 178 ff. und auch gem. Nr. 2 I der AAB vom 01.07.2000 das IDW. Für einen Werkvertrag sprechen sich u.a. aus: Baumbach/*Hueck*, AktG, § 163 Anm. 3; *Godin/Wilhelmi*, § 163 AktG Anm. 3; KK AktG/*Claussen*, § 163 AktG Anm. 14. Weitergehend zum Streitstand *Nann*, Wirtschaftsprüferhaftung, S. 24 ff., m.w.N.

[80] Eine solche wird von einem älteren Teil der Literatur und der Rechtsprechung angenommen, so *Hüffer*, AktG, § 33 Rdn. 3; *Schlegelberger/Quassowski*, § 141 AktG Anm. 2; *Godin/Wilhelmi*, §§ 162, 163, 164 AktG, jeweils Anm. 2; *Henn*, Aktienrecht, Rdn. 524, 1088 f. m.w.N.; Adler/Düring/Schmaltz (1979), § 164 AktG Anm. 3, ablehnend jetzt in der 6. Auflage, § 319 HGB Rdn. 13 ff. Vgl. auch *Gloeckner*, Haftung, S. 24; BGHZ 16, 17, 25; BGH, WPg 1980, 326. Der neueren Literatur zufolge hat der Abschlußprüfer keine Organstellung, vgl. Baumbach/*Hopt*, HGB, § 318 Anm. 1; *Ebke*, Wirtschaftsprüfer, S. 14. Durch die nunmehr in § 321 I 3 HGB ausdrücklich normierte Warnpflicht des Abschlußprüfers entfällt der innere Grund für eine Organstellung, welche seinerzeit mittragender Entscheidungsgrund des BGH war, BGHZ 16, 17, 25.

## 3. Exkurs: Der Wirtschaftsprüfer, ein freier Beruf?

Die gesetzliche Konzeption des Wirtschaftsprüferberufes als Einzelprüfer entspricht nicht der heutigen Realität. Wirtschaftsprüfungsgesellschaften beherrschen den Prüfungsmarkt eindeutig. Unter ihnen findet ein Konzentrationsprozeß mit starkem Konkurrenzkampf statt. Dadurch wird die Unabhängigkeit des Wirtschaftsprüferberufes beeinträchtigt.

Mit zunehmender Mandatsgröße ist festzustellen, daß eine umfassende Prüfung durch einen Einzelprüfer nicht mehr zu bewältigen ist, sondern eine größere Organisation nötig wird, die der zwangsläufigen weitgehenden Spezialisierung Rechnung trägt. Der Konzentrationsprozeß der Wirtschaft hat einen Konzentrationsprozeß bei den prüfenden Berufen ausgelöst. Dies wird durch statistische Untersuchungen belegt, wonach sich eine Mandatsverschiebung vom Einzelwirtschaftsprüfer zu der Wirtschaftsprüfungsgesellschaft hin ergibt.[81] Die Praxis zeigte bereits früh, daß die Prüfung der alljährlich wiederkehrenden Jahresabschlüsse überwiegend von den Wirtschaftsprüfungsgesellschaften durchgeführt wurde.[82] Sie ist damit die heute eindeutig dominierende Gesellschaftsform im wirtschaftlichen Prüfungswesen. Gleichzeitig ist bei Wirtschaftsprüfungsgesellschaften innerhalb Deutschlands eine Konzentration zu Gunsten der sog. Top-Sieben-Gesellschaften zu erkennen, die gleichzeitig eine Verbindung in Form von Kooperationsverträgen zu den international größten, sog. *Big-Six*-Gesellschaften aufweisen.[83] Ein einzelner Wirtschaftsprüfer kann heute kaum die Anforderungen eines großen Mandanten erfüllen und hat das Schwergewicht seiner Tätigkeit daher im Bereich der Prüfung und Beratung der kleinen Aktiengesellschaften und GmbHs.[84] Nach Ansicht der Literatur wird dieser Prozeß auch durch die einheitlichen Normen der Rechnungslegung und Prüfung innerhalb der EU gefördert. Im Rahmen der internationalen Verflechtung folgt das Prüfungswesen den Entwicklungen der Wirtschaft und etabliert Strukturen einer gewissen Größe, um am internationalen Wettbewerb teilzunehmen und zu bestehen.

---

[81] *Meisel*, Wirtschaftsprüfergeschichte, S. 277.
[82] Bereits für das Geschäftsjahr 1950/51 führten 21 Einzelprüfer und 33 Wirtschaftsprüfungsgesellschaften 307 bzw. 1127 Prüfungen durch, was 50% der Pflichtprüfungen entsprach, vgl. *Koch*, Wirtschaftsprüfer, S. 152, 175 unter Zitierung von *Ludewig*, Jahresabschlußprüfung, S. 129 ff.
[83] 1972 konnten die fünf großen deutschen Prüfungsgesellschaften ihren Anteil an der Gesamtsumme aller zu prüfenden Aktiengesellschaften auf 77% verbessern, vgl. *Albach*, in: Aschfalk/Hellfors/Marettek (Hrsg.), FS Hartmann, S. 64 f. Eine neuere Untersuchung setzt den Anteil der Top-Sieben-Gesellschaften auf 80% fest, vgl. *Marten*, Abschlußprüfer, S. 229.
[84] *Meisel*, Wirtschaftsprüfergeschichte, S. 279.

Durch diese Entwicklung steht der Wirtschaftsprüfer faktisch in einer Konkurrenzsituation, die nach der gesetzlichen Intention vermieden werden sollte. Die faktische Bedeutung der Unabhängigkeit ist dadurch genauso zur unrealisierbaren Zielvorstellung geworden, wie die Stellung des Rechtsanwaltes als *Organ der Rechtspflege*. Faktisch haben sich beide Berufe zu Anbietern einer Dienstleistung entwickelt.

## 4. Praktische Erfahrungen

Die Erfahrungen, auch die der jüngsten Vergangenheit (Holzmann AG), haben gezeigt, daß eine mit der Schaffung des Wirtschaftsprüferberufes verfolgte Zielvorstellung sich nicht realisiert hat: Der Wirtschaftsprüfer kann die Öffentlichkeit nicht vor überraschenden Unternehmenszusammenbrüchen bewahren. Dabei handelt es sich um ein weltweit anzutreffendes Problem, das unter dem Stichwort der *Erwartungslücke* bekannt ist.[85] Für die hier relevante Frage, warum sich diese Zielvorstellung des Gesetzgebers nicht erfüllt hat, ist die Antwort in der Art der durchzuführenden Kontrollen zu suchen. Eine vorwiegend vergangenheitsorientierte, auf eine formelle und materielle Kontrolle bestehender Vorschriften ausgerichtete Revision vermag weder die Gesamtsituation noch die zukünftige Entwicklung hinreichend zu beurteilen.[86] Von einer Funktion als *Krisenwarner* war bei Konstituierung des Berufes nicht die Rede.[87] Dies ist bei einer vergangenheitsorientierten Prüfung schwierig, da im Rahmen der Bewertung viele Ansätze eher auf Prognosen und Schätzungen beruhen, die allenfalls auf Vertretbarkeit und Plausibilität untersucht werden können, nicht aber auf *Richtigkeit*.

Diesen Umständen trägt der durch das KonTraG neu eingeführte Prüfungsansatz der problemorientierten Prüfung Rechnung.[88] Durch den problemorientierteren Prüfungsansatz, verbunden mit neueren Prüfungstechniken, ist die Prüfung nicht mehr ausschließlich vergangenheitsbezogen. Die sog. *große Redepflicht* im Prüfungsbericht wurde erweitert und der Bestätigungsvermerk wird zukünftig freier formulierbar sein, um zu aussagefähigeren Ergebnissen im Einzelfall zu gelangen, gleichzeitig aber auch die Erwartungshaltung der Öffentlichkeit zu reduzieren. Zusätzliche Berichterstattungs- bzw. Offenlegungspflichten im Anhang und im Lagebericht

---

[85] Vgl. unten S. 105.
[86] *Grewe*, WPg 1986, 85, 88.
[87] Zur heutigen Erwartung vgl. etwa *Strobel*, DB 1977, 2153.
[88] Vgl. unten S. 121.

erweitern die Publizität. Inwieweit die Änderung der Prüfungsausrichtung zukünftig Unternehmenskrisen vorhersehbarer macht, bleibt allerdings abzuwarten.

### 5. Aufgaben und Zielsetzung der Abschlußprüfung

Der Jahresabschluß ist ein Teil des betrieblichen Bilanzwesens. In der Betriebswirtschaftslehre ist die Frage des Bilanzzweckes – und damit verbunden die Frage des Zwecks ihrer Prüfung – eine der am ausführlichsten diskutierten Fragen mit einer fast unüberschaubargroßen Anzahl vertretener Ansichten. Sie soll hier nicht weiter vertieft werden.[89] Für die weitere Darstellung ist es ausreichend, sich auf ein Modell zu beschränken, das die Bilanzzwecke aus juristischer Sicht umfassend wiedergibt. Aus diesem Modell werden sodann die Zwecke hervorgehoben und dargestellt, die durch die Abschlußprüfung verwirklicht werden.

a) Bilanzzwecke

Die Zwecke der Bilanz lassen sich am besten durch eine Zweiteilung der Funktionen darstellen. Der eine Teil der Funktionen läßt sich mit dem Begriff *Informationsspeicher* beschreiben, der andere mit dem Begriff *Fixierung von Rechtskompetenzen und -pflichten*.[90]

Dabei beinhaltet die Gruppe des Informationsspeichers die Zwecke

- der Dokumentationsfunktion,[91]
- der Rechenschaft gegenüber den Kapitalgebern bzw. Gesellschaftern[92] und
- der Unterrichtung Außenstehender.[93]

Läßt sich der Adressatenkreis in den meisten Fällen mühelos bestimmen, wirft der Zweck der *Unterrichtung Außenstehender* Probleme auf. Wird hinsichtlich der Informationsfunktion die weitreichendste Ansicht zu Grunde gelegt, sollen alle aktuell wie auch potentiell *eine geschäftliche Verbindung Suchenden* in diese Informationsfunktion einbezogen werden. So sollen die Anteilseigner, die gegenwärtigen und potentiellen Gläubiger, die Kunden, die Lieferanten, die Arbeitnehmer sowie

---

[89] Vgl. weiterführend dazu *Lück*, StB-Handbuch, S. 192 ff.; Küting/Weber/*Pfitzer/Oser*, Kap. 2 Rdn. 1 ff.; *Leffson*, GoB, S. 111; *Moxter*, StuW 1989, 233; *E. Müller*, in: Gross (Hrsg.), FS Wysocki, S. 161.
[90] *Bitz/Schneeloch/Wittstock*, S. 27 ff.; *Schüppen*, Bilanzstrafrecht, S. 99.
[91] *Bitz/Schneeloch/Wittstock*, S. 27; *Leffson*, GoB, S. 47 ff.
[92] *Castan*, Rechnungslegung, 14, lit. b; *Bitz/Schneeloch/Wittstock*, S. 28 f.
[93] *Castan*, Rechnungslegung, 15, lit. g; *Bitz/Schneeloch/Wittstock*, S. 31 f.

die Öffentlichkeit Adressaten dieser Informationspflicht sein.[94] Da der Jahresabschluß von Kapitalgesellschaften grundsätzlich veröffentlichungspflichtig ist (§§ 322, 325 HGB), ist er auch dem genannten weiten Empfängerkreis zugänglich. Ob aber deshalb alle diese Gruppen vom Gesetzgeber als Adressaten des Jahresabschlusses anzusehen sind, ist zweifelhaft. Insbesondere die Einbeziehung der *Öffentlichkeit* und derjenigen, die noch keinerlei rechtliche Verbindung zur Gesellschaft haben, erscheint fraglich.[95]

Die Gruppe der Fixierung von Rechtskompetenzen und -pflichten ist leichter faßbar, da sie sich unmittelbar aus den gesetzlichen Vorschriften herleiten läßt. Sie benötigt dazu aber die Ergebnisse der ersten Funktionsgruppe. Sie beinhaltet die

- Regeln der nominellen Eigenkapitalerhaltung (Ausschüttungssperre),[96]
- Gewinn- und Verlustverteilung,[97]
- Kompetenzaufteilung zwischen Gesellschaftsorganen bei der Gewinnausschüttung[98] sowie die
- Ermittlung der Besteuerungsbasis.[99]

b) Jahresabschlußprüfung

Aufgabe und Zielsetzung der aktienrechtlichen Abschlußprüfung sind seit Einführung der Pflichtprüfung nahezu gleich geblieben. Aus dem umfassenderen Aufgabenbereich der Bilanz lassen sich für die Jahresabschlußprüfung vor allem drei Funktionen hervorheben.[100]

- die Kontrollfunktion,
- die Informationsfunktion,
- die Beglaubigungsfunktion.

---

[94] *Lück*, StB-Handbuch, S. 193 Rdn. 7.
[95] Vgl. unten S. 57.
[96] *Castan*, Rechnungslegung, 14 f., lit. d; *Bitz/Schneeloch/Wittstock*, S. 33 f.
[97] *Castan*, Rechnungslegung, 14, lit. c; *Bitz/Schneeloch/Wittstock*, S. 36.
[98] *Bitz/Schneeloch/Wittstock*, S. 33 ff.
[99] *Castan*, Rechnungslegung, 14, lit. a.
[100] Nach *Münzinger*, Bilanzrechtsprechung, S. 484, werden die Dokumentation der Vermögensgegenstände und Schulden, die Schuldendeckungskontrolle, die Ausschüttungssperre und die Ermittlung des verteilbaren Gewinns als Bilanzzwecke von den Zivil- und Strafgerichten angesehen.

Die Kontrollfunktion und die Informationsfunktion sind nach innen, in die Gesellschaft hinein gerichtet, während der Beglaubigungsfunktion in erster Linie Außenwirkung zukommt.

(1) Kontrollfunktion

Die praktischen Erfahrungen zeigten, daß eine Kontrolle nötig war, ob die gesetzlichen Vorschriften über den Jahresabschluß von dem Rechnungslegungspflichtigen eingehalten wurden. Sowohl aus Unkenntnis oder Nachlässigkeit als auch zur Bilanzfälschung waren gesetzliche Vorschriften unrichtig oder nicht angewendet worden.

Gegenstand und Umfang der Prüfung ergeben sich im einzelnen aus § 317 HGB, wonach sich die Prüfung grundsätzlich auf den Jahresabschluß und den Lagebericht zu erstrecken hat. Nach § 317 I HGB hat die Prüfung die Buchführung, die Einhaltung der Vorschriften aus Gesetz und die Beachtung der ergänzenden Bestimmungen im Gesellschaftsvertrag bzw. der Satzung zu umfassen. Insbesondere ist die Einhaltung der Vorschriften über die Bilanzierung, die Bewertung, die formelle Gliederung des Jahresabschlusses und die Aufzählung der vermerkpflichtigen Angaben im Anhang zu beachten.[101] Ebenfalls dazu gehören die Grundsätze ordnungsgemäßer Buchführung (GoB), die sich in die Grundsätze der Dokumentation und der Rechenschaft untergliedern lassen.[102]

Die primäre Aufgabe der Abschlußprüfung besteht also darin festzustellen, ob die gesetzlichen Vorschriften und sie ergänzende Bestimmungen der Satzung oder des Gesellschaftsvertrages beachtet wurden. Die Jahresabschlußprüfung hat daher den Charakter einer Gesetzmäßigkeits-, Satzungsmäßigkeits- und Ordnungsmäßigkeitsprüfung hinsichtlich der Rechnungslegung.[103]

Damit unterscheidet sie sich sowohl von der Zielsetzung als auch von der Prüfungsplanung und -durchführung her von Sonder- und Unterschlagungsprüfungen, die speziell auf die Aufdeckung von Unregelmäßigkeiten ausgerichtet sind.

---

[101] *Dannecker*, in: Blumers/Frick/Müller (Hrsg.), Betriebsprüfungshandbuch, Abschnitt K, Rdn. 619; Heymann/*Herrmann*, § 317 Anm. 1; Ebenroth/Boujong/Joost/*Wiedmann*, § 317 Rdn. 1.
[102] Baumbach/*Hopt*, HGB, § 317 Anm. 1. Zur weiteren Zusammensetzung der GoB vgl. *Meier*, Jahresabschlußprüfung, S. 62.
[103] Adler/Düring/Schmaltz, § 316 Rdn. 18; Ebenroth/Boujong/Joost/*Wiedmann*, § 316 Rdn. 4; *S. Schmidt*, Qualitätskontrollen, S. 11. Dies gilt auch nach dem Inkrafttreten des KonTraG, vgl. unten S. 121.

## (2) Informationsfunktion

Der Informationsfunktion der Bilanz kommt aus der Sicht des Gesetzgebers zentrale Bedeutung zu.[104] Sie dient in einer Zielrichtung der kaufmännischen Selbstinformation und zur Ermittlung des verteilbaren Gewinns (=Zahlungsbemessungsfunktion) sowie als Grundlage für die steuerliche Gewinnermittlung. Über die Ausschüttungssperre kommt ihr damit eine Sicherungsfunktion zu.

Ein weiterer gesellschaftsinterner Zweck der Informationsfunktion, bezogen auf den Jahresabschluß, ist die Information der gesetzlichen Vertreter, des Aufsichtsrates und bei der GmbH auch der Gesellschafter. Soweit die Organe Aufsichtspflichten wahrzunehmen haben, soll die Jahresabschlußprüfung sie darin unterstützen. Bei der AG dienen diese Vorschriften insbesondere dem Aufsichtsrat. Seiner eigenen Prüfungspflicht des Jahresabschlusses kommt der Aufsichtsrat in der Regel am einfachsten durch Kenntnisnahme und Erörterung der Ausführungen im Prüfungsbericht nach § 321 HGB nach.

Gemäß § 321 I 1 HGB hat der Abschlußprüfer über Art und Umfang sowie das Ergebnis der Prüfung des Jahresabschlusses und des Lageberichts schriftlich zu berichten. Inhaltlich hat er sich dabei an § 321 HGB zu orientieren, der durch das KonTraG eine erhebliche inhaltliche Erweiterung gegenüber der früheren Berichtsform des § 321 I S. 2 bis 4 HGB a.F. erhalten hat. Besondere Aufklärungspflichten ergeben sich aus § 321 I 3 HGB, der die aktuelle Fassung der sog. *großen Warnpflicht* darstellt. Danach hat der Wirtschaftsprüfer bei der Feststellung einer Bestandsgefährdung, einer wesentlichen Beeinträchtigung der Entwicklung des Unternehmens oder schwerwiegenden Verstößen des Vorstandes oder eines Arbeitnehmers gegen Gesetz, Gesellschaftsvertrag oder die Satzung darüber gesondert zu berichten.[105]

Die Informationsfunktion der Jahresabschlußprüfung ist damit eine grundsätzlich andere als die Informationsfunktion der Bilanz selbst. Während letztere nach außen gerichtet ist, sollen die durch die Jahresabschlußprüfung erlangten Informationen primär der Gesellschaft dienen. Die Jahresabschlußprüfung ist an die Gesellschaftsorgane, also nach innen, gerichtet und soll diese bei der Erfüllung der ihnen zugewiesenen Organisations-, Führungs- und Kontrollaufgaben unterstützen.[106]

---

[104] *Lück*, StB-Handbuch, S. 192, Rdn. 4.
[105] Streitig war diesbezüglich, ob sich der Wirtschaftsprüfer durch einen Sonderbericht außerhalb des Berichts über die Jahresabschlußprüfung entlasten kann. Verneinend *Nann*, Wirtschaftsprüferhaftung, S. 36; bejahend *Gloeckner*, Haftung, S. 31. Durch das KonTraG mit der Erweiterung der Berichtspflichten ist der Streit als dahingehend geklärt anzusehen, daß ein Bericht außerhalb des Berichtes unzulässig ist.
[106] Adler/Düring/Schmaltz, § 316 Rdn. 19 ff.; MüKo HGB/*Ebke*, § 316 Rdn. 23.

### (3) Beglaubigungsfunktion

Sind nach dem abschließenden Ergebnis der Prüfung keine Einwendungen zu erheben, so hat der Abschlußprüfer dies durch einen Bestätigungsvermerk, auch Testat genannt, zu bescheinigen, § 322 HGB.

Die Prüfungsbestimmungen machen insgesamt deutlich, daß die Abschlußprüfung eine Beglaubigungsfunktion erfüllt, insbesondere gegenüber den Adressaten des Jahresabschlusses, für die der Bestätigungsvermerk das einzige Unterrichtungsmittel über das Ergebnis der Prüfung darstellt.[107] Zu nennen sind die Aktionäre einer AG, die Gläubiger und Geschäftspartner, die Mitarbeiter sowie die übrige interessierte Öffentlichkeit, meist vertreten durch die Wirtschaftspresse.

### 6. *Internationalisierung*

Der Wandel zur Internationalisierung und Vereinheitlichung des Berufsrechts vollzieht sich abseits des großen Geschehens der Internationalisierung der Rechnungslegung. Das IDW arbeitet auf internationaler Ebene mit verschiedenen internationalen Vereinigungen zusammen, um bei der Verwirklichung dieses Ziels gestaltend Einfluß nehmen zu können.[108] Hervorgehoben sind das *International Accounting Standards Committee* (IASC) und die *International Federation of Accountants* (IFAC). Während sich das IASC um die Vereinheitlichung der Rechnungslegung bemüht, hat sich das IFAC im Rahmen des Berufsrechts die Koordination der Grundsätze auf fachlichem und berufsethischem Gebiet sowie der Aus- und Fortbildung zum Ziel gesetzt.

Das IDW paßt seine Verlautbarungen Schritt für Schritt an die internationalen Gepflogenheiten an, welche durch das IASC in den *International Standards on Auditing* konkretisiert und verabschiedet werden.[109] Die Mitgliedsorganisationen sollen nach besten Kräften auf die Beachtung der internationalen Standards hinwirken. Dies geschieht beispielsweise durch die Verankerung dieser Grundsätze in nationalen Verlautbarungen, oder durch Übernahme der grundlegenden Prinzipien in das nationale Regelungssystem.

---

[107] Adler/Düring/Schmaltz, § 316 Rdn. 22; MüKo HGB/*Ebke*, § 316 Rdn. 23.
[108] *Kaminski*, in: IDW (Hrsg.), WP-Handbuch, Abschnitt B, Rdn. 63 ff.
[109] *v. Eitzen*, Wirtschaftsprüfer, S. 203. Diese Standards wurden von der IOSCO als Grundsätze ordnungsmäßiger Abschlußprüfung anerkannt. Der deutsche Gesetzgeber akzeptiert ebenfalls den Hinweis der Prüfung nach den Grundsätzen der IFAC im Rahmen der Börsenzulassung ausländischer Unternehmen, vgl. *v. Eitzen*, Wirtschaftsprüfer, S. 208 m.w.N.

Im Zuge dieser Internationalisierung und der Umsetzung der ISA hat das IDW die Benennung der Fachgutachten und Stellungnahmen geändert. Die Verlautbarungen in der Form der Fachgutachten und Stellungnahmen heißen nun einheitlich *IDW Prüfungsstandard* (IDW PS) bzw. *IDW Rechnungslegungsstandard* (IDW RS).[110] Der Verbindlichkeitsgrad dieser Standards entspricht dem der bisherigen Fachgutachten und Stellungnahmen.[111] Die bisherigen Fachgutachten und Stellungnahmen behalten solange ihre Gültigkeit, bis sie teilweise oder ganz durch entsprechende IDW Standards ersetzt sind. Ergänzend sollen *IDW Prüfungshinweise* (IDW PH) und *IDW Rechnungslegungshinweise* (IDW RH) in das System der Verlautbarungen aufgenommen werden, die eine geringere als die den bisherigen Verlautbarungen und Stellungnahmen entsprechende Verbindlichkeit haben.[112]

Bezüglich des Detaillierungsgrades werden die neuen Verlautbarungen dem internationalen Standard angepaßt, wodurch diesbezügliche Unterschiede in den Rechnungslegungssystemen entfallen.[113]

Hinsichtlich der vom IFAC verabschiedeten internationalen Prüfungsvorschriften wird die Ansicht vertreten, daß der deutsche Wirtschaftsprüfer verpflichtet sei, auch diese bei seiner Tätigkeit zu beachten. Begründet wird dies mit der für nationale Prüfungsvorschriften bestehenden faktischen Verbindlichkeit. Es sei sachlich nur folgerichtig, daß den sonstigen anerkannten Regeln die gleiche faktische Verbindlichkeit zukommt.[114]

Dieser Ansicht ist jedoch nicht zu folgen. Nach eigener Feststellung des Berufsstandes sind diese internationalen Verlautbarungen nicht unmittelbar verpflichtend.[115] Die Verlautbarungen sind nur an die Mitgliedsorganisationen gerichtet, die sich zur Transformation dieser in nationales Recht verpflichtet haben. Danach hat ein *International Standard on Auditing* (ISA) nur bindende Wirkung, sofern er Niederschlag in einem Fachgutachten gefunden hat. Berufsauffassungen einer internationalen, privatrechtlich organisierten Vereinigung sind weder für die deutsche Jurisdiktion oder die Legislative noch für die Exekutive von Bedeutung. Damit sie ihrer Rechtsnatur entsprechend eine faktische Bindungswirkung entfalten können, bedarf es eines Umsetzungsaktes in nationale Berufsregelungen. Erst nach Über-

---

[110] IDW, WPg 1998, 651 f.
[111] vgl. IDW, FG 1/1988, WPg 1989, 9ff., Abschn. C. IV und § 4 IX der Satzung des IDW.
[112] IDW, WPg 1998, 651 f. Zu der Benennung und Numerierung der neuen Standards vgl. auch *Sell*, Bilanzdelikte, S. 53.
[113] Vgl. etwa zur Aufstellung des Lageberichts IDW RS HFA 1, IDW, WPg 1998, 653 und zur Prüfung des Lageberichts IDW PS 350, WPg 1998, 663.
[114] *Sell*, Bilanzdelikte, S. 63.
[115] IDW, FG 1/1988, WPg 1989, 9 ff., Abschnitt C. IV. Anm. 2.

nahme der internationalen Prinzipien in Verlautbarungen des IDW sind diese rechtlich verbindlich.

Die fehlende Verbindlichkeit der internationalen Regeln ist auch aus verfassungsrechtlichen Gründen gerechtfertigt. Würde man die internationalen Verlautbarungen zu den nach § 43 WPO sonstigen anerkannten fachlichen Regeln zählen, wäre der für das Strafrecht relevante Bestimmtheitsgrundsatz des Art. 103 II GG hinsichtlich der Rechtsgrundlage für berufsrechtliche Sanktionen nicht mehr gewahrt.

Die zukünftige Entwicklung wird zeigen, ob die faktische Zweiteilung des Prüferberufes in nationale Einzelprüfer und international tätige Prüfungsgesellschaften aufgehoben wird. Durch die zunehmende Umsetzung der ISA-Prüfungsstandards in nationales Recht ist ein internationaler Prüfungsansatz für jeden Abschlußprüfer dann faktisch verpflichtend.

## 7. Zusammenfassung

Der Beruf des Wirtschaftsprüfers wurde hauptsächlich zur Beseitigung der Mängel des Aktienrechts geschaffen. Diese hatten sich zusammen mit der Weltwirtschaftskrise und den damals herrschenden politischen Umständen zu einer volkswirtschaftlich bedrohlichen Lage zugespitzt. Daneben wurde der Berufsstand der Wirtschaftsprüfer mit der Aufgabe der Sanierung der Gesellschaften unter betriebswirtschaftlichen Gesichtspunkten im volkswirtschaftlichen Interesse betraut. Seine Funktion läßt sich am besten mit dem Begriff eines *kritischen konstruktiven Sachverständigen* umschreiben.

Das System der Kontrolle der Geschäftsführung und damit auch der Prüfung der Bilanz allein durch den Aufsichtsrat hat sich als untauglich und unzureichend erwiesen. Zudem war die Auffassung der Kontrolle und ihrer Durchführung zu dieser Zeit vorwiegend formell geprägt. Diese unzureichende Revision konnte keine effektive Kontrolle der Geschäftsführung bewirken.

Die den Wirtschaftsprüfer bei seiner Konstituierung treffenden Informationsfunktionen waren, im Gegensatz zur allgemeinen Informationsfunktion der Bilanz, nach innen gerichtet und sollten der Gesellschaft zugute kommen. Allein der Bestätigungsvermerk war an die Öffentlichkeit gerichtet.

Erst durch den problemorientierten Prüfungsansatz des KonTraG besteht die Chance, daß sich die Vorstellungen des damaligen Gesetzgebers vollständig verwirklichen.

Die gesetzlichen Grundlagen für den Beruf und die Tätigkeit des Wirtschaftsprüfers bilden die WPO und die in Selbstverwaltungsautonomie erlassene Berufssatzung der Wirtschaftsprüferkammer. Inhaltlich wird die Arbeit des Wirtschaftsprüfers maßgeblich durch die Verlautbarungen des IDW geprägt. Deren ständig steigende Anzahl hat der Wirtschaftsprüfer bei der Berufsausübung zu beachten. Diese Verlautbarungen besitzen keine Rechtsnormqualität, sind damit nicht rechtlich, wohl aber faktisch verbindlich. Direkten Eingang in das Strafrecht finden sie nicht. Gleichwohl werden sie zur Ausfüllung normativer Tatbestandsmerkmale herangezogen. Durch die Mitgliedschaft und Mitarbeit des IDW im IFAC fließen die Arbeitsergebnisse nach ihrer Umsetzung in das nationale Recht ein. Damit werden international anerkannte Grundsätze über die Art und Weise der Prüfungsdurchführung Bestandteil des nationalen Rechts.

## B. Jahresabschluß und Strafrecht

Die Aufgabe dieses Abschnittes ist, die Bedeutung der Strafvorschriften für den Jahresabschluß und für den Wirtschaftsprüfer zu bestimmen. Die folgenden Ausführungen zeigen, was im Rahmen einer Jahresabschlußprüfung strafbar ist und wie der Rechtsgüterschutz mit den bestehenden Strafnormen zu erreichen versucht wird. Neben der Darstellung der Entwicklung werdend dabei die allgemeinen den Jahresabschluß betreffenden Strafnormen und die speziellen nur für den Wirtschaftsprüfer einschlägigen Normen gemeinsam betrachtet. Die in der Literatur aufgeworfene Frage, ob Bilanzdelikte strafwürdig und strafbedürftig als kriminelles Unrecht sind,[116] ist, so wird es der weitere Verlauf der Darstellung zeigen, zu bejahen. Es wird sich ebenfalls zeigen, daß das Strafrecht für die Berufsausübung des Wirtschaftsprüfers in der Praxis eine nur untergeordnete Rolle spielt.

### 1. Entwicklung der Strafvorschriften

Seit der Entstehung von Aufzeichnungs- und Buchführungsverpflichtungen wurden an die Verletzung der jeweiligen Normen Sanktionen geknüpft, wenn auch die Zeit bis zum ADHGB 1870 als *weitgehend bilanzrechtsfrei* bezeichnet wird.[117] Die historischen Strafnormen dienten überwiegend der Absicherung der Dokumentationsfunktion der Bücher. Die Verletzung dieser Pflichten wurde meistens erst im Kon-

---

[116] Vgl. dazu nur *Schüppen*, Bilanzstrafrecht, S. 94 m.w.N.
[117] *Schneider*, Geschichte, S. 453.

kurs bedeutsam, dann waren allerdings drastische Strafsanktionen an die Rechtsverletzungen gebunden.[118] Die an eine Rechnungslegungsverpflichtung anknüpfenden Tatbestände sind nicht einheitlich zusammengefaßt, sondern finden sich verstreut in einzelnen Gesetzen. Der Grund liegt in der Unterschiedlichkeit von Anlaß und Umfang der den Normadressaten treffenden Rechnungslegungsverpflichtung.[119]

Die Entwicklung der bilanzrechtlichen Strafvorschriften läßt sich zweiteilen in einen allgemeinen Bereich und einen, der speziell den Wirtschaftsprüfer trifft. Während der letztere logischerweise erst im Jahr 1931 beginnt, lassen sich die übrigen am Jahresabschluß orientierten Strafnormen länger zurückverfolgen.

(1) ADHGB von 1861

Das ADHGB von 1861 übernahm in Art. 29 die aus dem *Code de Commerce* stammende Pflicht zur jährlichen Inventars- und Bilanzerstellung; Strafnormen waren nicht vorgesehen, auch nicht für den Konkursfall.[120]

(2) Aktiennovelle von 1870

Die Aktienrechtsnovelle von 1870[121] ist als Ausgangspunkt der Entwicklung des heutigen Aktienstrafrechts zu verstehen. Sie brachte den Wechsel vom Konzessions- zum Normativsystem. Gleichzeitig wurden als Kompensation des Entfalls der unmittelbaren Staatskontrolle Strafrechtsnormen eingeführt (Artikel 206, 249). Sanktioniert wurden der Gründungsschwindel, die unwahre oder verschleiernde Darstellung der Geschäftsverhältnisse sowie die unterlassene Anzeige bei Überschuldung.[122] Die Strafdrohung war an die persönlich haftenden Gesellschafter, die Aufsichtsratsmitglieder der KGaA und die Mitglieder des Vorstandes oder Auf-

---

[118] Im Rahmen des aufkommenden Insolvenzstrafrechts des 17. Jahrhunderts wurde aus festgestellten Buchführungsmängeln auf die Unehrlichkeit des Schuldners bzw. auf eine verschuldete Konkursherbeiführung geschlossen, LK/*Tiedemann*, vor § 283 Rdn. 32; *Meisel*, Wirtschaftsprüfergeschichte, S. 50. Die Nichtvorlage ordentlich geführter Bücher an die Gläubiger konnte als betrügerischer Bankrott angeklagt und mit der Todesstrafe geahndet werden, so nach den maßgeblich auf *Jaques Savary* zurückgehenden *Ordonnance de Commerce* von 1673.
[119] Ausführlich *Hauck*, Rechnungslegung, S. 19.
[120] Näher dazu *Schmidt-Busemann*, Handelsbücher, S. 58 ff., 67; *Oberbrinkmann*, Handelsbilanz, S. 49.
[121] ADHGB vom 11.06.1870, BGBl., S. 375.
[122] Geilen/Zöllner, vor §§ 399 Rdn. 1

sichtsrates der AG gerichtet. Die Tatbestände sollten Verschleierungshandlungen, die nicht unter das allgemeine Strafgesetz fielen, erfassen.

(3) StGB von 1871

Das Strafgesetzbuch von 1871[123] übernahm die aus dem preußischen StGB stammenden Konkursstraftaten fast unverändert und schuf damit ein für das deutsche Reich einheitliches Konkursstrafrecht. Die §§ 281, 283 StGB sanktionierten Mängel und Unterlassungen in Buchführung und Bilanzierung im Konkursfall. Diese im Zusammenhang mit dem Konkurs stehenden Strafvorschriften sollten im Interesse der Gläubiger die Dokumentationsfunktion der Rechnungslegung sichern.

(4) Konkursordnung von 1877

Die Konkursordnung vom 10.02.1877 schuf ein reichseinheitliches Konkursrecht, wobei die Strafbestimmungen aus dem StGB übernommen und teilweise verschärft wurden.[124] In den §§ 239, 240 KO wurde zwischen einfachem und betrügerischem Konkurs unterschieden. Beide Delikte konnten durch Unterlassen, Vernichten oder Unrichtigkeiten in der Führung von Handelsbüchern begangen werden und unterschieden sich in dem Erfordernis der Benachteiligungsabsicht der Gläubiger.[125] Das *Frisieren* also bewußte Verfälschen der Bilanz, war nicht ausdrücklich erwähnt, wurde aber als ein Unterfall der unordentlichen Buchführung anerkannt.

(5) Aktienrechtsreform 1884

Den Fehlentwicklungen des Aktienwesens wurde mit den bilanzrechtlichen Änderungen der Aktienrechtsreform von 1884 begegnet.[126] Hauptkritikpunkte waren die zu liberalen Vorschriften betreffend die Gründung von Gesellschaften, insbesondere die mangelhaft abgesicherten Informations- und Bilanzierungspflichten, sowie das Fehlen effektiver Strafvorschriften insgesamt.[127] Als nennenswerte Reform wurde unter anderem das Realisationsprinzip beim Ausweis von Gewinnen eingeführt. Die neuen Strafnormen wurden in einem *Vierten Titel* zusammengefaßt.

---

[123] Zitiert nach der Ausgabe (m. amtl. Motiven u. Erläuterungen) von *Puchelt*, Karlsruhe, 1871.
[124] LK/*Tiedemann*, vor § 283 Rdn. 36 m.w.N; *Schmidt-Busemann*, Handelsbücher, S. 69 ff.; *Hammerl*, Bankrottdelikte, S. 37 f.
[125] *Schüppen*, Bilanzstrafrecht, S. 71.
[126] Gesetz, betreffend die Kommanditgesellschaften auf Aktien und die Aktiengesellschaften vom 18.07.1884, RGBl. S. 123.
[127] *Schubert/Hommelhoff*, Aktienrechtsreform., S. 414.

Während § 249a HGB 1884 falsche Angaben über das Stammkapital bei der Gründung oder Kapitalerhöhung der Gesellschaft sanktionierte, bedrohte § 249b HGB 1884 Geschäftslagetäuschungen mit Strafe. Letztere Norm war an die persönlich haftenden Gesellschafter der KGaA, den Vorstand der AG und die Aufsichtsratsmitglieder und Liquidatoren beider Gesellschaftsformen adressiert. Im Rahmen der Reform wurde der Strafrahmen von drei Monaten auf ein Jahr Freiheitsstrafe bei gleichzeitiger Geldstrafe bis zu RM 20.000 verschärft. § 249d HGB 1884 enthielt erstmalig eine gegen jedermann gerichtete Strafvorschrift gegen betrügerische Kursbeeinflussung.[128]

(6) HGB 1931

Die per Notverordnung vom 19.09.1931 verabschiedete *Verordnung des Reichspräsidenten über Aktienrecht, Bankenaufsicht und eine Steueramnestie* fügte die Pflicht, eine Jahresabschlußprüfung durch unabhängige *Bilanzprüfer* durchführen zu lassen, als §§ 262a bis 262g HGB 1931 in dieses ein.[129] Gleichzeitig mit der Einführung der Prüfungs- und Berichtspflicht wurden diese nach § 318a HGB 1931 strafrechtlich sanktioniert.

§ 318a Nr. 1 HGB 1931 richtete sich an den Prüfer oder dessen Gehilfen und stellte das falsche Berichten über das Ergebnis der Prüfung oder das Verschweigen erheblicher Umstände im Bericht unter Strafe.

§ 318a Nr. 2 HGB 1931 sanktionierte sowohl die Verletzung der Pflicht zur Verschwiegenheit als auch die unbefugte Verwertung von Geschäfts- oder Betriebsgeheimnissen, die der Prüfer oder dessen Gehilfen bei Wahrnehmung ihrer Obliegenheiten erfahren hatten.

Bereits hier wurde die heute noch gültige Struktur angelegt, wonach die unrichtige Berichterstattung und die Geheimhaltung als zentrale strafrechtlich sanktionierte Pflichten des Wirtschaftsprüfers verankert wurden. Der Tatbestand sah für beide Alternativen einen einheitlichen Strafrahmen von maximal fünf Jahren Gefängnis nach § 16 I StGB a.F. vor.

Daneben wurde das Strafmaß des § 314 HGB 1931, der die unrichtige Darstellung oder Verschleierung im Jahresabschluß betraf, durch Schaffung einer unbestimmten Qualifikation eines besonders schweren Falles auf fünf Jahre erhöht.

---

[128] *Schubert/Hommelhoff*, Aktienrechtsreform, S. 516.
[129] Verordnung des Reichspräsidenten über Aktienrecht, Bankenaufsicht und über eine Steueramnestie vom 19.09.1931, RGBl. I, S. 142 ff.

## (7) Kreditwesengesetz 1934

Vervollständigt wurden diese Vorschriften durch das am 01.01.1935 in Kraft getretene und bereits 1939 novellierte Kreditwesengesetz.[130] Dieses enthielt in § 50 KWG 1934 (=§ 48 KWG 1939) eine dem heutigen § 265b StGB vergleichbare Strafbestimmung, wonach die Vorlage eines unwahren Jahresabschlusses bei einem Kreditinstitut zur Erlangung oder Erweiterung eines Kredites ohne Rücksicht auf dessen Zustandekommen mit Freiheitsstrafe geahndet wurde. Die praktische Bedeutung dieser Vorschrift blieb jedoch gering, was den Gesetzgeber 1961 zur Streichung der Norm unter gleichzeitigem Hinweis auf die allgemeinen Straftatbestände bewegte.[131]

## (8) Aktiengesetz 1937

Das AktG 1937[132] schloß die bereits in der Weimarer Republik begonnene Diskussion um eine über die Notverordnung von 1931 hinausgehende Reform des Aktienrechts ab. Redaktionell löste es die Vorschriften für die Aktiengesellschaft aus dem HGB heraus, einschließlich der Normen über den Jahresabschluß und der externen Prüfung. Der ehemalige Tatbestand des § 314 HGB 1931 betreffend die Geschäftslagentäuschung wurde zu § 296 AktG 1937, wobei die Strafandrohung für den durch die Notverordnung eingeführten *besonders schweren Fall* von fünf auf zehn Jahre Zuchthaus verschärft wurde. Inhaltlich unverändert wurde die Vorschrift des § 318a HGB 1931 jetzt in § 302 AktG 1937 übernommen. Nach § 16 I StGB a.F. betrug der Strafrahmen für die Alternativen der Nrn. 1 und 2 einheitlich maximal fünf Jahre Gefängnis.

## (9) Aktiengesetz 1965

Durch das AktG 1965[133] wurden die Strafnormen in ihrer bis heute gültigen Grundform geschaffen. In der Entwicklungsgeschichte des Aktienstrafrechts stellt dieses Gesetz eine Zäsur dar. Entgegen den Bestrebungen der Vergangenheit läßt dieses Gesetz eine deutliche Tendenz zur entschärften Neuregelung aktienstrafrechtlicher Bestimmungen erkennen.[134] Die spezifische aktienrechtliche Organuntreue, zuletzt

---

[130] Gesetz über das Kreditwesen vom 05.12.1934, RGBl. I, S. 1203; Gesetz über das Kreditwesen vom 25.09.1939, RGBl. I, S. 1955.
[131] *Kießner*, Kreditbetrug, S. 26 m.w.N.
[132] Gesetz über Aktiengesellschaften und Kommanditgesellschaften auf Aktien (Aktiengesetz) vom 30.01.1937, RGBl. I, S. 107.
[133] Aktiengesetz vom 06.09.1965, BGBl. I, S. 1089.
[134] Geilen/Zöllner, vor §§ 399 Rdn. 4 ff.

geregelt durch § 294 AktG 1937, wurde ersatzlos gestrichen, und weitere bisherige Straftatbestände wurden zu Ordnungswidrigkeiten herabgestuft und im neuen § 405 AktG 1965 verabschiedet. Durch die Einführung von Ober- und Untergrenzen bei Bewertungen enthielt das AktG 1965 erstmals einen vollen Aktionärsschutz.[135] Wegen der ansatzweisen Aufnahme eines Konzernrechts wurde § 400 AktG, der die Strafbarkeit wegen Geschäftslagetäuschungen regelte, um den Punkt der Berichterstattung über die *Beziehungen zu verbundenen Unternehmen* erweitert.

Redaktionell brachte das AktG 1965 eine Trennung der den Wirtschaftsprüfer betreffenden Strafvorschriften. Die nur durch den gemeinsamen Täterkreis zusammenhängende, ansonsten aber sehr heterogene Vorschrift des § 302 AktG 1937 wurde in ihre unterschiedlichen Alternativen aufgespalten. Durch die neue Bezifferung sollte die Eigenart und Selbständigkeit der Berichtspflicht und des Geheimnisschutzes besser zum Ausdruck gebracht werden.[136]

Nach § 403 I AktG 1965 machte sich strafbar, wer als Prüfer oder Gehilfe eines Prüfers über das Ergebnis der Prüfung falsch berichtete oder erhebliche Umstände im Bericht verschwieg. Der Strafrahmen sah Freiheitsstrafe bis zu drei Jahren und bzw. oder Geldstrafe vor. Bei Vorliegen der Qualifikation gem. § 403 II AktG erweiterte sich der Strafrahmen auf fünf Jahre.

Nach § 404 AktG wurde die unbefugte Offenbarung und Verwertung eines Geheimnisses der Gesellschaft, namentlich eines Betriebs- oder Geschäftsgeheimnisses, durch einen Prüfer oder seine Gehilfen, aber auch durch ein Mitglied des Vorstandes oder Aufsichtsrats oder als Abwickler bestraft. Der Strafrahmen betrug hier jetzt Gefängnis bis zu einem Jahr und bzw. oder Geldstrafe. Ebenfalls gab es hier eine Qualifikation (§ 404 II AktG), bei der sich der Strafrahmen auf zwei Jahre erhöhte. Neu war § 404 III AktG, der dieses Delikt zum Antragsdelikt ausgestaltete. Antragsberechtigt war die geschädigte Gesellschaft.

(10) PublG von 1969

Nach dem sog. *Publizitätsgesetz* von 1969[137] wurden Unternehmen ab einer bestimmten Größe unabhängig von ihrer Rechtsform zur Offenlegung ihrer Jahresabschlüsse verpflichtet. Die Richtigkeit der Abschlüsse wurde durch § 17 PublG, einer Nachbildung des § 400 AktG, strafrechtlich geschützt.

---

[135] *Schnellenbach*, Änderungen, S. 6.
[136] Geilen/Zöllner, § 403 Rdn. 1.
[137] Gesetz über die Rechnungslegung von bestimmten Unternehmen und Konzernen (PublG) vom 15.08.1969, BGBl. I, S. 1189.

(11) 1. WiKG 1976

Das erste Gesetz zur Bekämpfung der Wirtschaftskriminalität von 1976[138] brachte eine Reform des Konkursstrafrechts und den neuen Tatbestand des Kreditbetruges (§ 265b StGB) hervor. Aus Gründen der Generalprävention wurden die Konkursdelikte wieder in das StGB integriert. Buchführungsdelikte enthalten nunmehr die §§ 283 I Nrn. 3-5 und 283b StGB. Allein § 283b StGB kriminalisiert Buchführungsdelikte unabhängig vom Vorliegen einer Krisensituation, wenngleich es letztlich zur Zahlungseinstellung gekommen sein muß.[139] Beachtenswert ist, daß auch die leichtfertige Verletzung von Buchführungs- und Bilanzierungsverpflichtungen strafbewehrt ist, § 283b II StGB.[140]

Der ebenfalls durch dieses Gesetz eingeführte Kreditbetrug des § 265b StGB ist eine dem 1961 ersatzlos gestrichenen § 48 KWG 1939 ähnliche Vorschrift. Durch sie und den Straftatbestand des Kapitalanlagebetruges nach § 264a StGB soll nach der gesetzgeberischen Intention zugleich das Vertrauen in den Kapitalmarkt geschützt werden.

(12) Bilanzrichtliniengesetz 1985

Die nächsten Änderungen brachte das BiRiLiG vom 19.12.1985.[141] Es wurde als *Artikel-Gesetz* erlassen und transformiert drei EU-Richtlinien in nationales Recht. Es brachte erstmals eine Vereinheitlichung des Bilanzstrafrechts für alle Kapitalgesellschaften. Bis dahin waren die Rechtsgrundlagen der Rechnungslegung in verschiedenen Gesetzen zu finden. Die neueste und detaillierteste Regelung enthielt das AktG. Die Problematik war, festzustellen, ob diese Spezialvorschriften nicht Ausdruck allgemeiner bilanzrechtlicher Grundsätze waren und damit sinngemäß auch auf andere Unternehmen angewendet werden konnten. Die 4. EU-Richtlinie (*Bilanzrichtlinie*) vom 25.07.1978 enthält Bestimmungen über den Jahresabschluß von Gesellschaften bestimmter Rechtsformen.[142] Die Richtlinie koordiniert einzelstaatliche Vorschriften über den Inhalt und die Gliederung von Jahresabschlüssen, insbesondere aber die Bewertungsmethoden. Dabei wurden viele Wahlmöglich-

---

[138] Erstes Gesetz zur Bekämpfung der Wirtschaftskriminalität vom 29.07.1976, BGBl. I, S. 2034.
[139] Schönke/Schröder/*Stree*, § 283b Rdn. 7; LK/*Tiedemann*, vor § 283 Rdn. 39.
[140] LK/*Tiedemann*, vor § 283 Rdn. 40.
[141] BGBl. I, S. 2355. Die Bilanzvorschriften und damit auch die neuen Strafnormen waren erstmalig auf das nach dem 31.12.1986 beginnende Geschäftsjahr anwendbar, Art. 23 I EGHGB.
[142] 78/660/EWG, ABl. 1978 L 222/11 ff., BT-Drucks. 10/317, auch abgedruckt bei *Lutter*, Europäisches Unternehmensrecht, S. 139 ff.; *Biener*, HGB-Bilanzrecht, S. 469.

keiten gewährt, so daß die gewünschte Vergleichbarkeit nicht erreicht wird.[143] Die 7. EU-Richtlinie vom 13.06.1983 (*Konzernrichtlinie*) betrifft die Konsolidierung des Konzernabschlusses.[144] Die 8. EU-Richtlinie vom 10.04.1984 (*Abschlußprüferrichtlinie*) ist für den Wirtschaftsprüfer die wichtigste.[145] Sie regelt die Zulassung der mit der Prüfung der Rechnungslegungsunterlagen beauftragten Personen. Aus ihr geht hervor, wie die Ausbildung auszusehen hat, damit der Wirtschaftsprüfer international tätig werden darf. Sie enthält Mindestanforderungen, die von den Staaten nicht unterschritten werden dürfen. Das Ziel dieser Richtlinie ist, die Pflichtprüfung auch tatsächlich von besonders befähigten Berufsangehörigen durchführen zu lassen. Diese Mindestanforderungen bleiben jedoch hinter den insolvenzprophylaktischen Zielen der EU-Bilanzrechtsreform zurück.[146]

In seinem Kern enthielt das Bilanzrichtliniengesetz die §§ 238-339 HGB, die als Drittes Buch unter dem Titel *Handelsbücher* in das HGB aufgenommen wurden. Es besteht aus einem allgemeinen Teil, der für alle Kaufleute gilt (§§ 238-263 HGB), und ergänzenden Vorschriften für Kapitalgesellschaften (§§ 264-335 HGB) bzw. Genossenschaften (§§ 336-339 HGB). Hier wurden vom Gesetzgeber erstmals relativ detaillierte Rechnungslegungsvorschriften für alle Kaufleute aufgestellt. Der Inhalt und die Form der Eröffnungsbilanz, des Jahresabschlusses und des Lageberichts sowie das Konzernrecht ergaben sich nunmehr aus dem neugeschaffenen 3. Buch des HGB. Dabei wurden die bestehenden bilanzrechtlichen Strafbestimmungen durch die neu geschaffenen §§ 331-334 HGB ergänzt. Der Gesetzgeber hielt es in diesem Zusammenhang für sachgerecht, die Straf-, Zwangs- und Bußgeldvorschriften, die im Zusammenhang mit der Prüfung, Aufstellung und Offenbarung dieser Unterlagen stehen, ebenfalls in das HGB aufzunehmen.[147] Neu im deutschen Recht war mit § 334 HGB ein Ordnungswidrigkeitentatbestand, der Verstöße gegen die dort aufgeführten Bilanzierungsvorschriften mit Geldbuße belegte. Nach wie vor hielt der Gesetzgeber an einer punktuellen Strafbarkeit für bestimmte Situationen und Unternehmensformen fest; eine generelle Kriminalisierung bei unrichtiger Buchführung, Inventarisierung oder Bewertung besteht

---

[143] v. *Eitzen*, Wirtschaftsprüfer, S. 116.
[144] 83/349/EWG; ABl. 1983 L 193/1 ff., BT-Drucks. 10/3440, auch abgedruckt bei *Lutter*, Europäisches Unternehmensrecht, S. 207 ff.; *Biener*, HGB-Bilanzrecht, S. 507.
[145] 84/253/EWG; ABl. 1984 L 126/20 ff., BT-Drucks. 10/4268, auch abgedruckt bei *Lutter*, Europäisches Unternehmensrecht, S. 229 ff.; *Biener*, HGB-Bilanzrecht S. 532.
[146] v. *Eitzen*, Wirtschaftsprüfer, S. 145.
[147] Vgl. BT-Drucks. 10/317, S. 100 f.; BT-Drucks. 10/3440, S. 46.

nicht.[148] Der Unterschied zu den Insolvenzdelikten besteht darin, daß das Insolvenzrecht im Falle der Insolvenzvoraussetzungen nur die schwerwiegenden Fälle erfaßt, während sich das HGB auf alle Fälle bezieht.[149] Die relevantesten Unterschiede zwischen einer Kapitalgesellschaft und einem Kaufmann sind, daß die Kapitalgesellschaft zusätzlich einen Anhang (§ 284 HGB) und einen Lagebericht (§ 289 HGB) zum Jahresabschluß hinzufügen muß (§ 264 I HGB) und daß der Jahresabschluß unter Beachtung der GoB ein den tatsächlichen Verhältnissen entsprechendes Bild der Vermögens- Finanz- und Ertragslage der Gesellschaft vermitteln muß (§ 264 II HGB). Damit wurde neben der aus den GoB abgeleiteten Forderung nach einem möglichst sicheren Einblick der aus dem englischen Recht abgeleitete Grundsatz des *true and fair view* eingeführt. Auf die Spezialgesetze konnte aber nicht verzichtet werden. Die darin enthaltenen Spezialvorschriften, etwa die §§ 150 ff. AktG, 42 f. GmbHG, §§ 55 ff. VAG, §§ 25a ff. KWG oder die §§ 5 ff. PublG, treten ergänzend hinzu.

Zivilrechtlich ist die Erweiterung der allgemeinen Berichtspflicht über nachhaltige Veränderungen der Vermögens-, Finanz- und Ertragslage gegenüber dem Vorjahr und Verluste, die das Jahresergebnis nicht unerheblich beeinflußt haben, anzumerken, vgl. § 321 I 3 HGB. Dies bedeutet eine Mitteilungspflicht gegenüber den Empfängern des Prüfungsberichts über Verschlechterungen, die auch als *Krisensymptome* bezeichnet werden können.

Die Strafvorschriften spielten bei der Diskussion um die Transformation der Richtlinien in nationales Recht keine bedeutende Rolle. Sie finden sich im sechsten Unterabschnitt des 2. Abschnitts und gelten demgemäß für alle Kapitalgesellschaften. Wortlaut und Struktur der Strafvorschriften lassen erkennen, daß sie aus den aktienrechtlichen Strafbestimmungen entwickelt wurden.

Der dem § 403 AktG nachgebildete neue § 332 HGB wurde gleichzeitig inhaltlich um eine Alternative erweitert. Strafbar ist neben dem unrichtigen Berichten über das Ergebnis der Prüfung und dem Verschweigen eines erheblichen Umstandes in den angeführten Berichtsformen nun auch die Erteilung eines inhaltlich unrichtigen Bestätigungsvermerks. Nach Ansicht des Gesetzgebers war es unausgewogen, daß der an die Öffentlichkeit gerichtete Bestätigungsvermerk einen geringeren Schutz als der nicht öffentliche Prüfungsbericht genießen sollte.[150]

---

[148] Vgl. die Tagungsberichte der Sachverständigenkommission zur Bekämpfung der Wirtschaftskriminalität, Bd. 3, S. 53 ff.
[149] *Helmrich*, BiRiLiG, S. 317 f., aus BT-Drucks. 10/317.
[150] BT-Drucks. 10/317, S. 101; ausführl. *Biener/Berneke*, Bilanzrichtliniengesetz, S. 475.

Das Strafmaß bestehend aus Freiheitsstrafe bis zu drei Jahren bzw. Geldstrafe sowie die Erhöhung des Strafmaßes bei Vorliegen der Qualifikation nach § 332 II HGB auf fünf Jahre ist unverändert geblieben.

Die Verletzung der Verschwiegenheitspflicht sowie die unbefugte Verwertung von Geschäftsgeheimnissen ist nach § 333 HGB, der dem § 404 AktG nachgebildet wurde, strafbar.

Auch hier wurde das Strafmaß von Geldstrafe bzw. Freiheitsstrafe bis zu einem Jahr, bei Vorliegen der Qualifikation nach § 333 II HGB bis zu zwei Jahren, nicht verändert.

Die verbleibenden Strafbestimmungen der Spezialgesetze wurden nicht aufgehoben, sondern an die neuen Vorschriften des HGB angepaßt, wenngleich dies eine erhebliche Einschränkung ihres Anwendungsbereichs bedeutet. Ob der angestrebte Vereinfachungseffekt auch in strafrechtlicher Hinsicht tatsächlich eingetreten ist, erscheint zweifelhaft. Die sich an die Geschäftsführung richtenden Normen der §§ 400 I Nr. 1 AktG, 82 II Nr. 2 GmbHG, 147 II Nr. 1 GenG, 17 I Nr. 1 PublG und 143 Nr. 1 VAG bestehen weiterhin. Durch die Ergänzung

„wenn die Tat nicht in § 331 Nr. 1 des Handelsgesetzbuches mit Strafe bedroht ist"

wird für die §§ 400 I Nr. 1 AktG, 82 II Nr. 2 GmbHG, 147 II Nr. 1 GenG und auch § 143 Nr. 1 VAG die Subsidiarität dieser Vorschriften ausdrücklich angeordnet. Der § 17 PublG enthält hingegen keinen entsprechenden Hinweis, so daß er als Spezialgesetz dem § 331 HGB vorgeht.[151] Das Bilanzrichtliniengesetz hat insbesondere für die früher nur beschränkt prüfungspflichtige GmbH zur Ausweitung der Strafbarkeit geführt.

Die Anwendbarkeit der den Wirtschaftsprüfer betreffenden Strafvorschriften gestaltet sich ähnlich kompliziert wie bei den von der Gesellschaftsform abhängigen Normen. Hinsichtlich Jahresabschluß, Lagebericht, Konzernabschluß und Konzernlagebericht einer Kapitalgesellschaft ist § 332 HGB lex specialis gegenüber den in den Rechtsformgesetzen verbliebenen Strafvorschriften. Diese finden nach wie vor auf die übrigen, nicht den Jahresabschluß betreffenden Prüfungen Anwendung.[152] Im Bereich des PublG gehen die §§ 18, 19 PublG[153] und im Bereich der

---

[151] Der Gesetzgeber ging davon aus, daß es sich bei den Unternehmen nach dem PublG nicht um Kapitalgesellschaften handelt und damit die Vorschriften des HGB systematisch nicht anwendbar sind, vgl. *Schüppen*, Bilanzstrafrecht, S. 86.
[152] *Biener/Berneke*, Bilanzrichtliniengesetz, S. 473; Staub/*Dannecker*, § 332 Rdn. 67 ff., § 333 Rdn. 68; Heymann/*Otto*, § 332 Rdn. 44, § 333 Rdn. 42.
[153] Staub/*Dannecker*, § 333 Rdn. 68; MüKo HGB/*Quedenfeld*, § 332 Rdn. 51; § 333 Rdn. 34.

Genossenschaften die §§ 150, 151 GenG[154] als Spezialgesetze den HGB-Normen vor. Eine Ausnahme davon machen im Bereich des Genossenschaftswesens die Kreditinstitute. Die zutreffende Begründung ist, daß es sich bei den Genossenschaften nicht um Kapitalgesellschaften handelt und damit die §§ 331 ff. HGB nicht einschlägig sind. Im Bereich der Versicherungsaufsicht gehen die §§ 137, 138 VAG als Spezialgesetze den Regelungen des HGB vor.

(13) Exkurs: Die Generalklausel des § 264 II 1 HGB für Kapitalgesellschaften

Der Grundsatz des § 264 II 1 HGB, nach dem der Jahresabschluß der Kapitalgesellschaft unter Beachtung der Grundsätze ordnungsgemäßer Buchführung ein den tatsächlichen Verhältnissen entsprechendes Bild der Vermögens-, Finanz- und Ertragslage zu vermitteln hat, wird als Generalnorm der Rechnungslegung der Kapitalgesellschaft angesehen, deren praktischer Anwendungsbereich aber bislang unklar und umstritten ist. Fraglich ist insbesondere, ob der Generalnorm die Bedeutung eines *overriding principle* zukommt.[155] Nach der h.M. kommt eine Außerkraftsetzung von Einzelvorschriften zu Gunsten des Grundsatzes des § 264 II 1 HGB nicht in Frage.[156] Begründet wird diese Ansicht damit, daß der deutsche Gesetzgeber bewußt auf die Umsetzung der entsprechenden Klausel in der Richtlinie verzichtet hat und daß nach der Methodenlehre eine Spezialvorschrift nicht durch eine Generalklausel außer Kraft gesetzt werden kann.[157] Als Anwendungsbereiche verbleiben damit für die Generalklausel die Korrektur eines zu günstigen bzw. zu ungünstigen Bildes von der Lage der Unternehmung durch Erläuterungen im Anhang nach § 264 II 2 HGB und die Frage, welche Bedeutung sie für die Handhabung von Wahlrechten und Ermessensspielräumen hat.[158] Grundlegend läßt sich dazu sagen, daß die Generalklausel grundsätzlich nicht der vollen Ausnut-

---

[154] MüKo HGB/*Quedenfeld*, § 332 Rdn. 51; § 333 Rdn. 34.
[155] Zur Frage, ob ein richtlinienwidriges Transformationsdefizit vorliegt, weil auf eine vollständige Umsetzung des Art. 2 V der Richtlinie mit der Begründung verzichtet wurde, eine ausdrückliche Übernahme der dort enthaltenen Abweichungsmöglichkeit von Einzelvorschriften zugunsten der Generalklausel sei überflüssig, vgl. *Schüppen*, Bilanzstrafrecht, S. 199 ff.
[156] *Schüppen*, Bilanzstrafrecht, S. 202 m.w.N. Für ein *overriding principle*, v. *Eitzen*, Wirtschaftsprüfer, S. 175.
[157] Teilweise wird hier ein Transformationsdefizit gesehen. Die Ablehnung der Übernahme des Art. 2 V der 4. Richtlinie mit dem Argument der Überflüssigkeit sei bewußt erfolgt, vgl. *Schüppen*, Bilanzstrafrecht, S. 200.
[158] Vgl. zu den Korrekturverpflichtungen Baumbach/*Hopt*, HGB, § 264 Anm. 4B; Adler/Düring/Schmaltz, § 264 Rdn. 115 ff.

zung von Ermessens- und Wahlrechten entgegensteht; andererseits verbietet sie aber deren willkürliche Handhabung.[159]

Eine erhebliche inhaltliche Relativierung erfährt die Forderung eines *den tatsächlichen Verhältnissen entsprechenden Bildes der Vermögens-, Finanz- und Ertragslage* durch den in Abs. 2, Satz 1 enthaltenen Zusatz der Beachtung der Grundsätze ordnungsmäßiger Buchführung. Hier hat der deutsche Gesetzgeber bei der Transformation ein in der Bilanzrichtlinie enthaltenes Wahlrecht ausgeübt und damit am Vorsichtsprinzip in seiner bisherigen Form festgehalten. Das Bild der tatsächlichen Verhältnisse muß damit nur unter Beachtung der GoB erstellt werden, so daß Bilanz und Gewinn- und Verlustrechnung nach wie vor unter den Gesichtspunkten des Gläubigerschutzes und der Vorsicht erstellt werden können. Die Präsentation eines den tatsächlichen Verhältnissen entsprechenden Bildes und damit eine uneingeschränkte Informationsfunktion sind mit dieser Einschränkung nicht gewährleistet.[160]

Für die Praxis bedeutet die Neufassung keine Änderung. Die Generalklausel wird im Ergebnis nur herangezogen, sofern Lücken zu schließen sind oder Zweifel bei der Auslegung oder Anwendung von Einzelvorschriften auftreten.[161] Die Aufnahme der Kernaussage des § 264 II 1 HGB in die im Bestätigungsvermerk nach § 322 I HGB zu treffende Aussage beinhaltet eine doppelte Feststellung, nämlich sowohl die Feststellung der Gesetz- und Satzungsmäßigkeit des Jahresabschlusses als auch die Vermittlung einer zutreffenden Vorstellung über die Vermögens-, Ertrags- und Finanzlage des Unternehmens.[162] Der Wirtschaftsprüfer hat zu überprüfen, ob die Gesellschaft unter Berücksichtigung des ihr zur Verfügung stehenden Beurteilungs- und Ermessensspielraums ein zutreffendes oder zu günstiges bzw. ungünstiges Bild der Lage des Unternehmens gezeichnet hat.[163]

---

[159] Nach der h.M. können die Ansatz- und Bewertungswahlrechte voll ausgeschöpft werden, was aber im einzelnen sehr umstritten ist, vgl. dazu auch Baumbach/*Hopt*, HGB, § 264 Anm. 3C; Adler/Düring/Schmaltz, § 264 Rdn. 107; MüKo HGB/*Baeter*, § 264 Rdn. 20; Heymann/*Herrmann*, § 264 Rdn. 8; Ebenroth/Boujong/Joost/*Wiedmann*, § 264 Rdn. 20 ff.

[160] *Thiel*, in: IDW (Hrsg.), Rechnungslegung, S. 93; *Wolz*, WPK-Mitteilungen 1998, 121, 124.

[161] *Schüppen*, Bilanzstrafrecht, S. 209; Baumbach/*Hopt*, HGB, § 264 Anm. 3C.

[162] *Grewe*, in: IDW (Hrsg.), WP-Handbuch, Abschnitt Q, Rdn. 468 ff.

[163] *Nann*, Wirtschaftsprüferhaftung, S. 29; *Leffson*, Wirtschaftsprüfung, S. 317.

## (14) Bankbilanzrichtliniengesetz

Das Bankbilanzrichtliniengesetz[164] hat neben den Regelungen, daß alle Kreditinstitute einen Jahresabschluß bzw. Konzernabschluß nach den einheitlichen und neu geschaffenen Regelungen der §§ 340-340o HGB erstellen müssen, auch Auswirkungen auf die Anwendbarkeit der Strafnormen, die den Wirtschaftsprüfer betreffen. Durch dieses Gesetz wurde die für die Strafnormen des Genossenschaftsrechts bestehende generelle Spezialität durchbrochen. Über die neue Vorschrift des § 340m HGB sind die §§ 331 ff. HGB jetzt auch als leges specialis für alle Kreditinstitute anwendbar, die nicht in der Rechtsform einer Kapitalgesellschaft betrieben werden, also insbesondere die Kreditgenossenschaften. Das Jahresabschlußstrafrecht der Kreditgenossenschaften – und damit auch die für den Wirtschaftsprüfer bedeutsamen Strafnormen – richtet sich nunmehr nach den für Kapitalgesellschaften geltenden Vorschriften. Für die übrigen Genossenschaften bleibt es bei der Spezialität des § 147 GenG.[165] Abhängig vom Geschäftsgegenstand der Genossenschaften sind für die Wirtschaftsprüfer bei gleicher Tätigkeit unterschiedliche Strafnormen einschlägig.

Soweit es Kreditgenossenschaften betrifft, gehen die §§ 332, 333 HGB über § 340m HGB als leges speciales vor.[166] Nach § 151 I Nr. 2 GenG gilt diese Spezialität hinsichtlich § 333 HGB aber nur für Prüfer oder dessen Gehilfen. Für die übrigen Fälle verbleibt es bei der Anwendbarkeit der §§ 150, 151 I GenG.[167]

## (15) Kreditwesenänderungsgesetz 1992

Die nächsten Änderungen erfuhren die §§ 331 ff. HGB durch das Gesetz zur Änderung des Gesetzes über das Kreditwesen.[168] Inhaltlich wurde § 332 HGB auch auf die Prüfungen von Zwischenabschlüssen nach § 340a III HGB und Konzernzwischenabschlüssen von Kreditinstituten nach § 340i IV HGB ausgedehnt, so daß diese in gleicher Weise wie Prüfungen des Jahresabschlusses erfaßt werden.[169]

---

[164] Gesetz zur Durchführung der Richtlinie des Rates der Europäischen Gemeinschaften über den Jahresabschluß und den konsolidierten Abschluß von Banken und anderen Finanzinstituten (Bankbilanzrichtlinie-Gesetz) vom 30.11.1990, BGBl. I, S. 2570.
[165] K. Müller, GenG, § 147 Rdn. 1a.
[166] MüKo HGB/*Quedenfeld*, § 340m Rdn. 8; Heymann/*Otto*, § 340m Rdn. 2; Staub/*Dannecker*, Anh. § 333, § 340m Rdn. 1.
[167] K. Müller, GenG, § 150 Rdn. 1; § 151 Rdn. 1.
[168] Gesetz zur Änderung des Gesetzes über das Kreditwesen und anderer Vorschriften über Kreditinstitute vom 21.12.1992, BGBl. I, S. 2211.
[169] BT-Drucks. 12/3377, S. 48.

## (16) KonTraG 1998

Das Gesetz zur Kontrolle und Transparenz im Unternehmensbereich (KonTraG) von 1998[170] verändert explizit nur die handelsrechtlichen Prüfungsvorschriften. Strafrechtlich ist das Gesetz dennoch beachtlich, da die handelsrechtlichen Strafnormen die handelsrechtlichen Vorschriften in Bezug nehmen. Aufgrund dieser Verweisung verändert sich der Norminhalt des § 332 HGB in der Alternative des inhaltlich unrichtigen Bestätigungsvermerks dahingehend, daß nun die neue, wesentlich erweiterte und freiere Form des Bestätigungsvermerks diesem zu Grunde liegt.

## (17) KapCoRiLiG 2000

Durch dieses Gesetz[171] wird ein jahrelanger Konflikt mit der Kommission der EU zum Abschluß gebracht, nachdem die Bundesrepublik auf Antrag der Kommission vom EuGH wegen Nichtumsetzung der sog. GmbH&Co-Richtlinie und wegen nicht ausreichender Sanktionierung bei Unterlassen der Offenlegung von Jahresabschlüssen nach den Bilanzrichtlinien der EU verurteilt worden ist.[172]

Schwerpunkt dieses Gesetzes ist vor allem die Einbeziehung der Kapitalgesellschaften & Co. in die Rechnungslegungsvorschriften für Kapitalgesellschaften, §§ 264a-264c HGB. Daneben wurden die Größenmerkmale der §§ 267, 293 HGB erhöht bzw. herabgesetzt.

Personenhandelsgesellschaften, bei denen nicht wenigstens ein persönlich haftender Gesellschafter mittelbar oder unmittelbar eine natürliche Person ist, werden durch die neue Norm des § 264a HGB bezüglich der Aufstellung, Prüfung und Offenlegung sowohl des Jahres- als auch des Konzernabschlusses den für die Kapitalgesellschaften bestehenden Verpflichtungen unterworfen.[173] Dies hätte nach den Vorstellungen der EU bereits mit dem BiRiLiG erfolgen sollen.[174]

---

[170] Gesetz zur Kontrolle und Transparenz im Unternehmensbereich (KonTraG) v. 27.04.1998, BGBl. I, S. 786 ff.; vgl. unten S. 121
[171] Gesetz zur Durchführung der Richtlinie des Rates der Europäischen Union zur Änderung der Bilanz- und Konzernbilanzrichtlinie hinsichtlich ihres Anwendungsbereichs (90/605/EWG), zur Verbesserung der Offenlegung von Jahresabschlüssen und zur Änderung anderer handelsrechtlicher Bestimmungen (Kapitalgesellschaften – und Co-Richtlinie-Gesetz – KapCoRiLiG), vom 24.02.2000, BGBl. I, S. 154 ff..
[172] Urteile vom 22.4.99 (C-272/97) bzw. 29.9.98 (C-191/95).
[173] Zur Mittelbarkeit vgl. *Biener*, HGB-Bilanzrecht, Rdn. 135.
[174] Vgl. BR-Drucks. 61/82, § 178 HGB-E, und Begr. dazu S. 63 f.

Für die Anwendbarkeit der Straf- und Bußgeldvorschriften auf offene Handelsgesellschaften und Kommanditgesellschaften im Sinne des § 264a HGB wurde aus rechtsstaatlichen Gründen § 335b HGB als eine eigenständige Vorschrift geschaffen. Diese Sonderregelung war erforderlich, da im Nebenstrafrecht der Adressatenkreis der strafbewehrten Norm genau bezeichnet werden muß; eine Bezugnahme auf § 264a HGB wäre nicht ausreichend gewesen.[175] Unter strafrechtlichen Gesichtspunkten bringt diese Erweiterung keine Änderung strafrechtlicher Pflichten. Durch die zahlenmäßige Zunahme der Prüfungsfälle tritt nicht automatisch eine Erweiterung der strafrechtlichen Verantwortlichkeit für den Wirtschaftsprüfer ein.

(18) TransPuG 2002

Das TransPuG[176] soll zum einen den von der Kodex-Kommission am 26.02.2002 vorgelegten Corporate Governance Kodex[177] aktienrechtlich unterlegen, zum anderen die Modernisierung des Konzernbilanzrechts weiterführen. Der dementsprechend neugefaßte § 161 AktG verlangt eine vom Vorstand jährlich abzugebende (und vom Abschlußprüfer zu überprüfende) Erklärung, daß dem betreffenden Kodex entsprochen wurde.[178]

Zur Verbesserung der Zusammenarbeit und des Informationsaustauschs zwischen Vorstand und Aufsichtsrat wurde innerhalb des Strafrahmens des § 404 AktG differenziert. Bei börsennotierten Gesellschafen ist die Strafdrohung auf zwei Jahre erhöht worden, bei Vorliegen der Qualifikation sogar auf drei Jahre. Damit wurde der identische Strafrahmen im Vergleich zu § 333 HGB aufgegeben; soweit ersichtlich, wird eine Vereinheitlichung gegenwärtig nicht erwogen. Für den Wirtschaftsprüfer beinhaltet diese Änderung die rechtspolitisch bedenkliche Konsequenz, daß die Strafbewehrung der Verschwiegenheitspflicht bei der weitaus häufigsten Prüfungsart, der Jahresabschlußprüfung, mit ausgeprägten öffentlichkeitsbezogenen Aspekten geringer ist als bei aktienrechtlichen Prüfungen. Eine erneute Vereinheitlichung seitens des Gesetzgebers zur Vermeidung dieses Wertungswiderspruches wäre wünschenswert.

---

[175] *Biener*, HGB-Bilanzrecht, S. 258 f.
[176] Gesetz zur weiteren Reform des Aktien- und Bilanzrechts, zu Transparenz und Publizität (Transparenz- und Publizitätsgesetz) vom 19.07.2002, BGBl. I, S. 2681.
[177] http://www.corporate-governance-code.de.
[178] Ausführlich *Ihrig/Wagner*, BB 2002, 789, 790 f.

## 2. Strafrechtliche Absicherung des Jahresabschlusses

### a) Bezugsgegenstand

Jeder Kaufmann hat zum Schluß eines jeden Geschäftsjahres innerhalb der einem ordentlichen Geschäftsgang entsprechenden Zeit einen Jahresabschluß aufzustellen, §§ 242 III, 243 III HGB. Dieser besteht grundsätzlich aus der Bilanz und einer Gewinn- und Verlustrechnung und ist damit Bestandteil des betrieblichen Rechnungswesens, welches als

> „Verfahren zur systematischen Erfassung und Auswertung aller quantifizierbaren Beziehungen und Vorgänge der Unternehmung für die Zwecke der Planung, Steuerung und Kontrolle des betrieblichen Geschehens"[179]

beschrieben wird. Der Jahresabschluß als externer handelsrechtlich normierter Teil der Rechnungslegung wird mit der Teilfunktion der Rechenschaftslegungs- und Informationsaufgabe des betrieblichen Rechnungswesens umschrieben.[180]

### b) Beteiligte als Adressaten der Strafnormen

Der Entwicklungsprozeß bis zur endgültigen Fertigstellung des Jahresabschlusses wurde und wird durch verschiedene Strafnormen abgesichert, was in erster Linie zur Wahrung der mit der Abschlußprüfung verfolgten öffentlichen Interessen geschieht. Die Adressaten der Strafnormen sind dabei jeweils die Personen, in deren Verantwortung der jeweilige handelsrechtlich gebotene Schritt zur Fertigstellung liegt.

Eine ordnungsgemäße Buchführung bildet die Grundlage für einen ordnungsgemäßen Jahresabschluß, da letzterer aus ersterer entwickelt wird. Die Insolvenzstraftaten, insbesondere § 283b StGB, richten sich daher an den Kaufmann mit dem Ziel, eine ordnungsgemäße Buchführung sicherzustellen und weitergehend daraus überhaupt und rechtzeitig einen Jahresabschluß zu erstellen, §§ 283 I Nr. 5, 283b I Nr. 3 lit. b StGB. Inhaltlich werden die für die Erstellung des Jahresabschlusses Verantwortlichen durch die Normen der § 331 HGB, §§ 399, 400 AktG und § 82 GmbHG dazu angehalten, einen den handelsrechtlichen Vorschriften und den GoB entsprechenden Jahresabschluß anzufertigen. Beginnt die Prüfungsphase durch einen externen Prüfer, verpflichtet § 331 Nr. 4 HGB die Gesellschaftsorgane

---

[179] Sellien (Hrsg.), Gablers Wirtschaftslexikon, S. 2771.
[180] Die Funktionen der Rechnungslegung werden allgemein umschrieben mit Dokumentation, Information, Kontrolle und Dispositionsbasis, vgl. *Hauck*, Rechnungslegung, S. 13 ff. Weitergehend zum Sinn und Zweck der Rechnungslegung etwa *K. Schmidt*, Handelsrecht, S. 423.

letztlich, diesem keine unwahren Unterlagen vorzulegen. Die Normen der § 333 HGB und § 404 AktG sind Grundvoraussetzung für ein konstruktives Arbeitsklima zwischen Gesellschaft und Wirtschaftsprüfer, indem sie die Verschwiegenheitspflicht und das Verwertungsverbot strafrechtlich absichern. Schließlich verlangen die §§ 332 HGB, 404 AktG ein ordnungsgemäßes Arbeiten sowie eine vollständige und ordnungsgemäße Berichterstattung über die während der Prüfungstätigkeit gewonnenen Erkenntnisse.

Chronologisch geordnet lassen sich die Strafrechtsnormen mit der jeweils korrespondierenden handelsrechtlichen Pflicht wie folgt darstellen:

| Handelsrechtliche Pflicht | Handelsrechtliche Norm | Normadressat | Strafrechtliche Regelung |
|---|---|---|---|
| Erstellung Jahresabschluß | § 242 I 1 HGB | Gesellschaftsorgan | § 283 I Nr. 5 StGB<br>§ 283b I 1 StGB |
| Rechtzeitige Erstellung | § 264 I 2 HGB | Gesellschaftsorgan | § 283 I Nr. 5 StGB<br>§ 283b I Nr. 3b StGB |
| Inhaltlich gesetzeskonforme Erstellung | §§ 246 ff. HGB<br>§ 264 II HGB | Gesellschaftsorgan | § 331 I HGB<br>§ 283 I Nrn. 1, 5 StGB<br>§ 283b I Nrn. 1, 3 lit. c StGB |
| Richtige Angaben gegenüber dem Prüfer | § 320 I HGB | Gesellschaftsorgan | § 331 Nr. 4 HGB |
| Richtiger Bericht über Prüfungsfeststellungen | § 321 I 1 HGB | Wirtschaftsprüfer | § 332 I 1. Alt. HGB |
| Vollständiger Bericht über wesentliche Erkenntnisse | § 321 I 3 HGB | Wirtschaftsprüfer | § 332 I 2. Alt. HGB |
| Zuständigkeit zur Testatserteilung | § 319 II HGB | Wirtschaftsprüfer | § 334 HGB (Ordnungswidrigkeit) |
| Inhaltlich richtiges Testat | § 322 HGB | Wirtschaftsprüfer | § 332 I 3. Alt. HGB |
| Verschwiegenheit über die Geschäftsgeheimnisse | § 323 I 1 HGB | Wirtschaftsprüfer | § 333 I HGB |
| Verwertungsverbot | § 323 I 2 HGB | Wirtschaftsprüfer | § 333 II 2 HGB |

Aus dieser Übersicht lassen sich folgende Erkenntnisse ableiten:

Der strafrechtliche Schutz für den Erstellungsprozeß des Jahresabschlusses ist zwar ein punktueller, er deckt aber die entscheidenden Bereiche ab. Dieser punktuelle Charakter trägt dem sowohl für die Tatbestände als auch für die Auslegung geltenden Bestimmtheitsgebot des Art. 103 II GG Rechnung.

Die Ordnungsmäßigkeit des Jahresabschlusses einschließlich Berichterstattung und Testat ist für den Gesetzgeber im Hinblick auf den Rechtsgüterschutz ein derart wichtiges Instrument, daß der Jahresabschluß während der gesamten Erstellungsphase immer wieder punktuell abgesichert wird.

Aus der gesetzlichen Konzeption folgen drei unterschiedliche Schutzrichtungen zur Absicherung der mit der Abschlußprüfung verfolgten öffentlichen Zwecke und Ziele:

- Die erste Schutzrichtung betrifft die Organe einer Kapitalgesellschaft, in deren Verantwortung der Jahresabschluß erstellt und veröffentlicht wird, und verpflichtet sie, im Rahmen der GoB eine objektive, richtige Darstellung auch gegenüber der Gesellschaft einzuhalten. An diesen Personenkreis richten sich beispielsweise die §§ 331 HGB, 400 AktG.
- Die zweite Schutzrichtung betrifft den Abschlußprüfer, der ordnungsgemäß arbeiten und testieren soll und nicht von seinen subjektiv gefundenen Ergebnissen abweichen darf, was durch die §§ 332 HGB, 403 AktG sichergestellt wird. Zugleich sind diese Vorschriften Ausfluß der externen Stellung des Prüfers, der über das, was er erkannt zu haben glaubt, berichten muß, und nicht auf die Interessen der Geschäftsführung Rücksicht nehmen darf. In diesem Sinn dienen die Strafvorschriften auch der Absicherung der unabhängigen Stellung des Abschlußprüfers.
- Die dritte Schutzrichtung verfolgt den Anspruch der Gesellschaft auf unabhängige und unparteiische Prüfung und richtet sich sowohl an die Organe, gegenüber dem Prüfer keine falschen Angaben zu tätigen, als auch an den Prüfer, unabhängig und unbeeinflußt zu arbeiten und ihm Anvertrautes nicht zu offenbaren oder zu verwerten. Die entsprechenden Normen zur Ermöglichung eines kritischen und offenen Arbeitsverhältnisses des gegenseitigen Vertrauens sind sowohl die §§ 332 HGB, 403 AktG als auch die §§ 333 HGB, 404 AktG.

c) §§ 332 und 333 HGB

(1) Strafbare Verhaltensweisen

Aus den obigen Darstellungen läßt sich ersehen, welche Verhaltensweisen der Gesetzgeber strafrechtlich sanktioniert hat, um das Erreichen der mit dem Jahresabschluß verfolgten Ziele durch die Präventivfunktion des Strafrechts abzusichern. Strafrechtlich relevant sind im Rahmen einer Jahresabschlußprüfung für den Wirtschaftsprüfer danach folgende Verhaltensweisen:[181]

- das vorsätzliche unrichtige Berichten über das Ergebnis der Prüfung im Prüfungsbericht, § 332 I 1. Alt. HGB;
- das vorsätzliche Verschweigen erheblicher Umstände, § 332 I 2. Alt. HGB;
- das vorsätzliche Erteilen eines inhaltlich unrichtigen Bestätigungsvermerks, § 332 I 3. Alt. HGB;

---

[181] Beispiele bei *Hoffmann/Knierim*, BB 2002, 2275 ff.

- das vorsätzliche unbefugte Offenbaren oder Verwerten von Betriebs- oder Geschäftsgeheimnissen, § 333 I HGB.

Weitere Vorschriften des allgemeinen Strafrechts wie §§ 263, 264, 265b StGB sind für den Wirtschaftsprüfer nur im Rahmen einer Teilnahme relevant. Sie liegen außerhalb des hier zu untersuchenden Bereichs; ihnen wird an dieser Stelle deshalb nicht weiter nachgegangen.

(2) Nicht strafbare Verhaltensweisen

Negativ lassen sich daraus gleichzeitig die nicht strafbaren Verhaltensweisen bezogen auf den Wirtschaftsprüfer ableiten. Nicht strafbar ist danach:

- die objektive Unrichtigkeit des gefundenen Prüfungsergebnisses;[182]
- das Nichtaufdecken von Unterschlagungen;[183]
- fahrlässiges Verhalten im Allgemeinen sowie
- mündliche Äußerungen des Wirtschaftsprüfers.

Letztere These ist nicht unumstritten. Da der Abschlußprüfer nach § 321 HGB im Prüfungsbericht über das Ergebnis der Prüfung schriftlich zu berichten hat, kann es fraglich sein, ob sich die Tathandlung ausschließlich auf den schriftlichen Prüfungsbericht und den schriftlichen Bestätigungsvermerk bezieht oder ob auch sonstige mündliche Verlautbarungen, die der Erläuterung des Berichts dienen oder Ergänzungscharakter besitzen, tatbestandsmäßig sein können. Nach einer im Schrifttum zum AktG vertretenen Ansicht sind auch mündliche Äußerungen von der Strafnorm erfaßt, da das Bilanzstrafrecht die Richtigkeit und Vollständigkeit aller, nicht nur der im technischen Sinne als *Prüfungsbericht* anzusehenden Verlautbarungen des Prüfers schützen will.[184] Nach dem Gesetzeswortlaut wird der schriftliche Prüfungsbericht lediglich bei der Tathandlung des Verschweigens genannt. Im Hinblick darauf, daß der Gesetzgeber in § 332 I HGB den an die Öffentlichkeit gerichteten Bestätigungsvermerk ausdrücklich als Handlungsobjekt aufge-

---

[182] Innerhalb der subjektiv ermittelten Berichtsgrundlage hat der Wirtschaftsprüfer aber nach objektiven Grundsätzen seine Berichtspflicht zu erfüllen. In diesem Rahmen muß er die IDW PS und IDW RS als Mindestgrundlage beachten. So auch *Dannecker*, in: Blumers/Frick/Müller (Hrsg.), Betriebsprüfungshandbuch, Abschnitt K, Rdn. 681, 689.

[183] Nach ganz überwiegender Ansicht gehörte die Aufdeckung krimineller Handlungen bis zum Erlaß des KonTraG nicht zum Prüfungsumfang, vgl. nur IDW, WPg, 1998, 29ff., Tz. 23. Eine Mindermeinung sah den Abschlußprüfer bereits verpflichtet, gezielt nach Vermögensschädigungen zu suchen, vgl. *Hauser*, Jahresabschlußprüfung, S. 60 m.w.N.

[184] Geilen/Zöllner, § 403 Rdn. 10. Vgl. auch Erbs/Kohlhaas/*Schaal*, § 332 Rdn. 16 m.w.N.

nommen hat, besteht die Notwendigkeit dieser extensiven Auslegung des § 332 HGB, die im Hinblick auf die Wortlautgrenze des Art. 103 II GG ohnehin fragwürdig ist, nicht mehr,[185] so daß sich die Tathandlung nur auf den schriftlichen Prüfungsbericht und den schriftlichen Bestätigungsvermerk beziehen kann.[186]

## 3. Folgerungen

Die den Jahresabschluß schützenden Normen unterscheiden sich hinsichtlich ihres Zwecks von den übrigen Normen des Strafrechts und bilden so eine eigenständige Gruppe. Denn sowohl die Schutzrichtung als auch das geschützte Rechtsgut sind ausschließlich das Vertrauen der Öffentlichkeit in die Richtigkeit der publizierten Informationen.[187]

Die Strafnormen sind gleichzeitig die schärfste Sanktion im Rahmen der Verantwortlichkeit des Wirtschaftsprüfers. Die strafrechtlichen Sanktionen sollen den Wirtschaftsprüfer zu gewissenhafter Arbeit anhalten ohne die Qualität seiner Arbeitsergebnisse selbst zu beurteilen. Für den Wirtschaftsprüfer spielt das Strafrecht bei seiner praktischen Berufsausübung gleichwohl nur eine untergeordnete Rolle. Dies folgt aus dem, was insbesondere nach der Konzeption des § 332 HGB als strafbar gilt. Denn sofern er auch nur halbwegs ordentlich arbeitet, ist er strafrechtlich *unantastbar*. Maßgeblich für diese untergeordnete Stellung des Strafrechts sind vor allem zwei Gründe:

Der eine Grund findet sich im objektiven Tatbestand. Wie gezeigt, ist es zur Erfüllung des § 332 1. Alt. HGB erforderlich, daß der Prüfer im Bericht von den subjektiv gefundenen Prüfungsfeststellungen abweicht. Nicht relevant ist damit eine Abweichung von der objektiven Richtigkeit des Berichtes, also ob dieser tatsächlich richtig oder falsch ist. Sofern die Berichterstattung mit den Prüfungsfeststellungen übereinstimmt, ist der Tatbestand dieser Alternative nicht erfüllt.[188]

Der zweite Grund ist auf der Stufe des subjektiven Tatbestandes zu finden. Als subjektive Tatbestandsvoraussetzung verlangen die Normen des Bilanzstrafrechts

---

[185] Heymann/*Otto*, § 332 Rdn. 18, der ein *Berichten* im technischen Sinne fordert; vgl. auch BBK/*Hense*, § 332 Rdn. 9; Staub/*Dannecker*, § 332 Rdn. 33; *Dannecker*, in: Blumers/Frick/Müller (Hrsg.), Betriebsprüfungshandbuch, Abschnitt K, Rdn. 687.
[186] Staub/*Dannecker*, § 332 Rdn. 33; a.A. Erbs/Kohlhaas/*Schaal*, § 332 Rdn. 16.
[187] Dazu *Sühner*, AG 1984, 16, 17.
[188] Staub/*Dannecker*, § 332 Rdn. 6, 25; Heymann/*Otto*, § 332 Rdn. 15; *Otto*, Aktienstrafrecht, § 403 Rdn. 18; Geßler/Hefermehl/Eckardt/*Kropff*, § 403 Rdn. 9; MüKo HGB/*Quedenfeld*, § 332 Rdn. 16 ff.; Ebenroth/Boujong/Joost/*Wiedmann*, § 332 Rdn. 3; Erbs/Kohlhaas/*Schaal*, § 332 Rdn. 23.

(sowohl im engeren als auch im weiteren Sinn) Vorsatz hinsichtlich der Tatbestandsverwirklichung, wobei bedingter Vorsatz ausreichend ist. Eine Ansicht, die direkten Vorsatz beim Berichten über die Erheblichkeit von Beurteilungsfaktoren verlangt, bei tatsächlichen Angaben bedingten Vorsatz als ausreichend erachtet überzeugt im Ergebnis nicht. Das Gesetz enthält für eine derartige Differenzierung keinerlei Anhaltspunkte.[189] Abgesehen von Fällen des kollusiven Zusammenwirkens mit der Geschäftsführung und der Teilnahme an Bilanz- und Vermögensdelikten anderer wird dieses Erfordernis seltenst zu beweisen und zu bejahen sein. Auch der Ordnungswidrigkeitentatbestand des § 334 HGB verlangt vorsätzliches Verhalten, § 10 OWiG.

Wegen dieses vielleicht unbefriedigenden Resultats liegt der Gedanke an eine inhaltliche Erweiterung der Strafvorschriften im Wege einer Reform nicht fern. Jede über die Ordnungsmäßigkeit seiner Arbeit hinausgehende strafrechtliche Sanktion legt dem Prüfer gleichzeitig eine Mitverantwortung für die inhaltliche Richtigkeit des Jahresabschlusses auf, die sowohl mit seiner Stellung als auch mit dem zur Aufgabenerfüllung zur Verfügung stehenden zeitlichen und personellen Rahmen nicht in Einklang zu bringen ist. Aus diesem Grund ist eine Erweiterung der strafrechtlichen Verantwortlichkeit für den Inhalt des Jahresabschlusses abzulehnen. Die Verantwortung für die inhaltliche Richtigkeit der Rechnungslegung muß bei den zuständigen Gesellschaftsorganen verbleiben.[190]

## 4. Zusammenfassung

Der Jahresabschluß und dessen Kontrolle durch ein externes Kontrollorgan sind derart wichtige Werte, daß der Gesetzgeber deren Einhaltung strafrechtlich sanktioniert. Das fragmentarische Strafrechtssystem schützt die wichtigsten Bereiche der handelsrechtlichen Rechnungslegung, wobei es im Verhältnis zu anderen Regelungen subsidiär ist.[191]

Die straf- und handelsrechtlichen Vorschriften zur Buchführung und Bilanzierung sind von der Ausrichtung und dem Umfang der Schutzrichtung höchst unter-

---

[189] Geilen/Zöllner, § 403 Rdn. 4; Geßler/Hefermehl/Eckard/*Kropff*, § 403 Rdn. 12; folgend *Hoffmann/Knierim*, BB 2002, 2275, 2277.
[190] So auch die Klarstellung in der Neufassung des Bestätigungsvermerks durch das KonTraG, vgl. unten S. 128.
[191] *Baumann/Weber/Mitsch*, AT, § 3, Rdn. 19; *Jakobs*, AT, 2. Abschn. Rdn. 26; *Jescheck/Weigend*, S. 258; *Roxin*, JuS 1966, 377, 382 f.

schiedlich ausgestaltet. Aus dem historischen Überblick läßt sich dabei die Entwicklung von drei unterschiedlichen Schutzzwecken erkennen:
Der historische Bilanzzweck aus juristischer Sicht war ganz vorwiegend die Dokumentations- und prozessuale Beweisfunktion der Rechnungslegung. Durch sie wurde auf individueller Ebene das Gläubigervermögen und durch die §§ 283 ff. StGB überindividuell gleichzeitig das Vertrauen der kreditgebenden Wirtschaft in das staatliche Insolvenzverfahren geschützt.

Eine Erweiterung des Jahresabschlußstrafrechts tritt mit der Entwicklung der Aktiengesellschaft in der Gründerzeit und der Gründerkrise und den damit verbundenen Novellen von 1870 und 1884 ein. Die Informationsfunktion der externen Rechnungslegung für einen nicht eingrenzbaren Personenkreis wurde gegen unwahre Darstellungen im veröffentlichten Jahresabschluß strafrechtlich geschützt. Der Gründungs- und Aktienschwindel wurde wegen des wirtschaftlichen Ausmaßes nicht nur individuell, sondern auch als volkswirtschaftlich schädlich und deshalb strafwürdig und strafbar angesehen.[192] Einen weiteren strafrechtlichen Schutz erhielt der Jahresabschluß mit seiner Informationsaufgabe insbesondere gegenüber Kreditinstituten durch die 1934 eingeführte Strafbarkeit des Kreditbetruges. Die §§ 264, 265, 265b StGB wollen dementsprechend das Funktionieren der Kreditwirtschaft als wichtiges überindividuelles Rechtsgut schützen. Die den Jahresabschluß flankierenden strafrechtlichen Vorschriften der §§ 331 f. HGB schützen demgegenüber ausschließlich das Vertrauen der Öffentlichkeit in die Richtigkeit der publizierten Jahresabschlußinformationen. Die den Wirtschaftsprüfer betreffenden Strafvorschriften sollen zweierlei bewirken: Zum einen wird das Vertrauensverhältnis zwischen Gesellschaft und Prüfer durch die strafrechtliche Bewährung der Verschwiegenheitspflicht abgesichert und dadurch die Möglichkeit einer offenen Einsichtnahme in die Verhältnisse der Gesellschaft eröffnet. Zum anderen dienen die Strafvorschriften auch der Absicherung der Publizität.

Die handelsrechtlichen punktuellen Strafnormen haben ihrerseits ebenfalls eine dreifache Schutzrichtung: Sowohl die zuständigen Gesellschaftsorgane als auch der Wirtschaftsprüfer werden unter Strafandrohung angehalten, das Vertrauen der Öffentlichkeit in die Richtigkeit der Information des Jahresabschlusses nicht zu enttäuschen. Daneben wird der Anspruch der Gesellschaft auf eine unabhängige und gewissenhafte Prüfung abgesichert.

Das Strafrecht spielt für den Wirtschaftsprüfer in der Praxis gleichwohl eine nur untergeordnete Rolle. Sofern er auch nur halbwegs ordentlich arbeitet, ist er strafrechtlich unantastbar. Für diese untergeordnete Bedeutung der Strafvorschriften

---

[192] *Schüppen*, Bilanzstrafrecht, S. 88.

sind vor allem zwei Faktoren maßgebend: die subjektiv gefundene Bezugsbasis innerhalb des objektiven Tatbestandes und auf der subjektiven Seite der Tatbestandsvoraussetzungen das Vorsatzerfordernis.

Dadurch, daß die Bezugsbasis für die den Wirtschaftsprüfer betreffenden Strafvorschriften stets eine subjektive und nicht eine objektive ist, wird deutlich, daß der gelegentlich als *Garant* der Publizität bezeichnete Wirtschaftsprüfer strafrechtlich kein Garant für die Richtigkeit der Informationen ist. Die Verantwortung für die inhaltliche Richtigkeit des Jahresabschlusses liegt nach wie vor allein bei der Gesellschaft und ihren Organen.

## C. Geschützte Rechtsgüter

### 1. Begriff und Bedeutung des geschützten Rechtsguts

Im geltenden Strafrechtssystem kommt dem Begriff des Rechtsguts eine zentrale Bedeutung zu. Alle Strafvorschriften lassen sich auf den Schutz zumindest eines Rechtsguts zurückführen.[193] Es ist Ausgangspunkt und Leitgedanke jeder Tatbestandsbildung.[194] Der Tatbestand geht von der Norm und die Norm vom Rechtsgut aus.[195]

Den folgenden Überlegungen wird der Rechtsgutsbegriff der herrschenden Meinung zugrundegelegt. Er läßt sich definieren als ein rechtlich geschützter, abstrakter Wert der Sozialordnung, an dessen Erhaltung die Gemeinschaft ein Interesse hat und der entweder dem einzelnen oder der Gemeinschaft als Träger zugeordnet werden kann.[196]

Nicht zu verkennen ist dabei, daß dieser Begriffsbestimmung eine Unvollständigkeit immanent ist, da sie konstituierend auf einen formellen Bewertungsakt des

---

[193] *Baumann/Weber/Mitsch*, AT, § 3, Rdn. 10 ff.; *Jescheck/Weigend*, AT, S. 8; *Lackner/Kühl*, vor § 13 Rdn. 4; *Maurach/Zipf*, AT 1, § 19, Rdn. 4; *Otto*, AT, § 1, Rdn. 22; *Roxin*, AT I, § 2, Rdn. 2 ff.; *Schönke/Schröder/Lenckner*, vor §§ 13 ff. Rdn. 9; SK/*Rudolphi*, vor § 1 Rdn. 3; *Geerds*, Wirtschaftsstrafrecht, S. 18. Nach *Roxin*, AT I, § 2, Rdn. 2 ff., 25 ff., gehört die Rechtsgutlehre zu den *noch heute am wenigsten geklärten Problemen des Strafrechts*.

[194] *Baumann/Weber/Mitsch*, AT, § 3, Rdn. 12; *Jescheck/Weigend*, AT, S. 256; *Roxin*, AT I, § 2, Rdn. 9.

[195] *Jescheck/Weigend*, AT, S. 257.

[196] Vgl. nur *Jescheck/Weigend*, AT, S. 257 f. m.w.N. Eine abweichende Definition, die eine stärkere Bindung des Rechtsguts an eine Person enthält, findet sich bei *Otto*, AT, § 1, Rdn. 32 und *Geerds*, Wirtschaftsstrafrecht, S. 21.

Gesetzgebers abstellt, der Entstehungsvoraussetzung des Rechtsguts ist.[197] Es besteht aber insoweit Einigkeit, daß der Gesetzgeber bei der Auswahl des Bewertungsobjekts an ihm vorgegebene, am materiellen Unrecht ausgerichtete Kriterien gebunden ist.[198] Dem entspricht auch der grundlegende Gedanke, daß es nicht Aufgabe des Strafrechts ist, jeden Angriff auf Rechtsgüter zu sanktionieren, sondern nur den auf wichtige.[199] Das fragmentarische Strafnormensystem ist folglich im Verhältnis zu anderen rechtlichen Regelungen grundsätzlich subsidiär, stellt also die *ultima ratio* dar.[200]

Diese Definition beinhaltet zu Recht zwei wesentliche Grundaussagen: Zum einen folgt aus ihr, daß der Rechtsgutsbegriff ein *vergeistigter* Begriff ist, der nicht mit dem materiellen Gut gleichzusetzen ist, an dem sich der Angriff vollzieht. Dieses wird vielmehr als Handlungsobjekt oder auch Angriffsobjekt bezeichnet.[201] Der Begriff Rechtsgut beschreibt elementare *Gegebenheiten oder Zwecksetzungen*, die Beziehung *von Menschen zu einem Lebensinteresse*. Dabei beschränkt sich der Begriff nicht nur auf die elementaren Werte wie Leben, Freiheit oder Vermögen, sondern schützt die Möglichkeiten,

> „die dem einzelnen ... im Rahmen eines auf dieser Zielvorstellung aufbauenden sozialen Gesamtsystems oder dem Funktionieren dieses Systems selbst nützlich sind".[202]

Es ist das durch Auslegung zu ermittelnde Objekt, auf das sich die Schutzwirkungen einer Strafnorm beziehen.[203]

Zum zweiten folgt aus der Definition, daß der Rechtsgutsbegriff ein *dualistischer* ist: ein Rechtsgut kann entweder ein Individual- oder ein Gemeinschaftsrechtsgut sein, ist also einem einzelnen oder der Gemeinschaft als Träger zugeordnet.[204] Die Einordnung, ob ein Rechtsgut der Allgemeinheit oder (gegebenenfalls auch einer großen Anzahl) Individuen zuzuordnen ist, hängt allein davon ab, ob die Zwecksetzungsbefugnis bezüglich des Rechtsguts den Individuen zusteht oder aber

---

[197] *Amelung*, Rechtsgüterschutz, S. 303; *Dannecker*, Steuerhinterziehung, S. 168.
[198] *Dannecker*, Steuerhinterziehung, S. 168, m.w.N.
[199] *Hauck*, Rechnungslegung, S. 34; *Schüppen*, Bilanzstrafrecht, S. 91.
[200] *Jescheck/Weigend*, AT, S. 52 f. Dieser Subsidiaritätsgrundsatz ist für den Bereich des Wirtschaftsstrafrechts stellenweise auf Kritik gestoßen. Im Ergebnis ist an ihm festzuhalten. Vgl. eingehender dazu *Schüppen*, Bilanzstrafrecht, S. 92 f.; *Tiedemann*, JZ 1986, 865 f.
[201] *Baumann/Weber/Mitsch*, AT, § 3, Rdn. 18; *Roxin*, AT I, § 2, Rdn. 34; *Geerds*, Wirtschaftsstrafrecht, S. 26; *Penzlin*, Auswirkungen, S. 8.
[202] *Roxin*, AT I, § 2, Rdn. 9.
[203] *Jescheck/Weigend*, AT, S. 258; *Hohmann*, Umweltdelikte, S. 57; *Dannecker*, Steuerhinterziehung, S. 168; *Penzlin*, Auswirkungen, S. 7.
[204] *Jakobs*, AT, S. 39 ff. m.w.N.; *Jescheck/Weigend*, AT, S. 258; *Hohmann*, Umweltdelikte, S. 58.

dem einzelnen entzogen und im Interesse der Allgemeinheit vom Staat ausgeübt wird.[205] Diese Feststellung erlangt Bedeutung bei der Frage, wer Verletzter einer Tat sein kann, hat also Auswirkungen hinsichtlich der Möglichkeiten der Einwilligung, der Notwehr und zahlreicher prozessualer Fragen.[206]

### 2. Funktionen des Rechtsguts

Der Rechtsgutsbegriff wird im Strafrecht für zwei Funktionen herangezogen.

a) Rechtsgut als Auslegungskriterium

Das Rechtsgut dient zunächst als Auslegungskriterium. Von diesem zentralen Rechtsgutsbegriff ausgehend sind alle objektiven und subjektiven Merkmale des Tatbestandes zu bestimmen. Der Begriff des Rechtsguts ist hier eng mit methodischen Fragen, insbesondere der teleologischen Auslegung, verbunden.[207] Im Rahmen der Rechtfertigungsgründe ist bei der Einwilligung beispielsweise die Verfügungsbefugnis über das Rechtsgut erforderlich, die nach der überwiegenden Ansicht nur bei Individualrechtsgütern gegeben ist.[208] Ein einzelner kann nicht wirksam in die Verletzung eines Universalrechtsguts einwilligen.[209]

b) Rechtsgut als rechtspolitisches Instrument

Die zweite Funktion des Rechtsguts liegt auf rechtspolitischer Seite. Es dient dabei der Kontrolle des Gesetzgebers, sich beim Erlaß von Strafvorschriften dahingehend kontrollieren zu lassen, ob er auch wirklich für ein sozial wichtiges, also ein individuell oder universell bedeutsames und von der Rechtsgemeinschaft daher anerkanntes Gut mit nachvollziehbarer Argumentation strafrechtlichen Schutz gewährt.[210] Wenngleich aus der Existenz eines Rechtsguts nicht automatisch dessen Schutzbedürftigkeit folgt, verbleibt dem Gesetzgeber bei der Auswahl der Güter ein erheblicher Entscheidungsspielraum.[211]

---

[205] *Nelles*, Untreue, S. 490 f.
[206] Schönke/Schröder/*Lenckner*, vor §§ 13 ff. Rdn. 10. Kritisch zur Dispositionsmöglichkeit *Geerds*, Wirtschaftsstrafrecht, S. 22.
[207] *Nelles*, Untreue, S. 288 f.; *Larenz/Canaris*, Methodenlehre, S. 210 ff., 216.
[208] *Jescheck/Weigend*, S. 380.
[209] *Roxin*, AT I, § 13, Rdn. 31.
[210] *Penzlin*, Auswirkungen, S. 9.
[211] Schönke/Schröder/*Lenckner*, vor §§ 13 ff., Rdn. 10; BVerfGE 77, 214 f.; 88, 262 f.; 90, 173.

## 3. Zweck des Jahresabschlusses

Die Auseinandersetzung mit dem durch einzelne Bilanzstraftatbestände geschützten Rechtsgut setzt voraus, sich zunächst einmal Klarheit über die Aufgaben und Bedeutung des Jahresabschlusses, insbesondere der Tätigkeit des Wirtschaftsprüfers zu verschaffen.

Daher ist es notwendig, kurz auf die Frage der Bedeutung und des Zwecks des Jahresabschlusses und dessen Prüfung einzugehen, um mit Rücksicht auf diese Erkenntnisse die geschützten Rechtsgüter zu bestimmen.

### a) Übergeordneter Zweck der Bilanz

Die Frage nach dem Bilanzzweck, von deren Beantwortung der Zweck des Jahresabschlusses abhängt, ist eine der am ausführlichsten diskutierten Fragen in der Betriebswirtschaftslehre.[212] Die Anzahl der vertretenen und oftmals nur in Details voneinander abweichenden Ansichten ist daher fast unüberschaubar groß.[213]

Einer weit verbreiteten Ansicht zu Folge werden fünf Funktionen der Handelsbilanz unterschieden:[214]

- Dokumentationsfunktion (des Unternehmensgeschehens),
- Sicherungsfunktion,
- Ermittlungsfunktion,
- Rechenschaftsfunktion und
- Informationsfunktion.

Die Sicherungsfunktion ist dabei aus der Sicht des Gesetzgebers die wichtigste Funktion.[215] Durch sie wird das Postulat der Selbstinformation verwirklicht und dadurch die Ausschüttungssperre abgesichert. Die Ermittlungsfunktion hat einerseits Bedeutung für die Gesellschafter zur Ermittlung des verteilbaren Gewinns

---

[212] Vgl. dazu etwa *Lück*, Rechnungslegung, S. 58; Küting/Weber/*Pfitzer/Oser*, Kap. 2, Rdn. 1 ff.; *Baetge/Kirsch/Thiele*, Bilanzen, S. 12 ff.

[213] In diesem Zusammenhang ist die Kontroverse um die Bilanztheorien, die sich in statische, dynamische und organische Theorie untergliedern lassen, unerheblich. Vgl. weiterführend dazu *Baetge/Kirsch/Thiele*, Bilanzen, S. 12 ff.

[214] *Lück*, StB-Handbuch, S. 192 ff.; Küting/Weber/*Pfitzer/Oser*, Kap. 2, Rdn. 1 ff.; *Leffson*, GoB, S. 111; Nach *Münzinger*, Bilanzrechtsprechung, S. 484, werden die Dokumentation der Vermögensgegenstände und Schulden, die Schuldendeckungskontrolle, die Ausschüttungssperre und die Ermittlung des verteilbaren Gewinns als Bilanzzwecke von den Zivil- und Strafgerichten angesehen.

[215] *Lück*, StB-Handbuch, S. 192, Rdn. 4.

(=Zahlungsbemessungsfunktion), andererseits ist sie die Grundlage für die steuerliche Gewinnermittlung. Eine andere Ansicht[216] sieht die Zwecke der handelsrechtlichen Pflicht zur Erstellung eines Jahresabschlusses in

- Dokumentation,
- Zwang zur Selbstinformation,
- Rechenschaft gegenüber Außenstehenden,
- Ausschüttungsregelung,
- Grundlage für die steuerliche Gewinnermittlung.

Nach einer weiteren Ansicht ist der Jahresabschluß vor allem ein wichtiges Instrument zum Schutz von Gläubigern und anderen Gruppen.[217] Dieser Schutz wird durch folgende Funktionen gewährleistet:

- Dokumentation,
- Rechenschaft vor sich selber,
- Rechenschaft gegenüber Dritten,
- Erhaltung des Haftungskapitals (Ausschüttungssperre).

Eine völlig andere Ansicht sieht im Bilanzzweck primär die Ermittlung des verteilbaren Gewinns.[218]

Eine im Vordringen befindliche Ansicht sieht im Jahresabschluß neben dem oben dargestellten Zweck der externen Rechenschaft zusätzlich die Funktion als internes Steuerungselement. Die Dokumentationsrechnungslegung wandle sich zur Entscheidungsrechnungslegung.[219] Dieser betriebswirtschaftliche Ansatz vermag aus juristischer Beurteilung keine neue Schutzrichtung[220] der Rechnungslegungsvorschriften zu begründen. Der juristisch nicht neue Gedanke, daß sich die Informationsqualität eines testierten Jahresabschlusses gegenüber einem ungeprüften ändert, vermag keine neue Schutzrichtung dergestalt zu begründen, daß die Gesellschaft selbst wie ein Gläubiger schützenswert sein kann, sofern sie auf dieser Informationsgrundlage für sie nachteilige Entscheidungen trifft.

---

[216] Küting/Weber/*Pfitzer/Oser*, Kap. 2, Rdn. 1 ff.
[217] *Leffson*, GoB, S. 111.
[218] *Moxter*, StuW 1989, 233.
[219] *E. Müller*, in: Gross (Hrsg.), FS Wysocki, S. 161.
[220] *Dannecker*, in: Blumers/Frick/Müller (Hrsg.), Betriebsprüfungshandbuch, Abschnitt K, Rdn. 636 f.; Staub/*Dannecker*, § 331 Rdn. 3 f.; Scholz/*Tiedemann*, vor § 82 Rdn. 66; Michalski/*Dannecker*, § 82, Rdn. 8, 12; Geßler/Hefermehl/Eckardt/*Kropff*, § 400 Rdn. 2; AktG GK/*Klug*, § 400 Anm. 2; Geilen/Zöllner, § 400 Rdn. 2.

Für die weiteren Untersuchungen ist es erforderlich diese überwiegend betriebswirtschaftlichen Gliederungen in juristisch formulierte Ziele zu übertragen. Zweckmäßigerweise lassen sich für die verschiedenen Funktionen der Bilanz zwei Gruppen bilden: Die Gruppe des *Informationsspeichers* und die Gruppe der *Fixierung von Rechtskompetenzen und -pflichten*.[221] Dabei entnimmt die letztere Gruppe ihren Inhalt direkt aus den gesetzlichen Vorschriften.

Die erste Gruppe beinhaltet die Zwecke der

- Dokumentation,[222]
- Rechenschaft gegenüber den Gesellschaftern[223] und
- Unterrichtung Außenstehender.[224]

Der Adressatenkreis dieser Informationen läßt sich bis auf den Punkt *Unterrichtung Außenstehender* leicht eingrenzen. Zur Reichweite der Unterrichtungsfunktion werden mehrere Ansichten vertreten. Wird hinsichtlich der Informationsfunktion die weitreichendste Ansicht zu Grunde gelegt, so besteht eine Informationsfunktion gegenüber allen aktuellen und potentiellen Koalitionsteilnehmern, also gegenüber allen gegenwärtigen und zukünftigen Anteilseignern, Gläubigern, Kunden, Lieferanten, Arbeitnehmern sowie der Öffentlichkeit.[225] Da der Jahresabschluß von Kapitalgesellschaften und dem PublG unterfallenden Gesellschaften grundsätzlich veröffentlichungspflichtig ist, ist er auch dem genannten weiten Empfängerkreis theoretisch zugänglich. Ob aber alle diese Gruppen vom Gesetzgeber als Empfänger des Jahresabschlusses angesehen werden sollten, ist zweifelhaft. Bedenklich erscheint insbesondere die Einbeziehung von Arbeitnehmern sowie der Öffentlichkeit. Die hier angesprochenen Adressatengruppen haben dabei oftmals ganz unterschiedliche und gegenläufige Informationsinteressen.[226]

Die anhand gesetzlicher Vorschriften zu entwickelnde Gruppe der Fixierung von Rechtskompetenzen und -pflichten beinhaltet die Zwecke der

- Regeln der nominellen Eigenkapitalerhaltung (Ausschüttungssperre),[227]

---

[221] *Bitz/Schneeloch/Wittstock*, S. 27; *Schüppen*, Bilanzstrafrecht, S. 99 f., der darauf hinweist, daß diese Gruppenbildung strenggenommen nicht zwei gleichrangige Gruppen hervorbringt, sondern daß die zweite Gruppe auf den Informationen der ersten aufbaut und damit logisch nachrangig zu ihr ist.
[222] *Leffson*, GoB, S. 47 ff.
[223] *Castan*, Rechnungslegung, 14, lit. b; *Bitz/Schneeloch/Wittstock*, S. 28 f.
[224] *Castan*, Rechnungslegung, 15, lit. g; *Bitz/Schneeloch/Wittstock*, S. 31 f.
[225] *Lück*, StB-Handbuch, S. 193 Rdn. 7.
[226] Vgl zum Schutzbereich unten S. 57.
[227] *Castan*, Rechnungslegung, 14 f., lit. d; *Bitz/Schneeloch/Wittstock*, S. 33 f.

- Gewinn- und Verlustverteilung,[228]
- Kompetenzaufteilung zwischen Gesellschaftsorganen bei der Gewinnausschüttung,[229]
- Ermittlung der Besteuerungsbasis.[230]

Viele der in diese Gruppe fallenden Pflichten sind abhängig von der Rechtsform der Gesellschaft. Damit besteht für diesen Bereich eine Abhängigkeit der Bilanzzwecke von der Rechtsform des Unternehmens.[231]

Der handelsrechtliche Jahresabschluß muß dem gesamten, ein Zwecksystem bildenden Zwecken des Jahresabschlusses gerecht werden und dabei die verschiedenen Interessen zu einem Ausgleich bringen.[232] Der Gesetzgeber hat diese Interessenkollision in dem Sinne gelöst, daß er die verschiedenen Zwecke vereint, ohne einen davon zu bevorzugen. Der gesetzliche Interessenausgleich wird daher auch als Interessenregelung bezeichnet.[233] Deutlich wird dies durch die Tatsache, daß die handelsrechtlichen Vorschriften in ihrer Gesamtheit keine Dominanz eines einzigen Bilanzzweckes kennen, sondern unter ihnen eine Ausgewogenheit besteht.[234] Darin besteht auch der später nochmals zu vertiefende Unterschied zum anglo-amerikanischen Bilanzrecht.[235] Der Jahresabschluß ist somit als ein Kompromiß zu verstehen, zum Ausgleich der divergierenden Ziele von Unternehmensleitung, Anteilseignern, Gläubigern sowie – bei publizitätspflichtigen Unternehmen – einem schwer zu konkretisierenden Personenkreis der *Öffentlichkeit*.

Rechtlich geschützt sind damit die Zwecke des Jahresabschlusses sowohl in seiner Funktion als Informationsspeicher als auch in der Fixierung von Rechtskompetenzen und -pflichten.

b) Zweck der Jahresabschlußprüfung

Die Ziele der Jahresabschlußprüfung sind nicht vollständig identisch mit denen der Rechnungslegung. Innerhalb des gesamten Systems kommen der Abschlußprüfung seit ihrer Einführung nahezu unverändert drei wesentliche Funktionen zu, nämlich

- die Kontrollfunktion,

---

[228] *Castan*, Rechnungslegung, 14, lit. c; *Bitz/Schneeloch/Wittstock*, S. 36.
[229] *Bitz/Schneeloch/Wittstock*, S. 33 ff.
[230] *Castan*, Rechnungslegung, 14, lit. a.
[231] Küting/Weber/*Pfitzer/Oser*, Kap. 2, Rdn. 14 f.
[232] *Baetge/Kirsch/Thiele*, Bilanzen, S. 90.
[233] *Baetge/Kirsch/Thiele*, Bilanzen, S. 91.
[234] *Baetge/Kirsch/Thiele*, Bilanzen, S. 91.
[235] Vgl. unten S. 167.

- die Informationsfunktion sowie
- die Beglaubigungsfunktion.

(1) Kontrollfunktion

Die Einhaltung der Vorschriften über den Jahresabschluß und den Lagebericht gehört zu den (strafrechtlich sanktionierten) Pflichten des zur Rechnungslegung verpflichteten Unternehmens. Die Erfahrung hatte gezeigt, daß die Einhaltung dieser Vorschriften weder selbstverständlich ist, noch daß eine Kontrolle durch die interne Revision und den Aufsichtsrat ausreichend war. Durch die Jahresabschlußprüfung, durchgeführt von externen Prüfern, sollte die Einhaltung dieser Vorschriften sichergestellt werden. Dieses System hat sich in der Praxis trotz einiger Kritik insgesamt bewährt.[236] Die erste Aufgabe der Jahresabschlußprüfung ist es festzustellen, ob die gesetzlichen Vorschriften und die sie ergänzenden Vorschriften des Gesellschaftsvertrages oder der Satzung beachtet wurden, § 317 I 2 HGB. Negativ formuliert bedeutet dies, daß sich die Abschlußprüfung nicht auf die Geschäftsführung erstreckt. Die Jahresabschlußprüfung wird daher auch als Gesetz- und Ordnungsmäßigkeitsprüfung bezeichnet.[237]

(2) Informationsfunktion

Ein weiterer Zweck der Jahresabschlußprüfung ist die Unterrichtung der gesetzlichen Vertreter der Gesellschaft und die Unterrichtung und Unterstützung der Gesellschafter und des Aufsichtsrats bei der Wahrnehmung ihrer Überwachungspflichten. Dies geschieht in erster Linie durch den Prüfungsbericht nach § 321 HGB.

(3) Beglaubigungsfunktion

Durch den zu erteilenden Vermerk, daß – bei Vorliegen der entsprechenden Voraussetzungen – nach dem abschließenden Ergebnis der Abschlußprüfung keine Einwendungen zu erheben sind, kommt der Prüfung eine nach außen gerichtete Beglaubigungsfunktion zu. Die in diesem Zusammenhang bestehenden Vorschriften über die Bekanntgabe bzw. die Wiedergabe bei Veröffentlichungen des Bestä-

---

[236] Adler/Düring/Schmaltz, § 316 Rdn. 17; Ebenroth/Boujong/Joost/*Wiedmann*, § 317 Rdn. 4; MüKo HGB/*Ebke*, § 317 Rdn. 2; Heymann/*Herrmann*, § 317 Rdn. 9; *Hunger*, Wirtschaftsprüfer, S. 228.

[237] Adler/Düring/Schmaltz, § 316 Rdn. 17; MüKo HGB/*Ebke*, § 317 Rdn. 45; Ebenroth/Boujong/Joost/*Wiedmann*, § 317 Rdn. 10.

tigungsvermerks bzw. dessen Versagung nach §§ 322, 325, 328 HGB machen deutlich, daß die Abschlußprüfung insoweit eine Beglaubigungsfunktion gegenüber den Adressaten des Jahresabschlusses erfüllt, insbesondere gegenüber denjenigen, für die der Bestätigungsvermerk das einzige Unterrichtungsmittel über das Ergebnis der Jahresabschlußprüfung darstellt, weil sie kein Recht zur unmittelbaren Einsichtnahme in den Prüfungsbericht haben.[238]

Das Interesse der Öffentlichkeit an der Rechnungslegung von Aktiengesellschaften ist seit der Aktienreform 1965 kontinuierlich angestiegen. In weiten Bereichen existieren aber falsche Vorstellungen über die Aufgaben und Möglichkeiten der Jahresabschlußprüfung oder fehlen gänzlich. Dies führt zu der, insbesondere in angelsächsischen Ländern stark diskutierten *Erwartungslücke beim Bestätigungsvermerk*, dem Auseinanderfallen von Vorstellungen und Wirklichkeit über die Aussagekraft des Bestätigungsvermerks.[239]

## 4. Praktische Bedeutung des Jahresabschlusses

Die praktische Bedeutung des Jahresabschlusses und der Jahresabschlußprüfung ist, insbesondere in den Fällen, in denen der Abschluß zur Erfüllung rechtlicher Pflichten dient, offensichtlich.[240] Der als Gewinn ausgewiesene Wert ist eine zentrale Bezugsgröße als Bemessungsgrundlage für die Besteuerung, als Größe für Gewinnausschüttungen an die Gesellschafter oder Dividendenzahlungen an die Aktionäre und gewinnabhängige Vergütungen für die Mitarbeiter und daher für die Praxis von überragender Bedeutung. Die Feststellung des Gewinns wiederum setzt einen geprüften Jahresabschluß voraus – bei der Aktiengesellschaft ist dies in §§ 170 ff. AktG geregelt – so daß dieser Prüfung als der notwendigerweise vorausgehende Schritt die gleiche praktische Bedeutung zukommt.

Auch in den Fällen, in denen der Jahresabschluß mit vorausgegangener Prüfung als Informationsspeicher fungiert, ist eine gewichtige Bedeutung für die Praxis festzustellen. So ist die Vorlage von Bilanzen und Jahresabschlüssen sowohl rechtlich (§ 18 KWG, momentan € 250.000) als auch faktisch Voraussetzung zur Erlan-

---

[238] Adler/Düring/Schmaltz, § 316 Rdn. 22; Ebenroth/Boujong/Joost/*Wiedmann*, § 322 Rdn. 5; BBK/*Förschle/Küster*, § 322 Rdn. 6; MüKo HGB/*Ebke*, § 322 Rdn. 2.

[239] Adler/Düring/Schmaltz, § 316 Rdn. 23; MüKo HGB/*Ebke*, § 322 Rdn. 5; BBK/*Förschle/Küster*, § 322 Rdn. 9. Vgl. unten S. 105.

[240] Wie sensibel der Finanzmarkt auf Unregelmäßigkeiten bei der Jahresabschlußprüfung reagiert, ist vor Kurzem am Beispiel der *Lernout & Hauspie* deutlich geworden, wo das Ausbleiben des Revisionsberichtes in einer Krisensituation diese auf existenzbedrohliche Weise verstärkte, vgl. Spiegel vom 30.11.2000, Heft 48/2000.

gung größerer Bankkredite.[241] Auch spielen die Jahresabschlußinformationen für das Anlegerverhalten auf den internationalen Kapitalmärkten eine nicht zu unterschätzende Rolle.[242]

## 5. Schutzgut des handelsrechtlichen Jahresabschlusses

Hier werden die für die Berufsausübung des Wirtschaftsprüfers wichtigsten handelsstrafrechtlichen Normen, also die §§ 331-333 HGB, untersucht.

Vielfach werden in der Literatur unter Hinweis auf die älteren aktienrechtlichen Vorschriften der §§ 400, 403 und 404 AktG sowohl deren Rechtsgüter als auch der Schutzbereich übernommen. Im Rahmen der weiteren Ausführungen ist daher auch der Frage nachzugehen, ob dies zutreffend ist.

### a) § 331 HGB

(1) Darstellung des Meinungsstandes

Das Reichsgericht sah in Urteilen aus den Jahren 1905 und 1908 das

„öffentliche Interesse an gesunder Entwicklung des Aktienwesens"

als Schutzgut des Tatbestandes der *Bilanzfälschung*.[243] Die heute h.M. bestimmt das Rechtsgut konkreter als den

„Schutz des Vertrauens in die Richtigkeit und Vollständigkeit bestimmter Angaben über die Geschäftsverhältnisse, insbesondere der gesamten Rechnungslegung von Kapitalgesellschaften, die von bestimmten, zuständigen Personen angegeben werden."[244]

Innerhalb dieses Konsenses ist die Weite des Schutzkreises im einzelnen umstritten.[245]

---

[241] *Biener*, HGB-Bilanzrecht, Rdn. 12.
[242] *Schüppen*, Bilanzstrafrecht, S. 103.
[243] RGSt 38, 195, 199; 41, 293, 301.
[244] Staub/*Dannecker*, § 331 Rdn. 3; *Dannecker*, in: Blumers/Frick/Müller (Hrsg.), Betriebsprüfungshandbuch, Abschnitt K, Rdn. 637; Michalski/*Dannecker*, § 82 Rdn. 8; Scholz/*Tiedemann*, vor § 82 Rdn. 66; *Tiedemann*, in: Krekeler/Tiedemann/Ulsenheimer (Hrsg.), HWiStR, Art. Bilanzstrafrecht, S. 3; Heymann/*Otto*, § 331 Rdn. 1; Erbs/Kohlhaas/*Schaal*, § 331 Rdn. 1; *Otto*, Aktienstrafrecht, § 400 Rdn. 3; AktG GK/*Klug*, § 400 Anm. 2; Geilen/Zöllner, § 400 Rdn. 2; *Klussmann*, Geschäftslagetäuschungen, S. 17; *Cobet*, Rechnungslegung, S. 19; *Schmedding*, Konzernrechnungslegung, S. 26 f.
[245] Vertiefend dazu *Cobet*, Rechnungslegung, S. 21 ff.

Der extensivsten Ansicht zu Folge erstreckt sich der Schutzbereich auf die Gesellschaft selbst, die aktuellen und potentiellen Gläubiger, die Gesellschafter (Aktionäre), die sonstigen Vertragspartner sowie die Arbeitnehmer und die Öffentlichkeit.[246]

Restriktivere Ansichten nehmen teilweise die Gesellschaft selbst, teilweise die Öffentlichkeit aus dem Schutzbereich heraus.[247] Die einschränkendste unter ihnen hält nur die aktuellen Vertragspartner der Gesellschaft für geschützt.[248]

Nach der überwiegenden Ansicht wird die Öffentlichkeit in den Schutzbereich einbezogen.[249] Da §§ 400 AktG, 331 HGB nicht nur den Schutz der Gesellschaft bezwecken sondern auch derer, die mit der Gesellschaft in rechtliche oder wirtschaftliche Beziehung stehen oder treten wollen, ist eine Erstreckung sowohl auf die Öffentlichkeit als auch die Gesellschaft angemessen.

Einem anderen Ansatz zufolge soll nicht das Vertrauen in die Richtigkeit der Information geschützt sein.[250] Vielmehr dient die Vorschrift dem Schutz der Empfänger von Jahresabschluß und Lagebericht. Zum Adressatenkreis werden dabei gegenwärtige und zukünftige Gesellschafter und Gläubiger sowie Arbeitnehmer gerechnet. Im Ergebnis stimmt dieser Ansatz mit demjenigen der überwiegenden Ansicht überein.

Letztlich wird auch vertreten, daß durch diese Normen nur das Vermögen der jeweils betroffenen juristischen Personen geschützt werden soll.[251]

---

[246] *Weber*, in: Leffson/Rückle/Goßfeld (Hrsg.), HuRbBR, S. 320 (Art. Unrichtige Wiedergabe); Heymann/*Otto*, § 331 Rdn. 2; *Otto*, Aktienstrafrecht, § 400 Rdn. 2; Geßler/Hefermehl/Eckardt/*Kropff*, § 400 Rdn. 2; MüKo HGB/*Quedenfeld*, § 331 Rdn. 2.

[247] Gegen eine Einbeziehung der Gesellschaft: Staub/*Dannecker*, § 331 Rdn. 5; Scholz/*Tiedemann*, vor § 82 Rdn. 66; Erbs/Kohlhaas/*Schaal*, § 331 Rdn. 1; AktG GK/*Klug*, § 400 Anm. 2; *Cobet*, Rechnungslegung, S. 22 f. Die Öffentlichkeit schließen aus dem Schutzbereich aus: Geilen/Zöllner, § 400 Rdn. 3, *Klussmann*, Geschäftslegetäuschungen, S. 18 f.

[248] Geilen/Zöllner, § 400 Rdn. 3.

[249] Staub/*Dannecker*, § 331 Rdn. 4; *Dannecker*, in: Blumers/Frick/Müller (Hrsg.), Betriebsprüfungshandbuch, Abschnitt K, Rdn. 637; Michalski/*Dannecker*, § 82 Rdn. 9; Heymann/*Otto*, § 331 Rdn. 2; *Otto*, Aktienstrafrecht, § 400 Rdn. 2; Scholz/*Tiedemann*, vor § 82 Rdn. 66; Geßler/Hefermehl/Eckardt/*Kropff*, § 400 Rdn. 2; MüKo HGB/*Quedenfeld*, § 331 Rdn. 2.

[250] Baumbach/*Hueck*, GmbHG, Anh. § 82 Rdn. 3. Diese Ansicht stimmt in der Begrenzung des Schutzkreises mit der Auffassung der h.M. im Ergebnis überein. Auf eine genauere Benennung eines Rechtsgutes wird aber hier verzichtet.

[251] *Schnellenbach*, Änderungen, S. 10 ff.

## (2) Stellungnahme

Aufgabe und Ziel der §§ 331 HGB, 400 AktG ist es, die Einhaltung der Normen des Bilanzrechts sicherzustellen. Ohne diese Absicherung würde die Bedeutung des Jahresabschlusses und des Publizitätsgrundsatzes gemindert. Die Glaubwürdigkeit des Jahresabschlusses ist für das Funktionieren des Wirtschaftslebens unerläßlich. Die handelsrechtlichen Normen selbst verzichten dabei einerseits wegen der besonderen Sensibilität und Störanfälligkeit des Jahresabschlusses auf einen Schadenseintritt,[252] andererseits auf die Formulierung einer Schutzrichtung. Vergegenwärtigt man sich die Zwecke des Jahresabschlusses, so läßt sich daraus nur der Schluß ziehen, daß der strafrechtliche Schutz jedes dieser Ziele umfassen soll, unter Heranziehung der zuvor dargestellten Zwecke also sowohl die Funktionen als Informationsspeicher als auch die der Rechtsfixierung geschützt werden[253]. Würde einer der Zwecke des Jahresabschlusses aus dem strafrechtlichen Schutz ausgenommen, würde damit die Bedeutung des Jahresabschlusses und der Publizität im ganzen gemindert. Gleichzeitig wird durch diese Feststellung deutlich, daß es sich bei dem betreffenden Rechtsgut um ein überindividuelles Rechtsgut des Wirtschaftslebens handeln muß, da die Publizität für den Bestand und die Arbeitsweise der Wirtschaft unerläßlich ist.[254] Daher ist der h.M zuzustimmen, die das geschützte Rechtsgut in dem Schutz des Vertrauens in die Richtigkeit und Vollständigkeit bestimmter Angaben über die Geschäftsverhältnisse, insbesondere der gesamten Rechnungslegung, sieht.

Die Frage nach einer genauen Begrenzung des Schutzbereichs ist in einem zweiten Schritt zu beantworten. Eine dem § 331 HGB entsprechende Vorschrift bezüglich der Strafbarkeit von *Geschäftslagetäuschungen* existiert für alle Kapitalgesellschaften und alle Personengesellschaften, die unter das PublG oder das KapCoRiLiG fallen, sowie für Genossenschaften und Versicherungsvereinen auf Gegenseitigkeit, vgl. z.B. § 400 AktG, § 82 GmbHG und § 147 GenG.

Zu diskutieren ist, ob sich die Strafbarkeit generell auf unrichtige Darstellungen bezieht oder nur auf zu publizierende Informationen beschränkt.

Eine Ansicht erblickt gerade in der Publikation den Grund für die Strafbarkeit.[255] Begründet wird dieser Standpunkt mit einer Folgerung aus § 82 II Nr. 2 GmbHG, in dessen Wortlaut explizit die unwahre oder verschleiernde Darstellung der Vermögenslage der Gesellschaft in öffentlichen Mitteilungen unter

---

[252] *Geerds*, Wirtschaftsstrafrecht, S. 46.
[253] *Schredelseker*, in: Gross (Hrsg.), FS Wysocki, S. 131; vgl. oben S. 51.
[254] *Geerds*, Wirtschaftsstrafrecht, S. 29.
[255] *Schüppen*, Bilanzstrafrecht, S. 112 f.

Strafe gestellt wird. Daraus wird die These entwickelt, daß der maßgebliche Anknüpfungspunkt für die Strafbarkeit die Publizität ist. Zwar findet sich in dem ebenfalls für die GmbH geltenden § 331 HGB keine vergleichbare Passage. Ausgehend von der Pflicht zur Veröffentlichung nach §§ 325 ff. HGB ist aber jeder Jahresabschluß eine zumindest potentiell öffentliche Mitteilung.[256] § 331 HGB und vergleichbare Vorschriften sollen die Zuverlässigkeit dieser Informationen und damit letztlich den Wert der Publizität schützen. Das Bemühen um die Sicherung dieses Wertes dient gleichzeitig auch der Erhaltung der Funktionstüchtigkeit des Kapitalmarktes.

Gegen diesen Standpunkt sprechen aber mehrere Argumente. Die aus § 82 II Nr. 2 GmbHG gezogene Folgerung ist logisch nicht richtig. Diese Norm ist eine Spezialvorschrift für die Rechtsform der GmbH. In allen übrigen vergleichbaren Vorschriften, insbesondere der universelleren Norm des § 331 HGB, findet sich keine Einschränkung auf die Wiedergabe der Information in öffentlichen Mitteilungen. Aus der Gesamtschau (argumentum e contrario) der Vorschriften kann daher der Schluß gezogen werden, daß diese Beschränkung nur für diese Rechtsform gewollt ist, generell aber eine solche Beschränkung nicht besteht. Auch übersieht diese Ansicht, daß die §§ 331 HGB, 400 AktG und dessen Vorläufervorschriften nach dem Willen des Gesetzgebers auch dem Schutz der Gesellschaft dienen sollten. An eine Veröffentlichung kann daher nicht generell angeknüpft werden.

Da § 331 Nr. 4 HGB die Angabe unrichtiger Informationen gegenüber dem Abschlußprüfer sanktioniert, der strafrechtliche Schutz also zu einem Zeitpunkt einsetzt, in dem die Information die Prüfungsphase noch zu durchlaufen hat und daher nur gesellschaftsintern von Bedeutung ist, drängt sich hieraus vielmehr der Schluß auf, daß der Anknüpfungspunkt nicht die Publikation der Information ist. Daher bejaht ein Teil der Literatur zu Recht auch den Schutz der internen Informationen.[257] Bereits intern ist eine Überwachung durch die dafür zuständigen Organe (Vorstand, Aufsichtsrat, Wirtschaftsprüfer) ohne zutreffende und vollständige Informationen über die Geschäftsverhältnisse nicht möglich.[258] Aus dem ursprünglichen Gedanken der Wahrnehmung staatlicher Kontrolle durch einen privaten Wirtschaftsprüfer folgt ein schützenswertes Interesse der Gesellschaft auf gewissenhafte und unabhängige Prüfung. Ebenso gilt dies für den Dividendenanspruch der Aktionäre, der sich nur aus einer Bilanz ermitteln und nur durch eine solche kontrollieren

---

[256] *Schüppen*, Bilanzstrafrecht, S. 113. Das RG hat in RGSt 38, 195, 198 f. bezüglich eines Geschäftsberichts einer AG die Einreichung zum Handelsregister mit einer Veröffentlichung gleichgesetzt.
[257] Geilen/Zöllner, § 400 Rdn. 3; AktG GK/*Klug*, § 400 Anm. 10; RGSt 5, 146, 147 f.
[258] Geilen/Zöllner, § 400 Rdn. 2.

läßt. Der Gesellschaft kann durch derartig verfälschte oder unvollständige Informationen bereits ein Schaden entstehen, weil sie die Kontrollmechanismen des Aufsichtsrates wirkungslos werden läßt. Auch die internen Kontrollorgane haben ein Vertrauen in die Richtigkeit und Vollständigkeit der ihnen vorgelegten Informationen, insbesondere in die den tatsächlichen Verhältnissen entsprechende Darstellung der Lage der Gesellschaft. Dem trägt die in der Literatur vertretene Ansicht Rechnung, daß bereits eine Gefährdung eines Instituts des Wirtschaftslebens eine Gefahr für die Gesamtwirtschaft begründen kann.[259] Der strafrechtliche Schutz der Information kann daher nicht von deren Publizität abhängig gemacht werden. Auch ist nicht nachvollziehbar, wie bei anderer Argumentation in einem Konzern den abhängigen Unternehmen der Schutz mit dieser Begründung versagt werden soll. § 331 HGB dient auch dem Schutz der Gesellschaft. Es ist somit folgerichtig, den Schutz auf diese internen Informationen zu erstrecken.

Das geschützte Rechtsgut des § 331 HGB ist somit in Einklang mit der herrschenden Meinung das Vertrauen in die Richtigkeit und Vollständigkeit bestimmter Angaben über die Geschäftsverhältnisse, insbesondere der gesamten Rechnungslegung.[260]

Dieses Ergebnis beinhaltet gleichzeitig die Feststellung, daß sich seit dem Erlaß des damaligen § 314 HGB 1897, der die gesunde Entwicklung des Aktienwesens schützte, das zugrunde liegende Rechtsgut geändert hat.

Das Reichsgericht sah ausschließlich das volkswirtschaftliche Interesse an der gesunden Entwicklung des Aktienwesens als geschütztes Universalrechtsgut an.[261] Heute wird das betreffende Rechtsgut als das Vertrauen in die Richtigkeit und Vollständigkeit bestimmter Angaben über die Geschäftsverhältnisse, insbesondere die Bonität und Kreditwürdigkeit betreffend, definiert. Zu begründen ist dieser Wandel durch die Etablierung des Aktienwesens und die erfolgreiche Reduzierung der Schwachstellen durch aktienrechtliche Reformen. Durch diesen Vorgang hat sich der Schwerpunkt zu einem funktionalen Wert hin verschoben.

---

[259] *Geerds*, Wirtschaftsstrafrecht, S. 40.
[260] *Dannecker*, in: Blumers/Frick/Müller (Hrsg.), Betriebsprüfungshandbuch, Abschnitt K, Rdn. 637; Staub/*Dannecker*, § 331 Rdn. 3; Scholz/*Tiedemann*, vor § 82 Rdn. 66; *Tiedemann*, in: Krekeler/Tiedemann/Ulsenheimer (Hrsg.), HWiStR, Art. Bilanzstrafrecht, S. 3; MüKo HGB/ *Ebke*, § 331 Rdn. 1; Erbs/Kohlhaas/*Schaal*, § 331 Rdn. 1; Geßler/Hefermehl/Eckardt/*Kropff*, § 400 Rdn. 2; Heymann/*Otto*, § 331 Rdn. 1; *Otto*, Aktienstrafrecht, § 400 Rdn. 3; AktG GK/ *Klug*, § 400 Anm. 2; Geilen/Zöllner, § 400 Rdn. 2; *Klussmann*, Geschäftslagetäuschungen, S. 17; *Cobet*, Rechnungslegung, S. 19; *Schmedding*, Konzernrechnungslegung, S. 26 f. Zum strafrechtlichen Schutz des Vertrauens allgemein vgl. *Geerds*, Wirtschaftsstrafrecht, S. 58 ff.
[261] RGSt 38, 195, 198; 41, 293, 301.

Der Schutz des Vertrauens bzw. dessen Verletzung ist keine Besonderheit der Bilanzstraftaten. Der Vertrauensschutz tritt in diesem Bereich im Vergleich zu den sonstigen Sozialgefügen nur verstärkt hervor, weil die Einrichtungen des Wirtschaftslebens ein besonderes Vertrauen in der Bevölkerung genießen und zugleich benötigen, um ihre Aufgaben innerhalb der Gesamtwirtschaft erledigen zu können.[262] Die Beeinträchtigung dieses besonderen Vertrauens kann die Funktionsfähigkeit des Jahresabschlusses nachteilig beeinflussen und damit in einem weitergehenden Schritt die Funktionsfähigkeit der Wirtschaft insgesamt beeinträchtigen.[263]

Damit steht hier die Beantwortung der Frage nach der Weite des Schutzkreises an. Einerseits ist die Einbeziehung der Gesellschaft, andererseits die der Allgemeinheit fraglich.

Die Ansicht, die der Gesellschaft selbst den Schutz des § 331 HGB versagt, begründet dies damit, daß die Gesellschaft als Informationsgeberin nicht gleichzeitig Informationsempfängerin sein könne.[264] Geschützt sei vielmehr allein das Vertrauen Dritter in die von der Gesellschaft publizierten Informationen. Dabei setzt diese Ansicht voraus, daß der Strafrechtsschutz erst durch die Publikation der Information entsteht. Wie bereits oben dargelegt, ist dies unzutreffend. Der Schutz der Gesellschaft selbst gehört nach der hier vertretenen Auffassung zum Kern des § 331 HGB, wie auch schon des § 400 AktG.

Die Öffentlichkeit im Sinne einer *uninteressierten Allgemeinheit* an den Informationen von und über die Gesellschaft unterfällt regelmäßig nicht dem Schutzbereich des § 331 HGB. In der Regel endet der Wirkungskreis der Publizität dort, wo keine wirtschaftlichen und rechtlichen Interessen der Informationsempfänger mehr bestehen. Durch die Einbeziehung potentieller Gläubiger und Aktionäre ist diese Grenze erreicht. Eine Erstreckung auf die Allgemeinheit kommt aber beispielsweise dann in Betracht, wenn die tatsächlich bevorstehende, bislang aber geheimgehaltene Gefahr des Zusammenbruchs eines großen Konzerns rechtzeitige Sanierungsversuche notwendig macht, um dem Verlust von Arbeitsplätzen und der Gefährdung anderer Unternehmen wegen der Abhängigkeit zum Konzern zu begegnen. In diesem Fall tritt die ehemalige Interpretation[265] des Schutzgutes des Tatbestandes als *Interesse an der gesunden Entwicklung des Aktienwesens* zur ausnahmsweisen Erweiterung des Schutzbereiches in den Vordergrund.

---

[262] *Geerds*, Wirtschaftsstrafrecht, S. 61; *Otto*, ZStW 96 (1984), 339, 343 ff.
[263] *Geerds*, Wirtschaftsstrafrecht, S. 61.
[264] Staub/*Dannecker*, § 331 Rdn. 5; *Schüppen*, Bilanzstrafrecht, S. 114.
[265] RGSt 38, 195, 199; 41, 293, 301.

b) § 332 HGB

(1) Darstellung des Meinungsstandes

Das ältere Schrifttum zu § 403 AktG sah als Rechtsgut das Interesse der Gesellschaft, ihrer gegenwärtigen und zukünftigen Aktionäre, der im Unternehmen der Gesellschaft tätigen Arbeitnehmer, der Gläubiger und sonstiger (durch eine schon bestehende oder künftig aufzunehmende Rechtsbeziehung) mit der Gesellschaft verbundener Personen, daß der Prüfer als unabhängiges Kontrollorgan die Rechnungslegung sowie im Rahmen der gesetzlich vorgesehenen Prüfungsfälle auch sonstige Maßnahmen der Gesellschaft und ihrer Organe gewissenhaft und unparteiisch überwacht.[266]

Nach einer weiteren Ansicht ist das Rechtsgut für die Tatbestände der § 400 AktG und § 403 AktG identisch und wird beschrieben als das Interesse der Gesellschaft, ihrer Aktionäre und ihrer Gläubiger sowie sonstiger Dritter, die in Rechtsbeziehungen zur Gesellschaft stehen oder treten wollen.[267]

Das zu § 332 HGB existierende Schrifttum definiert das Rechtsgut überwiegend als das Vertrauen in den Prüfungsbericht und den Bestätigungsvermerk und damit in die Richtigkeit und Vollständigkeit der gewissenhaft und unparteiisch durch ein unabhängiges Kontrollorgan geprüften Abschlüsse und Lageberichte.[268]

Auch hier besteht Uneinigkeit über die Weite des Schutzbereiches. Nach der überwiegenden Ansicht dient die Vorschrift dem Schutz der Gesellschaft, ihrer Arbeitnehmer, ihrer gegenwärtigen und zukünftigen Aktionäre oder Gesellschafter, den aktuellen und potentiellen Gesellschaftsgläubigern sowie dritter Personen, die rechtliche Beziehungen zu der Gesellschaft unterhalten.[269]

Eine einschränkende Ansicht bezieht die Arbeitnehmer der Gesellschaft nicht mit in den Schutzbereich ein.[270]

---

[266] Geilen/Zöllner, § 403 Rdn. 2.
[267] AktG GK/*Klug*, § 403 Anm. 2.
[268] Staub/*Dannecker*, § 332 Rdn. 5; Heymann/*Otto*, § 332 Rdn. 2; *Dannecker*, in: Blumers/Frick/Müller (Hrsg.), Betriebsprüfungshandbuch, Abschnitt K, Rdn. 681; Geßler/Hefermehl/Eckardt/*Kropff*, § 403 Rdn. 2; Erbs/Kohlhaas/*Schaal*, § 332 Rdn. 1; MüKo HGB/*Quedenfeld*, § 332 Rdn. 1.
[269] Staub/*Dannecker*, § 332 Rdn. 7; *Dannecker*, in: Blumers/Frick/Müller (Hrsg.), Betriebsprüfungshandbuch, Abschnitt K, Rdn. 681; Erbs/Kohlhaas/*Schaal*, § 332 Rdn. 1; Geilen/Zöllner, § 403 Rdn. 2, 5; Heymann/*Otto*, § 332 Rdn. 3; MüKo HGB/*Quedenfeld*, § 332 Rdn. 2.
[270] AktG GK/*Klug*, § 403 Anm. 2.

## (2) Stellungnahme

§ 332 HGB dient ebenso wie § 331 HGB der Sicherung der Einhaltung zivilrechtlicher Bilanznormen. Beide Vorschriften verzichten auf einen Schadenseintritt und die Festlegung einer Schutzrichtung. Anders als in § 331 HGB sind bei § 332 HGB die Adressaten Abschlußprüfer und deren Gehilfen. Damit stellt § 332 HGB gleichzeitig die schärfste Sanktion im Sanktionssystem der berufsrechtlichen Verantwortlichkeit des Wirtschaftsprüfers dar.

Zunächst ist die Frage zu beantworten, ob die §§ 331, 332 HGB überhaupt das gleiche Rechtsgut besitzen können, wie es von einigen Autoren vertreten wird.[271]

Im Gegensatz zu § 331 HGB ist Adressat bei § 332 HGB nicht das Organ, in dessen Verantwortung die Erstellung der Information liegt, sondern die Institution, die im Rahmen der gesetzlichen Vorschriften die formelle und materielle Richtigkeit der Informationen überprüft und beurteilt. Zwischen diesen beiden Positionen besteht ein gradueller Unterschied hinsichtlich der Verantwortung für die Richtigkeit der Information.

Der gravierendste Unterschied zwischen § 331 HGB und § 332 HGB besteht aber in der Bezugsbasis der beiden Normen. Die Beurteilungsbasis von § 331 HGB ist die objektive Wirklichkeit, die wirkliche Sachlage.[272] Hingegen ist die Beurteilungsbasis für alle Alternativen des § 332 HGB das subjektiv gefundene Prüfungsergebnis.[273] Ob also das mitgeteilte Prüfungsergebnis objektiv richtig oder falsch ist, mit der Wirklichkeit übereinstimmt oder nicht, ist bei § 332 HGB irrelevant, sofern das Ergebnis der Prüfung mit dem Inhalt des Berichts über die Prüfung übereinstimmt.[274] In dieser Formulierung wird die Entscheidung des Gesetzgebers deutlich, den Abschlußprüfer nicht ebenso wie die zuständigen Gesellschaftsorgane für die inhaltliche Richtigkeit der Angaben in die Verantwortung zu nehmen. Weil

---

[271] HK-HGB/*Ruß*, § 331 Rdn. 1. Für §§ 400, 403 AktG: AktG GK/*Klug*, § 400 Anm. 1, § 403 Anm. 1.

[272] Heymann/*Otto*, § 331 Rdn. 24; Staub/*Dannecker*, § 331 Rdn. 40; Geilen/Zöllner, § 400 Rdn. 26; Ebenroth/Boujong/Joost/*Wiedmann*, § 331 Rdn. 2; MüKo HGB/*Quedenfeld*, § 331 Rdn. 32 ff.; Erbs/Kohlhaas/*Schaal*, § 331 Rdn. 19; Geßler/Hefermehl/Eckardt/*Kropff*, § 400 Rdn. 4.

[273] Staub/*Dannecker*, § 332 Rdn. 6; Heymann/*Otto*, § 332 Rdn. 15; Ebenroth/Boujong/Joost/*Wiedmann*, § 332 Rdn. 3; MüKo HGB/*Quedenfeld*, § 332 Rdn. 17; Erbs/Kohlhaas/*Schaal*, § 332 Rdn. 23; Geßler/Hefermehl/Eckardt/*Kropff*, § 403 Rdn. 9; *Firgau*, in: Krekeler/Tiedemann/Ulsenheimer (Hrsg.), HWiStR, Art. Bestätigungsvermerk, S. 5; *Tiedemann*, in: Krekeler/Tiedemann/Ulsenheimer (Hrsg.), HWiStR, Art. Bilanzstrafrecht, S. 6.

[274] Dogmatisch unvertretbar allerdings *Dierlamm*, NStZ 2000, 130, 131 f., der bei objektiver Richtigkeit des Berichts keine Tatbestandsmäßigkeit annehmen will.

aber das Rechtsgut des § 331 HGB gerade das Vertrauen in die Richtigkeit der Information ist, folgt daraus, daß beiden Normen nicht das gleiche Rechtsgut zugrunde liegen kann. Es ist daher unzutreffend, die Rechtsgüter des § 331 HGB und des § 332 HGB gleichzusetzen.[275]

Zu untersuchen ist daher, was als geschütztes Rechtsgut des § 332 HGB anzusehen ist. Auffällig ist die Divergenz der Formulierungen des *Interesses an einer ordnungsgemäßen Prüfung* bei § 403 AktG einerseits und des *Vertrauens in einen ordnungsgemäßen Prüfungsbericht und Bestätigungsvermerk* bei § 332 HGB andererseits. Damit stellt sich die Frage, ob mit der Änderung der Formulierung gleichzeitig eine Änderung des geschützten Rechtsguts erfolgt ist.

Zunächst ist auf die Motive des historischen Gesetzgebers zurückzugreifen. Ihren Ursprung finden §§ 332 HGB, 403 AktG in § 318a HGB 1931, der die Pflicht zur Berichterstattung nach § 262e I 1 HGB 1931 strafrechtlich sanktionierte. Dabei umfaßte die Strafandrohung nicht die gesamte Tätigkeit des Abschlußprüfers; die Strafandrohung beschränkte sich auf die Verpflichtung zu einer mit den tatsächlichen Prüfungsfeststellungen übereinstimmenden Berichterstattung. Diese punktuelle Struktur gilt bis heute. Bis zum BiRiLiG war darunter die Berichtspflicht zu verstehen; mit Inkrafttreten des § 332 HGB fällt auch der Bestätigungsvermerk nunmehr zweifelsfrei darunter.[276]

Diese zivilrechtliche Berichtspflicht sollte die mit der Abschlußprüfung verfolgten Ziele in mehrfacher Hinsicht fördern.[277] Einerseits diente sie der Einhaltung der bilanzrechtlichen Vorschriften und der GoB durch die Kontrolle selbst wie auch durch die Präventivwirkung. Andererseits sollten die Prüfungsfeststellungen dem Aufsichtsrat als gesellschaftsinternem Kontrollgremium bei dessen Tätigkeit unterstützend dienen, wobei der Abschlußprüfer mit seiner besonderen Qualifikation den Aufsichtsrat bei seiner Kontrollaufgabe unterstützen bzw. ersetzen sollte.[278] Das gescheiterte gesetzliche Kontrollsystem bestehend aus Aufsichtsrat, Publizität und Strafnormen – die letzten beiden als Ersatz staatlicher Aufsicht über die Aktiengesellschaften – wurde durch die Einführung der externen Revision reformiert.[279]

Präventiv sollte durch die effektivere und materielle Kontrolle der Bilanzwerte die Wiederholung einer volkswirtschaftlichen Krise verhindert und damit eine ge-

---

[275] So auch Staub/*Dannecker*, § 332 Rdn. 6.
[276] BBK/*Hense*, § 332 Rdn. 1; MüKo HGB/*Quedenfeld*, § 332 Rdn. 15; Heymann/*Otto*, § 332 Rdn. 1; Staub/*Dannecker*, § 332 Rdn. 2.
[277] Zu den mit der Abschlußprüfung verfolgten Zielen vgl. oben S. 12.
[278] Adler/Düring/Schmaltz, § 316 Rdn. 8; MüKo HGB/*Ebke*, § 316 Rdn. 22 ff.; Henn, Aktienrecht, Rdn. 1088; Geilen/Zöllner, § 403 Rdn. 3.
[279] *Geilen/Zöllner*, vor § 399 Rdn. 1.

sunde Entwicklung des Aktienwesens gefördert werden.[280] Die Aufrechterhaltung der Funktionsfähigkeit und Stabilität der Volkswirtschaft, insbesondere der Kapitalgesellschaften als deren kapitalintensivstem Bereich, ist ein mit der Abschlußprüfung verfolgtes öffentliches Ziel. Die Tätigkeit des Abschlußprüfers erfolgt daher sowohl im privaten als auch im öffentlichen Auftrag und Interesse.[281]

Das *Interesse der Gesellschaft* ist daher nicht als Vermögensinteresse zu begreifen, das sich beispielsweise als Folge einer unberechtigten Versagung des Testats im niedrigeren Aktienkurs ausdrückt. Vielmehr ist es als Eigeninteresse an einer effektiven Kontrolle durch interne und externe Kontrollorgane auf der Grundlage möglichst zureffender Informationen zu begreifen.

Da gleichzeitig ein öffentliches Interesse an der Erfüllung dieser Normen besteht, sind nicht nur die Gesellschaft selbst mit ihren Aktionären vom Schutzbereich der Norm umfaßt, sondern auch Gläubiger und sonstige Dritte, die mit der Gesellschaft in rechtlicher Beziehung stehen oder treten wollen.

In der Folgezeit haben die zu berücksichtigenden Interessen zugenommen, was zu einer Erweiterung des Schutzbereichs führte. Sowohl das HGB 1931 als auch das AktG 1937 waren ganz überwiegend vom Gläubigerschutzgedanken geprägt. Das AktG 1965 brachte erstmals eine Absicherung der Aktionärsinteressen. Dies vollzog sich durch die Einführung von Wertuntergrenzen zur Absicherung des Dividendenanspruchs bei der Bewertung des Anlagevermögens sowie durch geänderte Informations- und Ausschüttungsbemessungsfunktionen des Jahresabschlusses.[282] Die neue ansatzweise niedergelegte Konzernrechnungslegung trug mit den darin enthaltenen Minderheitenschutzrechten ebenfalls zur Vervollständigung des Aktionärsschutzes bei. Durch die Aufnahme des Bestätigungsvermerks in den Tatbestand des § 332 HGB durch das BiRiLiG 1985 hat der Gesetzgeber die Position der Dritten, die an der Gesellschaft ein Interesse haben, deutlich gestärkt. Der Öffentlichkeitsbezug der Strafnorm wird durch die Aufnahme des Testates deutlich.[283]

---

[280] Adler/Düring/Schmaltz, § 316 Rdn. 8; MüKo HGB/*Ebke*, § 316 Rdn. 24.
[281] Eine andere Fragestellung ist, ob und wenn ja, wie diese öffentlichen Interessen zukunftsbezogen durch den Staat wahrgenommen werden müssen, wenn die Verläßlichkeit und Aussagekraft der Testate schwindet. Aktuell ist dies im Rahmen der Internationalisierung des Wettbewerbes, der Verflechtung der Kapitalmärkte und einer starken Anlegerorientierung problematisch. Das Ansehen, die Verläßlichkeit und die Aussagekraft der Testate im internationalen Vergleich muß im volkswirtschaftlichen Interesse gewahrt werden. Auf diese Entwicklungen muß der Gesetzgeber durch entsprechende handels- und nötigenfalls auch strafrechtliche Reformen reagieren. Vgl. unten S. 121.
[282] Adler/Düring/Schmaltz, § 316 Rdn. 13.
[283] BT-Drucks. 10/317, S. 101.

Faktisch ist das Interesse der Öffentlichkeit an der Abschlußprüfung und deren Ergebnissen seit der Aktienrechtsreform von 1965 erheblich angestiegen, so daß der Schutzbereich an praktischer Bedeutung und Relevanz gewonnen hat. Diese Entwicklung geht mit einem verstärkten Interesse an der Arbeit und den Arbeitsergebnissen des Wirtschaftsprüfers einher. Die Erweiterung der dem Abschlußprüfer obliegenden Pflichten und dem gesteigerten Interesse an seinen Arbeitsergebnissen kann durchaus als Neubestimmung der Aufgaben der Abschlußprüfung interpretiert werden.[284]

Diese Neubestimmung vollzog sich auch hinsichtlich der Rechtsgutsbestimmung. Die Interessen weniger wurden nun beschrieben als das Vertrauen vieler, wobei sich aber die Bezugsbasis, also der eigentliche Kern des Rechtsguts, nicht verändert hat. Die Definition vollzieht sich aufgrund der gesteigerten Aufgaben und dem gewachsenen Kreis der Interessenten von einem anderen Ansatz her, bezieht sich aber auf den gleichen Kern. Geschützt war und ist das Vertrauen in die Einhaltung spezieller Regeln innerhalb eines bestimmten Wirtschaftsbereichs. Die Institution der Jahresabschlußprüfung genießt und benötigt in der Öffentlichkeit ein gesteigertes Vertrauen um ihre Kontroll- als auch Präventivfunktion wirksam ausüben zu können.[285]

Das geschützte Rechtsgut des § 332 HGB ist damit als das Vertrauen in die Richtigkeit und Vollständigkeit in einen von einem unabhängigen Kontrollorgan gewissenhaft und unparteiisch erstellten und abgegebenen Prüfungsbericht und Bestätigungsvermerk zu definieren. Kurz gefaßt ist es das Vertrauen in eine gewissenhafte und unparteiische Überwachung der Rechnungslegung durch den Abschlußprüfer. Dieses Vertrauen ist der Gemeinschaft als Träger zugeordnet, also ein Universalrechtsgut, der Dispositionsbefugnis des einzelnen damit entzogen. Das Rechtsgut des § 332 HGB hat sich daher seit seiner Entstehung als § 318a HGB 1931 nicht geändert.

Das Vertrauen in die Richtigkeit und Vollständigkeit der geprüften Abschlüsse und Lageberichte ist hingegen nicht, auch nicht mittelbar, als geschütztes Rechtsgut anzusehen. Bei diesem Schutz handelt es sich lediglich um einen Rechtsreflex. Da die Bezugsbasis für eine Abweichung von den Prüfungsfeststellungen immer subjektiv bestimmt wird, besteht kein unmittelbarer Zusammenhang zwischen einem unzutreffenden Bericht über die Prüfungsfeststellungen und der Richtigkeit dieser Informationen selbst.

---

[284] Adler/Düring/Schmaltz, § 316 Rdn. 13.
[285] *Geerds*, Wirtschaftsstrafrecht, S. 61; *Otto*, ZStW 96 (1984), 339, 344 ff.

Der Schutzbereich der Norm hat durch Gesetzesänderungen, insbesondere durch die Aktienrechtsreform 1965, selbst Erweiterungen erfahren. Geschützt ist zum einen die Gesellschaft mit ihrem Interesse an einer ordnungsgemäßen Prüfung. Weiter gehören in den Schutzbereich die Arbeitnehmer, die aktuellen und zukünftigen Gesellschafter bzw. Aktionäre und die gegenwärtigen und potentiellen Gläubiger, die an einer gewissenhaften und unparteiischen Kontrolle ein Interesse haben. Die Öffentlichkeit ist ebenso in den Schutzbereich mit einbezogen.

### c) § 333 HGB

Der die Verletzung der Geheimhaltungspflicht betreffende § 333 HGB geht auf den § 404 AktG zurück. Er beinhaltet zwei Tatbestandsalternativen. Die erste stellt das unbefugte Offenbaren eines Geheimnisses unter Strafe. Die Hervorhebung der Betriebs- und Geschäftsgeheimnisse bedeutet nicht, daß nur solche geschützt sind. Die Pflicht zur Geheimhaltung erstreckt sich auf alle Geheimnisse.[286] Die zweite Alternative betrifft die unbefugte Verwertung eines Geheimnisses, also die wirtschaftliche Ausnutzung des Geheimnisses zur Gewinnerzielung.[287] Das Antragsdelikt ist mit Geldstrafe oder Freiheitsstrafe bis zu einem Jahr bewehrt, in der Qualifikation des § 333 II HGB mit Geldstrafe oder mit Freiheitsstrafe bis zu zwei Jahren.

(1) Darstellung des Meinungsstandes

Nach der ganz überwiegenden Meinung in der Literatur wird als geschütztes Rechtsgut des § 333 HGB die Interessen, insbesondere die Vermögensinteressen, der Kapitalgesellschaft und der im Gesetz genannten, mit ihr verbundenen Unternehmen sowie die Interessen der Aktionäre, Gesellschafter oder anderer in Betracht kommender Eigner der Kapitalgesellschaft dieser Unternehmen angesehen. Der Schutz der Interessen der Unternehmen und der ihrer Eigentümer bilden eine Einheit.[288]

---

[286] Staub/*Dannecker*, § 333 Rdn. 21; Ebenroth/Boujong/Joost/*Wiedmann*, § 333 Rdn. 2; Heymann/*Otto*, § 333 Rdn. 4; *Otto*, Aktienstrafrecht, § 404 Rdn. 12; MüKo HGB/*Quedenfeld*, § 333 Rdn. 8 f.

[287] Heymann/*Otto*, § 333 Rdn. 23; *Otto*, Aktienstrafrecht, § 404 Rdn. 27; MüKo HGB/*Quedenfeld*, § 333 Rdn. 20; Staub/*Dannecker*, § 333 Rdn. 40; Geßler/Hefermehl/Eckardt/*Kropff*, § 404 Rdn. 11.

[288] Heymann/*Otto*, § 333 Rdn. 4; Erbs/Kohlhaas/*Schaal*, § 333 Rdn. 1; Staub/*Dannecker*, § 333 Rdn. 6; vgl. auch Scholz/*Tiedemann*, § 85 Rdn. 2; Michalski/*Dannecker*, § 85 Rdn. 8 f.; *Lampe*, in: Krekeler/Tiedemann/Ulsenheimer (Hrsg.), HWiStR, Art. Geheimnisverrat, S. 2.

Nicht geschützt sind dagegen die Interessen der Gesellschaftsgläubiger, da die Tathandlung nicht unmittelbar ihre Interessen beeinträchtigt.[289]

Das Vertrauen in die Verschwiegenheit der Prüfer und deren Gehilfen und der Schutz des Vertrauens in die Funktionsfähigkeit der Kapitalgesellschaft werden mangels Selbständigkeit nicht eigenständig geschützt.[290]

Nach einer anderen Ansicht dient die Norm der Sicherung des für die Täterfunktion unabdingbar notwendigen Vertrauensinteresses in die Schweigepflicht der Berufsangehörigen.[291] Dadurch hat das Rechtsgut gleichzeitig eine soziale Dimension.[292]

Unterschiedliche Auffassungen existieren auch hinsichtlich des Schutzbereichs der Norm. Während die restriktivste Ansicht den Schutzbereich allein auf die Gesellschaft beschränkt[293] bezieht die überwiegende Ansicht die Eigentümer in diesen Bereich mit ein.[294] Weitere Ansichten erstrecken den Schutzbereich auch auf die Arbeitnehmer der AG[295] oder die Gesellschaftsgläubiger.[296]

(2) Stellungnahme

Zutreffend geht die herrschende Meinung davon aus, allgemein den Schutz der Informationen über die Verletzung des Vertrauensverhältnisses zum Prüfer und dessen Gehilfen zu stellen. Der Schutz der betrieblich-geheimen Informationen wird um ihrer selbst willen und des darin verkörperten Vermögenswertes strafrechtlich angeordnet.[297] Dies hat die Konsequenz, daß für ein selbständiges Rechtsgut des Vertrauens in die Verschwiegenheit des Prüfers und dessen Gehilfen kein eigenständiger Anwendungsbereich verbleibt. Zwar stellen die Strafnomen gleich-

---

[289] Staub/*Dannecker*, § 333 Rdn. 7; Erbs/Kohlhaas/*Schaal*, § 333 Rdn. 1; Heymann/*Otto*, § 333 Rdn. 5; *Otto*, Aktienstrafrecht, § 404 Rdn. 3; vgl. auch Scholz/*Tiedemann*, § 85 Rdn. 2; Michalski/*Dannecker*, § 85 Rdn. 11.

[290] Staub/*Dannecker*, § 333 Rdn. 8; Heymann/*Otto*, § 333 Rdn. 6; *Otto*, Aktienstrafrecht, § 404 Rdn. 7; Geßler/Hefermehl/Eckardt/*Kropff*, § 404 Rdn. 2.

[291] Schönke/Schröder/*Lenckner*, § 203 Rdn. 3.

[292] Geilen/Zöllner, § 404 Rdn. 10; a.A. Heymann/*Otto*, § 333 Rdn. 6.

[293] So für die GmbH: *Meyer-Landrut*, GmbHG, § 85 Rdn. 2; Baumbach/*Hueck*, GmbHG, § 85 Rdn. 1.

[294] Heymann/*Otto*, § 333 Rdn. 5, 7 f; Staub/*Dannecker*, § 333 Rdn. 6; MüKo HGB/*Quedenfeld*, § 333 Rdn. 1; Erbs/Kohlhaas/*Schaal*, § 333 Rdn. 1; Geßler/Hefermehl/Eckardt/*Kropff*, § 404 Rdn. 2.

[295] Geilen/Zöllner, § 404 Rdn. 11.

[296] AktG GK/*Klug*, § 404 Anm. 2.

[297] Staub/*Dannecker*, § 333 Rdn. 5; Geilen/Zöllner, § 404 Rdn. 10; Scholz/*Tiedemann*, § 85 Rdn. 2; Michalski/*Dannecker*, § 85 Rdn. 8; *Hachenburg*, § 85 Rdn. 12.

zeitig die schärfste Sanktion zur Ahndung beruflicher Verfehlungen dar. Dies bedeutet aber nicht notwendig, daß sich dieser Gedanke auch im Rechtsgut wiederfinden muß.

Die aus dem Gesetz durch die alleinige Antragsberechtigung der Kapitalgesellschaft (§ 333 III HGB) vermeintlich zu entnehmende Beschränkung des Schutzbereiches auf diese ist nicht zutreffend. Untrennbar mit den Interessen der Gesellschaft selbst sind die Interessen ihrer Eigentümer verbunden. Sie sind daher ebenfalls vom Schutzbereich umfaßt.[298]

Die Gläubiger sind indes nicht mit in den Schutzbereich einbezogen, da ihr Interesse an der Bewahrung ein Individualinteresse ist, welches nicht mit dem Betriebsgeheimnis selbst übereinstimmt.[299]

## 6. Zusammenfassung

Der Begriff des Rechtsgutes läßt sich definieren als ein rechtlich geschützter abstrakter Wert der Sozialordnung, an dessen Erhaltung die Gemeinschaft ein Interesse hat und der entweder dem einzelnen oder der Gemeinschaft als Träger zugeordnet werden kann.

Ausgehend von den Zwecken der Jahresabschlußprüfung (Kontrollfunktion, Informationsfunktion, Beglaubigungsfunktion) ergeben sich für die §§ 331 ff. HGB folgende Rechtsgüter:

§ 331 HGB schützt das Vertrauen in die Richtigkeit und Vollständigkeit bestimmter Angaben über die Geschäftsverhältnisse, insbesondere der gesamten Rechnungslegung. Der Schutzbereich der Norm umfaßt dabei die Gesellschaft selbst, die aktuellen und zukünftigen Aktionäre (Gesellschafter), die gegenwärtigen und die zukünftigen Gläubiger, sowie unter besonderen Umständen die Allgemeinheit.

§ 332 HGB schützt das Vertrauen in die Richtigkeit und Vollständigkeit in einen von einem unabhängigen Prüfungsorgan erstellten Prüfungsbericht und Bestätigungsvermerk, also das Vertrauen auf eine gewissenhafte und unparteiische Überwachung der Rechnungslegung durch den Abschlußprüfer. In diesen Schutzbereich einbezogen sind die Gesellschaft, die Arbeitnehmer, die aktuellen und zukünftigen

---

[298] Staub/*Dannecker*, § 333 Rdn. 6; Heymann/*Otto*, § 333 Rdn. 7 f.; Geßler/Hefermehl/Eckardt/*Kropff*, § 404 Rdn. 2; MüKo HGB/*Quedenfeld*, § 333 Rdn. 1; Erbs/Kohlhaas/*Schaal*, § 333 Rdn. 1.
[299] Staub/*Dannecker*, § 333 Rdn. 7; Heymann/*Otto*, § 333 Rdn. 5.

Gesellschafter bzw. Aktionäre, die gegenwärtigen und potentiellen Gläubiger sowie die Öffentlichkeit.

Der Tatbestand des § 333 HGB schützt die Interessen, insbesondere die Vermögens- und Geheimhaltungsinteressen der Kapitalgesellschaft und der im Gesetz genannten, mit ihr verbundenen Unternehmen sowie die Interessen der Aktionäre, Gesellschafter oder anderer in Betracht kommender Eigner der Kapitalgesellschaft. Diese Personen sind gleichzeitig vom Schutzbereich der Norm umfaßt.

## D. Änderung der Strafvorschriften

### 1. Gang der Untersuchung

Die Entwicklung der den Wirtschaftsprüfer betreffenden Strafnormen wird in der Literatur floskelartig mit *inhaltlich nahezu unverändert* beschrieben.[300] Dies ist zu hinterfragen, insbesondere nachdem das auf EU-Richtlinien zurückgehende BiRiLiG in Kraft getreten ist. Weiterhin ist zu untersuchen, ob die teilweise gleichlautenden Vorschriften auch inhaltlich gleich auszulegen sind.

### 2. Rechtliche und inhaltliche Änderungen

#### a) Ausgangslage 1931

Im Zuge der Einführung der Pflichtprüfung wurde mit § 318a HGB 1931 eine Strafnorm erlassen, die sich auch an den Abschlußprüfer und dessen Gehilfen richtete. In der Ziffer 1 dieser Vorschrift wurde das falsche Berichten über das Ergebnis der Prüfung und das Verschweigen erheblicher Umstände im Bericht unter Strafe gestellt. Desweiteren wurde in Ziffer 2 die Verletzung der Verschwiegenheitspflicht und die unbefugte Verwertung von Geschäftsgeheimnissen sanktioniert. Der Strafrahmen war einheitlich für beide Ziffern und beinhaltete Geldstrafe oder Gefängnis, was nach dem damals geltenden § 16 StGB a.F. ein Strafmaß von bis zu fünf Jahren bedeutete.[301]

---

[300] Geilen/Zöllner, § 403 Rdn. 1; Scholz/*Tiedemann*, vor §§ 82 ff. Rdn. 63; *Godin/Wilhelmi*, §§ 403, 404, jeweils Anm. 1; AktG GK/*Klug*, vor § 399 Anm. 2; *Otto*, Aktienstrafrecht, § 403 Rdn. 1; MüKo HGB/*Quedenfeld*, vor § 331 Rdn. 20; Geßler/Hefermehl/Eckardt/*Kropff*, § 401 Rdn. 1; Erbs/Kohlhaas/*Schaal*, § 331 Rdn. 1.

[301] RGBl. 1871, S. 127, 130.

Inhaltlich umfaßte die Prüfung den Jahresabschluß einschließlich der zugrundeliegenden Buchhaltung und den Geschäftsbericht.

### b) Aktiengesetz von 1937

Die Strafvorschrift wurde im wesentlichen unverändert in das neue Aktiengesetz als dessen § 302 AktG 1937 übernommen.[302]

### c) Aktiengesetz von 1965

Das Aktiengesetz von 1965 brachte eine Zäsur in mehrfacher Hinsicht. Generell ist dem Gesetz im Vergleich zu den Vorläufern eine deutliche Tendenz zu einer fühlbar entschärften Neuregelung der Strafbarkeit zu entnehmen.[303] Viele Tatbestände wurden in diesem Zuge qualitativ von einem Vergehen zu einer Ordnungswidrigkeit herabgestuft. Der Aktionärsschutz erhielt materiell durch die Einführung von Ober- und Untergrenzen bei Bewertungen erstmals eine rechtliche Ausgestaltung. Zugleich erfolgte eine für die zivilrechtliche Haftung bedeutsame Aufnahme der *großen Redepflicht* des Abschlußprüfers als § 166 II AktG in das Gesetz nach einem grundlegenden Urteil des BGH.[304] Diese Entscheidung mit anschließender Regelung ist als erster Schritt hin zur zivilrechtlichen Warnfunktion des Abschlußprüfers zu werten.[305]

Für den (bisher einheitlichen) wirtschaftsprüferspezifischen Tatbestand der Verletzung der Berichts- und Verschwiegenheitspflicht ist auch eine Zäsur festzustellen. Redaktionell wurde der einheitliche gemischte Tatbestand in zwei Normen getrennt. Die früher neben der Geldstrafe vorgesehene Gefängnisstrafe, deren Dauer nach § 16 StGB a.F. maximal fünf Jahre betrug, ist für § 403 AktG 1965 auf drei Jahre begrenzt worden.[306] Die Maßnahmen konnten zusammen oder einzeln verhängt werden.[307] Ebenfalls neugeschaffen wurde die Qualifikation nach § 403 II AktG 1965, wonach der Strafrahmen maximal fünf Jahre beträgt.[308]

---

[302] RGBl. I, S. 107 ff.
[303] Geilen/Zöllner, vor § 399 Rdn. 6; *Otto*, Aktienstrafrecht, vor § 399 Rdn. 2; Geßler/Hefermehl/Eckardt/*Kropff*, vor § 399 Rdn. 2.
[304] BGHZ 16, 17; *Lück*, BB 2001, 404.
[305] *Strobel*, DB 1977, 2153, 2154.
[306] Geilen/Zöllner, vor § 399 Rdn. 1.
[307] Die Möglichkeit der kumulativen Bestrafung ist nicht mehr möglich, vgl. Art. 12 III, 290 III EGStGB. Eine Kombination beider Strafarten ist nur noch unter den Voraussetzungen des § 41 StGB möglich.
[308] *Meyer*, AG 1966, 109, 114 f.

Die bedeutendste Änderung für das Wirtschaftsprüferstrafrecht ergab sich aus der Umgestaltung des zivilrechtlichen Umfeldes. Durch die explizite Formulierung und quantitative Zunahme der Zahl der Prüfungsfälle verbunden mit der qualitativen Erweiterung der Prüfungsaufgaben und den Berichtspflichten hat sich der Anwendungsbereich des § 403 AktG 1965 erheblich erweitert. Der wechselnde, von der jeweiligen Prüfungsaufgabe abhängige Bezug mit den zivilrechtlichen Normen änderte den Charakter dieser Norm zu einem Blankettstraftatbestand.[309]

Auch der Tatbestand der Verletzung der Geheimhaltungspflicht hat durch das AktG 1965 Änderungen erfahren. Eine begriffliche Änderung ohne einen inhaltlichen Unterschied brachte der § 404 I AktG 1965 durch den Schutz jedes Geheimnisses der Gesellschaft, während sich § 302 AktG 1937 in Anlehnung an § 17 UWG begrifflich auf Betriebs- oder Geschäftsgeheimnisse bezog.[310] Insofern ist der Tatbestand des § 404 I AktG 1965 erweitert worden. Eine inhaltliche Reduzierung hat er durch die neue Formulierung des *unbefugten Offenbarens* erfahren. Der Tatbestand des § 302 Nr. 2 AktG 1937 verwendete die Formulierung der *Verletzung der Pflicht zur Verschwiegenheit*. Diese Pflicht konnte auf vielfältigere Art verletzt werden, so daß inhaltlich weiterreichende Möglichkeiten der Subsumtion bestanden.[311] Der Strafrahmen war nun nicht mehr identisch mit dem des § 403 AktG 1965 und sah Geldstrafe oder Freiheitsstrafe bis zu einem Jahr vor. Auch hier konnten die Maßnahmen zusammen oder einzeln verhängt werden. Eingefügt wurde der Qualifikationstatbestand des § 404 II AktG 1965 mit einem Strafrahmen bis zu zwei Jahren.

Ebenfalls neu war die Ausgestaltung der Norm zu einem Antragsdelikt nach § 404 III AktG 1965.

Für § 403 AktG 1965 ist eine Erweiterung des Anwendungsbereiches der Norm durch deren blankettartigen Charakter festzustellen, wenngleich der Strafrahmen verringert wurde. Die Bedeutung der strafrechtlichen Absicherung der Berichtspflicht ist damit im gleichen Umfang gewachsen, wie die Prüfungsaufgaben zugenommen haben. Gegenteilig kann bei § 404 AktG 1965 von einer abgeschwächten Bedeutung gesprochen werden, da der Strafrahmen reduziert und sie zu einem Antragsdelikt umgestaltet wurde. In jedem Fall ist durch dieses Gesetz eine materielle Änderung des einschlägigen Strafrechts erfolgt.

---

[309] Geilen/Zöllner, § 403 Rdn. 1.
[310] Geilen/Zöllner, § 404 Rdn. 1; Schönke/Schröder/*Lenckner*, § 203 Rdn. 9.
[311] Geilen/Zöllner, § 404 Rdn. 3; a.A. *Godin/Wilhelmi*, § 404 Anm. 1, 3. Letztere geht von einer inhaltlichen Übereinstimmung aus.

### d) Bilanzrichtlinien-Gesetz von 1985

Das BiRiLiG[312] brachte die nächste größere Zäsur. Durch dieses Gesetz wurden neue Strafvorschriften geschaffen, die den §§ 400 ff. AktG nachgebildet worden sind. Die den Wirtschaftsprüfer betreffenden Strafvorschriften der §§ 332, 333 HGB wurden bereits dargestellt, so daß hier sogleich auf deren inhaltliche Besonderheiten eingegangen werden kann.[313]

#### (1) Rechtsgültigkeit der Vorschriften

Die zu untersuchenden Vorschriften gehen – wie auch die meisten der im Wirkungskreis des Wirtschaftsprüfers liegenden Normen – auf EU-Recht zurück. Diese Koordination folgt dem Ziel der Schaffung eines gemeinsamen Binnenmarktes durch Rechtsangleichung. Dies bedeutet die Schaffung von nationalem, materiell aber gleichwertigem Recht, unterscheidet sich also deutlich von einer Rechtsvereinheitlichung.[314] Die Schaffung solcher *gleichwertigen Lösungen* soll durch Richtlinien und der Richtlinienkompetenz der EU nach Art. 249 EGV, vergleichbar mit der Rahmengesetzgebungskompetenz im Bundesstaat nach Art. 75 GG, verwirklicht werden.[315] Durch die Umsetzung dieser Richtlinien ist auch das aktuelle Bilanzstrafrecht entstanden.[316]

Die nationale Umsetzung der Richtlinien ist aber nicht als Endpunkt der Rechtsangleichung aufzufassen, sondern nur als ein Schritt in diese Richtung zu verstehen. Die Auslegung und Weiterentwicklung des nationalen Rechts kann damit nicht mehr isoliert von der Auslegung und Weiterentwicklung in anderen europäischen Ländern erfolgen.[317]

Im Rahmen der vorliegenden Untersuchung sind damit folgende Fragen relevant und zu beantworten:

---

[312] BGBl. I, S. 2355.
[313] Vgl. oben S. 32.
[314] *Lutter*, Europäisches Unternehmensrecht, S. 9.
[315] Der Ministerrat der EU erläßt die Richtlinien einstimmig auf Vorschlag der EU-Kommission, vgl. *Lutter*, S. 9 ff.
[316] Einer Mitgliedschaft in einer supranationalen Vereinigung und die damit verbundene Übertragung von Hoheitsrechten steht dem Demokratieprinzip der Bundesrepublik Deutschland nicht entgegen solange eine vom Volk ausgehende Legitimation und Einflußnahme auch innerhalb des Staatenverbundes gesichert ist; vgl. BVerfG, NJW 1993, 3047 ff. (Maastricht-Urteil).
[317] *Leffson*, in: Gross (Hrsg.), FS Wysocki, S. 4.

- Hatte der Rat der Europäischen Gemeinschaften die Kompetenz zum Erlaß der Strafbestände?
- Wurden die Richtlinien vom nationalen Gesetzgeber richtig umgesetzt?
- Unterliegen die Bilanzstraftatbestände des HGB, die zwar nationale Normen sind, aber im *Angleichungsbereich*[318] des europäischen Bilanzrechts liegen, hinsichtlich der Auslegung europarechtlichen Vorgaben?
- Entfaltet das Europarecht wegen der rechtsnormativen Verweise der Normen auf das materielle Bilanzrecht europarechtlicher Prägung so unmittelbare Auswirkungen im Strafrecht?

(a) Rechtssetzungsbefugnis

Die Kompetenz der EU zum Erlaß von Richtlinien zur Harmonisierung der Rechnungslegung basiert auf Art. 44 II lit. g EGV.[319] Nach zutreffender Ansicht der Literatur dient Art. 44 II lit. g EGV als Grundlage zum Erlaß von Richtlinien, die dem in der Präambel des EG-Vertrages genannten Ziel der Verwirklichung eines einheitlichen Binnenmarktes förderlich sind, auch wenn sie einen Bezug zu einem außerhalb des Niederlassungsrechts stehenden Sachkomplex haben.[320] Zur Errichtung eines einheitlichen Binnenmarktes ist es notwendig, auch mittelbar wirkende Vorschriften bereitzustellen. Eine Angleichung der direkten Steuern bei Kapitalgesellschaften beispielsweise kann nur durchgeführt werden, wenn einheitliche Vor-

---

[318] Der Begriff des Angleichungsbereiches wurde von *Lutter*, Europäisches Unternehmensrecht, S. 24 f. eingeführt.

[319] Zu den grundlegenden Verträgen der Europäischen Gemeinschaft vgl. *de Weerth*, Bilanzordnungswidrigkeiten, S. 7. Die Zielsetzungen der Richtlinien lassen sich auf mehreren Ebenen umschreiben. Zum einen dienen die Richtlinien der Verwirklichung der in ihnen beschriebenen Ziele. Zum anderen dienen sie der Harmonisierung des Gesellschaftsrechts und dem allgemeinen Zielrahmen des EGV. Dies bedeutet auch die Schaffung gleichwertiger Wettbewerbsbedingungen für die Unternehmen hinsichtlich Niederlassungsfreiheit und Kapitalverkehr. Dies bedeutet für die jahresabschlußbezogenen Zielsetzungen die Gleichwertigkeit hinsichtlich des Umfanges der zu veröffentlichenden Zahlen, die Vergleichbarkeit und Gleichwertigkeit des Jahresabschlusses und die Vermittlung eines den tatsächlichen Verhältnissen entsprechenden Bildes. Weiterführend *Gimpel-Kloos*, Wahlrechte, S. 70 ff.

[320] *Eyles*, Niederlassungsrecht, S. 133 ff.; von der Groeben/Schwarze/Troberg/Tiedje, Art. 44 Rdn. 22 ff.; *Oppermann*, Europarecht, Rdn. 1209 f.; *Gimpel-Kloos*, Wahlrechte, S. 70; *Lutter*, Europäisches Unternehmensrecht, S. 10 f. Für eine engere Auslegung vgl. *Hauschka*, NJW 1989, 3048 ff.; *Steindorff*, Grenzen, S. 90. Die EU-Kommission sieht in dieser Vorschrift eine Ermächtigungsgrundlage zur Verwirklichung der Ziele des EG-Vertrages, auch über den Rahmen des herkömmlichen Gesellschaftsrechts hinausgehend. Vgl. weiterführend die Zusammenstellung der Ansichten bei *Eyles*, S. 133 ff.

schriften zur Gewinnermittlung bereitgestellt werden; sonst würde der Vergleichsmaßstab für die Steuerlast fehlen.[321] Die inhaltliche Umsetzung der verbindlichen Richtlinien erfolgt dann durch die einzelnen Gemeinschaftsmitglieder, wobei die Wahl der Form und der Mittel den Mitgliedsstaaten selbst obliegt.[322] Die Strukturen und die sie prägenden Begriffe sind durch das Gemeinschaftsrecht der Richtlinie vorgegeben.[323] Inhaltlich unterschieden wird zwischen Vorschriften, die eine inhaltliche Abweichung nicht gestatten und *Mindestvorschriften*, die eine weitergehende nationale Normierung nicht hindern.[324] Beispielsweise darf von tragenden Vorschriften betreffend die Bilanz und die Gewinn- und Verlustrechnung nicht abgewichen werden, um nicht den Harmonisierungsbestrebungen zuwiderzulaufen.[325] Hinsichtlich des Anhangs und des Lageberichts können dagegen weiterführende nationale Vorschriften erlassen werden.[326]

Fraglich ist, ob sich diese Befugnis auf damit im Zusammenhang stehende Strafvorschriften erstreckt.[327] Die Richtlinie bedarf zur Wirksamkeit eines innerstaatlichen Umsetzungsaktes, wodurch die Strafkompetenz beim jeweiligen Mitgliedsstaat verbleibt. Die Frage ist damit dahingehend zu präzisieren, ob die EU die in Art. 51 III der 4. Richtlinie enthaltene *Anordnungskompetenz* besitzt, die Durchsetzung der zu erlassenden Normen durch *geeignete Sanktionen* sicherzustellen.

---

[321] *de Weerth*, Bilanzordnungswidrigkeiten, S. 17.

[322] Die Form der Richtlinie soll gegenüber der Verordnung eine für die Mitgliedsstaaten flexiblere Anpassungsmöglichkeit bieten, vgl. *Lutter*, Europäisches Unternehmensrecht, S. 16; *de Weerth*, Bilanzordnungswidrigkeiten, S. 10 m.w.N. Andererseits beeinträchtigt das Fehlen eines Umsetzungsspielraumes nicht deren Rechtmäßigkeit, was im Hinblick auf Art. 249 EGV vermutet werden könnte. Die *Regelungsintensität* einer Richtlinie ist nach heute ganz herrschender Ansicht unbegrenzt, vgl. *Eyles*, S. 131; *Steindorff*, Grenzen, S. 90.

[323] *Götz*, NJW 1992, 1849, 1853.

[324] Mindestvorschriften sind beispielsweise Art. 43 I, 46 I der 4. Richtlinie, ABl. 1978 L 222/11 ff., Art. 34 I 1, 36 I der 7. Richtlinie, ABl. 1983 L 193/1 ff.

[325] In diesem Zusammenhang ist auch das *stand-still*-Gebot zu erwähnen, *Lutter*, Europäisches Unternehmensrecht, S. 22.

[326] Dies ist in den §§ 238, 239, 245 HGB und §§ 140-148 AO geschehen. Als weitere Möglichkeiten seien hier die Kapitalflußrechnung, der Leasingspiegel, die Substanz-Erhaltungsrechnung und der Gewinn je Aktie genannt, vgl. *Niehus*, WPg 1986, 117 f.

[327] Die EU hat nach ganz überwiegender Ansicht außer in den ausdrücklich geregelten Fällen keine weitergehende Befugnis zum Erlaß von Strafvorschriften, vgl. Art. 81, 82 EGV i.V.m. Art. 15 II lit. a VO Nr. 17; *Tiedemann*, NJW 1993, 23; *Dannecker*, Jura 1998, 79 f. Weitere Nachweise zur Rechtsprechung des EuGH finden sich bei *de Weerth*, Bilanzordnungswidrigkeiten, S. 18, Fn. 72.

## Änderung der Strafvorschriften

Der Art. 94 EGV scheidet als Grundlage für eine Anordnungskompetenz aus, da er nicht als Rechtsgrundlage in der Richtlinie angeführt ist und die Vorschriften wegen eines Verstoßes gegen Art. 253 EGV nichtig wären.[328] Der EuGH spricht sich explizit weder für das Bestehen oder das Nichtbestehen einer solchen Anordnungskompetenz aus. Einerseits ist die nationale Strafgewalt durch das primäre Gemeinschaftsrecht begrenzt, da die nationalstaatlichen Sanktionen dem ungeschriebenen gemeinschaftsrechtlichen Grundsatz der Verhältnismäßigkeit zu genügen haben.[329] Auch folge aus der in Art. 10 EGV enthaltenen Verpflichtung zur Gemeinschaftstreue, eine angemessene Verfolgung von Verstößen gegen das Gemeinschaftsrecht sicherzustellen.[330] Zum anderen führt er aus, daß für eine strafrechtliche Anordnungskompetenz, die über die in Art. 2, 3 EGV niedergelegten Aufgaben hinausgeht, eine momentan nicht bestehende, besondere Legitimation notwendig wäre.[331] Ebenfalls gewährt sie den jeweiligen Mitgliedern das Recht, nach freiem Ermessen über die Strafbewährung europarechtlicher Vorschriften zu entscheiden.[332]

Die Wortlaute der Art. 44 II lit. g, 249 EGV sprechen nicht gegen eine umfassende Anordnungskompetenz.[333] Dogmatisch wird diese von der mittlerweile überwiegenden Auffassung zu Recht nach der *implied powers*-Lehre (Annexkompetenzen) beschränkt.[334] Der aus dem allgemeinen Völkerrecht stammende Grundgedanke besagt, daß neben den geschriebenen Kompetenzen einem Organ auch diejenigen ungeschrieben zugewiesen sind, die zu einer effektiven Bewältigung der Aufgaben notwendig sind, und ohne welche die Kompetenzzuweisung sich als sinnlos oder nicht in vernünftiger Weise durchführbar erweisen würde.[335] Somit hat

---

[328] *Müller-Gugenberger/Bieneck*, in: Müller-Gugenberger/Bieneck (Hrsg.), Wirtschaftsstrafrecht, § 5 Rdn. 46 ff.; *Sieber*, ZStW 103 (1991), 957, 972; EuGH, NJW 1993, 47, m. Anm. *Tiedemann*, NJW 1993, 49.

[329] *Tiedemann*, NJW 1993, 23, 25 f.; *Zuleeg*, JZ 1992, 761, 762. EuGH Rs. 187/87, Slg. 1989, 195, 221; EuGH Rs. 299/86, Slg. 1988, 1212, 1233 ff.; weiterführende Hinweise zur Rechtsprechung bei *de Weerth*, Bilanzordnungswidrigkeiten, S. 23.

[330] EuGH, NJW 1990, 2245, 2246; *Dannecker*, Jura 1998, 79, 81; *Müller-Gugenberger/Bieneck*, in: Müller-Gugenberger/Bieneck (Hrsg.), Wirtschaftsstrafrecht, § 5 Rdn. 52.

[331] So die ganz einhellige Ansicht, *Tiedemann*, NJW 1993, 23, 26. Vgl. die Nachweise zur Rechtsprechung bei *de Weerth*, Bilanzordnungswidrigkeiten, S. 26.

[332] EuGH, Rs. 50/76, Slg. 1977, 137, 150.

[333] *Sieber*, ZStW 103 (1991), 957, 969, 972.

[334] *Bleckmann*, Europarecht, Rdn. 797 ff.; *Oppermann*, Europarecht, Rdn. 527 ff.

[335] EuGH Rs. 8/55, Slg. 1955/56, 197, 312; *Dannecker*, Jura 1998, 79, 81.

die EU eine strafrechtliche Anordnungskompetenz.³³⁶ Diese beschränkt sich aber auf eine Vorgabe eines relativ großen Rahmens von Möglichkeiten und die Überprüfung, ob eine nationalstaatlich umgesetzte Sanktion in diesem Sinn angemessen und verhältnismäßig ist.

Unabhängig davon ist die Wirksamkeit einer nationalen Norm nach erfolgter Umsetzung losgelöst von der Wirksamkeit der Richtlinie zu beurteilen. In einem Strafverfahren ist dem Angeklagten damit das Argument verwehrt, die Richtlinie sei unwirksam gewesen.³³⁷

(b) Nationale Umsetzung

Die sich nun anschließende Frage lautet, ob die Vorgaben auf nationaler Ebene rechtmäßig umgesetzt wurden. Ausgangspunkt der Überlegungen ist der Wortlaut des Art. 51 III der 4. EU-Richtlinie zur Angleichung des Gesellschaftsrechts:

„Im Falle des Absatzes 2 [d.h. bei der Ausnutzung des Wahlrechts, kleine Gesellschaften von der Pflicht zur Prüfung des Jahresabschluß zu befreien] nehmen die Mitgliedstaaten in ihre Rechtsvorschriften geeignete Sanktionen für den Fall auf, daß der Jahresabschluß oder Lagebericht dieser Gesellschaften nicht nach dieser Richtlinie erstellt sind."

Eine in der Literatur vertretene Ansicht folgert daraus, daß § 331 I Nr. 1 HGB nicht richtlinienkonform sei, da der Gesetzgeber die Strafandrohung nicht nur für kleine, von der Prüfungspflicht befreite Kapitalgesellschaften vorgesehen habe.³³⁸ Der Gesetzgeber habe zwar von der Befreiungsmöglichkeit Gebrauch gemacht, aber die Strafvorschriften nicht nur für die befreiten, sondern für alle Kapitalgesellschaften vorgesehen. Desweiteren verstoße § 331 I Nr. 1 HGB gegen das Gebot des *stand still*. Dem *stand still*-Gebot würde § 331 I Nr. 1 HGB dann nicht unterliegen, wenn die Vorschrift bereits bei Erlaß des BiRiLiG bestanden hätte. Diese Rechtspflicht gebietet den Mitgliedstaaten, die angeglichene Materie nachträglich nur im Rahmen des Angleichungsziels der Richtlinie zu ändern.³³⁹ Jedoch ist die Norm nicht nur formal neu, sondern enthält materielle Veränderungen, insbesondere was die

---

³³⁶ Weitergehende strafrechtliche Kompetenzen besitzt sie hingegen nicht, vgl. *Tiedemann*, NJW 1993, 23, 24; *Dannecker*, JZ 1996, 869, 873.
³³⁷ *Steindorff*, Grenzen, S. 110, der eine analoge Anwendung des Art. 230 II EGV im Strafprozeß erwägt. Die Unwirksamkeit einer Richtlinie kann nach der überwiegenden Ansicht nur von einem Mitgliedstaat in einem Verfahren nach Art. 226, 230 EGV vor dem EuGH geltend gemacht werden, vgl. *Steindorff*, aaO.
³³⁸ *Schüppen*, Bilanzstrafrecht, S. 185 ff.
³³⁹ *Lutter*, Europäisches Unternehmensrecht, S. 22 f.

Rechnungslegung der GmbH betrifft.[340] Letztlich verstoße § 331 I Nr. 1 HGB gegen das Verhältnismäßigkeitsprinzip des Grundgesetzes, da mit der Abschlußprüfung ein weniger einschneidender Durchsetzungsmechanismus zur Einhaltung bilanzrechtlicher Vorschriften besteht.[341]

Diese Ansicht ist abzulehnen. Die zivilrechtliche Prüfungspflicht ist kein Ersatz für die strafrechtliche Norm und kann insbesondere deren Präventivzweck nicht erfüllen. Dieser Auffassung ist neben der übrigen Literatur auch der Gesetzgeber, der sonst die Strafnorm mit der Einführung der Jahresabschlußprüfung hätte aufheben können.

Die Argumentation zum Verhältnismäßigkeitsprinzip baut auf der Prämisse auf, die Jahresabschlußprüfung garantiere die Einhaltung der Bilanzierungsvorschriften. Dies ist aber eben nicht der Fall. Die Prüfungspflicht ist kein Äquivalent zu strafrechtlichen Sanktionen und daher nicht als weniger belastende Maßnahme einzuordnen; dies ist in der Vergangenheit deutlich geworden.[342] Die Jahresabschlußprüfung ist nicht auf die Aufdeckung von Bilanzdelikten ausgerichtet und besitzt daher nicht die gleiche Präventivwirkung wie eine Strafbarkeit der Verhaltensweisen.

Auch aus europarechtlichen Gründen ist diese Ansicht abzulehnen. Wie der EuGH im Zusammenhang mit dem Schutz der Finanzinteressen der Gemeinschaft ausführte, müssen die nationalen Sanktionen nicht nur wirksam und angemessen sein, sondern auch abschreckend.[343] Diese Abschreckungswirkung würde bei Fehlen der Strafsanktion nicht erreicht. Letztlich verbleibt beim nationalen Gesetzgeber ein Ermessensspielraum, welche gemeinschaftsrechtlichen Ge- oder Verbote mit einer Kriminalstrafe bedroht sein sollen.[344]

Damit kann als Ergebnis festgehalten werden, daß die §§ 331 ff. HGB vom nationalen Gesetzgeber ordnungsgemäß in nationales Recht transformiert wurden und rechtsstaatlichen Anforderungen an Strafnormen genügen. Sie sind daher ohne Einschränkungen anwendbar.

---

[340] *Tiedemann*, in: Krekeler/Tiedemann/Ulsenheimer (Hrsg.), HWiStR, Art. Bilanzstrafrecht, S. 2; *Dannecker*, in: Blumers/Frick/Müller (Hrsg.), Betriebsprüfungshandbuch, Abschnitt K, Rdn. 607; *Cobet*, Rechnungslegung, S. 17 f.; *Gramich*, wistra 1987, 158. Der Gesetzgeber selbst ging anfänglich offenbar von einer Zusammenfassung aus. In BT-Drucks. 10/317 findet sich der Hinweis, daß die Strafvorschriften durch die 4. Richtlinie vorgeschrieben seien oder dem geltenden Recht entsprächen. In BT-Drucks. 10/4268 ist dieser Zusatz nicht mehr vorhanden, vgl. dazu *Helmrich*, BiRiLiG, S. 310.
[341] *Schüppen*, Bilanzstrafrecht, S. 189 ff.
[342] Heymann/*Otto*, § 331 Rdn. 4; Staub/*Dannecker*, § 331 Rdn. 12.
[343] EuGH, Rs. 68/88, Slg. 1989, 2965.
[344] *Dannecker*, JZ 1996, 869, 874.

## (2) Auslegungsprobleme

Sodann stellt sich die Frage, ob hinsichtlich der Auslegung der nationalen Straftatbestände Besonderheiten bestehen, da diese aus der Umsetzung einer europäischen Richtlinie in nationales Recht hervorgegangen sind und somit im *Angleichungsbereich* liegen.

### (a) Richtlinienkonforme Auslegung

Die Grundlage der richtlinienkonformen Auslegung ist nicht allein der Inhalt des nationalen Rechts, sondern darüber hinaus eine Auslegung aufgrund des gemeinschaftsrechtlich vorgegebenen Maßstabsrechts der Richtlinie.[345] Inhalt und Zielsetzungen einer Richtlinie können als Auslegungskriterium eines nationalen Umsetzungsgesetzes herangezogen werden, da im Zweifel der Gesetzgeber richtlinienkonform hat umsetzen wollen.[346] Die Pflicht zur Gemeinschaftstreue nach Art. 10 EGV trifft nicht nur den Gesetzgeber, sondern alle Organe des Mitgliedsstaates, also auch die Exekutive und die Jurisdiktion. Die Beachtung der dem Umsetzungsrecht zugrunde liegende Richtlinie ist daher eine Rechtspflicht, auch für das Strafrecht.[347] Die Heranziehung der historischen Motive sowie der teleologischen Zwecke der Richtlinien sind zu berücksichtigende Aspekte richtlinienkonformer Auslegung.[348] In der Rechtsprechung ist diese Auffassung unbestritten anerkannt.[349] So ist es beispielsweise unbedenklich, vorhandene Straftatbestände entsprechend extensiv auszulegen, etwa den Begriff der *öffentlichen Mittel* des

---

[345] *Götz*, NJW 1992, 1849, 1853.
[346] Erbs/Kohlhaas/*Schaal*, § 331 Rdn. 4; *Di Fabio*, NJW 1990, 947, 953.
[347] *Bleckmann*, BB 1984, 1525, 1526; *Steindorff*, AG 1988, S. 57 f.; *Cobet*, Rechnungslegung, S. 5; BGHSt 37, 333, 337.
[348] Abzulehnen ist die ohne nähere Begründung vertretene Auffassung, daß *insoweit* auch der Schutz des Bestimmtheitsgebotes nach Art 103 II GG nicht greift, vgl. *Thomas*, NJW 1991, 2233, 2237.
[349] Im vorliegenden Fall hat der BGH bei der Bestimmung des strafrechtlichen Abfallbegriffs sowohl die betreffenden EU-Richtlinien als auch deren Interpretation durch den EuGH berücksichtigt, vgl. BGH, NJW 1991, 1621, vgl. auch BVerfG, NJW 1989, 2464. Nach der Rechtsprechung des EuGH gilt diese Auslegung sowohl für Normen, die durch Umsetzung einer Richtlinie in nationales Recht entstanden sind, wie auch für jede andere nationale Norm ohne Rücksicht auf die Art oder den Zeitpunkt ihrer Entstehung, vgl. EuGH Rs 14/83, Slg. 1984, 1891, 1909 (v. Colson); EuGH Rs 79/83, Slg. 1984, 1921, 1942 f. (Harz); EuGH RS C-106/89, Slg. 1990, 4135 (Marleasing). Vgl. auch *Götz*, NJW 1992, 1849, 1853.

§ 264 VI StGB auf Direktzahlungen der EU zu erstrecken oder zur Ausfüllung des Abfallbegriffs des § 326 StGB auf EU-Richtlinien zurückzugreifen.[350]

Alle Bilanzstrafnormen verweisen auf das materielle Bilanzrecht, so daß diese Auslegungsaspekte durch deren europarechtliche Prägung und den Blankettcharakter der Strafnormen unmittelbar Eingang in das Strafrecht finden.[351]

Beispielsweise ging der BFH vor der Geltung des Gemeinschaftsrechts davon aus, daß der Jahresabschluß nur einen Zweck habe: die möglichst periodengerechte Ermittlung des Jahreserfolges gemäß Handelsrecht, GoB und Steuerrecht.[352] Unter Geltung des Bilanzrichtliniengesetzes ist der Standpunkt aber so nicht mehr haltbar. Nach der Generalklausel des § 264 II HGB hat der Jahresabschluß auch eine Informationsfunktion, die dem Informationsempfänger einen möglichst zutreffenden Einblick in die Vermögens-, Finanz- und Ertragslage der Unternehmung geben soll. Die nationale Auslegung muß europarechtliche Vorgaben in die Norminterpretation einbeziehen.

Die Problematik einer *richtlinienkonformen Auslegung* wird erst in den Fällen problematisch, in denen ein erkennbarer Widerspruch zwischen der nationalen Norm und der Richtlinie oder der an der Richtlinie orientierten Auslegung und der nationalen Verfassung entsteht.

Die verfassungs- und staatsrechtliche Frage, ob die Richtlinie ein die nationalen Auslegungsregeln überlagerndes Instrumentarium ist, ist zu komplex und strittig, um hier vertieft dargestellt zu werden.[353] Dieses Verhältnis ist, obwohl viel diskutiert, letztlich noch ungeklärt.[354]

Die Beantwortung der Frage hängt maßgeblich von dem Verhältnis des Verfassungsrechts zum Gemeinschaftsrecht und dessen Geltungsmodalitäten ab.[355]

Während der zur endgültigen Beantwortung dieser Frage auf europäischer Ebene zuständige EuGH vom Vorrang des Gemeinschaftsrechts auch gegenüber natio-

---

[350] Vgl. dazu *Dannecker*, Jura 1998, 79, 84 m.w.N.
[351] So für das Steuerrecht *Tipke/Lang*, Steuerrecht, § 1 Rdn. 15.
[352] *Leffson*, in: Gross (Hrsg.), FS Wysocki, S. 6.
[353] Für eine solche Tragweite der Richtlinie sprechen sich u.a. aus: *Di Fabio*, NJW 1990, 953; *Everling*, RabelsZ 1986, 225; a.A. *Dannecker*, JZ 1996, 869, 873; ders., Jura 1998, 79, 84.
[354] Innerhalb des Gemeinschaftsrechts wird zwischen primärem und sekundärem Recht unterschieden. Das primäre betrifft die von den Mitgliedsstaaten untereinander abgeschlossenen Verträge, das sekundäre die in Art. 249 EGV angeführten Rechtsnormen wie Richtlinien, Verordnungen und Entscheidungen.
[355] *Bleckmann*, Europarecht, Rdn. 1070 ff.; Maunz/Dürig/*Randelzhofer*, Art. 24 Abs. 1 Rdn. 134 ff.; vgl. vertiefend *Streinz*, Europarecht, Rdn. 202 ff.; *Beutler/Bieber/Pipkorn/Streil*, S. 97 f.

nalem Verfassungsrecht ausgeht,[356] teilen weder die nationale Literatur noch die Rechtsprechung diese Auffassung.

Das BVerfG geht in seiner grundlegenden *Solange II*-Entscheidung von einem funktionalen Anwendungsvorrang aus, also von zwei Parallelrechtsordnungen mit einer festgelegten Beziehungsstruktur, wobei allerdings unklar bleibt, was der Begriff des Anwendungsvorranges dabei genau bedeutet.[357] Hingegen ist klar, daß das BVerfG eben nicht von einem stufenmäßigen Verhältnis des Geltungsvorranges ausgeht.

Die Literatur ist überwiegend von der Vorstellung geprägt, es handle sich um zwei voneinander unabhängige Rechtskreise, die nebeneinander existieren, wobei das Gemeinschaftsrecht punktuell in den nationalen Rechtskreis mit unmittelbarer Wirkung eingreifen kann.[358] Bislang wird eine Rangpyramide mit exakten Geltungsrangverhältnissen nicht gebildet, sondern es wird von einem *monistisch zu sehendem Verhältnis* beider Normsysteme ohne Wirkungseffekte über mehrere Ebenen ausgegangen.[359]

Der andere Ansatz betrachtet das EU-Recht nicht als Außenrechtsphänomen, sondern als Teil einer Normpyramide mit Anwendungsvorrang, mit der Konsequenz, daß eine sowohl die Judikative als auch die Jurisdiktion bindende Pflicht zur richtlinienkonformen Auslegung nationaler Umsetzungsgesetze besteht.[360] Das niederrangige Recht muß sich bei seiner Auslegung an den höherrangigen Normen orientieren.[361]

Bei konsequenter Anwendung dieses Vorrangs bedeutet dies, daß sogar Verfassungsbestimmungen richtlinienkonform auszulegen sind, selbst wenn dies zu einem aus nationaler Sicht verfassungswidrigen Ergebnis führen würde.[362] Ein solches Resultat kann aber nicht das Ergebnis der Auslegung sein.[363]

---

[356] EuGH Rs 6/64, Slg. 1964, S. 1251; EuGH Rs 11/70, Slg. 1970, S. 1125, 1135.
[357] BVerfGE 73, 339, 375. Vgl. auch BVerfGE 37, 271, 278; 31, 145; 22, 293, 296.
[358] So etwa *Streinz*, Europarecht, Rdn. 171 ff.; Maunz/Dürig/*Randelzhofer*, Art. 24 Abs. 1 Rdn. 134 ff.; *Bleckmann*, Europarecht, Rdn. 1070 ff.; *Beutler/Bieber/Pipkorn/Streil*, S. 97 f.
[359] EuGH Rs. 6/64, Slg. 1964, 1251, 1269 ff.; *Bleckmann*, Europarecht, Rdn. 1087 ff. Auf dieser Grundlage sind die Stimmen folgerichtig, die darauf zielen, das EU-Recht nicht länger als *Außenrechtsphänomen* zu behandeln, und das nationale Rechtssystem *von innen* in die Gemeinschaftsrechtsordnung einbezogen wissen wollen, vgl. Maunz/Dürig/*Randelzhofer*, Art. 24 Abs. 1 Rdn. 132 m.w.N.; *Beutler/Bieber/Pipkorn/Streil*, S. 98 f.
[360] *Ress*, Verwaltung 1987, 177, 203 f.
[361] *Bettermann*, Auslegung, S. 20.
[362] *Di Fabio*, NJW 1990, 949.
[363] So u.a. *Götz*, NJW 1992, 1849, 1854; *Bettermann*, Auslegung, S. 20.

Damit ist als Ergebnis festzuhalten, daß die nationale Verfassung trotz der europarechtlichen Prägung des Bilanzrechts und Bilanzstrafrechts das ranghöchste Auslegungskriterium bleibt.[364] Die mittelbar wirkenden Richtlinien können keinen Geltungsvorrang vor innerstaatlichem Verfassungsrecht beanspruchen. Zielsetzungen und Inhalt der Richtlinien können bei der Auslegung herangezogen werden, da der Gesetzgeber im Zweifel richtlinienkonform umsetzen wollte. Die richtlinienkonforme Auslegung ist aber nicht als ein die anderen Auslegungsmethoden überspielendes Auslegungskriterium aufzufassen. Der klar erkennbare andere Wille des Gesetzgebers und der Wortlaut des Gesetzes stellen nach der (noch) herrschenden Ansicht die momentane Grenze der richtlinienkonformen Auslegung dar.[365] Ob diese Ansicht vor den EuGH Bestand haben wird ist allerdings fraglich.[366]

Verbleibt damit ein nicht zu überbrückender Widerspruch zwischen nationaler Norm und einer richtlinienkonformen Auslegung, so ist an eine unmittelbare Anwendung der Richtliniennorm zu denken.

(b) Unmittelbare Anwendung einer Richtlinie

Nach der Rechtsprechung des EuGH kann sich ein Gemeinschaftsbürger zu seinen Gunsten unmittelbar auf die Richtlinie berufen, sofern deren Bestimmungen unbedingt und inhaltlich hinreichend konkret sind und der Mitgliedsstaat es unterlassen hat, diese Richtlinie fristgerecht oder vollständig in nationales Recht umzusetzen.[367] Auch der BGH hat ausdrücklich anerkannt, daß im Strafverfahren eine unmittelbare Anwendbarkeit einer EU-Richtlinie zu berücksichtigen ist.[368] Durch diese Variante können auch europarechtliche Bezüge in das Strafrecht gelangen.

---

[364] *Streinz*, Europarecht, Rdn. 216. Vgl. auch *Merkel*, in: Verdross (Hrsg.), FS Kelsen, S. 252 ff.; *Kelsen*, Staatslehre, S. 231 ff.; *Achterberg*, Verwaltungsrecht, § 16 Rdn. 22, S. 289; mit der Maßgabe, daß die allgemeinen Rechtsgrundsätze eingehalten werden auch *Dannecker*, JZ 1996, 869, 873 m.w.N.
[365] *Bleckmann*, BB 1984, 1525, 1526; *Beisse*, BB 1990, 2007, 2012.
[366] Das Bilanzrecht und das Bilanzstrafrecht besitzt damit eine *offene Flanke*, wo nationale Auslegungen von dem EuGH überlagert werden können, vgl. *Beisse*, BB 1990, 2007, 2012.
[367] EuGH Rs 41/74, Slg. 1974, 1337; EuGH Rs 58/81, Slg. 1982, 53. Vgl. weiterführend etwa *Streinz*, Europarecht, Rdn. 394 ff.; *Oldenbourg*, EU-Richtlinien, S. 256 ff.; *Jarass*, NJW 1990, 2420, 2422 ff.; *Götz*, NJW 1992, 1849, 1855 ff.
[368] BGHSt 37, 168, 174.

(3) Blankettnormen oder normative Tatbestandsmerkmale?[369]

Die Strafbarkeitsvoraussetzungen der §§ 331 ff. HGB ergeben sich nicht aus den Strafvorschriften selbst, sondern überwiegend aus den Vorschriften des handelsrechtlichen Bilanzrechts, die in sie *hineingelesen* werden müssen. Umstritten ist in der Literatur die Frage, ob es sich wegen der Art der Ausfüllung um Blankettstrafnormen oder normative Tatbestandsmerkmale handelt. Hinweise auf den Normcharakter der §§ 331 ff. HGB finden sich vereinzelt zu § 331 HGB und § 400 AktG. Im Rahmen dieser Arbeit ist daher zu untersuchen, welchen Charakter die §§ 331, 332 HGB tatsächlich haben und ob nicht eine differenzierte Beurteilung notwendig ist.

(a) Begriff der Blankettstraftatbestände

Zunächst gilt es zu klären, was unter dem Begriff des Blanketts zu verstehen ist. Hinter der Bezeichnung *Blankettstraftatbestand* verbergen sich die beiden voneinander zu trennenden Problemkreise des Gesetzlichkeitsprinzips und der Normspaltung. Um die sachlich gebotene Trennung auch begrifflich deutlich zu machen, wird in der Literatur zwischen echten und unechten Blanketten differenziert.[370]

(i) Echte Blankettstraftatbestände

Echte Blankette im staatsrechtlichen Sinn sind danach solche, bei denen zur Ausfüllung auf einen gesetzgeberischen oder verwaltungsrechtlichen Akt einer anderen als der die Strafdrohung setzenden Instanz zurückgegriffen werden muß.[371] Das Blankett selbst enthält die Strafandrohung, während die Ausfüllung anderen Stellen vorbehalten bleibt. Der vollständige Tatbestand ergibt sich erst aus der Verbindung von Sanktions- und Ausfüllungsnorm. Das BVerfG umschreibt den Begriff der Blankettnorm wie folgt:[372]

„Blankettstrafgesetze ersetzen die Beschreibung des Straftatbestandes durch die Verweisung auf eine Ergänzung im gleichen Gesetz oder in anderen – auch künftigen – Gesetzen oder Rechtsverordnungen, die nicht notwendig von derselben rechtsetzenden Instanz erlassen werden müssen."

---

[369] Die verfassungsrechtliche Problematik der Blankettnormen unter dem Gesichtspunkt des Art. 103 II GG (Gesetzlichkeitsprinzip) erfolgt im Zusammenhang weiter unten, S. 198.
[370] *Tiedemann*, Tatbestandsfunktionen, S. 90 ff.; *Otto*, Aktienstrafrecht, vor § 399 Rdn. 111 ff.
[371] Diese Definition geht auf eine Begriffsbildung *Bindings* zurück, vgl. *Tiedemann*, in: v, Art. Blankettstrafgesetz, S. 1; ders., Tatbestandsfunktionen, S. 94 f.; *Enderle*, Blankettstrafgesetz, S. 80 m.w.N.
[372] BVerfG, NJW 1962, 1563 ff.

Der sachliche Grund für Blankettstraftatbestände besteht in dem Bedürfnis und gleichzeitig in der Notwendigkeit, daß es der Behörde möglich sein muß, schneller und effektiver auf Änderungen zu reagieren, als es der (Straf-)Gesetzgeber vermag.[373] Die daraus resultierende strafrechtliche Problematik besteht hinsichtlich des Gesetzlichkeitsprinzips des Art. 103 II GG, wonach sich die Strafbarkeit bereits aus der Strafnorm selbst und nicht erst aus der sie ausfüllenden Norm einer anderen rechtsetzenden Instanz ergeben muß.[374] Ausgehend vom Gesetzesvorbehalt des Art. 20 III GG hat der Gesetzgeber grundsätzlich selbst über die Strafbarkeit zu entscheiden, wenngleich Tatbestand und Rechtsfolge nicht immer vollständig geregelt sein müssen. Vielmehr kann auf andere Rechtsakte, einschließlich solche der EU, verweisen werden.[375] Diese Gesetzgebungstechnik ist verfassungsrechtlich unbedenklich,

„sofern nur hinreichend deutlich wird, worauf sich die Verweisung bezieht".[376]

Sofern dabei Freiheitsstrafe angedroht wird, muß bereits der Gesetzgeber nach Art. 103 II, 104 I GG die Fälle möglicher Strafbarkeit so deutlich bestimmen, daß sie bereits aufgrund des Gesetzes und nicht erst aufgrund der ausfüllenden Rechtsverordnung vorhergesehen werden können.[377] Die §§ 331 ff. HGB wären somit keine echten Blankettnormen im verfassungsrechtlichen Sinn, da sowohl die strafbegründenden Normen als auch die sie ausfüllenden Tatbestände innerhalb des gleichen Gesetzes stehen und vom gleichen Gesetzgeber erlassen wurden.

(ii) Unechte Blankettstraftatbestände

Unechte Blankette setzen sich ebenfalls aus einer Sanktions- und Ausfüllungsnorm zusammen. Die Ausfüllungsnorm befindet sich in diesem Fall aber im gleichen Gesetz oder in einem anderen Gesetz des gleichen Normengebers. Diese Voraussetzungen liegen bei den §§ 331 ff. HGB vor. Die Gesamtnorm bildet erst die Strafnorm. Alle Tatbestandsmerkmale sind dementsprechend nach strafrechtlichen

---

[373] *Tiedemann*, in: Krekeler/Tiedemann/Ulsenheimer (Hrsg.), HWiStR, Art. Blankettstrafgesetz, S. 2; *Schmitt*, Ordnungswidrigkeitenrecht, S. 25.
[374] So zuletzt BVerfGE 78, 374, 383.
[375] BVerfGE 14, 245, 252; 75, 329, 342; 78, 374, 382; BGHSt 37, 266, 272.
[376] *Tröndle/Fischer*, § 1 Rdn. 5; BVerfGE 14, 245, 252 f.; 47, 109, 120; 48, 48, 55; 78, 374, 381 ff.; *Tiedemann*, Tatbestandsfunktionen, S. 94 f.
[377] *Tiedemann*, in: Krekeler/Tiedemann/Ulsenheimer (Hrsg.), HWiStR, Art. Blankettstrafgesetz, S. 2 m.w.N.; BVerfG, NJW 1962, 1563, 1564; NJW 1992, 35 m.w.N.; BVerfG, wistra 1989, 139 ff.

Maßstäben auszulegen.[378] Dies bedeutet insbesondere, daß eine zivilrechtlich zulässige Analogie zu Ungunsten des Täters unzulässig ist. Die zivilrechtliche Ausfüllungsnorm kann daher durchaus bei gleichem Sachverhalt unterschiedlich auszulegen sein, sofern strafrechtliche Besonderheiten eine vom Zivilrecht abweichende Auslegung gebieten.[379] Hier stellt sich die Frage, ob das Strafrecht auf das Zivilrecht zurückwirkt, so daß eine einheitliche restriktive Auslegung der Norm oder aber eine Normspaltung geboten ist.[380]

(b) Abgrenzung von Blankettgesetz und normativen Tatbestandsmerkmalen

(i) Notwendigkeit der Abgrenzung

Eine Abgrenzung zwischen Blankett und normativem Tatbestandsmerkmal ist notwendig, da sich in Abhängigkeit des Verweisungstyps nach h.M. Konsequenzen für Vorsatz- und Irrtumsfragen ergeben. Bei Blanketten müssen die Tatbestandsmerkmale beider Normen vom Vorsatz erfaßt sein, da auf den zusammengesetzten Tatbestand die allgemeinen Vorsatz- und Irrtumsregeln angewendet werden. Ein normatives Tatbestandsmerkmal braucht vom Täter nur in einer laienhaften Parallelwertung erfaßt zu werden. Ein Irrtum über das Vorliegen eines normativen Tatbestandmerkmals wird als vorsatzausschließender Tatbestandsirrtum behandelt, der Rechtsirrtum über ein Blankettmerkmal hingegen als Verbotsirrtum.[381] Ob dies zutreffend ist, soll weiter unten beantwortet werden.

(ii) Abgrenzungskriterien

Die Abgrenzung ist sowohl in der Rechtsprechung als auch in der Literatur äußert diffus. Einigkeit besteht lediglich hinsichtlich des Ausgangspunktes. Die echte Blankettnorm zeichnet sich durch ein formales und ein materielles Kriterium aus. Formal wird auf eine andere Rechtsnorm Bezug genommen, materiell ist der Tatbestand unvollständig.[382]

---

[378] *Otto*, Aktienstrafrecht, vor § 399 Rdn. 113; Staub/*Dannecker*, Vor §§ 331 ff. Rdn. 82; Erbs/Kohlhaas/*Schaal*, § 331 Rdn. 4; *Tiedemann*, in: Krekeler/Tiedemann/Ulsenheimer (Hrsg.), HWiStR, Art. Auslegung, S. 3.
[379] *Tiedemann*, in: Krekeler/Tiedemann/Ulsenheimer (Hrsg.), HWiStR, Art. Auslegung, S. 4 f.
[380] Vgl. unten S. 214.
[381] Schönke/Schröder/ *Cramer/Sternberg-Lieben*, § 15 Rdn. 101 m.w.N.
[382] *Enderle*, Blankettstrafgesetz, S. 82.

Bereits *Weidenbach* und *Lohberger* haben aufgezeigt, daß die formalen Kriterien für eine Abgrenzung untauglich sind.[383] Weder kann isoliert aus der Gesetzestechnik, aus dem Kompetenzsprung zwischen Straf- und Ausfüllungsnormgesetzgeber noch aus der Identifikation mit bestimmten Verweisungen ein Abgrenzungskriterium entwickelt werden:[384]

Das Kriterium der Gesetzestechnik geht von einem Blankett aus, wenn auf Begriffe verwiesen wird, die gegenüber dem Tatbestand etwas Neues enthalten und dieser dadurch erst seine wahre Bestimmung enthält, also nicht nur den Inhalt wiederholen.[385] Dieses Kriterium leistet jedoch gegenüber den normativen Tatbestandsmerkmalen, die ebenfalls auf andere (Rechts-)Normen verweisen, keine klare Abgrenzung.

Der enge Blankettbegriff *Bindings* stellt auf einen Kompetenzsprung ab, wobei die Norm durch die eines anderen Normgebers ausgefüllt wird.[386] Die unechten Blankette sind nach diesem Abgrenzungskriterium vollständige Tatbestände mit normativen Tatbestandsmerkmalen. Aus verfassungsrechtlicher Sicht mag die Einteilung sinnvoll sein, da sich verschiedene Problemkonstellationen hinter den echten und unechten Blanketten befinden.[387] Unter strafrechtlichen Vorsatz- und Irrtumsgesichtspunkten vermag diese Differenzierung jedoch nicht zu überzeugen. Ein förmliches Gesetz kann dieselbe Funktion wie eine Verordnungsvorschrift übernehmen.[388]

Auch die Abgrenzung nach der formalen Beschaffenheit der Ausfüllungsnorm schlägt fehl, da es angesichts der Vielzahl verweisender Normen keine einheitliche Gesetzgebungstechnik gibt und daher nicht alle Fälle eindeutig zugeordnet werden können.[389]

Eine Abgrenzung hat sich daher an dem materiellen Kriterium der Unvollständigkeit des Tatbestandes zu orientieren. Angesichts der Vielzahl der dazu in der Literatur vertretenen Ansichten ist eine zweifelsfreie Abgrenzung letztlich nicht möglich:

---

[383] *Weidenbach*, Blankettstrafgesetze, S. 24; *Lohberger*, Blankettstrafrecht, S. 17 f.
[384] So auch *Enderle*, Blankettstrafgesetz, S. 89.
[385] Siehe Fn. 383.
[386] Der Begriff des Blankettstrafgesetzes geht zurück auf *Binding*, Normen I, S. 161 f. Vgl. auch *Lange*, JZ 1956, 73, 75 ff.; *Weidenbach*, Blankettstrafgesetze, S. 6 ff.; *Neumann*, Blankostrafgesetz, S. 5, 20, 24.
[387] Vgl. dazu *Otto*, Aktienstrafrecht, vor § 399 Rdn. 111 ff.
[388] *Enderle*, Blankettstrafgesetz, S. 85.
[389] *Neumann*, Blankostrafgesetz, S. 25 ff., 45 ff.; *Weidenbach*, Blankettstrafgesetze, S. 25; *Lohberger*, Blankettstrafrecht, S. 38 f.

Ein Blick auf die Rechtsprechung vermag die Problematik nicht zu erhellen. Diese stellt darauf ab, daß bei Blanketten die notwendige Ergänzung der Strafandrohung durch einen *zugehörigen Tatbestand* von einer anderen Stelle zu einer anderen Zeit selbständig vorgenommen wird.[390] Stellt der Tatbestand hingegen eine vollständige Strafnorm dar, die anhand der geltenden Gesetze auszufüllen ist, handele es sich um normative Tatbestandsmerkmale.[391] Die Schwäche dieser Abgrenzung besteht darin, daß nicht deutlich ist, wie die Abgrenzung zu erfolgen hat, wenn der Tatbestand durch weitere Merkmale angefüllt wird. Eine Differenzierung zwischen Verhaltensbeschreibung und Unrechtsmaterie findet sich nicht. Der BGH begründet selbst beide Ergebnisse mit den gleichen Worten, was widersprüchliche Ergebnisse zur Folge hat und die eigene Abgrenzung ad absurdum führt:[392] Beispielsweise stuft der BGH – entgegen seiner eigenen Einteilung – den § 370 AO als Blankett ein, obwohl die ihn ausfüllenden Vorschriften vom gleichen Gesetzgeber stammen.[393] Bei der Irrtumsproblematik hingegen geht er im Falle des Irrtums über die steuerrechtliche Relevanz bestimmter Tatsachen von einem vorsatzausschließenden Tatbestandsirrtum aus, der nach der herrschenden Dogmatik für normative Tatbestandsmerkmale einschlägig ist.[394]

Ausgehend vom Blankettbegriff *Bindings* wird teilweise danach abgegrenzt, ob sich die Beschreibung des tatbestandmäßigen Verhaltens erst in der Ausfüllungsnorm enthalten ist (=Blankett) oder sich bereits aus dem Tatbestand ergibt.[395] Problematisch ist nach dieser Formel die Abgrenzung für Tatbestände, die bereits selbst einen Teil der Tatbestandsmerkmale besitzen und lediglich zur weiteren Ausfüllung auf andere Normen verweisen. Diese Schwäche ist symptomatisch für alle Abgrenzungstheorien. Zweifelsfrei lassen sich nur diejenigen Vorschriften als Blankette einordnen, die selbst nur die Sanktionsandrohung enthalten und bezüglich des Verbots auf eine außerstrafrechtliche Vorschrift verweisen. Sobald der Tatbestand selbst materiellen Gehalt besitzt, der durch Verweisungen nur konkretisiert oder vervollständigt werden muß, ist eine eindeutige Zuordnung nicht möglich. Die verschiedenen Lösungsansätze führen daher zu keinen überzeugenden Ergebnissen.

---

[390] BGHSt 6, 30, 40; 20, 177, 181; 28, 213, 215.
[391] BGHSt 34, 265, 266, 272.
[392] *Enderle*, Blankettstrafgesetz, S. 91. Vgl. etwa BGH, wistra 1982, 108 f. zu § 392 I RAO (=§370 I AO) und BGH, JZ 1989, 549 f. zu § 145c StGB, der mit identischer Begründung die erste Norm als Blankett und die zweite als normatives TB-Merkmal einordnet.
[393] BGHSt 5, 90, 91; 10, 217, 218; 20, 177, 180.
[394] BGHSt 5, 90, 91.
[395] Tröndle/*Fischer*, § 1 Rdn. 5; *Jescheck/Weigend*, AT, § 12, III.

So liegt nach einer Auffassung in der Literatur ein Blankett vor, wenn bei einem unbestimmten Tatbestand eine andere Stelle *konstitutiv*, also strafbegründend eingreifen kann.[396] Normative Tatbestandsmerkmale dagegen sollen durch eine andere Norm ausgefüllt werden. Das Verhalten sei unter strafrechtlichen Gesichtspunkten nichtssagend, der Gehalt werde der Norm erst durch die ausfüllende Vorschrift gegeben.[397] Zusätzlich fordert diese Ansicht, daß das Verhalten in strafrechtlicher Hinsicht nicht unrechtstypisch sein darf. Nach dieser Auffassung ist fraglich, ob auch Verweise auf Handeln entgegen Verordnungsvorschriften zu den Blanketten zählen, oder ob eine Abgrenzung zwischen Blanketten und normativen Tatbestandsmerkmalen im Nebenstrafrecht überhaupt möglich ist.[398]

Eine andere Ansicht differenziert nach der *Art der tatbestandlichen Ergänzung*. Enthalte diese eine Verpflichtung zu einem bestimmten Tun oder Unterlassen, liege ein Blankett, bei lediglich beschreibendem Inhalt jedoch ein normatives Tatbestandsmerkmal vor.[399] Eine eindeutige Zuordnung ergibt sich damit ebenfalls nicht, zumal äußerst fraglich ist, ob die Einordnung von der Formulierung der Ausfüllungsnorm abhängig gemacht werden kann. Diese Ansicht ist daher ebenso abzulehnen wie diejenige, nach der Blankette *bestrafter Ungehorsam* sind. Diese Differenzierung läßt letztlich jedes Ergebnis zu.[400]

Methodisch verfehlt ist der Ansatz, der die Abgrenzung nach der angeblich *unterschiedlichen richterlichen Bindung* an den Tatbestand trifft.[401] Sowohl normative Tatbestände als auch Blankette bedürfen der Auslegung, die im Strafrecht insbesondere durch Art. 103 II GG mit seinen verschiedenen Funktionen begrenzt wird. Ein unterschiedlicher Auslegungsspielraum bei der Rechtsauslegung durch den Richter läßt sich daraus nicht begründen.

Eine weitere Argumentation unterscheidet Blankette mit offener und verdeckter Normverweisung. Ein Blankett liege dann vor, wenn die strafbegründende Ausfüllungsnorm die *gleiche Schutzrichtung* besitzt wie die fragmentarische Strafnorm.[402] Sog. normative Verweisungstatbestände, die über sich hinaus auf andere Normen verweisen, stellen grundsätzlich keine Blankette dar.[403] Eine Abgrenzung, wann ein

---

[396] *Lange*, JZ 1956, 73, 76 ff.
[397] *Lange*, JZ 1956, 73, 76.
[398] *Enderle*, Blankettstrafgesetz, S. 95.
[399] *Warda*, Abgrenzung, 6 f. Für die Vorsatz- und Irrtumsfragen negiert diese Ansicht eine Unterscheidung, ebd. S. 28, 36 f.
[400] *Enderle*, Blankettstrafgesetz, S. 106.
[401] *Weidenbach*, Blankettstrafgesetze, S. 84 f.
[402] *von der Heide*, Vorsatzprobleme, S. 180 ff.
[403] *von der Heide*, Vorsatzprobleme, S. 194 ff.

Tatbestand einen unvollständigen Unrechtsgehalt besitzt und damit ein Blankett vorliegt, leistet diese Ansicht nicht. Gerade im Nebenstrafrecht versagt dieser Ansatz mangels undefinierter Prämisse.[404] Ein anderer Ansatz trennt zunächst bei den Blanketten die Problemkreise des Bestimmtheitsgebotes nach Art. 103 II GG und der Vorsatzanforderungen. Hinsichtlich des Bestimmtheitsgebots ist keine Differenzierung notwendig, da beide an der gleichen Grundrechtsnorm mit gleichen Anforderungen zu messen seien.[405] Das maßgebliche Abgrenzungskriterium für ein Blankett bezüglich der Vorsatzanforderungen sei, ob die heranzuziehende Ausfüllungsnorm diejenige Verhaltensnorm enthalte, die vom Strafrecht pönalisiert wird. Wenn die vollständige *Bestimmungsnorm* des Strafrechts nicht ohne Heranziehung einer externen Verhaltensnorm formuliert werden könne, liege ein Blankett vor.[406] Die Schwäche dieser Argumentation liegt darin, daß zuerst die Ausfüllungsnormen auf ihren beschreibenden oder verbietenden Charakter unersucht werden. Zutreffender wäre der umgekehrte Ansatz, daß zuerst die Strafnorm auf ihre Unvollständigkeit untersucht wird.[407]

Letztlich vertritt noch eine Ansicht eine *funktionsbezogene* Abgrenzung von normativen Tatbestandsmerkmalen und Blanketten. Danach enthalte ein vollständiger Tatbestand sowohl die *Tathandlung* als auch das *Schutzgut*. Verweisen dann Tatbestandsmerkmale auf wertende oder normative geschriebene, ungeschriebene oder Nicht-Rechtsnormen, handele es sich dabei um normative Tatbestandsmerkmale, welche die Geltung und Anwendung dieser Normen voraussetzt.[408] Blankette seien dagegen gewollt unvollständig und verweisen ausdrücklich auf andere Normen. Auf eine Differenzierung zwischen normativen Tatbestandsmerkmalen und Blanketten bei der strafrechtlichen Irrtumsfunktion wird verzichtet. Der gemeinsame Ursprung beim Bestimmtheitsgebot verdeutliche, daß Blankett und normatives Tatbestandsmerkmal keine unterschiedlichen Erscheinungen seien.[409]

---

[404] *Enderle*, Blankettstrafgesetz, S. 98.
[405] *Bachmann*, Vorsatz und Rechtsirrtum, S. 26 ff., 34.
[406] *Bachmann*, Vorsatz und Rechtsirrtum, S. 33 f., dessen gewähltes Beispiel bereits unzutreffend ist.
[407] *Enderle*, Blankettstrafgesetz, S. 100.
[408] *Tiedemann*, in: Krekeler/Tiedemann/Ulsenheimer (Hrsg.), HWiStR, Art. Blankettstrafgesetz, S. 1; *ders.*, Tatbestandsfunktionen, S. 90; *Tiedemann/Otto*, ZStW 107 (1995), 567, 642; *Schlüchter*, Irrtum, S. 26.
[409] *Tiedemann*, Tatbestandsfunktionen, S. 316.

(iii) Zwischenergebnis

Abschließend ist damit festzuhalten, daß sich unter Berufung auf das Verfassungsrecht verschiedene Blankettbegriffe vertreten lassen. Durch ein formelles Kriterium (allein) sind Blankette nicht von normativen Tatbestandsmerkmalen abzugrenzen. Aber auch eine Differenzierung nach dem materiellen Kriterium der Unvollständigkeit bringt keine eindeutigen Ergebnisse. Zweifelsfrei als Blankette klassifizieren lassen sich lediglich die Vorschriften, welche lediglich durch Verweisung auf bestimmte Vorschriften die dort geregelten Verbote strafbewehren. Probleme bereiten die Vorschriften, die bereits selbst einen materiellen Gehalt beinhalten. Hier bedarf es eines Bezugspunktes, um für das Abgrenzungskriterium der Unvollständigkeit dogmatisch einwandfreie und vorhersehbare Abgrenzungsergebnisse zu erzielen. Die meisten in der Literatur verwendeten Kriterien sind entweder untauglich oder führen letztlich zu mehr oder weniger willkürlichen Ergebnissen. Das Vorgehen der Rechtsprechung orientiert sich offenbar am gewünschten Ergebnis.

Brauchbar erweist sich lediglich der Ansatz, nach der Funktion der Verweisung zu differenzieren. Danach liegt ein Blankett vor, wenn die Handlungs- und Unrechtsbeschreibung unvollständig und die Verweisung auf andere Normen *ausdrücklich* gewollt ist, so z.B. in § 325 StGB.[410] Diese positivrechtliche Norm bestimmt die strafbewehrte Pflicht inhaltlich selbst und nicht nur deren inhaltliche Voraussetzungen.[411] Ein normatives Tatbestandsmerkmal ist hingegen anzunehmen, wenn der Tatbestand sowohl die Tathandlung als auch das Schutzgut als hinreichende Unrechtsvertypung enthält und lediglich bei der *Wertung* der Tatbestandsmerkmale andere Normen heranzuziehen sind, z.B. in § 242 StGB bezüglich der Fremdheit.[412] Hiermit sind jedoch noch keine Aussagen über die Anforderungen an den Vorsatz getroffen.

(iv) Bedeutung der Abgrenzung für den Vorsatz

Eine Abgrenzung von Blankettnormen zu normativen Tatbestandsmerkmalen ist nach der überwiegenden Ansicht in der Literatur und der Rechtsprechung notwendig, da sich unterschiedliche Anforderungen an den Vorsatz bzw. unterschiedliche Auswirkungen bei den Irrtumsfragen ergeben. So müssen bei Blankettstraftatbeständen sowohl die Tatbestandsmerkmale der Blankett- als auch der Ausfüllungsnorm gleichermaßen vom Vorsatz umfaßt sein, da es sich um einen zusammengesetzten Tatbestand handelt, auf den die allgemeinen Vorsatz- und Irrtumsregeln

---

[410] *Tiedemann/Otto*, ZStW 107 (1995), 597, 639 ff.; *Puppe*, GA 1990, 145, 163.
[411] *Puppe*, GA 1990, 145, 163.
[412] *Puppe*, a.a.O.

angewendet werden.⁴¹³ Dabei ist es nach h.M. ausreichend, wenn der Täter die Verwirklichung dieser (zusammengesetzten) Norm kennt und will; Kenntnis vom sozialen Bedeutungsgehalt ist nicht erforderlich.⁴¹⁴ Ebenso gehört die Kenntnis der Existenz der blankettausfüllenden Norm nach der herrschenden, in §§ 16, 17 StGB verankerten Schuldtheorie nicht zum Vorsatz.⁴¹⁵ Bei normativen Tatbestandsmerkmalen hingegen muß der volle Bedeutungsgehalt der Merkmale vom Betroffenen erfaßt werden, wenn auch nur im Sinne einer Parallelwertung in der Laiensphäre.⁴¹⁶ Dementsprechend wird der Irrtum über das Blankettmerkmal von der h.M. als (überwiegend vermeidbarer) Verbotsirrtum angesehen, während der Irrtum über das Vorliegen eines normativen Tatbestandsmerkmals als den Vorsatz nicht ausschließender Verbotsirrtum behandelt wird.⁴¹⁷

Eine andere Ansicht hält eine Differenzierung bei Vorsatz- und Irrtumsfragen für nicht sachgerecht.⁴¹⁸ Hinsichtlich der Unbestimmtheit des Tatbestandes handele es sich um eine ähnliche Konstellation. Die Ungleichheit für eine unterschiedliche Behandlung müsse sich aus dem Tatbestand ergeben, was aber nicht der Fall sei. Sowohl für Blankettstraftatbestände als auch für normative Tatbestandsmerkmale müßten daher hinsichtlich der Irrtumsproblematik die gleichen Grundsätze gelten.⁴¹⁹ Genauso wie der Täter bei normativen Tatbestandsmerkmalen Bedeutungskenntnis haben muß, ist es zur Bejahung des Vorsatzes bei Blankettstraftatbeständen erforderlich, daß der Täter Kenntnis von der Existenz der blankettausfüllenden Norm hat.

Der Begriff des Blankettstraftatbestands stammt aus der verfassungsrechtlichen Diskussion über die Ausfüllungs- und Verweisungstechniken bei Strafnormen. Das auf die Anforderungen des Gesetzlichkeitsprinzips abstellende Kriterium ist für

---

[413] Schönke/Schröder/ *Cramer/Sternberg-Lieben*, § 15 Rdn. 100; *Jescheck/Weigend*, AT, S. 309; *Warda*, Abgrenzung, S. 37; *Welzel*, Strafrecht, S. 149; *ders.*, MDR 1952, 584, 586; *ders.*, JZ 1956, 238 ff.; *Enderle*, Blankettgesetz, S. 79.

[414] Schönke/Schröder/*Cramer/Sternberg-Lieben*, § 15 Rdn. 99 ff.; a.A. Staub/*Dannecker*, Vor §§ 331 ff. Rdn. 96.

[415] Schönke/Schröder/ *Cramer/Sternberg-Lieben*, § 15 Rdn. 99 f. m.w.N.

[416] Staub/*Dannecker*, Vor §§ 331 ff. Rdn. 96; Schönke/Schröder/ *Cramer/Sternberg-Lieben*, § 15 Rdn. 43a.

[417] Vgl. etwa *Jescheck/Weigend*, S. 309; LK/*Schroeder*, § 16 Rdn. 39; Schönke/Schröder/ *Cramer/Sternberg-Lieben*, § 15 Rdn. 101; *Warda*, Abgrenzung, S. 36 ff.; *Welzel*, Strafrecht, S. 149.

[418] *Dannecker*, in: Wabnitz/Janovski (Hrsg.), Wirtschaftsstrafrecht, Kapitel 1, Rdn. 30; *Tiedemann*, Tatbestandsfunktionen, S. 316, 388 ff.; *Backes*, Abgrenzung, S. 114 ff.; *Schlüchter*, wistra 1985, 43 ff.

[419] Vgl. vorige Fn.

eine Differenzierung von Vorsatz- oder Irrtumsfragen ungeeignet.[420] Die Lösung von Vorsatz- und Irrtumsproblematiken kann nicht davon abhängig sein, wie eine unvollständige Strafnorm gesetzestechnisch vervollständigt wird. Zu Recht verlangt daher ein Teil der Literatur die Anwendung der Regeln über einen Tatbestandsirrtum auch bei Blanketten. Eine Zuwiderhandlung kann daher nur dann vorsätzlich begangen werden, sofern der Täter auch die Verbotsmaterie der Zuwiderhandlung kennt.[421]

(c) Blankettgesetzcharakter des § 331 HGB

Der Vorgängervorschrift des § 331 HGB, dem § 400 AktG, wurde Blankettcharakter zugesprochen. Begründet wurde dies damit, daß die auszufüllenden Begriffe der *Richtigkeit*, *Vollständigkeit* und *Klarheit* in Abhängigkeit von der jeweiligen Prüfungsaufgabe durch das Bilanz- und Zivilrecht unterschiedlich auszufüllen waren.[422] Das Bilanzrecht bestand zu dieser Zeit überwiegend aus den nicht kodifizierten GoB.

Die Bezeichnung des § 400 AktG als eine Regelung mit *blankettartigem Einschlag*[423] begründet die Gefahr, von einem Blankett im verfassungsrechtlichen Sinn auszugehen. Dies ist jedoch bei § 331 HGB nicht mehr der Fall.

Ein Teil der Literatur erblickt in § 331 HGB – wenngleich mit unterschiedlichen Begründungen – keine Blankettnorm, sondern eine Vorschrift mit normativen Tatbestandsmerkmalen.[424] Die Änderung des Normcharakters wird damit begründet, daß durch das BiRiLiG die GoB überwiegend kodifiziert wurden, wodurch die Merkmale des § 331 HGB sich nun durch eine innergesetzliche Verweisung auf das handelsrechtliche Bilanzrecht ausfüllen lassen.[425] Bei dem in einem einheitlichen

---

[420] *Enderle*, Blankettgesetz, S. 83.
[421] *Dannecker*, in: Wabnitz/Janovski (Hrsg.), Wirtschaftsstrafrecht, Kapitel 1, Rdn. 30; *Tiedemann*, in: Krekeler/Tiedemann/Ulsenheimer (Hrsg.), HWiStR, Art. Blankettstrafgesetz, S. 5; ders., Tatbestandsfunktionen, S. 335 ff. m.w.N.
[422] *Geilen/Zöllner*, § 400 Rdn. 7.
[423] So etwa Erbs/Kohlhaas/*Schaal*, § 331 Rdn. 4.
[424] *Cobet*, Rechnungslegung, S. 8; *Schmedding*, Konzernrechnungslegung, S. 142; *Schüppen*, Bilanzstrafrecht, S. 131; a.A. Heymann/*Otto*, § 331 Rdn. 2; MüKo HGB/*Quedenfeld*, § 331 Rdn. 69.
[425] *Cobet*, Rechnungslegung, S. 8; *Klussmann*, Geschäftslagetäuschungen, S. 91; *Schmedding*, Konzernrechnungslegung, S. 17; *Schüppen*, Bilanzstrafrecht, S. 131.

Verfahren erlassenen Gesetz liegen nicht die für einen Blankettstraftatbestand notwendigen unterschiedlichen Rechtsquellen vor.[426]

Dieser Ansicht kann nicht zugestimmt werden. Zunächst ist anzumerken, daß bei der Schaffung des neuen Vierten Buches des HGB nicht alle GoB in Gesetzesform umgesetzt wurden, sondern nur die wichtigsten. Die materiellen Bilanznormen werden nach wie vor durch ungeschriebene GoB erläutert. Dieser als unbestimmter Rechtsbegriff[427] zu verstehende Terminus findet sich in § 243 I HGB. Er dient dazu, den Jahresabschluß hinsichtlich neuer Sachverhalte der gesetzlichen Anforderung der Ordnungsmäßigkeit entsprechend anzupassen.[428] Zudem haben die vorangegangenen Ausführungen ergeben, daß es für die Abgrenzung nicht auf formelle Kriterien wie das einer innergesetzlichen Verweisung ankommt. Dies entspricht auch der Auffassung des BVerfG, nach der eine Trennung der Rechtsquellen keine zwingende Voraussetzung für die Annahme eines Blankettstraftatbestandes ist.[429] Allein deshalb ist die verwendete Begründung nicht vollständig richtig.

Hier ist vielmehr eine funktionsbezogene Abgrenzung vorzunehmen. Zunächst muß hinsichtlich der verschiedenen Tatbestandsalternativen der § 331 Nrn. 1, 2 und 4 HGB sowie § 331 Nr. 3 HGB differenziert werden. Zur Beurteilung der Normqualität der § 331 Nrn. 1, 2 und 4 HGB ist festzustellen, daß die dort enthaltenen Handlungs- und Unrechtsbeschreibungen (unrichtige Wiedergabe bzw. Verschleierung der Verhältnisse der Gesellschaft in Eröffnungsbilanz, Jahresabschluß oder Lagebericht bzw. Konzernbilanz bei einem Konzern; unrichtige Angaben gegenüber Abschlußprüfer) hinsichtlich des Tatobjekts und der Tatmodalität unvollständig sind. Zur Vervollständigung enthalten sie (konkludente) Verweisungen auf die gesetzlichen Vorschriften des materiellen Bilanzrechts. Diese Normen bestimmen die Pflicht zur Richtigkeit der betreffenden Informationen selbst und um-

---

[426] *Cobet*, Rechnungslegung, S. 8; *Schmitt*, Ordnungswidrigkeitenrecht, S. 25; *Klussmann*, Geschäftslagetäuschungen, S. 91 für das Verhältnis von § 400 AktG zu §§ 148 ff. AktG. Die Notwendigkeit, daß es sich um verschiedene Rechtsquellen handeln muß, wird nicht uneingeschränkt geteilt. So vertritt *Fuhrmann* die Ansicht, daß *alle Tathandlungen des § 82 GmbHG ... Blankettnormen (sind), die auf andere Vorschriften verweisen oder Begriffe verwenden, welche ihre wahre Bedeutung erst aufgrund anderer Vorschriften des GmbHG gewinnen. Die einzelnen Tatbestände ergeben sich daher aus der jeweiligen Blankettnorm des § 82 GmbHG und den einzelnen Ausfüllungsvorschriften*, vgl. Rowedder/*Fuhrmann*, § 82 Rdn. 5; auch Baumbach/*Hueck*, GmbHG, § 82 Rdn. 4. *Tiedemann* vertritt die noch weitergehende Ansicht, daß die Trennung in einem Gesetz nur technische Gründe hat und bei § 82 GmbHG weder strafrechtlich noch staatsrechtlich zu Besonderheiten führt, Scholz/*Tiedemann*, § 82 Rdn. 8.
[427] Vgl. unten S. 198.
[428] *Baetge/Kirsch/Thiele*, Bilanzen, S. 92 f.
[429] BVerfGE 14, 245, 252; a.A. *Schmitt*, Ordnungswidrigkeitenrecht, S. 25.

schreiben nicht nur deren rechtliche Voraussetzungen.[430] Der vollständige Tatbestand ergibt sich erst durch ein Zusammenlesen der Normen. Daher handelt es sich bei § 331 Nrn. 1, 2 und 4 HGB um unechte Blankettnormen.

Eine andere Beurteilung ergibt sich bezüglich § 331 Nr. 3 HGB mit der expliziten Verweisung auf § 292a HGB, der seinerseits auf die „international anerkannten Rechnungslegungsgrundsätze", also die US-GAAP und die IAS, verweist.[431] Die Frage, ob die Verhältnisse des Konzerns unrichtig dargestellt oder verschleiert sind, ergibt sich ausschließlich aus dem in Bezug genommenen Normensystem und dessen eigenen Auslegungsmethoden. Dabei wird zur Ausfüllung der Strafnorm auf kein statisches und geschlossenes System zurückgegriffen, sondern auf einen selbst für europarechtliche und internationale Einflüsse offenen Konzernabschluß- und Lageberichtsbegriff. Damit ist der Tatbestand selbst unvollständig und wird durch die in Bezug genommenen Normen vervollständigt, wobei nicht nur bei der Wertung dieses Tatbestandsmerkmals auf diese Normen zurückgegriffen, sondern insgesamt auf diese Rechtsvorschriften verwiesen wird. Die Pflicht zur Richtigkeit dieser Informationen ergibt sich dabei aus diesem Normsystem selbst. Damit liegt in § 331 Nr. 3 HGB ein echtes Blankettstrafgesetz vor.

(d) Blankettgesetzcharakter des § 332 HGB

Auch hier ist zwischen dem verfassungsrechtlichen Blankettbegriff der (echten) Blankettstraftatbestände und dem strafrechtlichen (unechten) Blankettbegriff zu unterschieden. Mißverständlich ist daher die in der Literatur zu § 403 AktG gebrauchte Formulierung, daß mit der Aktienreform 1965 § 403 AktG im Gegensatz zu der Vorgängervorschrift des § 302 AktG 1937 durch die Ausgestaltung des zivilrechtlichen Umfeldes und die damit verbundene Anwendbarkeit auf mehrere Prüfungsfälle den Charakter eines *blankettartigen Tatbestandes* erhalten habe.[432] Sofern zur Begründung darauf abgestellt wird, daß die Ausfüllung der Tatbestandsmerkmale des *unrichtigen Berichtens* und der *erheblichen Umstände* in Abhängigkeit von der jeweiligen Prüfungsaufgabe unterschiedlich auszufüllen sind, deutet dies auf ein Blankett im verfassungsrechtlichen Sinn hin.

Für § 332 HGB kann dies nicht mehr gelten, da diese Regelung nur Abschlußprüfungen betrifft.[433] Vielmehr folgt aus der funktionalen Abgrenzung, daß der

---

[430] Heymann/*Otto*, § 331 Rdn. 3.
[431] Zu erwähnen ist in diesem Zusammenhang der noch später eingehend zu behandelnde steigende internationale Einfluß auf das deutsche Bilanzrecht, vgl. unten S. 147.
[432] Geilen/Zöllner, § 403 Rdn. 4.
[433] A.A. Erbs/Kohlhaas/*Schaal*, § 332 Rdn. 4.

Tatbestand insoweit unvollständig ist, als er hinsichtlich des Handlungsobjektes auf andere Normen des materiellen Bilanzrechts explizit verweist. Es handelt sich bei § 332 HGB ebenfalls um ein unechtes Blankettstrafgesetz, weil hinsichtlich des Tatobjekts nicht nur auf Wertungen anderer Normen, die nur unter der logischen Voraussetzung einer Norm gedacht und vom Richter nur im Wege eines ergänzenden Werturteils festgestellt werden können,[434] zurückgegriffen wird, sondern die Verweisung auf die Handlungsbeschreibung ausdrücklich gewollt ist. Anders als in § 331 HGB beziehen sich die Begriffe nicht auf ein offenes System von Ausfüllungsnormen, sondern verweisen – was auch durch die Klammerdefinitionen zum Ausdruck kommt – innerhalb ein und desselben Gesetzes auf die zur Wertausfüllung heranzuziehenden Normen.[435]

Für die Begriffe des *unrichtigen Berichtens* und des *inhaltlich unrichtigen Bestätigungsvermerks* ist eine Verweisung auf materielle Bilanznormen wegen der subjektiven Bezugsbasis des § 332 HGB nicht notwendig. Diese Norm stellt nicht darauf ab, ob das Prüfungsergebnis materiell richtig ist und ob die Prüfung vollständig und ordnungsgemäß durchgeführt wurde.[436] Nur der Fall, daß überhaupt keine eigene Prüfung durchgeführt und die Ergebnisse der Revision übernommen wurden, ist von § 332 HGB weitergehend erfaßt.[437] Unzulässig ist die davon ausgehende Argumentation, das Prüfungsergebnis müsse ordnungsgemäß zustande gekommen sein, also unter Beachtung der einschlägigen gesetzlichen und fachlichen Regeln. Dies würde eine objektive Bezugsbasis in die Norm bringen und so zu einer inhaltlichen Kontrolle der Arbeit des Wirtschaftsprüfers führen.

(e) Ergebnis

Zusammenfassend ist daher festzuhalten, daß sich der Rechtscharakter der §§ 331, 332 HGB durch das BiRiLiG geändert hat. Im Gegensatz zur nicht eindeutigen Einordnung der §§ 400, 403 AktG handelt es sich bei den Straftatbeständen der §§ 331, 332 HGB um unechte Blankette. Beide Strafvorschriften enthalten unvollständige Tatbestände.

---

[434] *Wessels/Beulke*, AT, S. 46, Rdn. 132.
[435] Vgl. *Tiedemann*, in: Krekeler/Tiedemann/Ulsenheimer (Hrsg.), HWiStR, Art. Blankettstrafgesetz, S. 1.
[436] Systematisch wird diese auch bei den Aussagedelikten anzutreffende Erscheinungsform *subjektive Theorie* genannt, vgl. Geilen/Zöllner, § 403 Rdn. 24 m.w.N.
[437] Heymann/*Otto*, § 332 Rdn. 16; MüKo HGB/*Quedenfeld*, § 332 Rdn. 19; Staub/*Dannecker*, § 332 Rdn. 38; Geßler/Hefermehl/Eckardt/*Kropff*, § 403 Rdn. 10.

### (4) BiRiLiG und die spezialgesetzlichen Regelungen

#### (a) Konkurrenzen

Als Spezialgesetz geht der neue § 332 HGB hinsichtlich der im Tatbestand genannten Berichtsanlässe den entsprechenden Strafvorschriften des AktG, GmbHG, GenG und PublG vor. Diese enthalten grundsätzlich keinen entsprechenden Subsidiaritätshinweis, vgl. §§ 403 AktG, 82 GmbHG, 150 GenG, 18 PublG. Die Normen in den Rechtsform- und Spezialgesetzen gelten für die spezifischen weiteren Prüfungsanlässe weiterhin und sind daher nicht überflüssig.[438]

Die Vorläufervorschriften zu § 333 HGB, also § 404 AktG oder § 151 GenG, sind demgegenüber mit einer ausdrücklichen Subsidiaritätsklausel versehen. Zu diesen sowie zu §§ 203, 204 StGB ist § 333 HGB lex specialis.[439] § 19 PublG ist nicht für subsidiär erklärt und geht daher als Spezialvorschrift dem § 333 HGB vor.[440]

Zusammenfassend ist damit festzuhalten, daß der Prüfungs- bzw. Berichtsanlaß für die Anwendbarkeit der nahezu wortgleichen Strafvorschriften ausschlaggebend ist.

#### (b) Auslegung

Betrachtet man die nahezu wortgleichen Normen der §§ 332 HGB, 403 AktG und § 150 GenG nebeneinander, so stellt sich die Frage, ob die Tatbestandsmerkmale gleich auszulegen sind.

Die Ausfüllung der normativen Tatbestandsmerkmale bzw. Blankette hängt jeweils von der konkreten Prüfungsaufgabe und den damit verfolgten Zielen ab.[441] Diese ist, wie teilweise bereits gezeigt wurde[442] und teilweise nachfolgend noch vertieft dargestellt wird,[443] zunächst einmal unterschiedlich zwischen der Jahresab-

---

[438] Heymann/*Otto*, § 332 Rdn. 41; MüKo HGB/*Quedenfeld*, § 332 Rdn. 51; BBK/*Hense*, § 332 Rdn. 50 ff.; Erbs/Kohlhaas/*Schaal*, § 332 Rdn. 47; Staub/*Dannecker*, § 332 Rdn. 67 ff.; Geßler/Hefermehl/Eckardt/*Kropff*, § 403 Rdn. 21.

[439] Heymann/*Otto*, § 333 Rdn. 42; MüKo HGB/*Quedenfeld*, § 333 Rdn. 34; BBK/*Hense*, § 333 Rdn. 25 ff.; Erbs/Kohlhaas/*Schaal*, § 333 Rdn. 29; Staub/*Dannecker*, § 333 Rdn. 68; Geßler/Hefermehl/Eckardt/*Kropff*, § 404 Rdn. 19.

[440] BBK/*Hense*, § 333 Rdn. 26.

[441] Geilen/Zöllner, § 403 Rdn. 4; AktG GK/*Klug*, § 403 Anm. 4; Geßler/Hefermehl/Eckardt/*Kropff*, § 403 Rdn. 11.

[442] Vgl. oben S. 72.

[443] Vgl. unten S. 220.

schlußprüfung und den sonstigen aktienrechtlichen Prüfungen.[444] Die Ausfüllung der auf den Jahresabschluß bezogenen Norm des § 332 HGB ist damit eine andere als die nahezu wortgleichen Normen der Spezialgesetze. Da bei den Genossenschaften darüber hinaus nach § 53 I GenG die Ordnungsmäßigkeit der Geschäftsführung Gegenstand der Jahresabschlußprüfung ist, erweitert dies sowohl die Prüfungs- als auch die Berichtspflicht. Die wortgleichen Vorschriften des § 403 AktG und des § 150 GenG erfahren durch die Blankettverweisung auf unterschiedliche Prüfungsaufgaben eine inhaltlich verschiedene Ausfüllung.

(c) Reformdefizit

Nach § 58 II GenG ist über das Ergebnis der Prüfung ein den Grundsätzen des § 322 HGB entsprechender Bestätigungsvermerk zu erteilen, sofern die Genossenschaft die Größenmerkmale des § 267 III HGB (große Kapitalgesellschaft) erfüllt. In der für den Abschlußprüfer einschlägigen Strafvorschrift des § 150 GenG findet sich – vergleichbar der Rechtslage zur Aktiengesellschaft vor Inkrafttreten des BiRiLiG – keine Sanktion für die Erteilung eines inhaltlich unrichtigen Bestätigungsvermerks. Mit der gleichen Argumentation wie bei der Schaffung der Alternative für § 332 HGB ist bei § 150 GenG ebenfalls die Erweiterung um die Alternative des inhaltlich unrichtigen Bestätigungsvermerks zu fordern.[445] Auch hier besteht die Unausgewogenheit, daß der an die Öffentlichkeit gerichtete Bestätigungsvermerk einen geringeren strafrechtlichen Schutz genießt als der interne Prüfungsbericht.

Das Fehlen der Alternative des inhaltlich unrichtigen Bestätigungsvermerks bei § 403 AktG ist nicht zu beanstanden. Bei den der Vorschrift verbleibenden Prüfungsanlässen, wie beispielsweise der Gründungsprüfung nach § 34 AktG, wird nach dem Gesetzeswortlaut kein Bestätigungsvermerk erteilt. Wird gleichwohl, wie in der Praxis durchaus üblich, das Prüfungsergebnis in einer testatähnlichen Schlußbemerkung zusammengefaßt, bleibt deren inhaltliche Unrichtigkeit nach § 332 HGB straflos. Andernfalls wäre dies eine im Strafrecht unzulässige Analogie. Eine den Bestimmtheitserfordernissen des Art. 103 II GG genügende Alternative für diese summarischen Stellungnahmen sollte aus den gleichen Erwägungen geschaffen werden.

---

[444] Vgl. oben S. 50 und S. 32 bzw. unten S. 220.
[445] BT-Drucks. 10/317, S. 101.

## 3. Faktische Änderungen

Neben der Änderung der rechtlichen Normen hat sich auch das Berufsbild des Wirtschaftsprüfers samt Tätigkeitsschwerpunkten geändert. Die Ausweitung der Beratungstätigkeit im Mandanteninteresse führt zu einer verstärkten Einbindung in das Unternehmen und damit zu einer Teilnahme an dem Prozeß Analyse – Beratung – Erstellung – Prüfung. In diesem Zusammenhang wäre die Ansicht vertretbar, daß diese erweiterten Kenntnisse über das Unternehmen im Rahmen der Jahresabschlußprüfung als Kenntnisse von prüfungsrelevanten Vorgängen im Allgemeininteresse zu berücksichtigen sind und damit der Berichtspflicht unterliegen. Dieser Argumentation kann aber nicht gefolgt werden. Für die Jahresabschlußprüfung, insbesondere unter strafrechtlichen Gesichtspunkten, kann nur der durch die gesetzlichen Vorschriften über Gegenstand und Umfang der Prüfung (§§ 317, 321 HGB) verlangte Kenntnisstand maßgeblich sein.

Inhaltlich verstößt eine weiterführende Auslegung gegen die Berufsausübungsfreiheit des Art. 12 GG, systematisch gegen den Bestimmtheitsgrundsatz des Art. 103 II GG. Auch eine Abwägung der geschützten Rechtsgüter – Vertrauen der Verschwiegenheit von Angehörigen einer Berufsgruppe einerseits und das Interesse an unabhängiger Überwachung andererseits – vermag eine derartige Auslegung nicht zu rechtfertigen. Wird eine Ausdehnung des problemorientierten Prüfungsansatzes strafrechtlich für wünschenswert gehalten, muß der Gesetzgeber die Strafvorschriften entsprechend ändern.

Die Analyse von Primärursachen wie z.B. die Analyse des Marktes, in dem sich der Prüfungskunde bewegt, einschließlich der Beurteilung der Attraktivität/Akzeptanz seiner Produktpalette, Organisations- und Kostenstrukturen des Unternehmens, seiner Marketingstrategie, deren Effizienz usw. sind bislang Themen für den Unternehmensberater, nicht für den Abschlußprüfer.

Die Tätigkeiten des Wirtschaftsprüfers hinsichtlich der gesetzlichen Jahresabschlußprüfung im Allgemeininteresse und privater Beratung im Interesse des Mandanten sind strafrechtlich streng voneinander zu trennen. Dies betrifft insbesondere die Verwertung auf privatwirtschaftlicher Grundlage erworbener Kenntnisse.

## 4. Zusammenfassung

Der historische Überblick über die den Wirtschaftsprüfer betreffenden Strafvorschriften hat gezeigt, daß seit der Konstituierung des Wirtschaftsprüferberufes grundsätzlich die gleichen Pflichten unter strafrechtlicher Bewährung stehen. Aktuell betreffen die §§ 332, 333 HGB die ordnungsgemäße und vollständige Berichterstattung über das subjektive Prüfungsergebnis, die Erteilung eines inhaltlich unrichtigen Bestätigungsvermerks sowie den Verrat oder die Verwertung von Geheimnissen, insbesondere Geschäfts- oder Betriebsgeheimnissen.

Eine erste grundlegende Änderung erfuhren die als § 318a HGB 1931 geschaffenen Strafnormen durch das AktG 1965, mit dem die Tatbestände wegen der vielfältigen Prüfungsanlässe nun als Blankettstraftatbestände ausgestaltet wurden. Gleichzeitig erhielten die Verletzung der Berichtspflicht und die Verletzung der Verschwiegenheitspflicht unterschiedliche Strafrahmen. Durch jede weitere Änderung der zivilrechtlichen Normen, die zur Ausfüllung dieser Blankettnorm herangezogen wird, liegt gleichzeitig eine Änderung des materiellen Strafrechts vor.

Die weitreichendste Änderung gegenüber § 403 AktG ist in der Aufnahme des Bestätigungsvermerks in den Tatbestand des neuen § 332 HGB und damit in der Schaffung einer neuen Tatbestandsalternative zu sehen.

In der Folgezeit hat der Gesetzgeber den § 332 HGB inhaltlich erweitert. Er bezieht sich nun in gleicher Weise auf den Zwischenabschluß und den Konzernzwischenabschluß von Kreditinstituten nach §§ 340a III, 340i IV HGB wie auf den Jahresabschluß aller Kapitalgesellschaften, durch das KapCoRiLiG auch für diese Gesellschaftsformen.[446]

Die Strafvorschriften dienen seit ihrem Erlaß dem Schutz der Gesellschaft sowie der Sicherung der Stellung des Wirtschaftsprüfers. Dies hat sich bis heute nicht geändert. Sie verfolgen nicht den Zweck der inhaltlichen Kontrolle seiner Arbeit.

Eine Teilnahme an anderen Straftatbeständen, z.B. §§ 331 HGB, 82 GmbHG, 264a, 265b StGB ist nach den allgemeinen Regeln möglich. Die Normen in Spezialgesetzen (§§ 403, 404 AktG) sind für die nach ihnen einschlägigen Sonderprüfungen einschlägig.

Das materielle Bilanzrecht ist umfangreicher und komplexer geworden. Europarechtliche Bezüge sind entstanden. Vom Abschlußprüfer sind Vorschriften unterschiedlicher rechtlicher Qualität zu beachten. Von gesetzlichen Vorschriften über Grundsätze ordnungsmäßiger Abschlußprüfung (GoA) und GoB reicht die Bandbreite bis hin zu fachlichen Verlautbarungen in Form von IDW Rechnungslegungsstandards und IDW Stellungnahmen.[447] Diese verschiedenen Vorschriften bilden kein in sich geschlossenes System und haben unterschiedliche Bindungswirkung. Strafrechtlich ist dies unbeachtlich, da das Strafrecht nicht an die inhaltliche Qualität der Arbeit des Wirtschaftsprüfers anknüpft.

---

[446] Gesetz zur Änderung des Gesetzes über das Kreditwesen und anderer Vorschriften über Kreditinstitute vom 21.12.1992, BGBl. I, 2211.
[447] IDW, WPg 1998, 651 f.

## E. Praktische Bedeutung der §§ 331 ff. HGB

Die Suche nach Entscheidungen zu den §§ 331 ff. HGB und vergleichbaren Normen in den Spezial- und Rechtsformgesetzen verläuft nahezu ergebnislos. Von einer Mitwirkung des Wirtschaftsprüfers an Bilanzdelikten wird lediglich bei den vereinzelt auftretenden, aber gleichzeitig spektakulären Fällen gesprochen.[448]

Ein wichtiger Aspekt für die untergeordnete Bedeutung der §§ 331 ff. HGB ist, daß Bilanzverstöße in der Regel nicht um ihrer selbst willen begangen werden. Sie dienen der Verdeckung vorausgehender oder nachfolgender Delikte wie Betrug, Untreue, Unterschlagung, Insolvenzstraftaten oder Steuerhinterziehung.[449] Anzutreffende Fallgestaltungen sind demzufolge Falschbewertungen, um entstandene oder drohende Verluste und Zusammenbrüche zu verheimlichen oder um stille Reserven zu bilden. Auch die Überbewertung oder die Fiktion von Aktiva, insbesondere von Forderungen, zum Zwecke der Kreditierung, ist eine häufige Fallgestaltung.[450]

Über die Verbreitung und Häufigkeit von Bilanzdelikten existieren keine statistischen Untersuchungen.[451] Nach der 1974 eingeführten und 1984 abgeschlossenen *Bundesweiten Erfassung von Wirtschaftsstraftaten nach einheitlichen Gesichtspunkten* wurden durchgeführt:[452]

| Jahr | 1974 | 1975 | 1976 | 1977 | 1978 | 1979 | 1980 | 1981 |
|---|---|---|---|---|---|---|---|---|
| Strafverfahren gegen verantwortliche Personen von AGs | 36 | 39 | 75 | 53 | 60 | 83 | 60 | 101 |
| davon wegen Verstoß gegen aktienrechtliche Vorschriften | 2 | 3 | 2 | 4 | 2 | 2 | 1 | 1 |

---

[448] Staub/*Dannecker*, Vor §§ 331 ff. Rdn. 47 f., 53; *Otto*, Aktienstrafrecht, vor § 399 Rdn. 13 ff.
[449] *Tiedemann*, in: Krekeler/Tiedemann/Ulsenheimer (Hrsg.), HWiStR, Art. Bilanzstrafrecht, S. 1.
[450] *Tiedemann*, in: Krekeler/Tiedemann/Ulsenheimer (Hrsg.), HWiStR, Art. Bilanzstrafrecht, S. 2.
[451] *Tiedemann*, in: Krekeler/Tiedemann/Ulsenheimer (Hrsg.), HWiStR, Art. Bilanzstrafrecht, S. 1.
[452] *Liebl*, Wirtschaftsstraftaten, S. 143, 257.

Die überwiegende Anzahl der Verfahren erfolgte wegen Betruges, Bankrotts, Gläubigerbegünstigung, Untreue, Steuerhinterziehung, unlauteren Wettbewerbs u.a.[453] Wenngleich der Schluß aus dieser Erhebung gezogen werden kann, daß selbst unter Berücksichtigung einer nicht unerheblichen Dunkelziffer keine besondere Kriminalitätsbelastung von Aktiengesellschaften besteht, sagt die Erfassung nichts über die Häufigkeit von Wirtschaftsprüfer- und Bilanzdelikten aus.[454]

Die untergeordnete praktische Bedeutung hat weitere Ursachen, die je nach Norm unterschiedlich sind.

## 1. § 331 HGB

Für § 331 HGB gibt es mehrere in der Norm selbst liegende Gründe für die untergeordnete praktische Bedeutung dieses Straftatbestandes. Der Tatbestand beinhaltet keine generelle Strafbarkeit unrichtiger Bilanzierung, sondern ist nur punktuell für bestimmte wirtschaftliche Situationen einschlägig.[455] In diesen Situationen wird der Tatbestand generell nicht um seiner selbst willen, sondern zur Verdeckung vorausgehender oder nachfolgender Straftaten verwirklicht. Die damit gleichzeitig einschlägigen Vermögens- oder Insolvenzdelikte sind allgemeiner und in der Regel leichter zu beweisen. Eine Verurteilung erfolgt dann aus der gleichzeitig verwirklichten StGB-Norm, die reinen Bilanzstraftaten werden ganz überwiegend eingestellt.[456]

Für den Wirtschaftsprüfer ist § 331 HGB nur, da Sonderdelikt, in der Tatmodalität der Teilnahme nach § 27 StGB einschlägig. Wie jüngst durch einige spektakuläre Fälle deutlich geworden ist, sind die Wirtschaftsprüfer trotz besonders geregelter und überwachter Berufspflichten in keiner Weise davor geschützt, sich in Straftaten ihrer Mandanten verstricken zu lassen.[457] Die Dunkelziffer bezüglich strafbarer Handlungen dieser Berater muß hoch eingestuft werden.[458]

Die zu Straftaten führenden Situationen lassen sich auf zwei Grundmuster reduzieren: Besteht ein über die Prüfungstätigkeit hinausgehendes Beratungsverhältnis, beinhaltet dies, gerade wenn sich der Mandant in einer schwierigen Lage befindet

---

[453] *Liebl*, Wirtschaftsstraftaten, S. 474 ff.; *Maul*, DB 1989, 185, 190 f.
[454] *Otto*, Aktienstrafrecht, vor § 399 Rdn. 12; Staub/*Dannecker*, Vor §§ 331 ff. Rdn. 47.
[455] *Tiedemann*, in: Krekeler/Tiedemann/Ulsenheimer (Hrsg.), HWiStR, Art. Bilanzstrafrecht, S. 2; vgl oben S. 41.
[456] *Otto*, Aktienstrafrecht, vor § 399 Rdn. 12; Staub/*Dannecker*, Vor §§ 331 ff. Rdn. 47.
[457] *Häcker*, in: Müller-Gugenberger/Bieneck (Hrsg.), Wirtschaftsstrafrecht, § 89 Rdn. 2. Vgl. auch den Anhang.
[458] *Häcker*, in: Müller-Gugenberger/Bieneck (Hrsg.), Wirtschaftsstrafrecht, § 89 Rdn. 2.

und der Berater um Hilfe bemüht ist, das Aufzeigen aller über die momentane Situation hinausgehenden rechtlichen oder wirtschaftlichen Gestaltungsmöglichkeiten zum Vorteil des Mandanten. Dies schließt meistens auch die als bedenklich oder gar illegal einzustufenden Möglichkeiten mit ein. Dabei ist die Einstellung vorherrschend, die Gestaltung im Interesse des Mandanten sei solange vertretbar, wie eine zivilrechtlich wirksame Gestaltungsmöglichkeit vorliegt. Damit bewege man sich jedenfalls außerhalb strafrechtlicher Ahndungsmöglichkeiten.[459]

Das zweite Muster betrifft die Möglichkeit der Unternehmen, sich die Prüfer selbst auszusuchen; dabei können es durchaus solche sein, die für die Gesellschaft außerhalb der Prüfung weitere Dienstleistungen erbringen. Für diese kann hieraus die mißliche Situation entstehen, im öffentlichen Interesse zu prüfen und auch Unerfreuliches über den Mandanten berichten zu müssen, gleichzeitig aber auf Fortsetzung der Beratungstätigkeit und die Wiederwahl unter Honoraraspekten zu hoffen. Die traditionelle Auffassung, der Wirtschaftsprüfer übe einen freien Beruf aus, der sich nicht an Honorareinnahmen zu orientieren habe, verfehlt weitgehend die tatsächliche Situation mit zunehmender Konkurrenz und Konzentration.[460]

## 2. § 332 HGB

Hinsichtlich des § 332 HGB liegt der hauptsächliche Grund für seine untergeordnete praktische Bedeutung ebenfalls im Tatbestand begründet.[461] Das Tatbestandsmerkmal des *Ergebnisses der Prüfung* stellt ausschließlich auf eine (vorsätzliche) Abweichung von den subjektiv gefundenen Prüfungsergebnissen ab. Damit ist gleichzeitig negativ klargestellt, daß es nicht auf jede beliebige Unrichtigkeit und auch nicht auf eine Abweichung von den objektiven Verhältnissen ankommt.[462] Dies schränkt den Anwendungsbereich dieses Straftatbestandes erheblich ein. Anders formuliert ist der Wirtschaftsprüfer straffrei, solange er getreulich das berichtet, was die Prüfung an Ergebnissen hervorgebracht hat. Wie fundiert diese Ergebnisse sind, ist strafrechtlich irrelevant. Insofern ist es angebracht, in diesem Zusammenhang von einer strafrechtlichen *Unantastbarkeit* des Wirtschaftsprüfers zu sprechen.

---

[459] *Häcker*, in: Müller-Gugenberger/Bieneck (Hrsg.), Wirtschaftsstrafrecht, § 94 Rdn. 2 ff. Vgl. zur Strafbarkeit bei unklarer Rechtslage unten S. 216.
[460] *Häcker*, in: Müller-Gugenberger/Bieneck (Hrsg.), Wirtschaftsstrafrecht, § 94 Rdn. 3 f.
[461] A.A., jedoch ohne Beleg, *Dierlamm*, NStZ 2000, 130, 131.
[462] BBK/*Hense*, § 332 Rdn. 11; MüKo HGB/*Quedenfeld*, § 332 Rdn. 17; Staub/*Dannecker*, § 332 Rdn. 37; Erbs/Kohlhaas/*Schaal*, § 332 Rdn. 23; *Tiedemann*, in: Krekeler/Tiedemann/Ulsenheimer (Hrsg.), HWiStR, Art. Bilanzstrafrecht, S. 2.

## 3. § 333 HGB

Die Ausgestaltung des § 333 HGB als Antragsdelikt, wie auch schon der Vorgängervorschrift des § 404 AktG, soll der Gesellschaft die Möglichkeit geben, die Einleitung eines Strafverfahrens zu verhindern und so eine möglicherweise weitergehende (Ruf-)Schädigung zu vermeiden.[463]

Erfahrungsgemäß ist das Antragsverhalten der geschädigten Gesellschaften sehr restriktiv.[464] Die Strafanzeige wird subjektiv als nutzlos empfunden, da sie weder schnelle noch überhaupt hinreichende Erfolgsaussichten verspricht. Hinzu kommen Prestigegründe; kein Unternehmen möchte gegenüber der Konkurrenz das als negativ empfundene öffentliche Eingeständnis einer Schädigung zugeben.

## 4. Hinreichender Schutz der Öffentlichkeit

Angesichts dieser Rechtslage und den spektakulären Fällen strafrechtlich relevanten Verhaltens stellt sich die Frage, ob die Öffentlichkeit durch die bestehenden Vorschriften hinreichend geschützt ist, haben diese doch die Glaubwürdigkeit der Ergebnisse der Jahresabschlußprüfung und des Bestätigungsvermerks zweifelhaft erscheinen lassen und gleichzeitig auf das Problem der *Erwartungslücke* hingewiesen.[465]

### a) Bewährung des Systems der Kontrolle der Geschäftsführung bei der AG

Vergegenwärtigt man sich die Äußerungen über das *Aktienunwesen* und der Einstufung der AG als eine der *unvollkommensten Einrichtungen* des Rechts, so ist zunächst das Gelingen der zivil- und strafrechtlichen Reformen festzustellen.[466] Maßgeblich dazu beigetragen hat auch der Wirtschaftsprüfer.[467]

Das System der Kontrolle der Geschäftsführung einer AG durch den Aufsichtsrat hat sich wiederholt als nicht funktionsfähig erwiesen. Heute besteht das Problem der personellen Verflechtungen verbunden mit Interessenkonflikten, die nicht immer im Sinn des zu kontrollierenden Unternehmens gelöst werden.[468]

---

[463] Geilen/Zöllner, § 404 Rdn. 6.
[464] *Tiedemann*, Wirtschaftsstrafrecht 2, S. 181 ff.; *Tiedemann/Cosson* bezeichnen dieses Verhalten als „*Binsenweisheit der Wirtschaftskriminalistik*", vgl. ebd., S. 5.
[465] Vgl. zu den spektakulären Fällen den Anhang.
[466] Nachweise bei Geilen/Zöllner, vor § 399 Rdn. 2.
[467] vgl. Begründung zum Regierungsentwurf des KonTraG, BR-Drucks. 872/97.
[468] *Böcking/Orth*, DB 1998, 1241; *Lenz/Ostrowski*, BB 1997, 1523.

## b) Erwartungslücke

Die in der Öffentlichkeit bestehenden falschen Vorstellungen über Sinn und Zweck der Jahresabschlußprüfung und des Bestätigungsvermerks werden unter dem Schlagwort der *Erwartungslücke* zusammengefaßt. Allgemein läßt sich diese umschreiben als die Divergenz zwischen den Vorstellungen und Erwartungen eines weiten Teils der interessierten Öffentlichkeit über das Wesen und die Aussagekraft eines Jahresabschlusses und über Ziel und Inhalt einer Abschlußprüfung einerseits und den gesetzlichen Vorschriften zur Rechnungslegung und dem Informationsgehalt von Jahresabschlüssen sowie dem Zweck einer Abschlußprüfung und der Aussage des Bestätigungsvermerks andererseits.[469] Die Prüfung umfaßt nicht eine Beurteilung der wirtschaftlichen Vorgänge und Tatsachen und erstreckt sich insbesondere nicht auf die qualitative Kontrolle der Geschäftsführung. Die Jahresabschlußprüfung und damit auch der Bestätigungsvermerk beinhalten damit keine materielle Analyse des Jahresabschlusses.[470]

Die durchwegs heterogenen Erwartungen der Öffentlichkeit lassen sich in folgenden Thesen zusammenfassen:[471]

- Die Ergebnisse der Geschäftstätigkeit eines Jahres lassen sich in einer einzigen Zahl ausdrücken.
- Die veröffentlichten Zahlen sind wahr und zuverlässig und absolut unumstößlich.
- Das Unternehmen besitzt eine gesunde wirtschaftliche Basis.
- Der Abschlußprüfer führt eine vollständige Überprüfung der Geschäftsbuchhaltung durch. Fehler, Fehlverhalten, Unterschlagungen und Bilanzmanipulationen werden dabei regelmäßig aufgedeckt.
- Der Abschlußprüfer beurteilt die Rechtmäßigkeit und Zweckmäßigkeit der unternehmerischen Entscheidungen.
- Der Bestätigungsvermerk ist ein Gütesiegel für die Gesundheit des Unternehmens und dessen Attraktivität für Anlagezwecke.[472]

Die Erwartungslücke resultiert somit aus mehreren Faktoren, wobei sich nachfolgende Darstellung auf die wichtigsten beschränkt:

---

[469] *Langenbucher*, in: Baetge (Hrsg.), Entwicklungen, S. 64; *Marschdorf*, DStR 1995, 111; *Clemm*, WPg 1984, 645 ff.; *S. Schmidt*, Qualitätskontrollen, S. 18 ff.
[470] *S. Schmidt*, Qualitätskontrollen, S. 9 f.; OLG Karlsruhe, ZIP 1985, 409 ff.
[471] *Wolz*, WPK-Mitteilungen 1998, 122, 123, 125.
[472] *Marschdorf*, DStR 1995, 111; *Wolz*, WPK-Mitteilungen 1998, 122, 133; *Mertin*, WPg 1989, 385.

- Es bestehen hohe Erwartungen der Öffentlichkeit hinsichtlich der Qualität der Prüfung.[473]
- Die Wirtschaftsprüfer selbst heben die beschränkte Aussagekraft des Jahresabschlusses nicht genügend hervor, wodurch letztlich die begrenzte Leistungsfähigkeit der Jahresabschlußprüfung nicht genügend deutlich wird.[474]
- Der gesetzliche Prüfungsauftrag ist zu wenig problemorientiert und die Anforderungen an Bestätigungsvermerk und Prüfungsbericht sind nicht mehr zeitgemäß.[475]
- Eine Übertragung der Standardisierung der Rechnungslegung auf unabhängige Gremien zur Schaffung eines Standards wird sowohl von den Wirtschaftsprüfern als auch den Unternehmen bislang abgelehnt.[476]

Diese Erwartungshaltung wird in kritischen Stellungnahmen der Wirtschaftspresse deutlich, wenn kurz nach der Erteilung eines uneingeschränkten Bestätigungsvermerks ein geprüftes Unternehmen zusammenbricht bzw. in eine schwere Krise gerät und/oder schwerwiegende krisenverursachende, strafbare Handlungen des Managements bekannt werden, die zuvor vom Wirtschaftsprüfer nicht entdeckt worden sind.[477]

Mit dieser Verständnisdivergenz wird die Abschlußprüfung weltweit konfrontiert; es handelt sich hierbei um kein spezifisches Problem der deutschen Abschlußprüfung.[478] Die Einführung internationaler Prüfungsstandards schließt diese Divergenz nicht automatisch. Zur Verringerung dieser Erwartungslücke hat der Gesetzgeber das KonTraG verabschiedet, das sowohl den Prüfungsumfang als auch die Berichterstattung darüber ändert.[479] Der Gesetzgeber hat dabei zur Verringe-

---

[473] Die Qualität der Prüfung ist maßgeblich von der Prüfungsplanung und der zugrundeliegenden Risikoanalyse abhängig, woraus dann das Prüfungsprogramm entwickelt wird, vgl. *Langenbucher*, in: Baetge (Hrsg.), Entwicklungen, S. 67. Andererseits wird von anderen Autoren der Nutzen der Informationen für Kapitalanlageentscheidungen generell bezweifelt, vgl. *Schredelseker*, in: Gross (Hrsg.), FS Wysocki, S. 129 ff.

[474] *Wolz*, WPK-Mitteilungen 1998, 122, 125; WPK, WPK-Mitteilungen 1997, 100, 104; *Maul*, DB 1989, 185, 186; *Graf*, BB 2001, 562, 563.

[475] *Wolz*, WPK-Mitteilungen 1998, 122, 128, 130 f.

[476] *Biener*, in: Baetge (Hrsg.), Entwicklungen, S. 5.

[477] *Wolz*, WPK-Mitteilungen 1998, 122, 124. Vgl. die Artikel des Spiegel zu den Fällen Balsam AG, Holzmann AG, HypoVereinsbank AG, FlowTex. Fundstellen siehe Anhang.

[478] *Wolz*, WPK-Mitteilungen 1998, 122, 125.

[479] Vgl. unten S. 121. *Großfeld*, in: IDW, Rechnungslegung, S. 112 f. behauptet, daß soweit sich der Grundsatz des den wirklichen Verhältnissen entsprechenden Bildes gegenüber den GoB auch innerhalb des Bestätigungsvermerks durchsetzen kann, sich die Erwartungslücke ohne weiteres gesetzliches Eingreifen verringern wird.

rung der Erwartungslücke eine materielle Erweiterung des Bestätigungsvermerks vorgenommen, die dem Empfänger des Bestätigungsvermerks zusätzliche Informationen liefert, den Abschlußprüfer aber möglichst in keine weitere Haftungsproblematik verwickeln soll.[480] Die Strafrechtsnormen der §§ 331 ff. HGB können selbst zur Verringerung der Erwartungslücke nichts beitragen.

c) Generalpräventive Wirkung der §§ 331 ff. HGB

Vorrangiges Ziel der Kriminalpolitik ist die Generalprävention, also die Vorbeugung von inkriminierten Handlungen bei allen Gesellschaftsmitgliedern durch Maßnahmen der Strafrechtspflege.[481] Differenziert wird zwischen der Abschreckung von Tätern, die im Begriff sind, ähnliche Straftaten zu begehen (negative Generalprävention), und der Erhaltung und Stärkung des Vertrauens in die Bestands- und Durchsetzungskraft der Rechtsordnung (positive Generalprävention).[482]

Hinsichtlich der Strafbedürftigkeit von Bilanzrechtsverletzungen besteht im Schrifttum grundsätzliche Einigkeit, wenngleich in der Bevölkerung der Wirtschaftskriminalität ein geringeres Gewicht beigemessen wird als der Gewaltkriminalität.[483] Der Rückgang bilanzrechtlicher Delikte durch die Schaffung einschlägiger Strafnormen im Rahmen der Aktienrechtsreformen stützt die Behauptung, daß der Generalprävention im Wirtschaftsstrafrecht eine hohe Bedeutung zukommt.[484] Die Ansicht, daß sich dieser Effekt ausschließlich durch eine intensive Praxis staatlicher Straf- und Verwaltungssanktionen konservieren läßt, flankiert von einer steuer- und handelsrechtlichen Gesetzgebung, ist unzutreffend.[485] Ergänzend tritt die präventive Wirkung der sozialen Folgen deutlicher als im Gewaltstrafrecht hinzu.[486] Die präventive Wirkung beruht damit im Wirtschaftsstrafrecht stärker als auf anderen Gebieten des Strafrechts nicht überwiegend auf den strafrechtlichen Folgen, sondern ergänzend auf den hinzutretenden Aspekten wie zivilrechtlichen Schadensersatzleistungen und negativen Pressedarstellungen. Allerdings ist zu be-

---

[480] *Wolz*, WPK-Mitteilungen 1998, 122, 129.
[481] *Otto*, AT, § 1, Rdn. 63; *Jescheck/Weigend*, AT, S. 4; *Wessels/Beulke*, AT, S. 4, Rdn. 12a; *Maurach/Zipf*, AT, § 4, Rdn. 46; *Jakobs*, AT, S. 20.
[482] *Otto*, AT, § 1, Rdn. 68; *Dannecker*, BB 1987, 1614, 1621; *Tiedemann*, Verfassungsrecht, S. 29.
[483] *Schöch*, Vogler/Herrmann (Hrsg.), FS Jescheck, S. 1091; *Schüppen*, Bilanzstrafrecht, S. 121 m.w.N.
[484] *Tiedemann*, Wirtschaftsstrafrecht 1, S. 249 f.; *ders.*, JuS 1989, 689, 690.
[485] *Tiedemann*, Wirtschaftsstrafrecht 1, S. 69 ff.; 249 f.
[486] So besteht bei Unternehmen beispielsweise ein erhebliches Interesse, in der Öffentlichkeit nicht eines Kartellrechtsverstoßes bezichtigt zu werden, *Dannecker/Fischer-Fritsch*, S. 86 f.

rücksichtigen, daß die Verurteilungswahrscheinlichkeit für einen Beschuldigten um so geringer wird, je komplexer ein Sachverhalt ausgestaltet ist.[487]

Wendet man diese Gedanken auf die §§ 331 ff. HGB an, so ist nach der Komplexität der Vorschriften zu fragen, die aus dem Wortlaut der Vorschriften nicht ohne weiteres erkennbar wird. Täter und Tatobjekte sind in der Regel leicht zu bestimmen. Die Komplexität der Normen ergibt sich aus den Tatbestandsmerkmalen des *unrichtigen Wiedergebens* bzw. aus dem *Verschweigen erheblicher Umstände*. Über diese normativen Tatbestandsmerkmale werden die handelsrechtlichen Rechnungslegungsvorschriften unter gleichzeitiger Berücksichtigung der jeweiligen bilanzrechtlichen Situation in die Strafnorm einbezogen. Gemäß der oben wiedergegebenen Prämisse bestätigt die Praxis eine relativ geringe Verurteilungsquote im Verhältnis zu den polizeilich ermittelten Delikten.[488]

Ob sich speziell für den Wirtschaftsprüfer aus den außerstrafrechtlichen Umständen, also aus der negativen Publizität und zivilrechtlichen Schadensersatzprozessen zusätzliche Aspekte der Generalprävention ergeben, erscheint – obwohl begrüßenswert – zweifelhaft.[489] Als potentielle Adressaten von Schadensersatzansprüchen wegen Verletzung der Prüfungs- und Berichtpflicht haben die Aktionäre in der Vergangenheit nicht verstärkt auf eine Einhaltung der Rechnungslegungsvorschriften seitens der Verpflichteten hingewirkt, obwohl Normen existierten, die ein solches Verhalten ermöglicht hätten.

Unter den Auswirkungen der Reformen des KonTraG und weiterer Reformen werden sich diese Erfahrungen der Vergangenheit zukünftig nicht wiederholen. Die Sensibilität für derartige Delikte hat sich in den letzten Jahren verstärkt. Auch unterliegen Wirtschaftsprüfungsgesellschaften den gleichen Marktgesetzen wie ihre Mandanten. Daher sind auch sie unter dem steigenden Konkurrenzdruck bemüht, negative Pressemitteilungen zu vermeiden. Die Präventivwirkung der Strafnormen wird daher eher steigen und somit zum Schutz der Öffentlichkeit beitragen.

d) Reformüberlegungen

Zur Verhinderung spektakulärer Strafrechtsfälle kann auch an eine Reform des den Wirtschaftsprüfer betreffenden Strafrechts, insbesondere an eine Verschärfung des § 332 HGB, gedacht werden. Dabei ist eine Objektivierung der Bezugsbasis zu diskutieren. Der Abschlußprüfer könnte für eine Nichtaufdeckung von Verstößen, die er bei ordnungsgemäßer Durchführung der Abschlußprüfung hätte aufdecken

---

[487] *Heinz*, wistra 1983, 128, 133.
[488] So auch *Cobet*, Rechnungslegung, S. 114.
[489] *Cobet*, Rechnungslegung, S. 114.

müssen, auch strafrechtlich verantwortlich gemacht werden. Damit würde die momentan nur zivil- und standesrechtlich überprüfbare Inhaltskontrolle der Arbeit strafrechtlich sanktioniert, mit dem Ziel, die ordnungsgemäße und gewissenhafte Prüfungsdurchführung zu fördern.

Die Einführung eines objektiven Maßstabes in § 332 HGB verbietet sich jedoch aus mehreren Gründen: Der Charakter der Abschlußprüfung ist – problemorientiert oder nicht – immer noch der einer Ordnungsmäßigkeits- und Satzungsmäßigkeitsprüfung.[490] Sie kann angesichts der oft komplexen Sachverhalte, der Vielzahl der sich auswirkenden Einzeldaten und der zur Verfügung stehenden Zeit erfahrungsgemäß nicht derart ins Detail gehen, daß eine Aufdeckung von Täuschungen und Manipulationen durch die Prüfung gewährleistet werden könnte. Es ist daher unsachgemäß, dem Abschlußprüfer eine Verantwortung für die inhaltliche Richtigkeit der Bilanzen zuzuschreiben, die er nicht erfüllen kann.[491]

Außerdem widerspräche eine strafrechtliche Sanktion dem rechtsstaatlichen Verhältnismäßigkeitsprinzip. Die erste Prüfungsstufe der Geeignetheit ließe sich noch bejahen, da eine Strafandrohung generell geeignet ist, eine gewissenhafte und sorgfältige Arbeitsweise zu fördern. Bereits auf der zweiten Stufe, der Erforderlichkeitsprüfung, müßte ein derartiges Reformvorhaben scheitern. Das Ziel der Maßnahme kann durch eine andere, gleich wirksame Maßnahme erreicht werden, welche die betreffenden Grundrechte, hier das Recht der Berufsausübung nach Art. 12 GG und die allgemeine Handlungsfreiheit nach Art. 2 I GG, nicht oder weniger fühlbar einschränkt. Durch den abgestuften Katalog berufsrechtlicher Maßnahmen in § 63 WPO wird der Wirtschaftsprüfer in gleicher Weise zur gewissenhaften Arbeit angehalten. Gelingt dies nicht oder nur unzureichend, so kann er aus dem Beruf durch ein Berufsverbot entfernt werden. Dies betrifft ihn in seiner allgemeinen Handlungsfreiheit weniger einschneidend als eine Bestrafung. Das Ansehen und die Qualität der Berufsangehörigen sowie öffentlichkeitsbezogene Interessen werden ebenfalls durch die Ausschließung aus dem Beruf hinreichend gewahrt.

Letztendlich sprechen auch rechtssystematische Gründe gegen eine derartige Ausdehnung des Strafrechts. Das Strafrecht ist nicht mit anderen staatlichen Mitteln vergleichbar. Es stellt als Ausdruck sozialethischer und sittlicher Mißbilligung ein aliud zu anderen staatlichen Sanktionen dar. Wegen des Schuldbezuges ist es nicht in einer Steigerungs- oder Stufenfolge zu verstehen.[492]

---

[490] Adler/Düring/Schmaltz, § 316 Rdn. 18.
[491] Vgl. oben S. 57.
[492] *Tiedemann*, Verfassungsrecht, S. 52.

### e) Ausschöpfung berufsrechtlicher Instrumentarien

Ein Kritikpunkt, der zur Erhöhung des Schutzes beitragen kann, ist eine effektivere Ausübung der standesrechtlichen Kontrolle hinsichtlich der Qualität der Leistungen von Abschlußprüfern. Diese findet gegenwärtig nur eingeschränkt statt.[493] Dies hätte eine Steigerung der Bereitschaft der Berufsangehörigen zu Folge, zweifelhafte Lösungen ihrer Mandanten zu beanstanden und nicht als vertretbar bestehen zu lassen. Gleichzeitig würde das Bewußtsein der Kontrolle die Selbstkontrolle hinsichtlich der Gewissenhaftigkeit der Prüfung erhöhen.[494]

### 5. Zusammenfassung

Die §§ 331 ff. HGB haben nur eine untergeordnete praktische Bedeutung. Die Ursachen liegen teilweise in der Materie sowie in den Normen selbst, teilweise in einer nicht hinreichenden Verfolgung durch die zuständigen Organe begründet. Die Öffentlichkeit wird durch die bestehenden Strafvorschriften hinreichend geschützt. Ein weitergehender Schutz ist nicht durch Strafvorschriften zu erreichen. Auch eine Verschärfung des Strafrahmens ist der Erfahrung nach für die Präventivwirkung unerheblich.[495] Die zentrale Berufsaufgabe einer unabhängigen und vollständigen Berichterstattung ist nach § 332 HGB strafrechtlich hinreichend abgesichert. Eine weitergehende strafrechtliche Verantwortung für die Nichterfüllung berufsrechtlicher Anforderungen kommt nicht in Betracht. Die Fälle der Verstrickung in Straftaten des Mandanten sind nach den allgemeinen Regeln der Teilnahme bzw. Mittäterschaft erfaßt. Reformen auf dem handelsrechtlichen Gebiet sowie eine effektivere Kontrolle der Berufsangehörigen könnten den als gut einzustufenden Schutz weiter erhöhen. Ein genereller Schutz der Öffentlichkeit vor Bilanzdelikten und wirtschaftlichen Risiken ist nicht erreichbar.

## F. Exkurs: Bilanzänderung und Ergänzungsprüfung

In der Praxis kommt es oft vor, daß ein Jahresabschluß, ein Konzernabschluß oder ein Lagebericht nach Vorlage des Prüfungsberichts bzw. nach seiner Feststellung geändert wird. Die dadurch generell notwendige erneute Prüfung unterbleibt häufig

---

[493] *Häcker*, in: Müller-Gugenberger/Bieneck (Hrsg.), Wirtschaftsstrafrecht, § 89 Rdn. 12, 16.
[494] So die Begründung zur Einführung des sog. *peer-review* durch IDW und WPK, *Langenbucher*, in: Baetge (Hrsg.), Entwicklungen, S. 95.
[495] *Tiedemann*, Wirtschaftsstrafrecht 1, S. 248.

in Anbetracht der damit verbundenen Kosten. Es ist daher nach einer Strafbarkeit dieser Vorgehensweise zu fragen, auch unter dem Gesichtspunkt, daß dieses Vorgehen – contra jus clarum – zivilrechtlich ungeahndet bleibt.

## 1. Ausgangssituation

Betreffen die Änderungen die Bilanz, die GuV oder den Anhang eines Einzel- oder Konzernabschlusses, so ist darüber grundsätzlich eine erneute Prüfung durchzuführen, sofern diese Änderungen nach der Vorlage des Prüfungsberichts vorgenommen wurden.[496] Ungeachtet des Änderungsgrundes ist diese sog. Nachtragsprüfung nach § 316 III HGB grundsätzlich wegen jeder inhaltlichen oder formellen Änderung und bei einer Nichtigkeit nach § 256 I Nrn. 1, 4, IV, V HGB durchzuführen. Ausgenommen ist davon nur die Berichtigung von Druck- und Schreibfehlern. Unterbleibt diese Ergänzungsprüfung, so kann der Jahresabschluß nicht festgestellt werden.

Vereinzelt vertretene Einschränkungen dieser Prüfungspflicht überzeugen nicht. So will eine Ansicht nur solche Änderungen des Geschäftsberichts in die Prüfungspflicht einbeziehen, die für die Jahresabschlußprüfung erheblich sein könnten.[497] Eine andere Meinung will den Anwendungsbereich sogar auf *erhebliche Änderungen* einschränken.[498] Für beide Auffassungen finden sich im Gesetz keine Anhaltspunkte.[499] Es ist die Entscheidung des Prüfers und nicht der Geschäftsführung, ob eine Änderung der Bilanz die Voraussetzungen einer Nachtragsprüfung erfüllt.

Änderungen, die nach der Vorlage des Prüfungsberichts an den Vorstand erfolgen, unterliegen grundsätzlich der Nachprüfungspflicht. Das betrifft über den Gesetzeswortlaut hinaus auch Änderungen, die nach Abschluß der Prüfungsarbeiten, aber vor der Vorlage des Prüfungsberichts ohne Kenntnis des Prüfers durchgeführt wurden. Der Zweck der Vorschrift ist sicherzustellen, daß der durch die Prüfung

---

[496] Bis zum Zeitpunkt der Prüfungsberichtsvorlage an die gesetzlichen Empfänger sind vom Prüfer alle Änderungen zu berücksichtigen und gegebenenfalls erneute Prüfungsschritte durchzuführen, die noch zur ursprünglichen Prüfung zählen, vgl. Heymann/*Herrmann*, § 316 Rdn. 5, Ebenroth/Boujong/Joost/*Wiedmann*, § 316 Rdn. 15; BBK/*Förschle/Küster*, § 316 Rdn. 42 f.; MüKo HGB/*Ebke*, § 316 Rdn. 16.
[497] Geßler/Hefermehl/Eckardt/*Kropff*, § 162 Rdn. 51.
[498] Heymann/*Herrmann*, § 316 Rdn. 5.
[499] Adler/Düring/Schmaltz, § 316 Rdn. 65; AktG GK/*Brönner*, § 162 Anm. 82; BBK/*Förschle/ Küster*, § 316 Rdn. 48; Ebenroth/Boujong/Joost/*Wiedmann*, § 316 Rdn. 16; MüKo HGB/*Ebke*, § 316 Rdn. 16.

beurteilte und der zur Feststellung vorgelegte Jahresabschluß identisch sind.[500] Entgegen einer zum früheren Aktienrecht vertretenen Auffassung kann auch ein bereits festgestellter Jahresabschluß noch geändert werden.[501] Der Wortlaut des Gesetzes bietet für eine zeitliche Begrenzung keine Anhaltspunkte.

Liegt eine Änderung der Bilanz vor, so sind die Unterlagen erneut zu prüfen, *soweit es die Änderung erfordert.* Das bedeutet, daß zunächst die Änderung selbst auf ihre Gesetz- und Satzungsmäßigkeit zu überprüfen ist. Danach ist zu kontrollieren, ob diese Änderung notwendigerweise weitere Änderungen an anderer Stelle nach sich zieht und ob diese ebenfalls vorgenommen wurden.[502] Der Prüfungsgegenstand ist damit nicht isoliert, sondern in seinem Zusammenhang mit dem gesamten Jahresabschluß zu beurteilen. Zu weiteren Prüfungen ist der Abschlußprüfer nicht verpflichtet, es sei denn, durch die zwischenzeitliche Aufhellung von Vorgängen wären die vorigen Prüfungsfeststellungen nunmehr unzutreffend.

Nach § 316 III 2 Hs. 1 HGB hat der Prüfer über das Ergebnis der Prüfung zu berichten, wobei nach § 321 I 1 HGB grundsätzlich Schriftform zu verlangen ist. Dem Prüfer bleibt bei der Ausgestaltung in Abhängigkeit des Änderungsumfanges ein Ermessensspielraum.[503] Nach Durchführung der Nachtragsprüfung ist der Bestätigungsvermerk zu ergänzen, § 316 III 2 Hs. 2 HGB. Die Regelung des § 162 III 2 AktG a.F., welche in diesen Fällen die Unwirksamkeit des Bestätigungsvermerks vorsah, wurde aus praktischen Bedürfnissen aufgegeben; der Bestätigungsvermerk bleibt trotz erneuter Prüfung wirksam.[504] Offen bleibt, ob stets eine Ergänzung erforderlich ist oder nur dann, wenn dies das Ergebnis der Prüfung notwendig macht. Nicht jede Änderungsprüfung hat eine materielle Ergänzung des Bestätigungsvermerks oder Prüfungsberichts zur Folge.[505] Insbesondere dann, wenn zwischen der

---

[500] Adler/Düring/Schmaltz, § 316 Rdn. 66; Geßler/Hefermehl/Eckhard/*Kropff*, § 162 Rdn. 51.
[501] Geßler/Hefermehl/Eckardt/*Kropff*, § 162 Rdn. 54. Jetzt zum HGB: MüKo HGB/*Ebke*, § 316 Rdn. 16.
[502] MüKo HGB/*Ebke*, § 316 Rdn. 17; BBK/*Förschle/Küster*, § 316 Rdn. 48; Ebenroth/Boujong/Joost/*Wiedmann*, § 316 Rdn. 16.
[503] Adler/Düring/Schmaltz, § 316 Rdn. 69 m.w.N. Strittig ist, ob der Prüfer auch mündlich zu den Änderungen Stellung nehmen kann, wenn etwa diese ohne Auswirkungen auf den Prüfungsbericht oder Bestätigungsvermerk bleiben, vgl. Adler/Düring/Schmaltz, § 316 Rdn. 70.
[504] Heymann/*Herrmann*, § 316 Rdn. 6; Adler/Düring/Schmaltz, § 316 Rdn. 71; Ebenroth/Boujong/Joost/*Wiedmann*, § 316 Rdn. 17; MüKo HGB/*Ebke*, § 316 Rdn. 19; *Grewe*, WPg 1986, 85, 86; a.A. ISA 560.15.
[505] Für eine Ergänzungspflicht Heymann/*Hermann*, § 316 Rdn. 6; Baumbach/*Hueck*, GmbHG, § 42a Rdn. 24; BBK/*Förschle/Küster*, § 316 Rdn. 49. Gegen eine solche sprechen sich aus Adler/

ursprünglichen Jahresabschlußprüfung und der Nachtragsprüfung ein kurzer Zeitraum – auch zur Aufhellung anderer Vorgänge – liegt, ist die Aufnahme eines Hinweises auf die Nachtragsprüfung entbehrlich.[506] Auch die Frage nach der Form wird vom Gesetz nicht beantwortet.[507]
Nach Abschluß der Nachtragsprüfung ist der Bestätigungsvermerk unter Angabe von Ort und Tag zu unterzeichnen. Als Datum ist der Zeitpunkt der Beendigung der Nachtragsprüfung zu wählen. Geht mangels Notwendigkeit die Nachtragsprüfung nicht aus dem Bestätigungsvermerk hervor, so ist sie durch die Aufnahme eines Doppeldatums deutlich zu machen.[508]
Hat keine Nachtragsprüfung stattgefunden, so kann der Jahresabschluß nicht festgestellt werden; ein dennoch festgestellter Jahresabschluß ist nichtig.[509] Der in § 162 III AktG a.F. enthaltene Verweis ist entfallen, da er für § 316 HGB nicht rechtsformunabhängig verallgemeinert werden konnte; der Wegfall bedeutet aber keine materiellrechtliche Änderung.[510] Unerheblich ist, ob die Nachtragsprüfung in jeder Hinsicht berufsüblichen, fachlichen Anforderungen entsprochen hat.[511]

## 2. Strafbarkeit nach § 332 HGB

Daher ist das Vorliegen der Voraussetzungen des § 332 HGB für den Fall zu untersuchen, daß der Vorstand den Jahresabschluß nach Abschluß der Prüfungsarbeiten aus eigenem Entschluß ändert.
Die weiteren Ausführungen sollen sich auf drei Fallvarianten beschränken:

- Der Vorstand ändert den Jahresabschluß, ohne den Abschlußprüfer davon in Kenntnis zu setzen.
- Der Abschlußprüfer übernimmt die ausgeführten Änderungen ohne weitere Prüfungen und gibt nur die ihm mitgeteilten Tatsachen wieder.

---

Düring/Schmaltz, § 316 Rdn. 72; MüKo HGB/*Ebke*, § 316 Rdn. 19; *Grewe*, in: IDW (Hrsg.), WP-Handbuch, Abschnitt Q, Rdn. 667.
[506] Adler/Düring/Schmaltz, § 316 Rdn. 73d; Ebenroth/Boujong/Joost/*Wiedmann*, § 316 Rdn. 17; BBK/*Förschle/Küster*, § 316 Rdn. 48, § 322 Rdn. 109.
[507] Den Vorschlag des IDW/WPK, die Ergänzung durch einen Zusatz vorzunehmen, wurde vom Gesetzgeber nicht aufgegriffen, IDW/WPK, WPg 1981, 609, 617.
[508] Adler/Düring/Schmaltz, § 316 Rdn. 74; MüKo HGB/*Ebke*, § 316 Rdn. 19.
[509] KK AktG/*Claussen/Korth*, 2. Aufl., § 316 Rdn. 23; MüKo HGB/*Ebke*, § 316 Rdn. 21; Ebenroth/Boujong/Joost/*Wiedmann*, § 316 Rdn. 17.
[510] Adler/Düring/Schmaltz, § 316 Rdn. 75.
[511] Adler/Düring/Schmaltz, § 316 Rdn. 50.

- Der Abschlußprüfer verschweigt das Vorliegen der Änderungen und damit auch die Nichtdurchführung der Prüfung.

Nicht entscheidend für die Strafbarkeit ist, ob die Prüfung der Änderung zu einem anderen Prüfungsergebnis, Prüfungsbericht oder Testat geführt hätte. Nach einhelliger Ansicht der Literatur handelt es sich bei § 332 HGB um ein abstraktes Gefährdungsdelikt.[512] Im Gegensatz zu den Erfolgsdelikten wird bei den abstrakten Gefährdungsdelikten die Strafbarkeit auf eine Handlung vorverlagert, ohne daß es darauf ankommt, ob diese zu einem Verletzungserfolg oder zu einer Gefährdung geführt hat.[513] Die typische Gefährlichkeit und die nach allgemeinem Erfahrungswissen bestehende Möglichkeit, leicht eine konkrete Gefährdung auszulösen, begründen die gesetzgeberische Vorverlagerung der Strafbarkeit.[514] Überwiegend sind die Merkmale, aus denen die Gefährlichkeit folgt, im Tatbestand abschließend beschrieben. Es existieren aber auch Normen wie die §§ 331 ff. HGB, bei denen der Richter für jeden Einzelfall anhand der gesetzlich vorgegebenen Faktoren entscheiden muß, ob das Verhalten generell geeignet war, einen Schaden hervorzurufen.[515]

In der Literatur werden die Alternativen des Tatbestandes des § 332 HGB unterschiedlich interpretiert. Einer Ansicht zufolge stellen das unrichtige Berichten und das Verschweigen erheblicher Umstände eigene Tatbestände dar, wobei der letztere ein echtes Unterlassungsdelikt, der Tatbestand insgesamt damit ein kumulatives

---

[512] Staub/*Dannecker*, § 332 Rdn. 9; MüKo HGB/*Quedenfeld*, § 332 Rdn. 3; Heymann/*Otto*, § 332 Rdn. 3; *Otto*, Aktienstrafrecht, § 403 Rdn. 6; Scholz/*Tiedemann*, vor §§ 82 ff. Rdn. 65; *Schüppen*, Bilanzstrafrecht, S. 174 m.w.N.
[513] Schönke/Schröder/*Heine*, Vor §§ 306 Rdn. 3 m.w.N.
[514] Die Bilanzstraftatbestände im engeren Sinn sind damit alle abstrakte Gefährdungsdelikte. Für §§ 331 ff. HGB: *Dannecker*, in: Blumers/Frick/Müller (Hrsg.), Betriebsprüfungshandbuch, Abschnitt K, Rdn. 638; Staub/*Dannecker*, § 331 Rdn. 7, § 332 Rdn. 9; Scholz/*Tiedemann*, vor §§ 82 Rdn. 65; Heymann/*Otto*, § 331 Rdn. 3; § 332 Rdn. 4; MüKo HGB/*Quedenfeld*, § 331 Rdn. 3; § 332 Rdn. 4; Erbs/Kohlhaas/*Schaal*, § 331 Rdn. 3, § 332 Rdn. 3. Für §§ 283 I Nr. 5-7, 283b StGB: Tröndle/*Fischer*, vor § 283 Rdn. 3; LK/*Tiedemann*, vor § 283 Rdn. 39, § 283 Rdn. 3 ff., § 283b Rdn. 1. Für § 265b StGB: Schönke/Schröder/*Lenckner*, § 265b Rdn. 4; Tröndle/*Fischer*, § 265b Rdn. 2.
[515] Schönke/Schröder/*Heine*, vor §§ 306 ff. Rdn. 3 m.w.N. Weiterhin werden die abstrakten Gefährdungsdelikte nach den zu schützenden Rechtsgütern unterschieden. Dabei werden die Gruppe der individuellen und der überindividuellen Rechtsgüter gebildet. Die gesetzgeberische Intention der *Vorverlagerung der Strafbarkeit* könne nur die Individualrechtsgüter betreffen. Der Schutz von Allgemeinrechtsgütern sei dagegen notwendig, weil deren Beeinträchtigung nicht als Erfolgsdelikt im herkömmlichen Sinn dargestellt werden kann, vgl. *Schüppen*, Bilanzstrafrecht, S. 175 m.w.N.

Mischgesetz ist.⁵¹⁶ Eine andere Ansicht geht hingegen von einem einheitlichen Tatbestand der Wiedergabe eines unrichtigen Bildes durch den Abschlußprüfer aus, der sowohl durch unrichtige Angaben, als auch durch das Weglassen wichtiger Umstände realisiert werden kann.⁵¹⁷ Beide Alternativen schützen die Richtigkeit des Berichts insgesamt, wobei die Abgrenzung fließend ist. In der zweiten Alternative entsteht ein unrichtiges Gesamtbild dadurch, daß für dieses Bild wichtige Informationen nicht genannt werden. Es ist daher richtig, von einem einheitlichen Tatbestand auszugehen, dessen zweite Alternative durch konkludentes Verhalten und nicht durch Unterlassen verwirklicht wird.⁵¹⁸

Die Einordnung der unterlassenen Änderungsprüfung unter eine dieser Alternativen hängt davon ab, ob die Änderungen gänzlich verschwiegen oder die Durchführung der Nachtragsprüfung behauptet wird. Übernimmt der Prüfer im letzteren Fall die geänderten Angaben unreflektiert, so liegt keine Prüfung vor, soweit es die Änderung erforderlich gemacht hätte. Der Prüfer berichtet partiell unzutreffend über das Ergebnis der von ihm durchgeführten Prüfung, womit eine Divergenz zu den Prüfungsfeststellungen besteht, da diese überhaupt nicht vorliegen. Der Prüfungsbericht ist damit insgesamt unrichtig.⁵¹⁹

Das gänzliche Verschweigen der prüfungspflichtigen Änderungen und deren Prüfungsnotwendigkeit erfüllt die Alternative des Verschweigens erheblicher Umstände. Das geschützte Rechtsgut, das Vertrauen der Informationsempfänger in die Gewissenhaftigkeit der Prüfungsdurchführung und damit auch die Richtigkeit der veröffentlichen Informationen, wird dadurch verletzt, daß die logisch vorausgesetzte Identität von geprüftem und veröffentlichtem Objekt fehlt. Unter erheblichen Umständen werden solche verstanden, die für die Berichtsadressaten im Hinblick auf das Prüfungsergebnis bedeutsam sein können, damit all jene Prüfungspunkte der §§ 317, 321 HGB, auf die sich der Bericht pflichtgemäß beziehen muß. Fehlen diese, ist ein erheblicher Umstand verschwiegen worden, dessen Fehlen das Ge-

---

⁵¹⁶ AktG GK/*Klug*, § 403 Anm. 1; uneinheitlich Geilen/Zöllner, § 403 Rdn. 23 bzw. Rdn. 40.
⁵¹⁷ Heymann/*Otto*, § 332 Rdn. 4; MüKo HGB/*Quedenfeld*, § 332 Rdn. 12; Erbs/Kohlhaas/*Schaal*, § 332 Rdn. 10; Staub/*Dannecker*, § 332 Rdn. 46; Ebenroth/Boujong/Joost/*Wiedmann*, § 316 Rdn. 2; so wohl auch BBK/*Hense*, § 332 Rdn. 3; zum AktG: Geßler/Hefermehl/Eckardt/*Kropff*, § 403 Rdn. 3; *Otto*, Aktienstrafrecht, § 403 Rdn. 5.
⁵¹⁸ Staub/*Dannecker*, § 332 Rdn. 46; Heymann/*Otto*, § 332 Rdn. 21; Erbs/Kohlhaas/*Schaal*, § 332 Rdn. 10; wohl auch BBK/*Hense*, § 332 Rdn. 3; Geßler/Hefermehl/Eckardt/*Kropff*, § 403 Rdn. 3.
⁵¹⁹ Heymann/*Otto*, § 332 Rdn. 16; MüKo HGB/*Quedenfeld*, § 332 Rdn. 19; Staub/*Dannecker*, § 332 Rdn. 38.

samtbild unrichtig werden läßt.[520] Verschweigt der Prüfer komplett die Änderungen und die (nicht durchgeführte) Nachtragsprüfung, so stellt dies das Verschweigen eines erheblichen Umstandes dar, da der über § 316 III HGB erweiterte Umfang des § 317 HGB nicht beachtet wurde.

Die Frage, ob durch diese Verhaltensweisen gleichzeitig die eigenständige Alternative der Erteilung eines inhaltlich unrichtigen Bestätigungsvermerks erfüllt wird, ist im Ergebnis zu verneinen:

Bei dem inhaltlich in den Prüfungsbericht aufzunehmenden Bestätigungsvermerk handelt es sich sachlich um eine zum Jahresabschluß gehörende und gegenüber der Öffentlichkeit abzugebende Erklärung, die ein zusammengefaßtes Gesamturteil über das Prüfungsergebnis beinhaltet.[521] Ausgehend von der subjektiven Beurteilungsbasis ist der Bestätigungsvermerk inhaltlich unrichtig, wenn

- er uneingeschränkt erteilt wird, obwohl nach dem Prüfungsergebnis Einwendungen zu erheben wären, bzw. er eingeschränkt erteilt wird, obwohl nach dem Prüfungsergebnis keine Einwendungen zu erheben wären, oder wenn
- eine Ergänzung des Bestätigungsvermerks unterbleibt, obwohl zusätzliche Bemerkungen erforderlich erscheinen, um einen falschen Eindruck über den Inhalt der Prüfung und die Tragweite des Bestätigungsvermerks zu vermeiden.

§ 332 HGB ist ein Äußerungsdelikt, dessen Vollendung mit dem Zugang des Berichts bzw. der abschließenden Unterzeichnung des Bestätigungsvermerks gegeben ist. Eine Berichtigung ist daher nur bis zu diesem Zeitpunkt geboten.[522] Erkennt der Wirtschaftsprüfer im ersten Fall nach Eingang des Berichts bei den gesetzlichen Vertretern oder erst nach der Unterzeichnung des Bestätigungsvermerks eine Unrichtigkeit, trifft ihn hiernach keine Berichtigungspflicht, die eine Garantenstellung für ein Unterlassen im Rahmen des § 332 HGB begründet. Die Ursache für die Unrichtigkeit ist in diesem Zusammenhang unbeachtlich. Unberührt davon bleibt eine Unterlassungsstrafbarkeit des Abschlußprüfers wegen allgemeiner Straftaten

---

[520] Heymann/*Otto*, § 332 Rdn. 22; *ders.*, Aktienstrafrecht, § 403 Rdn. 25; Geilen/Zöllner, § 403 Rdn. 31; Geßler/Hefermehl/Eckardt/*Kropff*, § 403 Rdn. 11; MüKo HGB/*Quedenfeld*, § 332 Rdn. 24; Erbs/Kohlhaas/*Schaal*, § 332 Rdn. 26; Staub/*Dannecker*, § 332 Rdn. 39, 44.

[521] Adler/Düring/Schmaltz, § 322 Rdn. 13, 17; MüKo HGB/*Ebke*, § 322 Rdn. 2; Heymann/*Otto*, § 332 Rdn. 12; BBK/*Förschle/Küster*, § 322 Rdn. 6; Ebenroth/Boujong/Joost/*Wiedmann*, § 322 Rdn. 5.

[522] Heymann/*Otto*, § 332 Rdn. 30. Nach Scholz/*Tiedemann*, vor §§ 82 ff. Rdn. 81; *Tiedemann*, in: Krekeler/Tiedemann/Ulsenheimer (Hrsg.), HWiStR, Art. Bilanzstrafrecht, S. 7; MüKo HGB/*Quedenfeld*, § 332 Rdn. 29; Staub/*Dannecker*, § 332 Rdn. 58, ist die Vollendung im Fall eines unrichtigen Bestätigungsvermerks ebenfalls erst mit Zugang des Vermerks gegeben.

und wegen der Teilnahme an diesen. Hier kommt eine Garantenstellung des Abschlußprüfers in dem Umfang in Frage, wie sie die neuere Zivilrechtsprechung anerkennt.[523] Der Fall der ungeprüften Übernahme der Änderungen in den eigenen Bericht ist nicht mit dem Fall gleichzusetzen, daß überhaupt keine Prüfung vorliegt. Der Bestätigungsvermerk bestätigt implizit, daß eine Abschlußprüfung stattgefunden hat.[524] Inhaltlich ist der Vermerk deshalb falsch, wenn überhaupt keine Prüfungshandlungen vorgenommen wurden. Vorliegend fehlen die eigenen Prüfungsfeststellungen nur partiell, womit der Fall wie eine unvollständige bzw. unsorgfältige Prüfung zu behandeln ist. Eine nicht ordnungsgemäße Prüfungsdurchführung begründet keine inhaltliche Unrichtigkeit des Bestätigungsvermerks.

Komplexer ist die Beurteilung der Fälle, in denen der Abschlußprüfer das Vorliegen einer Änderung und die Notwendigkeit der (unterlassenen) Nachtragsprüfung verschweigt. Entscheidend ist die Frage, ob eine Ergänzung des Bestätigungsvermerks hätte stattfinden müssen, deren Unterbleiben eine inhaltliche Unrichtigkeit begründet.[525] Kriterien zur Beurteilung, ob die im Regelfall vorzunehmende Ergänzung im Einzelfall notwendig ist, sind u.a. der Änderungsumfang, die Auswirkungen der Änderung sowie der zeitliche Abstand zur eigentlichen Prüfung (Aufhellungszeitraum).[526] Wird der Jahresabschluß beispielsweise vor seiner Feststellung geändert, und liegt zwischen der eigentlichen Prüfung und der Nachtragsprüfung nur ein kurzer Zeitraum, so kann die Aufnahme eines Hinweises im Bestätigungsvermerk unterbleiben. Damit ist in diesen Fällen das Verschweigen einer Änderung nicht tatbestandsmäßig.

Soweit die Änderung zu keiner abweichenden Beurteilung führt, bleibt der Bestätigungsvermerk nicht nur inhaltlich, sondern auch von seinem Wortlaut her unberührt.[527] Das Fehlen des im Regelfall erforderlichen Hinweises auf die Nachtragsprüfung per Doppeldatum läßt den Bestätigungsvermerk nicht inhaltlich unrichtig werden, da sich die Datumsangabe nicht auf den Inhalt bezieht.[528]

---

[523] *Tiedemann*, in: Krekeler/Tiedemann/Ulsenheimer (Hrsg.), HWiStR, Art. Bilanzstrafrecht, S. 7; BGH, WM 1987, 257, 259; BGH, NJW 1984, 355; NJW 1998, 1948 ff.
[524] Adler/Düring/Schmaltz, § 322 Rdn. 29.
[525] Erbs/Kohlhaas/*Schaal*, § 332 Rdn. 30; Staub/*Dannecker*, § 332 Rdn. 48; Ebenroth/Boujong/*Wiedmann*, § 332 Rdn. 9; MüKo HGB/*Quedenfeld*, § 332 Rdn. 26; Heymann/*Otto*, § 332 Rdn. 26.
[526] Adler/Düring/Schmaltz, § 316 Rdn. 73d.
[527] Adler/Düring/Schmaltz, § 322 Rdn. 378.
[528] Heymann/*Otto*, § 332 Rdn. 28; MüKo HGB/*Quedenfeld*, § 332 Rdn. 28; Staub/*Dannecker*, § 332 Rdn. 52.

Bei der Auslegung der Tatbestandsmerkmale bestehen im Ergebnis keine Besonderheiten. In der Literatur wird verschiedentlich diskutiert, daß in einigen Konstellationen Bedenken gegen das Schuldprinzip bestehen, nämlich dann, wenn wegen der Besonderheiten des Einzelfalls die vom Gesetzgeber angenommene Gefährlichkeit nicht zu einer Gefährdung des Rechtsguts führen kann.[529] Eine allein auf dem Wortlaut der Strafvorschrift beruhende Bestrafung stößt zunehmend auf Ablehnung.[530] Ein Lösungsansatz will diesem Problem durch die Strafbefreiung durch tätige Reue beikommen.[531] Ein anderer will den Gegenbeweis der Ungefährlichkeit des Verhaltens in den Fällen zulassen, in denen primär ein Individualrechtsgut und nur in zweiter Linie ein Universalrechtsgut geschützt wird.[532]

Für den § 331 HGB wird es diesbezüglich für sinnvoll erachtet, die tätige Reue zuzulassen, sofern der Jahresabschluß noch nicht einem unüberschaubaren Personenkreis zugänglich gemacht worden ist.[533] Dieser Gedanke läßt sich uneingeschränkt auch auf § 332 HGB übertragen. Damit ist die Möglichkeit der tätigen Reue gegeben, solange der Prüfungsbericht und der Bestätigungsvermerk nur dem überschaubaren Kreis der Gesellschaftsorgane vorgelegt wurden. Sobald der Bestätigungsvermerk aber veröffentlicht wurde, ist wegen dem unüberschaubar großen Empfängerkreis diese Möglichkeit ausgeschlossen.

Weitere restriktive Lösungsansätze bestehen nicht. So kommt auch ein Absehen von Strafe unter dem Gesichtspunkt der Einheitlichkeit der Rechtsordnung nicht in Frage, etwa weil das Verhalten zivilrechtlich nicht sanktioniert wird. Im Vergleich zu anderen Rechtsgebieten stellt das Strafrecht ein singuläres aliud dar, das nicht in einer Stufenfolge mit anderen staatlichen Mitteln steht, und daher mit ihnen nicht vergleichbar ist. Vielmehr resultiert es aus einem Ausdruck sittlicher und sozialethischer Verwerflichkeit.[534]

---

[529] Schönke/Schröder/*Heine*, vor §§ 306 Rdn. 3a. Die Rechtsprechung trägt diesem Problem dadurch Rechnung, daß sie auch hier die unbestimmten Tatbestandsmerkmale restriktiv handhabt, OLG Karlsruhe, NJW 1981, 1383 f.; BayOLG, NJW 1990, 1677. Im Rahmen des § 265b StGB wird die Nichteinziehung von Krediten für das erst zu gründende Unternehmen mit der Vorverlagerung der Strafbarkeit begründet.

[530] *Berz*, Tatbestandsverwirklichung, S. 101 ff.

[531] *Kindhäuser*, Gefährdung, S. 345 ff., 355.

[532] *Tiedemann*, in: Belke/Oemichen (Hrsg.), Wirtschaftsstrafrecht, S. 28 f; *ders.*, LK/*Tiedemann*, vor § 283 Rdn. 90 ff.

[533] *Schmedding*, Konzernrechnungslegung, S. 139 f.

[534] *Tiedemann*, Verfassungsrecht, S. 52.

## 3. Zusammenfassung

Als Ergebnis sind damit zwei wesentliche Aspekte festzuhalten: Zum einen besteht unabhängig von zivilrechtlichen Folgen wegen des eigenen Unrechtsgehaltes des Strafvorwurfes bei Vorliegen der subjektiven Voraussetzungen für den Wirtschaftsprüfer nach § 332 HGB eine strafrechtliche Verantwortlichkeit bei unterlassener Nachtragsprüfung. Zum anderen werden hier die Aufdeckungsschwierigkeiten deutlich, denn wie sollten die Ermittlungsbehörden Kenntnis von der Änderung und der Nichtvornahme der Prüfung erlangen.

## G. Zusammenfassung

Der Beruf des Wirtschaftsprüfers wurde hauptsächlich zur Beseitigung der Mängel das Aktienrechts geschaffen. Diese Funktion erfüllt er noch heute, was jüngst das KonTraG bestätigt. Inhaltlich wird seine Arbeit maßgeblich durch die Verlautbarungen das IDW geprägt, über dessen Mitgliedschaft im IFAC international gebräuchliche Vorgehensweisen bei der Prüfung in nationale Prüfungsstandards umgesetzt werden. Diese besitzen keine Rechtsnormqualität, werden aber zur Ausfüllung normativer Tatbestandsmerkmale herangezogen.

Die Tätigkeit des Wirtschaftsprüfers erfolgt zwar auch im öffentlichen Interesse. Gleichwohl sind seine Arbeitsergebnisse – im Gegensatz zur allgemeinen Informationsfunktion der Rechnungslegung – ganz überwiegend nur für die Gesellschaft bestimmt. Allein der Bestätigungsvermerk ist an die Öffentlichkeit adressiert.

Seit der Konstituierung des Wirtschaftsprüferberufs stehen grundsätzlich die gleichen Pflichten unter strafrechtlicher Bewährung. Durch das AktG 1965 erhielten die Strafnormen der §§ 403, 404 AktG sowohl einen Blankettcharakter als auch unterschiedliche Strafrahmen, durch das BiRiLiG wurde im neuen § 332 HGB der strafrechtliche Schutz auch auf den Bestätigungsvermerk ausgedehnt. Für die Anwendbarkeit der teilweise gleichlautenden Vorschriften ist die jeweilige Prüfungsaufgabe das maßgebliche Kriterium.

Das Vertrauen in die Richtigkeit bestimmter publizierter Informationen über die Verhältnisse von Kapitalgesellschaften wird als ein derart wichtiges Rechtsgut eingestuft, daß ein strafrechtlicher Schutz geboten ist. Dementsprechend schützt § 331 HGB das Vertrauen in die Richtigkeit und Vollständigkeit bestimmter Angaben über die Geschäftsverhältnisse. § 332 HGB schützt entsprechend seinem Adressatenkreis das Vertrauen in die Richtigkeit und Vollständigkeit des von einem unabhängigen Prüfungsorgan erstellten Prüfungsberichts und Bestätigungsvermerks. Aus diesen Normen lassen sich drei Schutzrichtungen erkennen: Sowohl die zuständigen Gesellschaftsorgane als auch der Wirtschaftsprüfer werden unter Strafandrohung angehalten, das Vertrauen der Öffentlichkeit nicht zu enttäuschen. Daneben wird der Anspruch der Gesellschaft auf eine unabhängige und gewissenhafte Prüfung durch einen strafrechtlichen Schutz des Vertrauensverhältnisses zwischen Gesellschaft und Prüfer abgesichert.

Das Strafrecht, insbesondere die §§ 331 ff. HGB, spielten für den Wirtschaftsprüfer in der Praxis eine untergeordnete Rolle. Sofern er auch nur halbwegs ordentlich arbeitet, ist er strafrechtlich unantastbar. Für diese untergeordnete Bedeutung der Strafvorschriften sind vor allem zwei Faktoren maßgebend: die subjektiv gefundene Bezugsbasis innerhalb des objektiven Tatbestandes und auf der subjektiven Seite der Tatbestandsvoraussetzungen das Vorsatzerfordernis. Durch die subjektive Bezugsgrundlage der Strafnormen wird ebenfalls deutlich, daß der Wirtschaftsprüfer kein Grant für die Richtigkeit der von ihm geprüften Informationen ist. Diese Verantwortlichkeit liegt allein bei der Gesellschaft und den zuständigen Organen. Der Straftatbestand des § 332 HGB dient damit nicht der qualitativen Kontrolle der Arbeitsergebnisse. Für diese ist das Berufsrecht mit dem dementsprechenden Sanktionskatalog einschlägig. Eine weitergehende Teilnahme an Straftaten des Mandanten wird nach den allgemeinen Regeln erfaßt. Der dennoch als gut zu bezeichnende Schutz der Öffentlichkeit kann durch weitere Reformen auf handelsrechtlichem Gebiet und eine effektivere Kontrolle der Berufsangehörigen durch die Berufsorganisation und den *peer-review* noch erhöht werden. Einer Ausweitung des Strafrechts bedarf es nicht.

Die auf dem Gebiet des Wirtschaftsprüfer-Strafrechts hinzutretenden tatsächlichen Ermittlungsschwierigkeiten werden exemplarisch bei einer unterlassenen Nachtragsprüfung deutlich.

# III. Aktuelle Entwicklungen auf dem Gebiet der Rechnungslegung

## A. Gesetz zur Kontrolle und Transparenz im Unternehmensbereich (KonTraG)

*1. Gründe für den Erlaß des Gesetzes*

Das Gesetz zur Kontrolle und Transparenz im Unternehmensbereich (KonTraG) vom 27.04.1998 ist die Reaktion des Gesetzgebers auf die spektakulären Unternehmenskrisen der letzten Jahre.[535] Bei diesen Unternehmensschieflagen wurde erhebliche Kritik am Kontrollsystem der Gesellschaften, insbesondere an deren Aufsichtsrat und Wirtschaftsprüfer, geübt. Nach Ansicht des Gesetzgebers hat sich das vielschichtige Kontrollsystem der Kapitalgesellschaften insgesamt bewährt, so daß es nicht komplet in Frage gestellt wurde. Die aufgetretenen Schwächen machten aber gezielte Korrekturen notwendig.[536] Eines der Ziele des Gesetzes ist, die Zusammenarbeit zwischen Aufsichtsrat und Wirtschaftsprüfer zu verbessern, um dadurch eine effektivere Überwachung und Kontrolle des Vorstandes zu ermöglichen. Zugleich soll die Qualität der Abschlußprüfungen verbessert und die Erwartungslücke verringert werden.

Die gesetzgeberische Reaktion auf die Öffnung und Neuausrichtung der Kapitalmärkte ist ein weiterer Grund für den Gesetzeserlaß.[537] Es soll durch einen Wandel des Rechts der börsennotierten Gesellschaften diese im Rahmen der Internationalisierung unterstützen. Durch die Internationalisierung richtet sich die Strategie deutscher Unternehmen verstärkt auf den Anleger aus, was eine Orientierung an einer langfristigen Wertsteigerung für die Anteilseigner bedeutet.[538] Dies wiederum bedingt eine intensivere Kommunikation, Transparenz und Publizität in allen

---

[535] Gesetz vom 27.04.1998, BGBl. I, S. 786. Das Gesetz ist zum 01.05.1998 in Kraft getreten. Vgl. zu den Unternehmenszusammenbrüchen und Vorwürfen gegen den Wirtschaftsprüfer den Anhang sowie die Insolvenzstatistik des Statistischen Bundesamtes, http://www.statistikbund.de/basis/d/insol/insoltxt.htm.
[536] Begr. des Regierungsentwurfs, BR-Drucks. 872/97, I, S. 24.
[537] *Lenz/Ostrowski*, BB 1997, 1523.
[538] Begr. des Regierungsentwurfs, BR-Drucks. 872/97, I, S. 24.

Bereichen.[539] Die Funktion des Wirtschaftsprüfers als reiner Abschlußprüfer befindet sich im Wandel, Prüfungsinhalt und Verantwortlichkeit des Wirtschaftsprüfers verlagern sich.[540]

## 2. Gegenstand der Gesetzesänderungen

a) Gegenstand und Umfang der Prüfung

Der gesetzliche Prüfungsumfang wird neu umschrieben, was eine komplette Neufassung des § 317 HGB bedingte. Unter Bezugnahme auf internationale Prüfungsstandards soll die Prüfung problemorientierter durchgeführt werden, die traditionelle Konzeption einer reinen vergangenheitsorientierten Ordnungsmäßigkeitsprüfung wurde aufgegeben.[541] Gleichzeitig wird sie um Sachverhalte erweitert, deren Prüfung dem Aufsichtsrat eine bessere Beurteilung der Tätigkeit des Vorstandes erlauben soll.

Durch den neu gefaßten § 317 I 3 HGB ist die Prüfung

„so anzulegen, daß Unrichtigkeiten und Verstöße gegen die in Satz 2 angeführten Bestimmungen, die sich auf die Darstellung des sich nach § 264 Abs. 2 ergebenden Bildes der Vermögens-, Finanz- und Ertragslage des Unternehmens wesentlich auswirken, bei gewissenhafter Berufsausübung erkannt werden".

Diese Zielsetzung nimmt Bezug auf die internationalen Prüfungsgrundsätze der ISA 200, 240 und 250, wonach Prüfungen künftig problemorientierter als bisher durchgeführt werden sollen. Gleichzeitig ist dieser Ansatz durch St/HFA 7/1998 in den Berufsgrundsätzen verankert worden.[542] Der bereits vielfach in der Praxis angewandte Standard wird zum gesetzlichen Maßstab erhoben, um die Qualität der Abschlußprüfung zu sichern bzw. zu verbessern.[543] Die Prüfung ist vom Abschlußprüfer nunmehr so zu planen und durchzuführen, daß er mit hinreichender Sicherheit beurteilen kann, ob der Abschluß frei von wesentlichen falschen Aussagen

---

[539] International wird dieses Phänomen mit dem Schlagwort *Corporate Governance* umschrieben.
[540] *Dörner/Schwengel*, DB 1997, 285.
[541] *Graf*, BB 2001, 562, 564.
[542] IDW, WPg 1998, 29. Mit der alten Auffassung, wonach Prüfungshandlungen zur Aufdeckung von Unterschlagungen nicht Gegenstand der Abschlußprüfung sind, geriet das IDW im internationalen Vergleich zunehmend in die Minderheit, vgl. IDW, FG 1/1988, WPg 1989, 9 ff.; *Mertin*, WPg 1989, 385, 389.
[543] Begründung des Regierungsentwurfs zu § 321 HGB, abgedruckt bei *Ernst/Seibert/Stuckert*, S. 95. Zur Kritik vgl. *Hauser*, Jahresabschlußprüfung, S. 58.

ist.⁵⁴⁴ Eine umfassende Sicherheit kann wegen der begrenzten Erkenntnismöglichkeiten der Abschlußprüfung und der Vorgabe einer wirtschaftlichen Prüfungsplanung nicht erzielt werden.⁵⁴⁵ Nicht Gegenstand der Abschlußprüfung sind gezielte Prüfungshandlungen zur Aufdeckung von Unterschlagungen oder sonstigen strafrechtlich relevanten Tatbeständen. In Abgrenzung zur Unterschlagungsprüfung, bei der eine andere Vorgehensweise notwendig ist, bleibt die Abschlußprüfung damit eine Ordnungsmäßigkeitsprüfung.⁵⁴⁶ Sie soll kontrollieren, ob die Rechnungslegung den tatsächlichen Verhältnissen im Rahmen der gesetzlichen Vorschriften entspricht. Der Nachweis von Fehlern der gesetzlichen Vertreter in der Rechnungslegung ist nicht das vordringlichste Ziel der Prüfung.⁵⁴⁷

Im Verhältnis zu § 317 I HGB a.F. stellt die Neuregelung eine materielle Gesetzesänderung dar.⁵⁴⁸ Allerdings wird die sich aus der veränderten Prüfungsaufgabe ergebende Verantwortlichkeit in zweifacher Hinsicht relativiert: Eine Grenze ergibt sich aus dem Einblickspostulat des § 264 II HGB. Der Jahresabschluß muß nur in den Grenzen dieser Norm frei von wesentlichen falschen Aussagen sein. Der Wirtschaftsprüfer ist nicht dafür verantwortlich, daß bestimmte entscheidungsrelevante Informationen für den Bilanzleser auf Grund der Rechnungslegungsgrundsätze fehlen.⁵⁴⁹ Eine zweite, nicht minder erhebliche Grenze ergibt sich daraus, daß nur wesentliche Auswirkungen erkannt und aufgedeckt werden müssen. Was wesentlich ist, entscheidet der Abschlußprüfer nach pflichtgemäßem Ermessen unter Heranziehung der Definition des Framework des ISAC F.30 selbst.⁵⁵⁰

Der neue § 317 IV HGB verlangt die Prüfung des Risikomanagementsystems, das die gesetzlichen Vertreter einer Aktiengesellschaft nach § 91 II AktG zu er-

---

⁵⁴⁴ Vgl. ISA 200, Abschnitt 8.
⁵⁴⁵ *Oechsle/Wirth*, in: Dörner/Menold/Pfitzer (Hrsg.), Reform, S. 549.
⁵⁴⁶ *Oechsle/Wirth*, in: Dörner/Menold/Pfitzer (Hrsg.), Reform, S. 545 f.; MüKo HGB/*Ebke*, § 316 Rdn. 43; Ebenroth/Boujong/Joost/*Wiedmann*, § 317 Rdn. 10.
⁵⁴⁷ Adler/Düring/Schmaltz, § 322 Rdn. 213.
⁵⁴⁸ Da diese Anforderungen bereits in den FG 1-3/1988 und den ergänzenden Stellungnahmen und Verlautbarungsentwürfen vorgesehen waren, wird diese Änderung vom Berufsstand als deklaratorische Klarstellung und nicht als materielle Neuerung angesehen, *Oechsle/Wirth*, in: Dörner/Menold/Pfitzer (Hrsg.), Reform, S. 544; MüKo HGB/*Ebke*, § 317 Rdn. 43.
⁵⁴⁹ Adler/Düring/Schmaltz, § 317 Rdn. 142.
⁵⁵⁰ Adler/Düring/Schmaltz, § 317 Rdn. 143. „Informationen sind wesentlich, wenn ihr Weglassen oder ihre falsche Darstellung die auf der Basis des Abschlusses getroffenen wirtschaftlichen Entscheidungen der Adressaten beeinflussen könnten", IASC F.30, abgedruckt in: International Accounting Standards 2002, S. F-14 Rdn. 30. Diese Definition gilt über ISA 320 Abschn. 12 auch für die Abschlußprüfung. Vgl. auch *Oechsle/Wirth*, in: Dörner/Menold/Pfitzer (Hrsg.), Reform, S. 546.

richten haben. Diese Vorschriften haben den Zweck, möglichst frühzeitig Risiken und Fehlentwicklungen aufzudecken, um Gefährdungen für den Fortbestand des Unternehmens zu minimieren.[551] Der Prüfer hat in diesem Rahmen zu beurteilen, ob der Vorstand ein adäquates Risikomanagementsystem eingerichtet hat und ob dies die ihm obliegende Funktion erfüllt.[552] Diese Prüfung stellt eine einschneidende Veränderung der Prüfungsaufgabe des Wirtschaftsprüfers dar.[553] Er hat hierbei nicht nur das interne Kontrollsystem isoliert zu beurteilen, sondern alle Unternehmensabläufe zu bewerten, was eine nicht unerhebliche Erweiterung des Prüfungsumfanges darstellt.[554] Die Durchführung der notwendigen eingehenden betriebswirtschaftlichen Analysen setzt hoch qualifiziertes Prüfungspersonal und die Anwendung moderner Analysemethoden voraus. Auch auf der Kostenseite der Prüfung wird sich dieser Aufwand bemerkbar machen.

b) Lagebericht

Der Lagebericht und dessen Prüfung werden durch die Änderungen der §§ 317 II, 289 I HGB stärker den Erwartungen der Öffentlichkeit angepaßt. Die wenig aussagekräftigen Formulierungen der Vergangenheit sind zukünftig nicht mehr statthaft. Aufgabe des Lageberichts, der mit der gleichen Intensität und nach den gleichen Grundsätzen zu prüfen ist wie der Jahresabschluß selbst, ist die Bereitstellung der Informationen, die neben Informationen des Jahresabschlusses für den Berichtsadressaten entscheidungsrelevant sind.[555] Grundsätzlich hat der Lagebericht das tatsächliche Bild der Vermögens-, Finanz- und Ertragslage umfassender und zukunftsorientierter darzustellen als der Jahresabschluß, da er nicht an die GoB und das Stichtagsprinzip gebunden ist. Die Darstellung des Geschäftsverlaufes hat die Entwicklung der Geschäftstätigkeit und die dafür maßgeblichen Ursachen für das vergangene Geschäftsjahr zu vermitteln. Zur Vermittlung entscheidungserheblicher Informationen ist auf verschiedene betriebswirtschaftliche Bereiche einzugehen, sofern diese für die Darstellung des Geschäftsverlaufes wesentlich sind.[556]

---

[551] Begründung des Regierungsentwurfs zu § 321 HGB, abgedruckt bei *Ernst/Seibert/Stuckert*, S. 96.
[552] *Graf*, BB 2001, 562, 565.
[553] Materiell ist diese Prüfungsaufgabe nichts völlig Neues. Waren in der Vergangenheit derartige Systeme vorhanden, wurden sie überwiegend im Rahmen der Jahresabschlußprüfung mit beurteilt, BBK/*Förschle/Küster*, § 317 Rdn. 87; Heymann/Herrmann, § 317 Rdn. 14.
[554] *Dörner/Schwengel*, DB 1997, 285, 287; *Oechsle/Wirth*, in: Dörner/Menold/Pfitzer (Hrsg.), Reform, S. 575 ff.; WPK, WPK-Mitteilungen 1997, 100, 102.
[555] Adler/Düring/Schmaltz, § 317 Rdn. 163; *Dörner/Schwengel*, DB 1997, 285, 286.
[556] Vgl. eingehender dazu *Dörner/Schwengel*, DB 1997, 285.

Bislang war es ausreichend zu prüfen, ob der Lagebericht mit dem Jahresabschluß in Einklang steht und ob die sonstigen Angaben nicht eine falsche Vorstellung von der Lage des Unternehmens vermitteln. Nunmehr hat der Prüfer zu kontrollieren, ob der Lagebericht mit dem Jahresabschluß in Einklang steht und insgesamt eine zutreffende Vorstellung von der Lage des Unternehmens vermittelt.[557] Der Frage der zukünftigen Entwicklung und des Fortbestandes des Unternehmens ist eine zentrale Information im Lagebericht und zweifellos der schwierigste Teil seiner Prüfung.[558] Zwingend muß die Geschäftsführung nun auf die Risiken der zukünftigen Entwicklung eingehen, welche nach pflichtgemäßer Ermessensausübung in einer prognostischen Einschätzung darzustellen sind, § 289 I HGB.[559] Leider hat der Gesetzgeber die in § 289 II HGB enthaltenen Angaben nicht zu Pflichtangaben erhoben. Diese Planungsrechnungen und Prognosen sind vom Prüfer vor allem auf ihre Plausibilität und die Übereinstimmung mit den während der Prüfung gewonnen Erkenntnissen zu beurteilen. Sie müssen insgesamt realistisch und dürfen nicht nur Ausdruck von Wunschvorstellungen sein.[560] Eine eigene Prognoseentscheidung des Wirtschaftsprüfers ist dies jedoch nicht; er nimmt lediglich zu den Aussagen der gesetzlichen Vertreter des Unternehmens Stellung.[561] Der Stellenwert des Lageberichts ist durch die Reform für den Prüfer insgesamt gestiegen.

c) Prüfungsbericht

Die Erstattung des Prüfungsberichts nach § 321 I 1 HGB gehört bei der Pflichtprüfung zu den Vertragspflichten des Abschlußprüfers. Dieser Bericht hat die Aufgabe, die Ergebnisse der Prüfung unabhängig und sachverständig zu erläutern.[562] Im Gegensatz zum Bestätigungsvermerk ist der Prüfungsbericht vertraulich, da er die

---

[557] Begr. des Regierungsentwurfs, BR-Drucks. 872/97, S. 70; eingehender dazu *Oechsle/Wirth*, in: Dörner/Menold/Pfitzer (Hrsg.), Reform, S. 561 ff.
[558] *Grewe*, WPg 1986, 85, 88.
[559] Begründung des Regierungsentwurfs zu § 321 HGB, abgedruckt bei *Ernst/Seibert/Stuckert*, S. 95; Ebenroth/Boujong/Joost/*Wiedmann*, § 317 Rdn. 18. zu den Umsetzungsmängeln *Kajüter*, DB 2001, 105, 107 ff.
[560] *Dörner/Schwengel*, DB 1997, 285, 286.; Ebenroth/Boujong/Joost/*Wiedmann*, § 317 Rdn. 19.
[561] WPK, WPK-Mitteilungen 1997, 100, 102; *Pfitzer*, in: Dörner/Menold/Pfitzer (Hrsg.), Reform, S. 659; Ebenroth/Boujong/Joost/*Wiedmann*, § 317 Rdn. 19; MüKo HGB/*Ebke*, § 317 Rdn. 50.
[562] Vgl. zur Informationsfunktion des Berichts Adler/Düring/Schmaltz, § 321 Rdn. 32 m.w.N.

Empfänger, den Aufsichtsrat bei der AG bzw. die Gesellschafter bei der GmbH, offen und rückhaltlos über das Prüfungsergebnis unterrichten soll.[563]

Durch das KonTraG wurde § 321 HGB vollständig neu gefaßt. Die Notwendigkeit hierzu bestand, da sich der Bericht in der Praxis häufig auf eine Aufgliederung und Erläuterung der einzelnen Posten des Jahresabschlusses beschränkte, wodurch er nicht seiner Aufgabe, den Aufsichtsrat bei der Überwachung des Vorstandes zu unterstützen, in vollem Umfang gerecht werden konnte.[564] Durch die Neufassung von § 321 I 1 HGB wird unter besonderer Betonung des risikoorientierten Prüfungsansatzes gefordert, daß der Bericht auch sprachlich besser und damit nicht nur von sachkundigen Aufsichtsratsmitgliedern zu verstehen ist.[565] Erstmalig enthält die Norm Hinweise zur Gliederung des Prüfungsberichts, vgl. IDW PS 450.[566]

Die gesteigerten Anforderungen an die Berichterstattung werden durch die *Vorabstellungnahme* nach § 321 I 2 HGB deutlich. Danach hat der Wirtschaftsprüfer in einem Eingangsteil zum Prüfungsbericht zur Lage des Unternehmens, insbesondere zum Fortbestand und der künftigen Entwicklung, Stellung zu nehmen. Die exponierte Position der Stellungnahme soll bewirken, daß kritische Äußerungen nicht im Zusammenhang mit anderen Ausführungen überlesen werden. Die Verpflichtung besteht aber nur insoweit, als die geprüften Unterlagen eine Beurteilung erlauben.[567] Der Prüfer soll und kann nur die Beurteilung des Vorstandes eigenständig überprüfen und bei Veranlassung auch hinterfragen. Eine eigene Prognoseentscheidung zu erstellen ist auch zukünftig nicht die Aufgabe des Abschlußprüfers.[568]

Die in § 321 I 4 HGB a.F. enthaltene sog. *kleine Redepflicht* des Wirtschaftsprüfers hinsichtlich nicht unwesentlicher nachteiliger Veränderungen der Vermögens-, Ertrags- und Finanzlage des Unternehmens ist entfallen. Dies soll zur Verringerung der Erwartungslücke beitragen, da eine Beurteilung der Unternehmenslage auf der Basis vergangenheitsbezogener Zahlen den zukunftsbezogenen Erwartungen der

---

[563] Adler/Düring/Schmaltz, § 321 Rdn. 22; *Hauser*, Jahresabschlußprüfung, S. 102; WPK, WPK-Mitteilungen 1997, 100, 103.

[564] Begründung des Regierungsentwurfs zu § 321 HGB, abgedruckt bei *Ernst/Seibert/Stuckert*, S. 101.

[565] Dieses Gebot findet sich bereits in IDW FG 2/1988, WPg 1989, 20 ff. Vgl. auch *Pfitzer*, in: Dörner/Menold/Pfitzer (Hrsg.), Reform, S. 654.

[566] IDW, PS 450, WPg 1999, 601, 608 (Tz. 68 ff.).

[567] Begründung des Regierungsentwurfs zu § 321 HGB, abgedruckt bei *Ernst/Seibert/Stuckert*, S. 102; Ebenroth/Boujong/Joost/*Wiedmann*, § 321, Rdn 14.

[568] *Dörner/Schwengel*, DB 1997, 285, 287; *Seibert*, in: Dörner/Menold/Pfitzer (Hrsg.), Reform, S. 23; WPK, WPK-Mitteilungen 1997, 100, 103; Adler/Düring/Schmaltz, § 321 Rdn. 56; MüKo HGB/*Ebke*, §321 Rdn. 24; *Hauser*, Jahresabschlußprüfung, S. 104.

Adressaten des Berichts nicht gerecht werden kann.[569] Dennoch kann daraus nicht der Schluß gezogen werden, eine Darstellung von Veränderungen der Vermögens-, Ertrags- und Finanzlage könne zukünftig unterbleiben. Aussagefähige Prüfungsberichte setzen eine Gesamtdarstellung der Lage des Unternehmens voraus, wobei auch auf die Vermögens-, Finanz- und Ertragslage einzugehen ist.[570]

Dagegen sind die Anforderungen und der Umfang der sog. *großen Redepflicht* des neuen § 321 I 3 HGB angehoben worden. Zu berichten ist, entsprechend der bisherigen Rechtslage, über Tatsachen, die für das Unternehmen eine Bestandsgefährdung oder eine erhebliche Beeinträchtigung der Entwicklung darstellen können. Nunmehr ist ebenfalls über Unrichtigkeiten und Verstöße der gesetzlichen Vertreter oder Arbeitnehmer gegen gesetzliche Vorschriften zu berichten, die bei der Durchführung der Prüfung festgestellt wurden.[571] Auch nach der neuen Rechtslage sind die Erkenntnisse zu verwerten, die sich bei der gesetzlichen Prüfungsdurchführung ergeben; zusätzliche Prüfungshandlungen werden nicht verlangt.[572] Der Wirtschaftsprüfer hat nach der neuen Rechtslage nicht nur über schwerwiegende Verstöße zu berichten, sondern generell über Verstöße gegen gesetzliche Vorschriften.[573]

Gegenstand, Art und Umfang der Prüfung sind in einem gesonderten Abschnitt zu erläutern, wobei auch die angewandten Prüfungsgrundsätze zu erwähnen sind, beispielsweise IDW PS 200, § 321 III HGB.[574] Dies soll zur Verringerung der Erwartungslücke beitragen.[575] Diese Ausführungen dienen nicht als Nachweis der durchgeführten Prüfungshandlungen. Letztere sind nach wie vor in und durch die Arbeitspapiere zu dokumentieren.[576] Eine Aufgliederung der Posten des Jahresabschlusses ist nur noch vorzunehmen, soweit dadurch die Darstellung der Vermögens-, Ertrags- und Finanzlage wesentlich verbessert wird und diese Angaben nicht im Anhang enthalten sind, § 321 I 3 HGB.

Im Hauptteil des Prüfungsberichts ist darzustellen, ob die Buchführung und die weiteren geprüften Unterlagen, der Jahresabschluß und der Lagebericht, den gesetzlichen Vorschriften entsprechen und die gesetzlichen Vertreter die verlangten

---

[569] *Dörner*, in: Baetge (Hrsg.), Entwicklungen, S. 21; Lück, BB 2001, 404, 405.
[570] Adler/Düring/Schmaltz, § 321 Rdn. 118; MüKo HGB/*Ebke*, § 321 Rdn. 32.
[571] Adler/Düring/Schmaltz, § 321 Rdn. 65.
[572] Begr. RegE, BR-Drucks. 872/97, S. 76.
[573] *Hauser*, Jahresabschlußprüfung, S. 108.
[574] IDW PS 200, WPg 2000, 706; Ebenroth/Boujong/Joost/*Wiedmann*, § 321 Rdn. 22.
[575] Begr. RegE, BR-Drucks. 872/97, S. 77.
[576] Adler/Düring/Schmaltz, § 321 Rdn. 130; IDW PS 450 ‚WPg 1999, 601,606 (Tz. 47); IDW PS 460, WPg 2000, 916 (Tz. 6 f.).

Nachweise und Aufklärungen erbracht haben.[577] Fällt das Prüfungsergebnis uneingeschränkt positiv aus, kann sich der Prüfer in der Regel auf kurze Ausführungen beschränken. Einwendungen und Mängel sind hingegen ausführlicher darzustellen. Ebenfalls durch das KonTraG eingeführt wurde die Anforderung in § 321 II 3 HGB, im Prüfungsbericht darauf einzugehen, ob der Abschluß insgesamt unter Beachtung der GoB ein den tatsächlichen Verhältnissen entsprechendes Bild der Vermögens-, Finanz- und Ertragslage der Gesellschaft vermittelt. Diese Änderung läßt viele Fragen offen, da ein nach den HGB-Regeln erstellter Jahresabschluß dies ohnehin vermitteln muß bzw. sollte.[578]

Neu ist die Pflicht zur Schaffung eines Risikoüberwachungssystems bei börsennotierten Aktiengesellschaften sowie deren Überprüfung und Beurteilung durch den Abschlußprüfer, §§ 91 II AktG, 317 IV, 321 IV HGB. Das Ergebnis ist in einem besonderen Teil des Prüfungsberichts darzustellen. Zu beurteilen ist die Funktionsfähigkeit des Systems und die Frage, ob Maßnahmen zur Verbesserung notwendig sind. Diese Prüfungsfeststellungen geben dem Aufsichtsrat wichtige Informationen und Erkenntnisse über mögliche Fehlerquellen oder Schwachstellen in der Unternehmensorganisation an die Hand.[579]

d) Bestätigungsvermerk

Die Abkehr vom Formeltestat in § 322 HGB unterscheidet sich materiell deutlich von der bisherigen Rechtslage mit ihrem im wesentlichen fest vorgegeben Wortlaut.[580] Nach der Begründung des Regierungsentwurfs hat sich die bisherige Regelung nicht bewehrt. Die nach § 322 II HGB a.F. vorgesehenen Ergänzungen, die dem Formeltestat hinzuzufügen waren, wenn ansonsten ein falscher Eindruck über den Inhalt der Prüfung und die Tragweite des Bestätigungsvermerks entstand, wurden in der Praxis nicht beachtet.[581] Der gesetzliche Wortlaut brachte die sich aus der Natur von Jahres- und Konzernabschlußprüfung ergebende Begrenztheit der

---

[577] Adler/Düring/Schmaltz, § 321 Rdn. 91; MüKo HGB/*Ebke*, § 321 Rdn. 37.
[578] Dazu Adler/Düring/Schmaltz, § 321 Rdn. 107 ff.; MüKo HGB/*Ebke*, § 321 Rdn. 43.
[579] Begr. RegE, BR-Drucks. 872/97, S. 77; MüKo HGB/*Ebke*, § 321 Rdn. 52; BBK/*Hense/Poullie*, § 321 Rdn. 69.
[580] Die Wirtschaftsprüferkammer forderte bereits mit Erlaß des BiRiLiG einen frei formulierten Bestätigungsvermerk, WPK, WPK-Mitteilungen 1997, 100, 104.
[581] Begr. RegE, BR-Drucks. 872/97, S. 77; *Jansen/Pfitzer*, in: Dörner/Menold/Pfitzer (Hrsg.), Reform, S. 681; *Wolz*, WPK-Mitteilungen 1998, 122, 131; Ebenroth/Boujong/Joost/*Wiedmann*, § 322 Rdn. 1; MüKo HGB/*Ebke*, § 322 Rdn. 4; *S. Schmidt*, Qualitätskontrollen, S. 26, 30. Vgl. zu den Erwartungen beim Erlaß des BiRiLiG *Schruff*, WPg 1986, 181, 182 f.

Aussagekraft nicht hinreichend zum Ausdruck.[582] Eine Beschreibung der Prüfungsdurchführung fehlte. Ebenso wurde für den Adressaten nicht hinreichend deutlich, daß der von den gesetzlichen Vertretern aufgestellte Jahres- oder Konzernabschluß auch von diesen zu verantworten ist.[583] Mit dem KonTraG wurden wesentliche Elemente der *International Standards on Auditing* (ISA 700: The Auditor's Report on Financial Statements) in das deutsche Recht umgesetzt.

Die Neuregelung gibt den Inhalt in abstrakter Form vor. Obwohl der Bestätigungsvermerk jetzt mehr Berichtscharakter besitzt, ist es bei dessen technischer Bezeichnung als Vermerk geblieben. Die gesetzlich vorgegebene Kernaussage ist nun deutlich reduziert. Die Formulierung ist im einzelnen Aufgabe des Abschlußprüfers. In einem einleitenden Abschnitt (§ 322 I 2 HGB) ist der Gegenstand der Prüfung zu beschreiben. Auf eine explizite Feststellung der Übereinstimmung des Abschlusses mit den gesetzlichen Vorschriften und den sie ggf. ergänzenden Satzungsbestimmungen, wie es nach dem alten Recht verbindlich vorgeschrieben war, wird jetzt verzichtet. Sodann ist ausdrücklich klarzustellen, daß die Erstellung des Abschlusses in den Verantwortungsbereich des Vorstandes der Gesellschaft fällt, § 322 II 1 HGB i.V.m. § 322 I 2 HGB. Daran schließt sich der beschreibende Abschnitt an. Art und Umfang der Prüfung sind hier darzustellen, um weitergehenden oder unzutreffenden Erwartungen zu begegnen. Dazu gehört der Hinweis, daß die Prüfung so geplant und durchgeführt worden ist, um mit hinreichender Sicherheit beurteilen zu können, ob die Rechnungslegung frei von wesentlichen Fehlaussagen ist.[584] Auf besondere Umstände oder Schwierigkeiten ist hier einzugehen. Das Ergebnis der Darstellung hat der Prüfer dahingehend zu würdigen, daß die Prüfung nach seiner Meinung eine hinreichend sichere Grundlage für die Beurteilung bildet.[585] Der Kern des Testats ist eine Beschreibung des Prüfungsergebnisses in der Aussage, daß – soweit keine Einwendungen zu erheben sind – die Prüfung zu keinen Einwendungen geführt hat, § 322 I 3, II-IV HGB. Gefordert ist ein Gesamturteil über die Prüfung, das über eine Zusammenfassung einzelner Teilergebnisse hinausgeht.[586] Die jetzige Fassung soll auch dem nicht fachkundigen Bilanzleser deutlich machen, daß die gesetzlichen Vorschriften erhebliche Einschränkungen der Aussagekraft enthalten können oder zumindest ermöglichen.[587] Auch hat der

---

[582] Adler/Düring/Schmaltz, § 322 Rdn. 2.
[583] Dies war offensichtlich nicht deutlich genug, vgl. *Grewe*, WPg 1986, 85, 89.
[584] Adler/Düring/Schmaltz, § 322 Rdn. 121; IDW PS 400, WPg 1999, 641, 644, Rdn. 29.
[585] Adler/Düring/Schmaltz, § 322 Rdn. 126.
[586] *Jansen/Pfitzer*, in: Dörner/Menold/Pfitzer (Hrsg.), Reform, S. 682.
[587] Begr. RegE, BR-Drucks. 872/97, S. 78; BBK/*Förschle/Küster*, § 322 Rdn. 9; *Jansen/Pfitzer*, in: Dörner/Menold/Pfitzer (Hrsg.), Reform, S. 685.

Prüfer zu erklären, daß der Jahresabschluß oder Konzernabschluß aufgrund der bei der Prüfung gewonnenen Erkenntnisse unter Beachtung der GoB ein den tatsächlichen Verhältnissen entsprechendes Bild der Vermögens-, Finanz- und Ertragslage vermittelt.[588] Zusätzliche Ausführungen sind in der Regel nicht erforderlich, da der Bestätigungsvermerk die einzelnen Prüfungsergebnisse in sachgerechter Form zusammenfassen soll.[589] Im Einzelfall können aber zusätzliche Hinweise sachgerecht sein, um die Adressaten auf Besonderheiten aufmerksam zu machen, die bei der Zusammenfassung nicht hinreichend zur Geltung kommen. Dies bezieht sich nach der Neufassung nicht nur auf Umstände, die einen falschen Eindruck über den Inhalt und die Tragweite der Prüfung und des Bestätigungsvermerks vermitteln.[590]

Die Gesetzmäßigkeit des Lageberichts ist sowohl Prüfungsgegenstand als auch Inhalt des abzugebenden Gesamturteils. Erfüllt der Lagebericht nicht die gesetzlichen Anforderungen, darf keine generelle Einwendungsfreiheit bescheinigt werden; sie ist hinsichtlich des Lageberichts einzuschränken.[591] Anstelle der negativen Formulierung der alten Rechtslage zum Lagebericht (*nicht eine unzutreffende Vorstellung*) wurde dem Abschlußprüfer durch das KonTraG eine weitergehende Aufgabe übertragen. Er hat jetzt positiv zu testieren, daß der Bericht eine zutreffende Vorstellung von der Lage des Unternehmens vermittelt. Dabei hat er ausdrücklich klarzustellen, daß die Aufstellung des Berichts in der alleinigen Verantwortung der Geschäftsführung liegt.[592] Die Prüfung des Lageberichts ist im wesentlichen eine Plausibilitätsprüfung.

Auf Risiken, die den Fortbestand des Unternehmens gefährden, ist gesondert einzugehen. Eine Darstellung im Lagebericht genügt nicht.[593] Dies ist Ausdruck der doppelten Funktion, die dem neuen Bestätigungsvermerk zur Schließung der Erwartungslücke beigemessen wurde. Im Rahmen der Lageberichtsprüfung ist zu beurteilen, ob die Risiken der zukünftigen Entwicklung zutreffend dargestellt sind. Ergänzend sind die Risiken, die den Fortbestand des Unternehmens gefährden, gesondert darzustellen.[594]

---

[588] Dies soll zur Verringerung der Erwartungslücke beitragen, Adler/Düring/Schmaltz, § 322 Rdn. 145.
[589] Adler/Düring/Schmaltz, § 322 Rdn. 135.
[590] MüKo HGB/*Ebke*, § 322 Rdn. 26; Heymann/*Herrmann*, § 322 Rdn. 5.
[591] Adler/Düring/Schmaltz, § 322 Rdn. 139.
[592] Begr. Reg. Entwurf, abgedruckt bei *Ernst/Seibert/Stuckert*, S. 95.
[593] MüKo HGB/*Ebke*, § 322 Rdn. 27; Ebenroth/Boujong/Joost/*Wiedmann*, § 322 Rdn. 22; Adler/Düring/Schmaltz, § 322 Rdn. 5.
[594] Adler/Düring/Schmaltz, § 322 Rdn. 168.

In Einzelfällen können Hinweise auf Besonderheiten erforderlich sein, wenn diese durch die kurz gefaßte Beurteilung des Prüfungsergebnisses nicht hinreichend zum Ausdruck kommen. Diese Hinweise können eine den Ergänzungen nach der alten Rechtslage ähnliche Funktion haben; notwendig ist dies aber nicht.[595] Diese Ergänzungen können und sollen nicht die Einschränkungen ersetzen.

Entsprechend der bisherigen Rechtslage sind Einwendungen durch Einschränkungen oder Versagung des Bestätigungsvermerks zu handhaben, § 322 V HGB. Die unzureichende Ergänzungsregelung findet sich in der Neufassung nicht mehr; die eine Ergänzung auslösenden Sachverhalte sind jetzt von dem erweiterten Aussagegegenstand erfaßt.

Nicht in den Bestätigungsvermerk aufzunehmen – und daher auch in § 322 HGB nicht erwähnt – ist das Prüfungsergebnis des Risikomanagementsystems. Dies ist folgerichtig, da eine Aussage zum Überwachungssystem außerhalb der eigentlichen Rechnungslegung liegt und die Öffentlichkeit darüber nicht informiert zu werden braucht.[596]

Insgesamt sollen die Änderungen der Verringerung der Erwartungslücke beitragen. Zum einen werden die Grenzen der Prüfung und die Verantwortung der Geschäftsführung deutlicher als bisher hervorgehoben. Zum anderen kann der Prüfer durch die freiere Berichtsform auf Risiken hinweisen, auf die auch von der Geschäftsführung einzugehen wäre.[597]

e) Maßnahmen zur Stärkung der Unabhängigkeit des Wirtschaftsprüfers

Weil der Wirtschaftsprüfer auch im öffentlichen Interesse tätig wird, ist eine möglichst unabhängige Stellung des Prüfers gegenüber den Organen der zu prüfenden Gesellschaft rechtspolitisch erstrebenswert.[598] Da dem Wirtschaftsprüfer vielfach eine zu große Nähe zum Vorstand unterstellt wurde, verabschiedete der Gesetzgeber auch Maßnahmen, die seine Unabhängigkeit verbessern sollen.

So erteilt zukünftig nicht mehr der Vorstand, sondern der Aufsichtsrat den Prüfungsauftrag, §§ 111 II 3 AktG, 318 I 4 HGB. Dem Eindruck einer zu engen Verbindung zum Vorstand soll so entgegengewirkt werden.[599] Gleichzeitig soll die

---

[595] Adler/Düring/Schmaltz, § 322 Rdn. 197.
[596] Begr. d. Regierungsentwurfs zu § 317, abgedruckt bei *Ernst/Seibert/Stuckert*, S. 53, 95 f.; a.A. *Wolz*, WPK-Mitteilungen 1998, 122, 131.
[597] Begr. RegE, BR-Drucks. 872/97, S. 78. Das IDW hat in IDW PS 400, Anhang 1 einen Formulierungsvorschlag erarbeitet, IDW PS 400, WPg 1999, 641 ff.
[598] Adler/Düring/Schmaltz, § 319 Rdn. 11.
[599] WPK, WPK-Mitteilungen 1997, 100, 101; *Götz*, AG 1995, 337, 340 f.

Zusammenarbeit zwischen Aufsichtsrat und Prüfer verbessert und dessen Unterstützungsfunktion für den Aufsichtsrat unterstrichen werden.[600] Auch wird dem Aufsichtsrat so die Möglichkeit eröffnet, Einfluß auf Prüfungsschwerpunkte zu nehmen und damit seine eigene Überwachungsfunktion effektiver auszuüben.[601] Diesem Zweck dient auch das TransPuG, welches sowohl eine turnusmäßige Grundinformationspflicht des Vorstandes vorsieht, als auch die weiterführende Verpflichtung, über die tatsächliche Umsetzung der unternehmerischen Ziele zu berichten.[602] Der Prüfungsbericht ist allen Mitgliedern des Aufsichtsrates auszuhändigen. Eine unzureichende Handhabung in der Praxis – teilweise konnte der Bericht nur vor oder während der Bilanzsitzung eingesehen werden – machte eine Regelung auf gesetzlicher Ebene und damit die Neufassung des § 321 V 2 HGB zur besseren Erfüllung der Überwachungsaufgabe notwendig.[603] Die Teilnahme an der Bilanzsitzung des Aufsichtsrates ist für den Wirtschaftsprüfer zukünftig Pflicht, § 171 I 2 AktG.[604]

Zur Stärkung der finanziellen Unabhängigkeit des Wirtschaftsprüfers wird der Honoraranteil eines einzelnen Mandanten auf 30% statt bislang 50% vom Gesamtumsatz des Prüfers gesenkt. Die Neufassung des § 319 I Nr. 8 HGB senkt die Grenze auch mit dem Ziel, die internationale Akzeptanz deutscher Abschlußprüfungen zu verbessern. Die bisherige Regelung blieb deutlich hinter der international bestehenden Grenze von ca. 10% zurück. Unter Angleichungsgesichtspunkten kann die geschaffene Gesetzeslage nur als Zwischenstadium aufzufassen sein.[605]

Die Höhe der Haftungssummen war nach einstimmiger Ansicht nicht mehr zeitgemäß und entsprach nicht dem internationalen Standard. Ihre Anhebung wurde allseits begrüßt.[606] Die neue Regelung differenziert zwischen Aktiengesellschaften, deren Aktien amtlich notiert sind, und sonstigen Gesellschaften. Bei letzteren und

---

[600] Begr. RegE, BR-Drucks. 872/97, S. 41; *Dörner/Schwengel*, DB 1997, 285, 288; *Seibert*, in: Dörner/Menold/Pfitzer (Hrsg.), Reform, S. 13; WPK, WPK-Mitteilungen 1997, 100, 101.
[601] Adler/Düring/Schmaltz, § 318 Rdn. 143; *Theisen*, S. 206.
[602] Gesetz zur weiteren Reform des Aktien- und Bilanzrechts, zu Transparenz und Publizität (Transparenz- und Publizitätsgesetz) vom 19.07.2002, BGBl. I, S. 2681; vertiefend *Elsing/Schmidt*, BB 2002, 1705.
[603] Adler/Düring/Schmaltz, § 321 Rdn. 171; MüKo HGB/*Ebke*, § 321 Rdn. 58; WPK, WPK-Mitteilungen 1997, 100, 101, 103 f.; *Bormann/Gucht*, BB 2003, 1887.
[604] Vertiefend dazu *Neuling*, BB 2003, 166.
[605] Begr. RegE, BR-Drucks. 872/97, S. 73; Adler/Düring/Schmaltz, § 319 Rdn. 149; Ebenroth/Boujong/Joost/*Wiedmann*, § 319 Rdn. 17; MüKo HGB/*Ebke*, § 319 Rdn. 41; *Seibert*, in: Dörner/Menold/Pfitzer (Hrsg.), Reform, S. 23; *Dörner/Schwengel*, DB 1997, 285, 288; *Lenz/Ostrowski*, BB 1997, 1523, 1525.
[606] WPK, WPK-Mitteilungen 1997, 100, 105.

## Gesetz zur Kontrolle und Transparenz im Unternehmensbereich (KonTraG)

bei den Genossenschaften wurde die Summe auf € 1 Mio. beschränkt, bei amtlich notierten Gesellschaften auf € 4 Mio., §§ 323 II HGB, 62 II GenG.

Der seit Jahren diskutierte obligatorische Prüferwechsel wurde vom Gesetzgeber nicht eingeführt, da sich die Argumentation, eine langjährige Prüfungstätigkeit begründe das Risiko gesteigerter Mandantenabhängigkeit und Betriebsblindheit, als nicht nachweisbar herausstellte.[607] Die im Ausland gemachten Erfahrungen belegen, daß bei großen Kapitalgesellschaften in der nicht zu unterschätzenden Einarbeitungsphase die Prüfungsqualität sinkt und ein Prüferwechsel mit erheblichen Mehrkosten verbunden ist.[608] Hingegen wurde in § 319 III Nr. 6 HGB ein turnusmäßiger Prüferwechsel (interne Rotation) geschaffen.[609] Dieser Eingriff in die Ausübung eines freien Berufes ist bislang einzigartig.[610] Danach ist ein Wirtschaftsprüfer von der Prüfung nach § 319 III Nr. 6 HGB ausgeschlossen, sofern er bei einer AG mit amtlich notierten Aktien in den letzten zehn Jahren in mehr als sechs Fällen den Bestätigungsvermerk nach § 322 HGB gezeichnet hat. Effektiv beträgt dieser Zeitraum aber mehr als zehn Jahre, da die Frist vom Bilanzstichtag des vor dem zu prüfenden Geschäftsjahr zurückzurechnen ist.[611]

Eine weitere Stärkung der Abschlußprüferstellung erfolgte durch das KapCoRiLiG.[612] § 335 HGB, der der Durchsetzung der Publizitätspflichten dient, wurde dergestalt neu gefaßt daß die Verletzung von Offenlegungspflichten nunmehr von jedermann geltend gemacht und nach § 335a HGB in einem eigenständigen Ordnungsgeldverfahren verfolgt werden kann.

Die durch diese Reformen eingeschlagene Richtung zur Stärkung der Unabhängigkeit der Abschlußprüfer findet ihre Fortsetzung in dem Maßnahmenkatalog der Bundesregierung zur Stärkung der Unternehmensintegrität und des Anlegerschutzes, in dem weitere Problembereiche mit besonderen Gefährdungen aufgezeigt und

---

[607] *Langenbucher*, in: Baetge (Hrsg.), Entwicklungen, S. 89 ff.
[608] Adler/Düring/Schmaltz, § 319 Rdn. 194.
[609] Die Regelung wurde durch das Gesetz zur weiteren Fortentwicklung des Finanzplatzes Deutschland (Viertes Finanzmarktförderungsgesetz) vom 21.06.2002, BGBl. I, 2002, 2010, geändert, wobei diese Änderung lediglich klarstellenden Charakter besitzt
[610] *Dörner/Schwengel*, DB 1997, 285, 288.
[611] *Strieder*, BB 2003, 2227, 2228.
[612] Gesetz zur Durchführung der Richtlinie de Rates der Europäischen Union zur Änderung der Bilanz- und Konzernbilanzrichtlinie hinsichtlich ihres Anwendungsbereichs (90/05/EWG), zur Verbesserung der Offenlegung von Jahresabschlüssen und zur Änderung anderer handelsrechtlicher Bestimmungen (Kapitalgesellschaften- und Co-Richtlinie-Gesetz-KapCoRiLiG) vom 24.02.2000, BGBl. I, S. 154.

Lösungen erwogen werden.[613] Dies zeigt die international anzutreffende Tendenz, vertieft in die Unabhängigkeit des Abschlußprüfers legislatorisch einzugreifen.

f) Stellungnahme

Bevor die strafrechtlichen Auswirkungen des KonTraG untersucht werden, sollen die Änderungen kurz gewürdigt werden.

Ausgelöst durch zahlreiche Unternehmenskrisen ist das Vertrauen in die Kontrollmechanismen des Aktienrechts stark angeschlagen. Ziel einer Reform kann es daher nur sein, die vermeintlichen Schwachstellen abzustellen und die bestehende Erwartungslücke zu schließen. Rechnungslegung und Prüfung müssen sich zukünftig verstärkt an den Informationsbedürfnissen der Anteilseigner orientieren. Zugleich muß der Rückstand zu dem internationalen Stand der Rechnungslegung aufgeholt werden, um so eine Gleichwertigkeit deutscher Testate auf internationaler Ebene herbeizuführen.

Generell sind die Änderungen zu begrüßen, da sie sich qualitätsfördernd auswirken können. Ob sie allerdings die in sie gesetzten Erwartungen erfüllen werden, darf durchaus bezweifelt werden.[614] Der problemorientierte Prüfungsansatz verwirklicht die bereits 1931 gestellte und bisher erfolgreich negierte Forderung nach einer möglichst weitgehenden Aufdeckung von Unregelmäßigkeiten besser als der einer reinen Ordnungsmäßigkeitsprüfung.[615] In der Vergangenheit haben die Marktteilnehmer historische Informationen im Rahmen der Rechnungslegung gewünscht, dem der Gesetzgeber mit der Einführung der formellen und materiellen Kontrolle der Rechnungslegung jeweils bezogen auf die vergangene Rechnungslegungsperiode entsprach. Der Markt verlangt heute unter Anlegergesichtspunkten verstärkt vertrauenswürdige und zukunftsorientierte Informationen. Durch die Ver-

---

[613] Pressemitteilung der Bundesregierung vom 25.02.2003 (Nr. 10/2003).

[614] Kritisch zur Umsetzung *Kajüter*, BB 2002, 243.

[615] *Hauser*, Jahresabschlußprüfung, S. 71; *Lenz/Ostrowski*, BB 1997, 1523, 1526 f. Auffallend ist die Parallelität der Argumentation zum KonTraG und zur Notverordnung von 1931. In beiden Fällen stellte der Gesetzgeber fest, daß der Aufsichtsrat seine Kontrollfunktion nur unzureichend erfüllt hat. In beiden Fällen übernimmt der Wirtschaftsprüfer die Aufgaben, bei denen der Aufsichtsrat überfordert gewesen ist, vgl. Erläuternde Bemerkungen des Reichsjustizministeriums zum Entwurf von 1931, abgedruckt in: Schuberth/Hommelhoff (Hrsg.), Aktienrechtsreform, S. 912; Allgemeiner Teil der Begründung des Regierungsentwurfs vom 6. November 1997, BR-Drucks. 872/97. Nicht zu verkennen ist damit, daß an den Wirtschaftsprüfer die Erwartung herangetragen wird, die Defizite der Kontrolltätigkeit des Aufsichtsrates durch zusätzliche Prüfungsschritte auszugleichen.

änderung der Aufgabenstellung der Abschlußprüfung versucht der Gesetzgeber diesen Anforderungen zu entsprechen. Sowohl der Sinn und Zweck des Gesetzes als auch der internationale Vergleich gebieten es, unter dem Begriff der *Unrichtigkeiten* sowohl unbewußte als auch gezielte Buchungs- und Bilanzfehler zu verstehen.[616] Daraus resultiert die Folgerung für den Abschlußprüfer, bereits bei der Prüfungsplanung mit der Möglichkeit doloser Handlungen zu rechnen und dementsprechend die Prüfungsdurchführung entsprechend zu gestalten.[617] Diese Problemorientierung greift einerseits den historischen Zweck der Jahresabschlußprüfung wieder auf, andererseits gleicht sie den deutschen Prüfungsstandard an den internationalen an.

Ob die Verlagerung der schuldrechtlichen Auftragserteilung die Unabhängigkeit des Prüfers gegenüber dem Vorstand wirklich verbessert, ist zweifelhaft. Gewählt wird der Abschlußprüfer von der Hauptversammlung nach § 119 I Nr. 4 AktG, also in einem gesellschaftsinternen Vorgang, bei dem der Vorstand ein Vorschlagsrecht hat.[618] Einer Stärkung der Unabhängigkeit wirken die neuen Anforderungen an den Wirtschaftsprüfer entgegen, sich stärker als bisher mit dem Geschäft und den Planungen der Geschäftsführung auseinandersetzen zu müssen. Mehr als bisher hat der Wirtschaftsprüfer darauf zu achten, daß er dadurch nicht in die Geschäftsführung des Mandanten involviert wird.[619]

Der Aufsichtsrat hat sich wiederholt als unfähig erwiesen, die Kontrollfunktion entsprechend den Vorstellungen des Gesetzgebers zu erfüllen. Die tatsächliche Arbeit und Funktionsweise des Aufsichtsrats weicht in der Praxis in erheblichem Umfang und in nahezu allen wichtigen Punkten vom gesetzlichen Modell ab und zeichnet sich durch einen formalen Charakter aus.[620] Stärker als bisher soll der Wirtschaftsprüfer diese Defizite ausgleichen.[621] Diese Ausweitung der Krisenwarnfunktion zu einer Analyse der wirtschaftlichen Lage des Unternehmens und deren Primärursachen führt zu einer erheblichen Ausweitung der üblichen Abschlußprüfertätigkeit und zu einer gesteigerten Belastung der Berufsangehörigen.

---

[616] *Hauser*, Jahresabschlußprüfung, S. 73.
[617] *Hauser*, Jahresabschlußprüfung, S. 86. Einschränkend *Böcking/Orth*, WPg 1998, 351, 358; IDW, WPg 1998, 29 ff.
[618] *Esser*, Haftung, S. 36; *Völschau*, S. 21.
[619] *Geuer*, S. 399.
[620] *Lenz/Ostrowski*, BB 1997, 1523; *Theisen*, S. 206 f.; *Götz*, AG 1995, 337, 344, betitelt daher den Aufsichtsrat als *Honoratiorenverein*.
[621] *Hackelmacher*, WPg 1999, 133, 135; *Lenz/Ostrowski*, BB 1997, 1523, 1529.

Die Anhebung der Verantwortung des Abschlußprüfers durch die Reform ist nicht zu verkennen.[622] Der problemorientierte Prüfungsansatz, die Ausrichtung auf das Auffinden von Unrichtigkeiten und Verstößen sowie die Kontrolle des Gesamtbildes und der Prognosen, stellt eine deutliche Akzentverschiebung der Prüfung zu einer eigenverantwortlicheren Bewertung von Vorgängen dar.[623] Mit der Beurteilung der Risiken zukünftiger Entwicklungen wird an den Wirtschaftsprüfer eine neue Prüfungsaufgabe herangetragen, die sich grundlegend von der Beurteilung vergangenheitsbezogener Informationen unterscheidet.[624] Gleichzeitig erweitert sich der Prüfungsumfang durch die Überprüfung des vom Vorstand einzurichtenden Überwachungssystems nach § 91 II AktG, dem vor dem Hintergrund der Aufdeckung doloser Handlungen und Gesetzesverstößen große Bedeutung zukommt.[625] Die durch das KonTraG verwirklichte Änderung der Aufgabenstellung der Abschlußprüfung ist ebenso wie die Anhebung der Haftungsgrenze eine Folge der Internationalisierung des Prüfungsstandards. Die Tragweite der Änderungen einerseits sowie die Leistungsfähigkeit von Prüfung und Prüfer sind jedoch nicht zu überschätzen. Auch im Rahmen der internationalen Rechnungslegung bestehen die Probleme der Erwartungslücke und Insolvenzprophylaxe.

## 3. Auswirkungen der außerstrafrechtlichen Änderungen auf das Strafrecht

Obwohl das KonTraG selbst das Strafrecht nicht ändert, ist zu untersuchen, ob dieses Gesetz Auswirkungen auf das Strafrecht entfaltet, die bislang unbeachtet geblieben sind.

§ 332 HGB nimmt durch die Klammerverweisungen ausdrücklich Bezug auf die außerstrafrechtlichen Tatbestände der §§ 321, 322 HGB. Wegen dieser Bezugnahme werden die §§ 331 ff. HGB oft als Blankettnormen oder zumindest als Nomen mit blankettartigem Charakter eingeordnet.[626]

Bei den Normen der §§ 331 ff. HGB handelt es sich – nach den im vorigen Kapitel erarbeiteten Abgrenzungskriterien – um unechte Blankettgesetze mit normativen Tatbestandsmerkmalen.[627] Dieser Unterschied zu den als Blankette bezeichneten §§ 399 ff. AktG resultiert aber nicht daher, daß sowohl der Rahmenstraftatbe-

---

[622] *Ludewig/Olbrich*, WPg 1999, 381 f.
[623] *Oechsle/Wirth*, in: Dörner/Menold/Pfitzer (Hrsg.), Reform, S. 547.
[624] *Ludewig/Olbrich*, WPg 1999, 381, 382; a.A. *Siepe*, in: Baetge (Hrsg.), Rechnungslegung und Prüfung, S. 251, 256.
[625] *Sell*, Bilanzdelikte, S. 9.
[626] Erbs/Kohlhaas/*Schaal*, § 331 Rdn. 4; Geilen/Zöllner, § 400 Rdn. 7.
[627] Vgl. oben S. 84.

stand als auch die ausfüllende Norm vom gleichen Gesetzgeber stammen.[628] Die GoB sind durch das BiRiLiG nicht komplett in handelsrechtliche Normen umgesetzt worden, sondern nur die wichtigsten. Ergänzend werden nach wie vor die GoB zur Anwendung und Auslegung herangezogen. Auch für aktuelle und zukünftige Entwicklungen, bei denen die Praxis schneller und flexibler reagieren muß als dies der Gesetzgeber vermag, kann auf die Anwendung von GoB nicht verzichtet werden. Als aktuelles Beispiel hierfür sei die – ebenfalls im KonTraG enthaltene – Schaffung eines deutschen Rechnungslegungsgremiums gem. §§ 342, 342a HGB genannt. Diese privatrechtlich organisierte Einrichtung hat unter anderem die Aufgabe, Empfehlungen zur Anwendung der Grundsätze über die Konzernrechnungslegung zu entwickeln. Gerade im Hinblick auf die Internationalisierung kommt diesen Rechnungslegungsstandards unabhängig vom HGB erhöhte Bedeutung zu.

Die §§ 331 ff. HGB stellen aus anderen Gründen keine Blankette dar: Funktionell betrachtet enthält der Tatbestand die Tathandlungen wie auch das Schutzgut als typische Unrechtsvertypung.[629] Aus verfassungsrechtlicher Sicht handelt es sich damit nicht um Blankette, sondern um vollständige Tatbestände mit rechtsnormativen Verweisen, die als unechtes Blankett im strafrechtlichen Sinn bezeichnet werden können.[630]

Die Änderung der Ausfüllungsnorm des § 332 HGB bedeutet gleichzeitig eine materielle Änderung der Strafnorm.[631] Ob diese Änderung auch eine materielle Änderung gegenüber der bisherigen Rechtslage bedeutet, ist für den Prüfungsbericht und den Bestätigungsvermerk nachfolgend getrennt zu untersuchen.

Die sich vorab stellende Frage, ob sich aus der Änderung des Prüfungsansatzes, insbesondere der expliziten Formulierung der Aufdeckung von Unrichtigkeiten und Verstößen nach § 317 I 3 HGB, direkte strafrechtliche Änderungen folgen, ist klar zu verneinen, weil – wie bereits gezeigt – das Strafrecht nicht zur qualitativen Kontrolle der Arbeitsergebnisse des Wirtschaftsprüfers dient.[632]

Die qualitative Auswahl und Durchführung der erforderlichen Prüfungshandlungen ist nicht Gegenstand des § 332 HGB. Dieser Straftatbestand stellt eben nicht darauf ab, ob der Prüfer (vorsätzlich) nicht zu den zutreffenden Prüfungsfeststellungen gelangt ist, obwohl dies möglich gewesen wäre. Tathandlung des § 332 HGB ist das vorsätzliche Abweichen von den subjektiven Prüfungsfeststel-

---

[628] So aber *Cobet*, Rechnungslegung, S. 9.
[629] *Tiedemann*, Tatbestandsfunktionen, S. 90 ff.
[630] Immenga/Mestmäcker/*Dannecker/Biermann*, vor § 81 Rdn. 25.
[631] *Tiedemann*, in: Krekeler/Tiedemann/Ulsenheimer (Hrsg.), HWiStR, Art. Blankettstrafgesetz, S. 4; *Dierlamm*, NStZ 2000, 130, 131.
[632] Vgl. oben S. 43.

lungen im Prüfungsbericht oder Bestätigungsvermerk, ohne Rücksicht auf die objektive Richtigkeit der Prüfungsfeststellungen.[633] Das Strafrecht dient nicht dazu, die Arbeit des Wirtschaftsprüfers qualitativ zu bewerten. Dies ändert auch ein problemorientierterer Prüfungsansatz nicht.

Darüber hinaus ist es fraglich, ob die Neufassung des § 317 I HGB hinsichtlich der Aufdeckung von Unrichtigkeiten und Verstößen überhaupt eine materielle Neuerung enthält. Die Art und der Umfang der erforderlichen Prüfungshandlungen ergeben sich nach der alten wie nach der neuen Rechtslage weder aus dem HGB noch aus den EU-Richtlinien.[634] Sie können daher nur indirekt aus dem Prüfungsgegenstand und den geforderten Aussagen darüber hergeleitet werden.[635] Übereinstimmend fordern die alte und die neue Rechtslage die Kontrolle der Einhaltung der gesetzlichen Vorschriften. Nach dem Wortlaut und dem Sinnzusammenhang des § 317 I HGB sind damit in erster Linie Rechnungslegungsvorschriften gemeint.[636] Da es Aufgabe des Prüfers ist, die Einhaltung dieser Normen zu kontrollieren, schließt dies die Verpflichtung mit ein, Verstöße gegen sie aufzudecken, soweit dies im Rahmen der Abschlußprüfung sachlich und zeitlich möglich ist.[637] Damit folgt bereits aus der alten Rechtslage die Verpflichtung, die Prüfungshandlungen auf die Aufdeckung von Fehlern und Bilanzdelikten auszurichten. Die Neufassung des § 317 I 3 HGB mit der expliziten Formulierung der Aufdeckung von Unrichtigkeiten und Verstößen bringt daher materiell nichts Neues.[638] Die Ausrichtung der Prüfungshandlungen auf die Aufdeckung von bewußten und unbewußten Verstößen wird durch die Neufassung lediglich zum gesetzlichen Maßstab erklärt.

a) Prüfungsbericht

Zur besseren Beurteilung der durch das KonTraG geschaffenen Änderungen bietet sich eine Gegenüberstellung der alten und der neuen Rechtslage an.

---

[633] BBK/*Hense*, § 332 Rdn. 11; Heymann/*Otto*, § 332 Rdn. 15; MüKo HGB/*Quedenfeld*, § 332 Rdn. 17; Ebenroth/Boujong/Joost/*Wiedmann*, § 332 Rdn. 3; Erbs/Kohlhaas/*Schaal*, § 332 Rdn. 23; Staub/*Dannecker*, § 332 Rdn. 37.
[634] Küting/Weber/*Baetge/Fischer/Stellbrink*, § 317 HGB Rdn. 5; *van Hulle*, WPK-Mitteilungen 1996, 279.
[635] Küting/Weber/*Baetge/Fischer/Stellbrink*, § 317 HGB Rdn. 3.
[636] Adler/Düring/Schmaltz, § 317 Rdn. 21 ff.
[637] *Sell*, Bilanzdelikte, S. 72.
[638] *Dörner*, DB 1998, 1; *Dörner/Schwengel*, DB 1997, 285, 286; *Emmerich*, in: IDW (Hrsg.), Rechnungslegung, S. 343; *Forster*, WPg 1998, 41, 45; *Moxter*, BB 1997, 722, 724.

## Gesetz zur Kontrolle und Transparenz im Unternehmensbereich (KonTraG)

(1) Alte Rechtslage

Die gesetzlichen Vorgaben an die Berichtspflicht nach § 321 HGB a.F. waren recht gering. Sie beschränkten sich nach § 321 I 2 HGB a.F. darauf,

> „besonders festzustellen, ob die Buchführung, der Jahresabschluß, der Lagebericht, der Konzernabschluß und der Konzernlagebericht den gesetzlichen Vorschriften entsprechen und die gesetzlichen Vertreter die verlangten Aufklärungen und Nachweise erbracht haben".

Nachteilige Veränderungen der Vermögens-, Finanz- und Ertragslage gegenüber dem Vorjahr und Verluste, die das Jahresergebnis nicht unwesentlich beeinflußt haben, sind auszuführen und ausreichend, also in einem gesonderten Abschnitt, zu erläutern, § 321 I 4 HGB a.F.[639]

Die Rede- und Warnpflicht nach § 321 II HGB a.F. als Teil eines gesetzlichen Frühwarnsystems griff einerseits bei Tatsachen ein, die den Bestand des geprüften Unternehmens gefährdeten oder seine Entwicklung wesentlich beeinträchtigten, beispielsweise bei Insolvenzreife bzw. erheblichen Verlusten. Andererseits bestand diese Pflicht bei schwerwiegenden Verstößen der gesetzlichen Vertreter gegen das Gesetz, die Satzung oder den Gesellschaftsvertrag. Verstöße gegen die Buchführungs- und Bilanzierungspflichten waren bereits von der Berichtspflicht nach § 321 I HGB a.F. erfaßt und unterfielen nicht dieser sog. *großen Redepflicht*.[640]

Diese Vorgaben waren nicht abschließend. Inhalt und Umfang standen nach dieser Rechtslage im pflichtgemäßen Ermessen des Prüfers, der dieses orientiert an der Informationsfunktion des Berichts auszuüben hatte.[641] Die knappen gesetzlichen Vorgaben wurden durch die Grundsätze ordnungsgemäßer Berichterstattung bei Abschlußprüfungen konkretisiert.[642] Diese umschrieben die Berichtspflichten, die nach allgemeiner Auffassung der Berufsangehörigen der Wirtschaftsprüfer bei der ordnungsgemäßen Durchführung von Abschlußprüfungen zu beachten waren.

(2) Neue Rechtslage

Durch den rechtsnormativen Verweis in § 332 HGB wird die Neufassung des § 321 HGB zur Konkretisierung der Strafrechtsnorm herangezogen. Die gesamte aus den Tatbeständen der §§ 332, 321 HGB bestehende Norm ist somit einheitlich

---

[639] Baumbach/Duden/*Hopt*, 28. Aufl., § 321 Anm. 1; *Grewe*, WPg 1986, 85, 90.
[640] Baumbach/Duden/*Hopt*, 28. Aufl., § 321 Anm. 2B.
[641] Adler/Düring/Schmaltz (1987), § 321 Rdn. 37.
[642] Vgl. IDW, FG 2/1988, WPg 1989, 20 ff.

unter strafrechtlichen Gesichtspunkten und nach den Maßstäben zu würdigen, die für die Auslegung von Strafnormen gelten.[643]

Sowohl in der Alternative des unrichtigen Berichtens als auch in der Alternative des Verschweigens erheblicher Umstände im Prüfungsbericht wird zur Bestimmung des Inhalts und Umfangs der Berichtspflicht auf § 321 HGB verwiesen. In der Alternative des positiven Berichtens folgt das aus dem Bericht selbst. In der zweiten Alternative versteht man unter dem Tatbestandsmerkmal der *erheblichen Umstände* alle Angaben, die für die Empfänger des Berichts im Hinblick auf das Prüfungsergebnis bedeutsam sein können. Dies sind alle Umstände auf die sich die Prüfungs- und Berichtspflicht erstreckt.[644] Die nach dieser Norm zu treffenden Feststellungen, Aussagen und Werturteile müssen mit den Prüfungsfeststellungen übereinstimmen und vollständig sein. Ob das Prüfungsergebnis mit der objektiven Wirklichkeit übereinstimmt ist unbeachtlich.[645]

Durch das KonTraG ist der gesetzliche Umfang der Berichtspflicht deutlich angestiegen. Hinsichtlich des Inhalts und des Aufbaus ist auch die Neufassung nicht abschließend; ergänzend ist der IDW PS 450 heranzuziehen. Erstmalig enthält § 321 HGB Gliederungsvorgaben:

- In dem ersten Teil ist zu der Lagebeurteilung der gesetzlichen Vertreter Stellung zu nehmen. Gegebenenfalls sind im Rahmen der Redepflicht (*große Redepflicht*) an dieser exponierten Stelle Ausführungen zu tätigen.
- Der Hauptteil des Berichts enthält die nach § 321 II HGB zu treffenden Aussagen.
- In einem weiteren Abschnitt sind Gegenstand, Art und Umfang der Prüfung zu erläutern.
- Abschließend ist gegebenenfalls das Ergebnis der Prüfung des Risikomanagementsystems darzustellen.

Die Forderung, über das Prüfungsergebnis mit der gebotenen Klarheit zu berichten, übernimmt den bereits im FG 2/1988 enthaltenen allgemeinen Berichtsgrundsatz und macht ihn zur gesetzlichen Mindestanforderung.[646]

---

[643] *Otto*, Aktienstrafrecht, vor § 399 Rdn. 113.
[644] BBK/*Hense*, § 332 Rdn. 13 ff.; *Dannecker*, in: Blumers/Frick/Müller (Hrsg.), Betriebsprüfungshandbuch, Abschnitt K, Rdn. 690; Staub/*Dannecker*, § 332 Rdn. 44; Heymann/*Otto*, § 332 Rdn. 21 f.; MüKo HGB/*Quedenfeld*, § 332 Rdn. 24; Erbs/Kohlhaas/*Schaal*, § 332 Rdn. 26.
[645] BBK/*Hense*, § 332 Rdn. 11; Heymann/*Otto*, § 332 Rdn. 15; MüKo HGB/*Quedenfeld*, § 332 Rdn. 17; Ebenroth/Boujong/Joost/*Wiedmann*, § 332 Rdn. 3; Erbs/Kohlhaas/*Schaal*, § 332 Rdn. 23; Staub/*Dannecker*, § 332 Rdn. 37.
[646] *Dörner/Schwengel*, DB 1997, 285, 287.

Materiell neu im Vergleich zur alten Rechtslage sind die nachfolgenden Berichtsgegenstände:

- die (Vorab-)Beurteilung der Stellungnahme der gesetzlichen Vertreter zur Entwicklung der Gesellschaft nach § 321 I 2 HGB;
- die sog. große Redepflicht erstreckt sich nun auch auf Verstöße der gesetzlichen Vertreter oder Arbeitnehmer gegen gesetzliche Vorschriften, § 321 I 3 HGB;
- es ist eine positive Aussage zu formulieren, ob der Abschluß insgesamt unter Beachtung der GoB ein den tatsächlichen Verhältnissen entsprechendes Bild der Vermögens-, Finanz- und Ertragslage der Kapitalgesellschaft vermittelt, § 321 II 2 HGB;
- sowohl der Prüfungsumfang als auch die im Prüfungsbericht zu treffenden Aussagen über die Lageberichtsprüfung sind deutlich angehoben worden.[647] Der Abschlußprüfer hat sich hinreichende Gewißheit zu verschaffen, ob
   - für alle Risiken die verwertbaren Informationen verwertet wurden,
   - die grundlegenden Annahmen für die Berichterstattung des Vorstandes realistisch und in sich widerspruchsfrei sind,
   - die Prognoseverfahren richtig gehandhabt wurden.[648]
- Gegenstand, Art und Umfang der Prüfung sind in einem gesonderten Abschnitt zu erläutern, § 321 III HGB;
- sofern ein Risikomanagementsystem vorhanden und geprüft worden ist, ist dieses Ergebnis in einem gesonderten Teil der Prüfung darzustellen, § 321 IV HGB. Der Abschlußprüfer darf sich auch unter strafrechtlichen Gesichtspunkten nicht darauf beschränken, hier ungeprüft die Angaben des Vorstandes zu übernehmen.[649]

Der gesonderte Abschnitt über Gegenstand, Art und Umfang der Prüfung dient nicht als Tätigkeitsnachweis mit entsprechenden strafrechtlichen Konsequenzen. Die Angaben sollen die durchgeführten Prüfungshandlungen beschreiben, damit die Tätigkeit des Abschlußprüfers besser beurteilt werden kann.[650] Eine Divergenz

---

[647] Im Rahmen der Prüfung des Lageberichts stellt sich ein ähnliches Problem, das vor Erlaß des BiRiLiG beim Jahresabschluß bestand: es existieren keine gesetzlichen Prüfungsvorschriften. Den durch die Selbstverwaltungskörperschaft erlassenen Grundsätzen ordnungsgemäßer Lageberichterstattung, IDW PS 350, WPg 1998, 663, kommt GoB-Charakter zu, der als Mindeststandard zu beachten ist.

[648] Begr. RegE, BR-Drucks. 872/97, S. 71 f.

[649] *Graf*, BB 2001, 562, 565.

[650] Begr. RegE, BR-Drucks. 872/97, S. 77.

über berichtete, tatsächlich aber nicht durchgeführte Prüfungshandlungen fällt damit nicht unter das objektive Tatbestandsmerkmal des unrichtigen Berichtens und begründet keine Strafbarkeit. Dies steht im Einklang mit der Prämisse, keine strafrechtliche Bewertung der Arbeit des Wirtschaftsprüfers durch § 332 HGB vorzunehmen.

Insgesamt läßt sich damit feststellen, daß das KonTraG eine Erhöhung des strafrechtlichen Risikos für den Wirtschaftsprüfer durch die zahlreichen gesetzlichen Änderungen des Prüfungsberichts brachte. Die inhaltlichen Vorgaben und der Umfang der Berichtsgegenstände sind gestiegen. Unter Berücksichtigung der subjektiven Bezugsbasis bedeutet dies eine Erhöhung der strafrechtlichen Verantwortlichkeit des Abschlußprüfers. Es existieren mehr Punkte, in denen der Bericht von den subjektiven Prüfungsfeststellungen abweichen und damit inhaltlich unrichtig sein kann. Gleichzeitig führt die Erweiterung der Berichtspflichten dazu, daß unter dem Tatbestandsmerkmal der *erheblichen Umstände* mehr Konstellationen als bisher zu verstehen sind. Erhöhte Aufmerksamkeit ist daher auf die Vollständigkeit der Berichterstattung zu legen, damit nicht durch (bedingt vorsätzliches) Verschweigen erheblicher Umstände ein insgesamt unzutreffendes Bild der Lage der Gesellschaft entsteht. So sind beispielsweise sowohl die Feststellungen hinsichtlich der Lageberichtsprüfung als auch des Risikomanagementsystems als erhebliche Umstände im Sinne von § 332 HGB zu werten.

Andererseits schafft das KonTraG keine neuartigen strafrechtlichen Verantwortlichkeiten. Das Gesetz ändert nur die ausfüllende Norm, läßt die Strafnorm mit ihren objektiven Tatbestandsmerkmalen aber unverändert. So begründet sie keine eigenständige strafrechtliche Verantwortung bezüglich der neuen Bestandteile des Prüfungsberichts. Beispielsweise sind weder die Vorabstellungnahme isoliert unter dem Aspekt einer unzutreffenden Prognoseüberprüfung noch die Beschreibung von Gegenstand, Art und Umfang der Prüfung strafrechtlich relevant.

b) Bestätigungsvermerk

Nach § 332 I HGB macht sich strafbar, wer als Abschlußprüfer einen

„... inhaltlich unrichtigen Bestätigungsvermerk (§ 322) erteilt".

Durch diese ausdrückliche Verweisung auf § 322 HGB wird dessen Inhalt zur Ausfüllung der Strafnorm herangezogen. Der Begriff des inhaltlich unrichtigen Bestätigungsvermerks wird durch den jeweiligen Inhalt des § 322 HGB ausgefüllt. Dieser Inhalt hat sich durch das KonTraG geändert, so daß die Verweisung durch die Neufassung eine andere Ausfüllung erhält. Dies bedeutet, daß der Bestätigungsvermerk mit den durch das KonTraG geschaffenen Bestandteilen zur Ausfüllung des § 332 HGB heranzuziehen und auf seine inhaltliche Unrichtigkeit zu überprüfen ist.

Der Begriff *inhaltlich* bedeutet, daß alle in den Formulierungen enthaltenen Aussagen auf ihre Übereinstimmung mit den Prüfungsfeststellungen zu untersuchen sind. Abzugrenzen davon sind die Formalien wie die Angabe von Ort und Tag nach § 322 V HGB. Deren Unrichtigkeit läßt den Bestätigungsvermerk nicht *inhaltlich* unrichtig werden.[651]

Um eine Änderung feststellen zu können, werden die Aussagen des Bestätigungsvermerks in seiner alten und neuen Fassung einander gegenübergestellt.

(1) Alte Rechtslage

§ 322 I HGB a.F. enthielt den vorformulierten Bestätigungsvermerk, wovon Abweichungen nur in Form von Ergänzungen oder Einschränkungen zulässig waren:

„Die Buchführung und der Jahresabschluß entsprechen/Der Konzernabschluß entspricht nach meiner/unserer pflichtgemäßen Prüfung den gesetzlichen Vorschriften. Der Jahresabschluß/Konzernabschluß vermittelt unter Beachtung der Grundsätze ordnungsmäßiger Buchführung ein den tatsächlichen Verhältnissen entsprechendes Bild der Vermögens-, Finanz- und Ertragslage der Kapitalgesellschaft/des Konzerns. Der Lagebericht/Konzernlagebericht steht im Einklang mit dem Jahresabschluß/Konzernabschluß."

Der Bestätigungsvermerk war nach § 322 II 1 HGB a.F. in geeigneter Weise zu ergänzen, wenn zusätzliche Bemerkungen erforderlich erscheinen, um einen falschen Eindruck über den Inhalt der Prüfung und die Tragweite des Bestätigungsvermerks zu vermeiden. Diese Zusätze in Form fachlicher Stellungnahmen des Berufsstandes sollten zur Klarstellung und besseren Aussagefähigkeit des einzelnen Prüfungsergebnisses aufgenommen werden.[652]

Die beiden inhaltlichen Aussagen des Vermerks waren dementsprechend die Ordnungsmäßigkeit des Jahresabschlusses bzw. Konzernabschlusses und das Fehlen bzw. Vorhandensein von Gründen für eine Ergänzung im Sinne des § 322 II HGB a.F.

Dementsprechend war der Bestätigungsvermerk inhaltlich unrichtig, wenn

- der Bestätigungsvermerk uneingeschränkt erteilt wurde, obwohl nach dem Prüfungsergebnis Einwendungen zu erheben gewesen wären;

---

[651] Ebenroth/Boujong/Joost/*Wiedmann*, § 332 Rdn. 9; Heymann/*Otto*, § 332 Rdn. 28; MüKo HGB/*Quedenfeld*, § 332 Rdn. 28; Erbs/Kohlhaas/*Schaal*, § 332 Rdn. 30; Staub/*Dannecker*, § 332 Rdn. 52.
[652] *Grewe*, WPg 1986, 86, 91.

- der Bestätigungsvermerk versagt oder eingeschränkt wird, obwohl nach dem Prüfungsergebnis keine Einwendungen zu erheben waren;
- eine Ergänzung des Bestätigungsvermerks unterblieb, obwohl diese erforderlich erschien, um einen falschen Eindruck über den Inhalt der Prüfung und die Tragweite des Bestätigungsvermerks zu vermeiden.[653]

(2) Neue Rechtslage

Die Neufassung des § 322 HGB gibt die Gegenstände, auf die sich der Vermerk zu beziehen hat, in einer unverbindlichen Reihenfolge vor. Auch in der Formulierung ist der Abschlußprüfer weitgehend frei.[654] Die zentrale Formulierung der alten Fassung, die Übereinstimmung des geprüften Abschlusses mit den gesetzlichen Bestimmungen und der Satzung, wird in der neuen Version nicht mehr aufgegriffen.[655]

Nach § 322 HGB, IDW PS 400 und ISA 700 besteht der Bestätigungsvermerk aus folgenden Bestandteilen:[656]

---

[653] Heymann/*Otto*, § 332 Rdn. 24 ff.
[654] Das IDW und die WPK hatten bereits in einer gemeinsamen Stellungnahme zum Vorentwurf und Entwurf des Bilanzrichtlinien-Gesetzes jeweils in Abkehr vom Formeltestat einen vorgeschriebenen Mindestinhalt des Bestätigungsvermerks vorgeschlagen, vgl. WPg 1980, 501, 514 ff.; 1981, 609 ff. Dennoch empfiehlt das IDW hier aus Gründen der Sicherheit im Rechtsverkehr die Verwendung des Formulierungsvorschlages nach IDW PS 400, WPg 1999, 641, 653, Anhang 1.
[655] Adler/Düring/Schmaltz, § 322 Rdn. 103.
[656] IDW PS 400 entspricht ISA 700: The Auditor's Report on Financial Statements. Er beinhaltet ergänzende Anforderungen, die sich aus der Berufsübung der Wirtschaftsprüfer in Deutschland ergeben.

| § 322 HGB | IDW PS 400 | ISA 700 | Beschreibung |
|---|---|---|---|
| Abs. 2, S. 1 | Überschrift | Title | *Bestätigungsvermerk* oder *Versagungsvermerk* evtl. unter Hinzufügung *des Abschlußprüfers* |
| Abs. 1, S. 2 | Einleitender Abschnitt | Opening or Introductory Paragraph | Bezeichnung des geprüften Unternehmens; Gegenstand der Prüfung: Abgrenzung der Verantwortung der Geschäftsführung von der des Prüfers; Nennung des der Rechnungslegung zugrundegelegten Normensystems (HGB, IAS, US-GAAP, ...) |
| Abs. 1, S. 2 | Beschreibender Abschnitt | Scope Paragraph | Beschreibung von Art und Umfang der Prüfung und Erklärung, des Abschlußprüfers, daß die Prüfung nach seiner Auffassung eine hinreichend sichere Grundlage für sein Prüfungsurteil bildet |
| Abs. 1, S. 3; Abs. 2-4 | Urteil des Abschlußprüfers | Opinion Paragraph | Uneingeschränkt positive, eingeschränkt positive oder nicht positive Gesamtaussage, Aussage zur Generalnorm und zum Lagebericht; Ergänzungen; Beurteilung des Prüfungsergebnisses |
| Abs. 2, S. 2 | ggf. Hinweis auf Bestandsgefährdungen | - | Auf Risiken, die den Fortbestand des Unternehmens gefährden ist gesondert einzugehen |
| Abs. 5 | Datum | Date of Report | |
| Abs. 5 | Name des Abschlußprüfers; Ort der Unterzeichnung | Auditor's Address | |
| Abs. 5 | Unterschrift des Abschlußprüfers | Auditor's Signature | |

Aus dieser Übersicht wird deutlich, daß der Bestätigungsvermerk im Urteilsabschnitt und in dem gesonderten Abschnitt für Bestandsgefährdungen wesentlich mehr Aussagen enthält als ein Bestätigungsvermerk alter Fassung. Die Angaben in der Überschrift (§ 322 II 1 HGB), im einleitenden und beschreibenden Abschnitt (§ 322 I 2 HGB) sowie das Datum, der Ort und die Unterschrift (§ 322 V HGB) besitzen demgegenüber *deklaratorischen Charakter*.[657] Falsche Angaben in diesen Abschnitten lassen den Bestätigungsvermerk nicht inhaltlich unrichtig werden. Ein inhaltlich unrichtiger Bestätigungsvermerk liegt vielmehr nur dann vor, wenn:

---

[657] Staub/*Dannecker*, § 332 Rdn. 52; Adler/Düring/Schmaltz, § 322 Rdn. 100; MüKo HGB/*Ebke*, § 322 Rdn. 10 ff.

- ein Bestätigungsvermerk uneingeschränkt erteilt wird, obwohl nach dem Prüfungsergebnis Einwendungen zu erheben gewesen wären;
- ein Bestätigungsvermerk eingeschränkt oder versagt wird, obwohl nach dem Prüfungsergebnis keine berechtigten Einwendungen zu erheben gewesen sind;
- eine Ergänzung im Bestätigungsvermerk unterbleibt, obwohl eine solche angemessen erscheint, um auf eine Besonderheit hinzuweisen, die durch die Zusammenfassung des Prüfungsergebnisses nicht hinreichend zum Ausdruck kommt;[658]
- ein gesonderter Hinweis auf ein festgestelltes Bestandsrisiko unterbleibt;
- eine nicht festgestellte Bestandsgefährdung unzutreffend testiert wird.

Die Beschreibung von Art und Umfang der Prüfung dient zur Verdeutlichung der Abschlußprüfertätigkeit. Sie ist kein Nachweis erbrachter Prüfungshandlungen gegenüber der Öffentlichkeit. Da diese Aussage im Rahmen des Prüfungsberichts so aufgefaßt wird, muß dies für den an die Öffentlichkeit gerichteten Bestätigungsvermerk erst recht gelten.[659]

Der Vergleich der früheren mit der aktuellen Gesetzesfassung des Bestätigungsvermerks ergibt, daß die durch das KonTraG eingeführte Fassung mehr inhaltliche Aussagen enthält. Durch den rechtsnormativen Verweis auf § 322 HGB werden diese neuen Aussagen auch strafrechtlich geschützt. Stärker als bislang ist auf die Vollständigkeit der Angaben zu achten, da ein inhaltlich unvollständiger Bestätigungsvermerk auch inhaltlich unrichtig sein kann. So ist beispielsweise die sog. große Redepflicht über bestandsgefährdende Risiken nach § 321 I 3 HGB materiell nichts Neues. Bislang bestand sie nur gegenüber den Empfängern des Prüfungsberichts. Nach § 322 II 2 HGB ist sie nun Bestandteil des Bestätigungsvermerks. Unterläßt der Prüfer trotz Feststellung die Wiedergabe einer Bestandsgefährdung im Bestätigungsvermerk, so ist dieser durch konkludentes Tun inhaltlich unrichtig.[660] Weitere strafrechtliche Risiken entstehen durch die freie Formulierungsmöglichkeit des Testates. Durch den geänderten Inhalt des § 322 HGB hat das KonTraG damit auch direkte Auswirkungen auf das Strafrecht.

---

[658] Staub/*Dannecker*, § 332 Rdn. 30.
[659] Adler/Düring/Schmaltz, § 321 Rdn. 130 m.w.N.; MüKo HGB/*Ebke*, § 322 Rdn. 16 ff.
[660] Da es unter dem Gesichtspunkt der selbsterfüllenden Prophezeiung nicht Sinn und Zweck der Regelung sein kann, vorhandene Krisen zu bestärken, ist eine Sensibilität des Wirtschaftsprüfers und eine entsprechend restriktive strafrechtliche Auslegung zu fordern.

## 4. Zusammenfassung

Das KonTraG bringt eine strafrechtliche Erweiterung der den Wirtschaftsprüfer treffenden Pflichten dergestalt, daß sowohl Prüfungsbericht als auch Bestätigungsvermerk durch die Erweiterung des Berichtsumfangs in mehr Punkten als bisher mit den tatsächlichen Prüfungsfeststellungen übereinstimmen müssen. Dies bedeutet eine Erhöhung der strafrechtlichen Verantwortlichkeit bzw. eine Steigerung der Bedeutung des Strafrechts für die Tätigkeit des Wirtschaftsprüfers. Diese Auswirkungen wurden in der Diskussion hinsichtlich der Änderungen des KonTraG bislang nicht hinreichend gewürdigt.

## B. Kapitalaufnahmeerleichterungsgesetz (KapAEG)

### 1. Grundsätzliche Erwägungen

Das *Gesetz zur Verbesserung der Wettbewerbsfähigkeit deutscher Konzerne an Kapitalmärkten und zur Erleichterung der Aufnahme von Gesellschafterdarlehen (Kapitalaufnahmeerleichterungsgesetz – KapAEG)* vom 20.04.1998[661] soll die Wettbewerbsbedingungen deutscher Unternehmen an ausländischen Kapitalmärkten verbessern. Bestimmte Mutterunternehmen sollen von der Pflicht befreit werden, einen deutschen Konzernabschluß und Konzernlagebericht nach §§ 290, 315 HGB aufzustellen. Die Voraussetzungen, unter denen dies möglich ist, enthält der neue § 292a HGB.

Unternehmen, die ihre Aktien an ausländischen Kapitalmärkten, insbesondere in den USA, zulassen wollten, sahen sich bislang einer Doppelbelastung ausgesetzt: Für diese Zulassung müssen sie der *Security Exchange Commission* (SEC) einen geprüften Konzernabschluß nach den US-amerikanischen Rechnungslegungsvorschriften für börsennotierte Unternehmen vorlegen (*US-Generally Accepted Accounting Principles*)[662] oder eine Überleitungsrechnung auf die US-GAAP dem deutschen Konzernabschluß anfügen. Andere Abschlüsse werden nicht akzeptiert.[663] Die Anfertigung von zwei Konzernabschlüssen bedeutet für die Unternehmen eine erhebliche wirtschaftliche Belastung und ist für die Bilanzleser wegen unterschiedlicher Bewertungsmethoden verwirrend.[664] Die eingeführte Möglich-

---

[661] Verkündet am 23. April 1998, BGBl. I, S. 707.
[662] Folgend als US-GAAP abgekürzt.
[663] *Sell*, Bilanzdelikte, S. 66; MüKo HGB/*Busse von Colbe*, § 292a Rdn. 1.
[664] Begr. RegE, BR-Drucks. 967/96, S. 9.

keit, auf einen Konzernabschluß nach deutschem Recht zu verzichten, soll die Unternehmen entlasten und die Kapitalbeschaffung erleichtern. Diese Vereinheitlichung entspricht auch den Interessen international tätiger Konzerne, deren ausländische Tochtergesellschaften mitunter nach Rechnungslegungsvorschriften bilanzieren, die von denen der Muttergesellschaft bedeutend abweichen. Deren Einbeziehung in den Konzernabschluß erfordert oft erhebliche Umgliederungen und Neubewertungen.

Gleichzeitig soll die unter dem Schlagwort der *Inländerdiskriminierung* bestehende Problematik abgestellt werden. Die EU akzeptiert umgekehrt die nach US-GAAP erstellten Konzernabschlüsse mit befreiender Wirkung von nationalen Vorschriften von Unternehmen, die in den USA gelistet sind und einen Sitz in den Mitgliedstaaten der EU haben. Diese ohne Überleitungsrechnung erstellten Konzernabschlüsse werden nach EU-Recht in Deutschland für Börsenzwecke akzeptiert und ersetzen den sonst von einem Mutterunternehmen in Deutschland zu erstellenden Teilkonzernabschluß.[665] Diese Ungleichbehandlung soll nicht mehr fortgeführt werden.[666]

Auch soll dadurch das Bedürfnis nach vergleichbaren Informationen befriedigt werden. Dieses Bedürfnis wächst mit der Anzahl und dem Interesse international tätiger Kapitalanleger, die ihre Entscheidung auf der Grundlage vergleichbarer Jahresabschlußinformationen treffen wollen. Eine negative Beeinträchtigung der Vergleichbarkeit dieser Information führt zu Verunsicherungen bei den Anlegern und damit zu einem Abzug des Kapitals.[667] Diese Entwicklung gilt es auch aus Gründen des internationalen Wettbewerbs zu vermeiden, woraus sich wiederum die Notwendigkeit einer Harmonisierung begründen läßt.[668]

Gleichzeitig soll das vermeintliche Mißtrauen ausländischer Kapitalanleger gegenüber den von deutschen Unternehmen veröffentlichten Jahresabschlüssen beseitigt werden. Dieses entstand unter anderem bei der Börsenzulassung der Daimler-Benz AG in den USA, als für das Geschäftsjahr 1993 ein handelsrechtlicher Konzernabschluß einen Jahresüberschuß von DM 615 Mio. auswies, während sich nach den US-GAAP ein Verlust von DM 1.839 Mio. ergab. Dadurch wurden weit-

---

[665] Begr. RegE, BR-Drucks. 967/96, S. 13.
[666] Begr. RegE, BR-Drucks. 967/96, S. 13; *Ernst/Seibert/Stuckert*, S. 134; *Grammer*, Steuer-Stud 1998, 359.
[667] MüKo HGB/*Busse von Colbe*, § 292a Rdn. 1; *v. Eitzen*, Wirtschaftsprüfer, S. 153.
[668] Ein wesentlicher Grund mangelnder Vergleichbarkeit – und damit auch ein Grund, warum eine Vereinheitlichung so schwierig ist – liegt darin, daß die Rechnungslegungsvorschriften gleichzeitig auch einen Ausfluß der jeweiligen sozialen, kulturellen, rechtlichen und ökonomischen Rahmenbedingungen darstellen, vgl. *Liener*, ZfB 1992, 269, 277.

reichende Spielräume im deutschen Bilanzrecht sichtbar, die weltweit kritisch aufgenommen wurden.[669]

## 2. Zentrale Regelungsmaterie

Der Gesetzgeber übernimmt in der neuen Vorschrift des § 292a HGB die in anderen EU-Ländern ebenfalls erwogene Lösung, nach *International Accounting Standards* (IAS) oder US-GAAP erstellte Konzernabschlüsse mit befreiender Wirkung zu tolerieren.[670] An den deutschen Konzernabschluß werden – im Gegensatz zur internationalen Rechnungslegung – keine unmittelbaren Rechtsfolgen geknüpft, so daß eine Übernahme von ansonsten mit den deutschen Rechnungslegungsgrundsätzen nicht zu vereinbarenden Prinzipien, beispielsweise das mit den IAS nicht in Einklang zu bringende Gläubigerschutzprinzip, in diesem Rahmen möglich ist. Die zentrale Vorschrift des Gesetzes zählt in § 292a I und II HGB die Voraussetzungen der befreienden Wirkung auf:

„(2) Der Konzernabschluß und der Konzernlagebericht haben befreiende Wirkung, wenn
1. das Mutterunternehmen und seine Tochterunternehmen in den befreienden Konzernabschluß unbeschadet der §§ 295, 296 einbezogen worden sind;
2. der Konzernabschluß und der Konzernlagebericht
   a) nach international anerkannten Rechnungslegungsgrundsätzen aufgestellt worden sind,
   b) im Einklang mit der Richtlinie 83/349/EWG und gegebenenfalls für Kreditinstitute und Versicherungsunternehmen in § 291 Abs. 2 Satz 2 bezeichneten Richtlinien stehen;
3. die Aussagekraft der danach aufgestellten Unterlagen der Aussagekraft eines nach den Vorschriften dieses Unterabschnitts aufgestellten Konzernabschlusses und Konzernlageberichts gleichwertig ist;
4. der Anhang oder die Erläuterung zum Konzernabschluß die folgenden Angaben enthält:
   a) die Bezeichnung der angewandten Rechnungslegungsgrundsätze,
   b) eine Erläuterung der vom deutschen Recht abweichenden, Bilanzierungs-, Bewertungs- und Konsolidierungsmethoden, und
5. die befreienden Unterlagen von dem nach § 318 bestellten Abschlußprüfer geprüft worden sind und von dem Abschlußprüfer außerdem bestätigt worden ist, daß die Bedingungen für eine Befreiung erfüllt sind."

---

[669] Begr. RegE, BR-Drucks. 967/96, S. 8; *Ernst/Seibert/Stuckert*, S. 131; *Böcking/Orth*, DB 1998, 1241.
[670] MüKo HGB/*Busse von Colbe*, § 292a Rdn. 1; *Pellens/Bonse/Gassen*, DB 1998, 785; *van Hulle*, WPg 1998, 138, 143.

Deutsche Konzerne, die auf einem ausländischen Kapitalmarkt agieren wollen, haben danach folgende Möglichkeiten:[671]

a) Sie können einen Konzernabschluß nach IAS oder US-GAAP unter Beachtung der zwingenden Regelungen der Bilanzrichtlinien der EU aufstellen. Dieser hat in Deutschland befreiende Wirkung; ein handelsrechtlicher Konzernabschluß braucht nicht mehr erstellt zu werden.

b) Sie können einen handelsrechtlichen Konzernabschluß erstellen und diesen durch eine gegebenenfalls erforderliche Überleitungsrechnung auf die US-GAAP oder IAS ergänzen.

c) Sie können einen deutschen Konzernabschluß aufstellen, wobei sie dann Schwierigkeiten bei der Zulassung an ausländischen Kapitalmärkten hinzunehmen haben.

a) Voraussetzungen im einzelnen

Die Voraussetzungen der Befreiung von der Konzernrechnungslegungspflicht nach § 292a I HGB sind die Erstellung eines Konzernabschlusses und Konzernlageberichts im Sinne des § 292a II HGB, die Abfassung in deutscher Sprache und in Euro und die Offenlegung nach §§ 325, 328 HGB. Bei der Offenlegung muß ausdrücklich auf die Anwendung nicht deutscher Rechnungslegungsgrundsätze hingewiesen werden, § 292a I 2 HGB.

§ 292a II HGB regelt die weiteren Voraussetzungen im einzelnen:

Nach § 292a II Nr. 1 HGB müssen das Mutterunternehmen und seine Tochterunternehmen die Konsolidierungskreisregeln der §§ 295, 296 HGB einhalten. Vom persönlichen Anwendungsbereich erfaßt sind nicht nur alle börsennotierten Gesellschaften nach § 3 II AktG, sondern durch das KapCoRiLiG[672] alle Mutterunternehmen, die einen organisierten Markt i.S.d. § 2 V WpHG in Anspruch nehmen.[673] Die Befreiung bezieht sich ausschließlich auf die Konzernrechnungslegung.

---

[671] Begr. RegE, BR-Drucks. 967/96, S. 15; *Ernst/Seibert/Stuckert*, S. 135.

[672] Gesetz zur Durchführung der Richtlinie des Rates der Europäischen Union zur Änderung der Bilanz- und Konzernbilanzrichtlinie hinsichtlich ihres Anwendungsbereichs (90/605/EWG), zur Verbesserung der Offenlegung von Jahresabschlüssen und zur Änderung anderer handelsrechtlicher Bestimmungen (Kapitalgesellschaften – und Co-Richtlinie-Gesetz – KapCoRiLiG), vom 24.02.2000, BGBl. I, S. 154 ff.

[673] Zur Definition vgl. Adler/Düring/Schmaltz, § 292a Rdn. 10; MüKo HGB/*Busse von Colbe*, § 292a Rdn. 6; BBK/*Berger/Lütticke*, § 292a Rdn. 6.

### Kapitalaufnahmeerleichterungsgesetz (KapAEG)

Der § 292a II Nr. 2 HGB fordert, daß der Konzernabschluß und der Konzernlagebericht nach international anerkannten Rechnungslegungsgrundsätzen[674] erstellt wurden, die im Einklang mit der 7. EU-Richtlinie (Bilanzrichtlinie) stehen. Der Aussagegehalt der internationalen Rechnungslegung muß in formeller und materieller Hinsicht den Vorgaben der 4. und 7. EU-Richtlinie entsprechen.[675]

Weitere Voraussetzung nach § 292a II Nr. 3 HGB ist eine Gleichwertigkeit des Konzernabschlusses in der Gesamtheit seiner Aussagekraft im Vergleich zum HGB-Abschluß.[676] Divergenzen im Aussagegehalt können durch zusätzliche Angaben an anderer Stelle kompensiert werden.[677] Von der Gleichwertigkeit des Aussagegehalts der Abschlüsse nach IAS und US-GAAP einerseits und HGB andererseits gehen der Gesetzgeber und das nach den §§ 342, 342a HGB gegründete Rechnungslegungsgremium, das privatrechtliche organisierte *Deutsche Rechnungslegungs Standards Committee* (DRSC)[678], offensichtlich aus.[679]

Letztlich ist nach § 292a II Nr. 5 HGB Voraussetzung für die Befreiung, daß die Unterlagen von einem nach § 318 HGB bestellten Abschlußprüfer geprüft worden sind und daß dieser außerdem bestätigt, daß die Bedingungen für die Befreiung erfüllt sind. Die Prüfung des Abschlusses hat grundsätzlich nach deutschen handelsrechtlichen Vorschriften zu erfolgen.[680]

---

[674] MüKo HGB/*Busse von Colbe*, § 292a Rdn. 13 weist zutreffend auf die Einführung eines neuen unbestimmten Rechtsbegriffs durch diese Formulierung hin.

[675] Vierte Richtlinie des Rates vom 25. Juli 1978 über des Jahresabschluß (78/660/EWG), abgedruckt bei *Biener*, HGB-Bilanzrecht, S. 469; Siebente Richtlinie des Rates vom 13. Juni 1983 über den Konzernabschluß (83/349/EWG), abgedruckt bei *Biener*, HGB-Bilanzrecht, S. 507.

[676] Die Gleichwertigkeit geht über die Richtlinienkonformität hinaus, vgl. unten S. 159, sowie MüKo HGB/*Busse von Colbe*, § 292a Rdn. 27; a.A. Ebenroth/Boujong/Joost/*Wiedmann*, § 292a Rdn. 18. Eben wegen dieser Notwendigkeit hat die Europäische Kommission angekündigt, ab 2005 die IAS als Standard für gesetzliche Pflichtprüfungen verbindlich einzuführen und weitergehend gefordert, dabei einzelne Standards an die Vorgaben der Richtlinien qualitativ anzupassen. Die Entwicklung eines angemessenen Billigungsverfahrens steht noch aus.

[677] *Reker/Pahl/Löcke*, WPg 1998, 527, 528; DRS 1.32, abgedruckt bei MüKo HGB/*Busse von Colbe*, § 292a Anh.

[678] Adler/Düring/Schmaltz, § 292a Rdn. 6; MüKo HGB/*Busse von Colbe*, vor § 290 Rdn. 8.

[679] Begr. RegE, BR-Drucks. 967/96. S. 21; BBK/*Berger/Lütticke*, § 292a Rdn. 27 f.; DRS 1.33, abgedruckt bei MüKo HGB/*Busse von Colbe*, § 292a Anh.

[680] Adler/Düring/Schmaltz, § 292a Rdn. 47; Ebenroth/Boujong/Joost/*Wiedmann*, § 292a Rdn. 21; *Berger/Lütticke*, § 292a Rdn. 36.

## b) Befristung

§ 292a HGB ist als Übergangsregelung konzipiert und nach Art. 5 KapAEG nur auf Geschäftsjahre anwendbar, die spätestens am 31.12.2004 enden. Der Gesetzgeber war der Auffassung, daß die endgültige Anpassung der deutschen Rechnungslegung an internationale Standards wegen der grundsätzlichen Bedeutung dieses Schritts und des damit verbundenen Prüfungs- und Erörterungsaufwandes in der betreffenden Legislaturperiode nicht möglich sei.[681] Eine Anpassung der nationalen Vorschriften an die IAS, deren Entwicklung momentan noch nicht abgeschlossen sei, erscheine zu diesem Zeitpunkt auch nicht sachgerecht. Die Dringlichkeit des Problems gebiete aber eine rasche Lösung.

In diesem Zusammenhang erlangt die Schaffung eines privaten Rechnungslegungsgremiums durch das KonTraG (§§ 342, 342a HGB) besondere Bedeutung. Als nach anglo-amerikanischem Vorbild privatrechtlich organisierter Normsetzer soll es den Gesetzgeber bei der Anpassung und Entwicklung der deutschen Rechnungslegungsvorschriften an die internationalen Gepflogenheiten unterstützen.[682] Das so gegründete DRSC hat gleich – ebenfalls nach anglo-amerikanischem Vorbild – einen Standardisierungsrat (*Deutscher Standardisierungsrat*, DSR) und mehrere Arbeitsgruppen benannt, welche diese Aufgaben mit hohem Einsatz wahrnehmen.[683] Bis zum Jahr 2004 soll das Rechnungslegungsgremium zusammen mit dem Gesetzgeber gesetzesreife Vorschläge zur Anpassung der Rechnungslegung an internationale Standards erarbeiten.[684] Dies könnte den ersten Schritt in den Ausstieg aus dem System gesetzlicher Rechnungslegungsvorschriften in Deutschland bedeuten.[685] Das DRSC soll auch die deutschen Interessen im Rahmen des internationalen Standardisierungsprozesses besser als bisher vertreten.[686] Das IASC selbst will zukünftig verstärkt mit den nationalen *standard-setter* zusammenarbeiten. Nur so kann ein nennenswerter deutscher Einfluß im IASC ermöglicht werden.

Diese Bestrebungen auf nationaler Ebene stehen in Einklang mit den Bestrebungen der EU zur Schaffung eines gemeinsamen Kapitalmarktes ab 2005. Zu diesem

---

[681] *Ernst/Seibert/Stuckert*, S. 138.
[682] *Adler/Düring/Schmaltz*, § 292a Rdn. 6; MüKo HGB/*Busse von Colbe*, vor § 290 Rdn. 8.
[683] Vgl. dazu die unter http://www.drsc.de veröffentlichten Arbeitsergebnisse. Vgl. zur Kritik an der Vorgehensweise des DRSC etwa *Küting/Hütten*, StuB 1999, 487 ff.
[684] *Böcking/Orth*, DB 1998, 1241, 1242.
[685] *Grammer*, SteuerStud 1998, 359, 364.
[686] *v. Eitzen*, Wirtschaftsprüfer, S. 211.

Zeitpunkt sollen verbindlich für alle gesetzlichen Abschlußprüfungen die IAS eingeführt werden.[687]

## 3. Rechtliche Kritikpunkte

Diese politisch erwünschte *Öffnungsklausel* bringt nicht nur Erleichterungen für die Rechnungslegung mit sich, sondern stößt in der Literatur vielfach auf Kritik, insbesondere auf verfassungsrechtliche Bedenken.

### a) Verfassungsrechtliche Bedenken

Insbesondere wegen der Verletzung des Demokratieprinzips nach Art. 20 I GG und des Gewaltenteilungsprinzip nach Art. 20 II 2 GG unter dem Gesichtspunkt der Verletzung des Parlamentvorbehalts werden in der Literatur Bedenken gegen § 292a HGB vorgebracht. Jede Staatsgewalt sei mit bestimmten Funktionen ausgestattet, welche jede dieser Gewalten im Verhältnis zu den anderen als besonders geeignet zur Erfüllung spezieller Aufgaben erscheinen läßt.[688] Das Parlament hat im Rahmen der Gewaltenteilung die unentziehbare und zugleich unaufgebbare Kompetenz, die grundlegenden rechtlichen und politischen Weisungen zu bestimmen.[689] Dieses Entscheidungsmonopol für wesentliche Entscheidungen darf der Gesetzgeber nicht auf eine andere Gewalt delegieren.[690] Neben grundrechtswesentlichen sind auch die politischen Entscheidungen wesentlich, die für die wirtschaftlichen oder sozialen Zusammenhänge außerordentlich bedeutsam und damit vom Gesetzgeber selbst zu treffen sind.[691] Das Handelsrecht nach Art. 74 I Nr. 11 GG, wozu auch die Konzernrechnungslegung gehört, unterfällt diesem Vorbehalt.[692] Der Gesetzgeber dürfe das von ihm geschaffene Konzernrecht nicht zur Disposition der betroffenen Mutterunternehmen oder gar ausländischer privater Rechnungslegungsgremien stellen.[693]

---

[687] Dokument Markt/2003/10826, abzurufen unter: http://www.europa.eu.int/comm/inter-nal_market/de/company/audit/official/index.htm.
[688] *Hommelhoff*, in: Baetge (Hrsg.), Entwicklungen, S. 116.
[689] *Hommelhoff*, in: Baetge (Hrsg.), Entwicklungen, S. 117.
[690] Dieser Grundsatz der Wesentlichkeitstheorie wird von Lehre und Rechtsprechung einhellig vertreten, vgl. etwa *Stern*, Staatsrecht I, S. 811 ff.; v. Münch/Kunig/*Schnapp*, Art. 20 Rdn. 56; *Badura*, ZfG 1987, 300, 306 f.; BVerfGE 41, 251, 259 f.; 33, 125, 158 f., 163; 33, 303, 346.
[691] *Staupe*, Parlamentvorbehalt und Delegationsbefugnis, S. 28 f.
[692] *Hommelhoff*, in: Baetge (Hrsg.), Entwicklungen, S. 117 f.
[693] *Budde*, in: Budde/Moxter/Offerhaus (Hrsg.), FS Beisse, S. 111; *Euler*, in: Budde/Moxter/Offerhaus (Hrsg.), FS Beisse, S. 187; *Hommelhoff*, in: Baetge (Hrsg.), Entwicklungen, S. 117 f.

Diese Grundsätze schließen eine Neukonzeption mit stellenweiser Deregulierung zugunsten Selbststeuermechanismen nicht aus. Jedoch dürfe diese Deregulierung der Kritik zufolge nicht wie geschehen auf die internationalen Regeln der Konzernrechnungslegung verweisen. Auf die inhaltliche Ausgestaltung der Regeln haben weder der Bundestag noch die von ihm legitimierten Stellen irgendeinen Einfluß. Die internationalen Regeln der Rechnungslegung verfolgen nicht die Ziele der deutschen Rechnungslegung und trennen die systematischen Zusammenhänge zwischen deutschem Einzel- und Konzernabschluß auf. Bei dieser Lösung überträgt der Gesetzgeber die Verantwortung für die Konzernrechnungslegung auf ausländische Regelungsgremien und die Unternehmen, die von der Befreiung Gebrauch machen.[694] Diesen Gremien fehlt zudem die demokratische Legitimation.[695]

Ob eine solche normersetzende dynamische Verweisung auf die Regelungen der IAS und US-GAAP, die ständig fortgeschrieben werden, um auf neue Phänomene der Praxis schnell und flexibel reagieren zu können, mit dem Demokratieprinzip des Art. 20 II 1 GG vereinbar ist, ist Gegenstand einer bislang ungeklärten verfassungsrechtlichen Diskussion.[696] Das dynamische Verweisungsverbot auf außerstrafrechtliche Normsysteme soll ausnahmsweise zumindest dann nicht gelten, wenn der Gesetzgeber zusätzliche Maßnahmen mit dem Ziel ergreift, auf Bildung, Besetzung und Ausgewogenheit des Normgebers Einfluß zu nehmen und eine gewisse Durchschaubarkeit und Publizität der Entscheidungsfindung gewährleistet ist.[697] Es sei aber abwegig, daß die Normgeber der IAS oder US-GAAP einzelnen nationalen Gesetzgebern Einfluß in ihre Arbeitsabläufe oder -ergebnisse gewähren, so auch nicht dem Deutschen. Damit verstoße die dynamische Verweisung gegen das Demokratieprinzip.[698]

Bei der Auseinandersetzung mit der Kritik ist zwischen den konzernrechtlichen und strafrechtlichen Funktionen dieser Verweisung zu differenzieren. An dieser Stelle

---

*Badura*, ZfG 1987, 300, 306 f.; *Staupe*, Parlamentsvorbehalt und Delegationsbefugnis, S. 28 f.; BVerfGE 41, 251, 259 f.; 33, 125, 158 f., 163; 33, 303, 346.

[694] *Budde*, in: Budde/Moxter/Offerhaus (Hrsg.), FS Beisse, S. 111; *Hommelhoff*, in: Baetge (Hrsg.), Entwicklungen, S. 118.

[695] *Euler*, in: Budde/Moxter/Offerhaus (Hrsg.), FS Beisse, S. 187.

[696] *Brugger*, VA 1987, 1 ff.; Maunz/Dürig/*Schmidt-Aßmann*, Art. 19 Abs. 4 Rdn. 207; *Breuer*, AöR 1976, 46, 78; *Badura*, in: Püttner, (Hrsg.), FS Bachof, S. 177; *Arndt*, JuS 1979, 784, 787; *Backherms*, JuS 1980, 9, 11.

[697] Maunz/Dürig/*Schmidt-Aßmann*, Art. 19 Abs. 4 Rdn. 207.

[698] *Hommelhoff*, in: Baetge (Hrsg.), Entwicklungen, S. 120.

soll die konzernrechtliche Bedeutung und Funktion der Norm untersucht werden; auf deren strafrechtliche Funktion wird später eingegangen.[699] Sowohl die Kritik am Parlamentsvorbehalt als auch am Demokratieprinzip lassen sich mit der gleichen Argumentation entkräften. In der Öffnungsklausel ist keine Delegation von Hoheitsgewalt zu erblicken, sondern die Befreiung von einer inländischen Rechtspflicht, sofern der Betroffene dies wünscht und zugleich andere Voraussetzungen erfüllt. Toleriert der deutsche Gesetzgeber ausländische Rechnungslegungsgrundsätze als Voraussetzung für eine Befreiung von einer Rechtspflicht, so schränkt dies seine Gesetzgebungshoheit nicht ein.[700] Da dem Gesetzgeber die Befugnis verliehen wurde, eine Bilanzierungspflicht zu schaffen, kann er auch von der Einhaltung der Pflicht befreien. Das Parlament überträgt damit keine Hoheitsgewalt auf eine ausländische Stelle.

§ 292a HGB enthält damit keine dynamische Verweisung auf ausländische Rechtsnormen.[701] Das Parlament überträgt keine Hoheitsgewalt auf eine ausländische Stelle, weil kein ausländisches Gremium die Möglichkeit erhält, auf deutsches Konzernrecht Einfluß zu nehmen oder einem deutschen Konzern zwingende Vorschriften über die Aufstellung seiner Konzernbilanz zu machen, soweit sich das Unternehmen diesen Regelungen wegen der von ihm gewünschten Inanspruchnahme des ausländischen Kapitalmarktes nicht unterwirft.[702] Der deutsche Gesetzgeber kann darüber hinaus jederzeit die Befreiungsvorschrift einschränken oder zurücknehmen.

Derartige Befreiungstatbestände schafft der Gesetzgeber auch in anderen Rechtsgebieten, beispielsweise im Straßenverkehrsgesetz. Nach § 2 I StVG bedarf jeder zum Führen eines Fahrzeuges einer inländischen Fahrerlaubnis. Nach § 2 XI StVG befreit der Gesetzgeber unter bestimmten Auflagen von dieser Pflicht, sofern eine ausländische Fahrerlaubnis vorhanden ist.

Die Argumentation hinsichtlich des Demokratieprinzips und des Parlamentsvorbehalts ist nicht überzeugend; verfassungsrechtliche Bedenken greifen im Ergebnis daher nicht durch.[703]

---

[699] Vgl. unten S. 179.
[700] Begr. RegE, Br-Drucks. 967/96, S. 20 f.
[701] Ebenso, jedoch mit anderer Begründung Staub/*Dannecker*, Vor §§ 331 ff. Rdn. 40.
[702] Begr. RegE, Br-Drucks. 967/96, S. 14, 20 f.
[703] Im Ergebnis ebenso MüKo HGB/*Busse von Colbe*, § 292a Rdn. 5.

### b) International anerkannte Rechnungslegungsgrundsätze

Als weitere Befreiungsvoraussetzung müssen die angewandten Rechnungslegungsgrundsätze international anerkannt sein.[704] Nach Ansicht des Gesetzgebers genießen die IAS und die US-GAAP diese internationale Anerkennung.[705] Auf eine formelle Anerkennung durch Börsenzulassungsbehörden wird verzichtet; allein die faktische Verbreitung soll ausreichend sein.[706] Die Regeln des gewählten Systems sind in vollem Umfang anzuwenden, was auch für deren Auslegung gilt.[707] Eine Kombinationsmöglichkeit verschiedener Standards untereinander besteht nicht; das Unternehmen muß sich für ein Regelungssystem entscheiden.[708]

Theoretisch ist es dabei möglich, zur Verdeckung von Unstimmigkeiten im handelsrechtlichen Einzelabschluß auf Konzernebene auf ein anderes Modell auszuweichen, sofern dessen Regeln konsequent befolgt werden. Beispielsweise können durch vorgreifende Gewinnrealisierungsvorschriften bestehende Gewinnrückgänge in den Einzelabschlüssen durch zukünftige Gewinnerwartungen in der Konzernbilanz teilweise kompensiert werden.

### c) Vereinbarkeit der IAS und US-GAAP mit den EU-Richtlinien

Nicht unumstritten ist die Vereinbarkeit der international gebräuchlichen Rechnungslegungsgrundsätze mit den EU-Richtlinien hinsichtlich der Wertansätze wie auch deren Darstellung. Wegen der mangelnden Befreiungsmöglichkeit des nationalen Gesetzgebers von der Einhaltung der EU-Richtlinien muß der nach IAS oder US-GAAP erstellte Abschluß insbesondere mit den zwingenden Vorschriften der 4. und 7. Richtlinie in Einklang stehen.[709]

---

[704] Vgl. dazu MüKo HGB/*Busse von Colbe*, § 292a Rdn. 13.

[705] BT-Drucks. 13/9909, S. 12; a.A. *Peemöller/Finsterer/Neubert*, BB 1999, 1103, 1107, die diese Anerkennung nur für die US-GAAP bejahen. Die IAS hätten diese Anerkennung in der Vergangenheit wegen qualitativer Mängel nicht erhalten.

[706] Adler/Düring/Schmaltz, § 292a Rdn. 22; BBK/*Berger/Lütticke*, § 292a Rdn. 16; *Küting/Hütten*, WPg 1999, 12, 15.

[707] Für die IAS und die US-GAAP sind beispielsweise die Grundsätze der deutschen juristischen Methodenlehre nicht anwendbar, Adler/Düring/Schmaltz, § 292a Rdn. 23.

[708] *Wollmert/Oser*, DB 2000, 729, 731; *Pellens/Bonse/Gassen*, DB 1998, 785, 787. Bei der Anwendung des IAS muß aber zur Ausfüllung der bestehenden Systemlücken auf andere Rechnungslegungsgrundsätze unter entsprechender Hervorhebung zurückgegriffen werden, MüKo HGB/ *Busse von Colbe*, § 292a Rdn. 17.

[709] BT-Drucks. 13/7141, S. 11; *van Hulle*, WPg 1998, 138, 143; *Heymann/Henssler*, vor § 290 Rdn. 17; § 290 Rdn. 1, 8.

Der Gesetzgeber und ihm folgend ein Teil der Literatur handhabt dieses Kriterium äußerst großzügig. Danach soll es nicht auf eine Übereinstimmung in allen Einzelheiten ankommen. Vielmehr muß der nach internationalen Grundsätzen erstellte Abschluß mit dem Zweck der Gesamtheit der Richtlinienvorschriften übereinstimmen.[710] Verbleibende Unstimmigkeiten werden überwiegend als untergeordnet eingestuft, wodurch ein Einklang in den meisten Fällen dann gegeben ist.[711] Sollte eine bedeutende Unvereinbarkeit bestehen bleiben, ist die EU bereit, ihre Richtlinien entsprechend den internationalen Standards zu ändern.[712]

Diese vom Gesetzgeber vertretene Behauptung wurde von unterschiedlichen Institutionen mit unterschiedlichen Ergebnissen hinsichtlich der IAS geprüft. Der Kontaktausschuß der EU-Kommission hält die IAS in seiner Untersuchung vom 27.04.1998 mit Ausnahme des Konsolidierungskreises (IAS 27) und der Behandlung negativer Geschäftswerte für richtlinienkonform.[713] Bei dieser Untersuchung ist aber nicht zu verkennen, daß sie sich auf ein dynamisches System bezieht und damit nur die vor dem 31.07.1998 erlassenen IAS berücksichtigt. Für einige in Bearbeitung befindliche und nach diesem Zeitpunkt verabschiedete Standards muß selbst bei einer (unzulässigen) dynamischen Interpretation der Richtlinien von deren Unvereinbarkeit ausgegangen werden.[714] Das IDW kommt in seiner Untersuchung zu einer Unvereinbarkeit in sieben Punkten.[715] Für die US-GAAP existieren keine vergleichbaren Untersuchungen. Es wird argumentiert, daß diese dem deutschen Vorsichtsprinzip näherstünden als die britische Rechnungslegungspraxis, die aber auch richtlinienkonform ist. Im Wege dieses Rückschlusses werden keine

---

[710] Adler/Düring/Schmaltz, § 292a Rdn. 28; MüKo HGB/*Busse von Colbe*, § 292a Rdn. 19; *Budde*, in: Budde/Moxter/Offerhaus (Hrsg.), FS Beisse, S. 111; *Gelhausen/Mujkanovic*, AG 1997, 337, 341; DRS 1.17, abgedruckt bei MüKo HGB/*Busse von Colbe*, § 292a Anh.

[711] Adler/Düring/Schmaltz, § 292a Rdn. 33 ff.; a.A. *van Hulle*, WPg 1988, 138, 142.

[712] Begr. RegE, BR-Drucks. 697/96, S. 11; *Ernst/Seibert/Stuckert*, S. 132 f.; *van Hulle*, WPg 1998, 138, 149; MüKo HGB/*Busse von Colbe*, § 292a Rdn. 23.

[713] Kontaktausschuß für Richtlinien der Rechnungslegung, S. 12 f.; vgl. auch http://www.iasc.org.uk/news/cen8-140.html.

[714] Dies betrifft die IAS 14, 17, 19, 35-39, vgl. IDW, WPg 1998, 70; *Peemöller/Finsterer/Neubert*, BB 1999, 1103; *Budde*, in: Budde/Moxter/Offerhaus (Hrsg.), FS Beisse, S. 112; *Förschle/ Holland/Kroner*, S. 7; *Wollmert/Oser*, DB 2000, 729, 735; *Heymann/Henssler*, vor § 290 Rdn. 15; BBK/*Berger/Lütticke*, § 292a Rdn. 20 f.; *Reker/Pahl/Löcke*, WPg 1998, 527, 531.

[715] IDW, WPg 1998, 183 ff. Vgl. auch BBK/*Berger/Lütticke*; § 292a Rdn. 20 ff.; *Peemöller/Finsterer/Neubert*, BB 1999, 1103; *Wollmert/Oser*, DB 2000, 729, 732; *Reker/Pahl/Löcke*, WPg 1998, 527, 532.

Probleme gesehen.[716] Dies ist aber ebenso zweifelhaft, wie die Argumentation hinsichtlich der IAS.[717] Vernachlässigt werden in der Diskussion die Vorgaben der EU an die Darstellung der Informationen. Die überwiegende Ansicht steht demzufolge auf dem Standpunkt, daß eine Abweichung von den Gliederungsvorschriften unbeachtlich sei.[718] Diese Untersuchungen übersehen jedoch, daß insbesondere bei der Darstellung der Ergebnisse die EU-Richtlinie äußerst strikte Vorgaben enthält.[719] Der Formalismus rechtfertigt sich durch das Ziel der Vergleichbarkeit der Jahresabschlußinformationen. Die IAS enthalten hingegen nur ansatzweise Gliederungsregeln, wobei eine bestimmte Reihenfolge nicht vorgegeben ist.[720] Die Regularien der SEC-Kommission enthalten für die US-GAAP Gliederungsvorgaben, die mit Wahlrechten versehen sind und nach anderen Kriterien strukturieren als die EU-Richtlinien. Ein nach IAS oder US-GAAP erstellter Konzernabschluß besitzt daher nicht die befreiende Wirkung nach § 292a HGB, sofern er nicht die zwingenden und detaillierten Regelungen der EU-Richtlinien beachtet. Diese sind eindeutig und eröffnen keinen Interpretationsspielraum.[721] Der deutsche Gesetzgeber kann mangels Kompetenz nicht von der Einhaltung dieser Richtlinien befreien. Der DRS 1 des DRSC läuft mit seiner Gesamtbetrachtung eindeutig dem Bestreben der Vergleichbarkeit der Jahresabschlußinformation zuwider und verstößt damit gegen die EU-Richtlinien.[722]

Der begrenzte Handlungsspielraum des nationalen Gesetzgebers wird an der für ihn unabänderlichen Grenze der EU-Richtlinien, die Vorrang vor dem nationalen Recht haben, deutlich. Die erwünschte Flexibilität, die Wahl zwischen drei möglichen Rechnungslegungssystemen, tritt wegen der zwingend zu beachtenden Richtlinien nicht uneingeschränkt ein. Können nach überzeugender Ansicht Differenzen

---

[716] Begr. RegE, BR-Drucks. 967/96, S. 12; *Ernst/Seibert/Stuckert*, S. 133; *Gelhausen/Mujkanovic*, AG 1997, 337, 340; a.A. *Peemöller/Finsterer/Neubert*, BB 1999, 1103.
[717] Vgl. nur die unterschiedlichen Wertansätze beim Realisationsprinzip, MüKo HGB/*Busse von Colbe*, § 292a Rdn. 24.
[718] Adler/Düring/Schmaltz, § 292a Rdn. 35; IDW, WPg 1998, 428; a.A. *van Hulle*, WPg 1998, 138, 142.
[719] Vgl. Art. 4 I der 4. Richtlinie, 78/660/EWG, abgedruckt bei *Biener*, HGB-Bilanzrecht, S. 469 ff.; *van Hulle*, WPg 1998, 138, 142.
[720] IAS 1, §§ 67, 72 und 75.
[721] *Brakensiek/Hütten*, BB 1999, 1108, 1109; *Budde*, in: Budde/Moxter/Offerhaus (Hrsg.), FS Beisse, S. 111.
[722] *Brakensiek/Hütten*, BB 1999, 1108, 1109; *Küting/Hütten*, StuB 1999, 487, 488; *Van Hulle*, WPg 1998, 138, 142; a.A. BBK/*Berger/Lütticke*, § 292a Rdn. 23; MüKo HGB/*Busse von Colbe*, § 292a Rdn. 25.

bei den Wertansätzen durch zusätzliche Angaben kompensiert werden, bedarf die Darstellung einer Umstellung. Der nach IAS oder US-GAAP erstellte Abschluß muß daher an die Richtlinien angepaßt werden bzw. umgekehrt.[723] Andernfalls hat er nicht die befreiende Wirkung und es ist ein HGB-Abschluß zu erstellen.

Eben wegen dieser Notwendigkeit hat die Europäische Kommission angekündigt, ab 2005 die IAS als Standard für gesetzliche Pflichtprüfungen verbildlich einzuführen und weitergehend gefordert, dabei einzelne Standards an die Vorgaben der Richtlinien qualitativ anzupassen. Die Entwicklung eines angemessenen Billigungsverfahrens steht noch aus.[724]

d) Gleichwertigkeit zum HGB-Abschluß

Das von der Richtlinienkonformität zu unterscheidende Kriterium der Gleichwertigkeit der Aussagen stellt darauf ab, ob das gesamte gewählte Rechnungslegungssystem im Vergleich zu den HGB-Regelungen qualitativ gleich- oder höherwertige Normen enthält.[725] Die Gleichwertigkeit geht über die Richtlinienkonformität hinaus, da das nationale Recht Anforderungen enthält, die in den EU-Richtlinien nicht vorgesehen sind.[726] Probleme bereitet insofern der Konzernlagebericht, der sowohl in den US-GAAP als auch in den IAS kein entsprechendes Berichtsinstrument findet. Diese Abschlüsse sind insoweit innerhalb ihrer eigenen Instrumentarien zu ergänzen, oder es ist ein Konzernlagebericht nach HGB zu erstellen.[727] Der Gesetzgeber kann per Rechtsverordnung diesen theoretischen Streit entscheiden, wonach dann die IAS- und US-GAAP-Konzernabschlüsse als gleichwertig anzusehen sind.[728] Die Gleichwertigkeit dieser Abschlüsse ist aber wegen ihrer internationalen Akzeptanz ohnehin zu bejahen.[729]

---

[723] Zumindest ist die vom IDW erarbeitete Kompromißlösung zu befolgen, wonach eine von den EU-Richtlinien abweichende Gliederung alle nach den EU-Richtlinien auszuweisenden Posten einzeln ausweist, wobei die Reihenfolge internationalen Gepflogenheiten angepaßt werden kann, vgl. IDW, WPg 1998, 428 f.; *Pellens/Bonse/Gassen*, DB 1998, 785, 788. Zum Anpassungsvorhaben der EU MüKo HGB/*Busse von Colbe*, § 292a Rdn. 23.
[724] *van Hulle/Lanfermann*, BB 2003, 1323, 1325 f.
[725] MüKo HGB/*Busse von Colbe*, § 292a Rdn. 27.
[726] Z.B. die Kapitalflußrechnung und die Segmentberichterstattung nach § 297 I HGB. MüKo HGB/*Busse von Colbe*, § 292a Rdn. 27; a.A. Ebenroth/Boujong/Joost/*Wiedmann*, § 292a Rdn. 18.
[727] MüKo HGB/*Busse von Colbe*, § 292a Rdn. 28; BBK/*Berger/Lütticke*, § 292a Rdn. 29.
[728] *Reker/Pahl/Löcke*, WPg 1998, 527, 529; *Pellens/Bonse/Gassen*, DB 1998, 785, 786.
[729] *Reker/Pahl/Löcke*, WPg 1998, 527, 529.

### e) Konzernlagebericht

Unverständlich ist die in § 292a II Nr. 2 HGB gebrauchte Formulierung, nach der auch ein nach international anerkannten Regeln erstellter Konzernlagebericht als Befreiungsvoraussetzung verlangt wird. Weder die IAS noch die US-GAAP kennen ein derartiges Berichtsinstrument.[730] Damit verweist das Tatbestandsmerkmal auf einen nicht geregelten Sachverhalt, wodurch die Formulierung nur dahingehend ausgelegt werden kann, daß wegen der in § 292a II Nr. 3 HGB verlangten Gleichwertigkeit der Abschlüsse eine Offenlegung der im Lagebericht enthaltenen Informationen in geeigneter Form innerhalb der oder zusätzlich zu den vorhandenen Berichtsinstrumentarien zu verlangen ist.[731]

### f) Aufteilung der handelsrechtlichen Rechnungslegung

Ausgehend von der gesetzgeberischen Intention kann die momentane rechtliche Situation nur als Übergangsstadium angesehen werden. Die handelsrechtliche Konzernrechnungslegung tritt aus pragmatischen Gründen für international anerkannte Rechnungslegungsgrundsätze beiseite.[732] Das KapAEG mit seiner befristeten Deregulierung der Konzernrechnungslegung begründet damit zumindest zunächst eine zweigleisige deutsche Rechnungslegung, da der handelsrechtliche Einzelabschluß mit seinen unmittelbaren Rechtsfolgen (Zahlungsbemessungsfunktion, Maßgeblichkeitsprinzip bzw. umgekehrtes Maßgeblichkeitsprinzip) unangetastet bleibt. Da die Abschlüsse aus unterschiedlichen Wertansätzen entwickelt werden stehen sie isoliert nebeneinander, wodurch die Aussagekraft beider leidet.[733] Diese Situation wird mindestens bis zum Ende der Befristung Bestand haben.

Abzuwarten bleibt, inwieweit der Konzernabschluß Ausstrahlungswirkung auf den Einzelabschluß zeigt.[734] Nicht zuletzt wegen der mit dem handelsrechtlichen

---

[730] Staub/*Dannecker*, § 331 Rdn. 92; BBK/*Berger/Lütticke*, § 292a Rdn. 28; MüKo HGB/*Busse von Colbe*, § 292a Rdn. 28; Ebenroth/Boujong/Joost/*Wiedmann*, § 292a, 8; *Grammer*, Steuer-Stud 1998, 359, 360; *Küting/Hütten*, WPg 1999, 12, 17 f.

[731] Adler/Düring/Schmaltz, § 292a Rdn. 26; *Reker/Pahl/Löcke*, WPg 1998, 527, 537; a.A. *Küting/Hütten*, WPg 1999, 12, 15 f.

[732] Ob diese tatsächlich mehr Informationen für den einzelnen bereitstellen wird in der Literatur bezweifelt, vgl. Euler, in: Budde/Moxter/Offerhaus (Hrsg.), FS Beisse, S. 182.

[733] *Budde*, in: Budde/Moxter/Offerhaus (Hrsg.), FS Beisse, S. 117; *Euler*, in: Budde/Moxter/Offerhaus (Hrsg.), FS Beisse, S. 187.

[734] Es ist durchaus in diesem Zusammenhang möglich, daß die Maßgeblichkeit oder das Vorsichtsprinzip nicht mehr aufrecht zu erhalten sein werden, vgl. Begr. RegE, BR-Drucks. 967/96, S. 12; *Ernst/Seibert/Stuckert*, S. 133; *Baetge/Thiele*, in: Budde/Moxter/Offerhaus (Hrsg.), FS Beisse, S. 20, 22; *Budde*, in: Budde/Moxter/Offerhaus (Hrsg.), FS Beisse, S. 120; *Drescher*,

Einzelabschluß traditionell verbundenen gesellschafts- und steuerrechtlichen Rechtsfolgen kann dieser nicht ohne Änderung des Gesellschafts- und des Steuerrechts den internationalen Standards angepaßt werden. Um diese durch das KapAEG geschaffenen schwer lösbaren Problemfelder zu umgehen ist diese Öffnung börsennotierten Konzernen vorbehalten.[735]

Den Rahmen, in dem der Gesetzgeber überhaupt handeln kann, bilden die Richtlinien der EU sowie deren Entscheidungen auf dem Gebiet der Rechnungslegung. Gegenwärtig ist eine Abänderung von IAS- und US-GAAP-Abschlüssen für die Vereinbarkeit mit den EG-Richtlinien erforderlich. Sieht man in der 4. und 7. EU-Richtlinie die Grundlage für ein einheitliches europäisches Rechnungslegungssystem, das (momentan) weder eine Trennung von Einzel- und Konzernabschlußregeln noch einen Unterschied hinsichtlich einer Börsennotierung vorsieht, so erscheint die geschaffene Situation selbst bei einer dynamischen Interpretation der Richtlinien als schwerlich mit diesen vereinbar,[736] zumal eine unterschiedliche Interpretation der Wertansätze der 4. EU-Richtlinie hinsichtlich Einzel- und Konzernabschluß nicht in Betracht kommt.[737] Einzig die Ergänzung bzw. Änderung der 4. und 7. EU-Richtlinie würde die uneingeschränkte Anwendung internationaler (Konzern-)rechnungslegungsregeln ermöglichen.

Um diese Differenzen zwischen nationaler/richtlinienkonformer Bilanzierung und IAS/IFRS (International Financial Reporting Standards) zu vermeiden überarbeitet die EU-Kommission momentan die gesellschaftsrechtliche Bilanzrichtlinie.[738] Die EU favorisiert für die Zukunft eine einheitliche Anwendung der IAS/IFRS; wird diese auf die Bundesrepublik bezogen, werden diesbezüglich keine *größeren Schwierigkeiten* gesehen, wobei sich diese Aussage nur auf die Abschlußprüfungen beziehen dürfte.[739] Ab dem 01.01.2005 sollen die an einem organisierten Kapitalmarkt tätigen Gesellschaften der Mitgliedstaaten ihren Konzernabschluß nach IAS/IFRS aufstellen.[740] Die Verpflichtung zur Aufstellung eines Konzernab-

---

Maßgeblichkeitsgrundsatz, Teil III; *Heymann/Henssler*, § 290 Rdn. 4; *Grammer*, SteuerStud 1998, 359, 364; *Euler*, in: Budde/Moxter/Offerhaus (Hrsg.), FS Beisse, S. 187; *Wollmert/Oser*, DB 2000, 729, 730.

[735] *Pellens/Bonse/Gassen*, DB 1998, 785, 791.
[736] *van Hulle*, WPg 1998, 138, 150 ff.
[737] IDW, WPg 1998, 183, 184.
[738] Vierte gesellschaftsrechtliche Richtlinie, 78/660/EWG, ABl. L 222/11 ff., zuletzt geändert am 27.09.2001, ABl. L 283/28 ff.; *Busse von Colbe*, BB 2002, 1583.
[739] *van Hulle/Lanfermann*, BB 2003, 1323, 1326.
[740] Mitteilung der EU-Kommission, Rechnungslegungsstrategie der EU: Künftiges Vorgehen, KOM (2000) 359 v. 13.06.2000; Verordnung EG 1606/2002 betreffend die Anwendung internationaler Rechnungslegungsstandards vom 19.07.2002, ABl. L 243/1 ff.

schlusses folgt unverändert aus dem (harmonisierten) nationalen Recht.[741] Gesellschaften, die zum Zweck ausländischer Notierung nach US-GAAP bilanzieren, sollen erst zum 01.01.2007 verpflichtet sein, ihren Konzernabschluß den IAS/IFRS anzupassen.[742] Nach dem momentanen Stand tritt § 292a HGB zum 31.12.2004 außer kraft; die IAS-VO verpflichtet somit die von ihr erfaßten Unternehmen ab 01.01.2005 bzw. 01.01.2007 zur Erstellung eines entsprechenden Abschlusses, Art. 4, 9 IAS-VO.[743] Es ist momentan offen, ob seitens der EU weitergehende Übergangsregelungen gewährt werden.

Den Mitgliedstaaten wird es vorbehalten, für die übrigen Konzernabschlüsse sowie die Einzelabschlüsse die Anwendung der IAS als Wahlrecht zu gestatten, als Pflicht verbindlich vorzuschreiben oder durch ein Verbot zu untersagen. Die Bundesregierung vertritt den Standpunkt, die Erstreckung der IAS-Regelungen einheitlich auf alle Konzern- und Einzelabschlüsse zu erweitern.[744] Der DSR sowie das IDW haben sich in unabhängigen Stellungnahmen gleichfalls für eine einheitliche Anwendung der IAS auf alle Konzern- sowie Einzelabschlüsse ausgesprochen, gegebenenfalls unter Gewährung weiterer Übergangsfristen.[745] Wenngleich eine unterschiedliche Rechnungslegung im Konzern- und Einzelabschluß auf Dauer nicht zu erwarten ist, sind mit einer positiv zu wertenden Beendigung der Dualität weitreichende und schwierige Konsequenzen, insbesondere eine Anpassung der gesellschafts- und steuerrechtlichen Bereiche, zu bewältigen.[746]

---

[741] Siebte gesellschaftsrechtliche Richtlinie, 83/349/EWG, ABl. L 193/1 ff., zuletzt geändert am 08.11.1990, ABl. L 317/57 ff.

[742] BMJ/BMF, Maßnahmenkatalog zur Stärkung der Unternehmensintegrität und des Anlegerschutzes, www.bmj.bund.de/ger/service/pressemitteilungen/10000668; *Seibert*, BB 2003, 693, 696.

[743] Vgl. Fußnote 740. Zu den unterschiedlichen Adressatenkreisen vgl. *Buchheim/Gröner*, BB 2003, 953, 954.

[744] Pressemitteilung der Bundesregierung v. 25.02.2002 (Nr. 10/2002); kritisch dazu *Euler*, BB 2002, 875, 880.

[745] IDW, Stellungnahme vom 15.05.2001, WPg 2001, 664 ff.; http://www.idw.de/idw/generator/property=Inhalt/id=301138.pdf; DSR, Stellungnahme vom 20.10.2002, http://www.standardsetter.de/drsc/docs/comments/own/BMJ_2002-10-20.pdf.

[746] IDW, WPg 2001, 664 ff.; befürwortend *Buchheim/Gröner*, BB 2003, 953, 955; zu den faktischen Konsequenzen fortgesetzter Dualität *Peemöller/Spanier/Weller*, BB 2002, 1799, 1800.

## g) Auswirkungen auf den Wirtschaftsprüferberuf

Für den Beruf des Wirtschaftsprüfers bedeutet die Öffnung für internationale Standards eine erhebliche Ausweitung der fachlichen Anforderungen.[747] Der erweiterte Bestätigungsvermerk, der eine Übereinstimmung mit den IAS oder US-GAAP bestätigt, verlangt fundierte Kenntnisse in den neuen Bereichen. Die Vereinbarkeit mit der 7. EU-Richtlinie ist ebenso zu überprüfen und zu testieren, was auch in diesem Bereich Kenntnisse erfordert. Ebenfalls zu testieren ist die Ausübung der Wahlrechte in Übereinstimmung mit den EU-Richtlinien, was deren Kenntnis und Auslegung voraussetzt. Dies bedeutet eine erhebliche Erweiterung der ohnehin hohen fachlichen Anforderungen, die in der Praxis nur von großen Wirtschaftsprüfungsgesellschaften erbracht werden kann. Die Polarisierung zwischen Wirtschaftsprüfungsgesellschaften einerseits und Einzelpraxen andererseits wird durch diesen weiteren Wettbewerbsvorteil verstärkt.[748]

Ob sich diese faktische Zweiteilung durch internationale Prüfungsstandards und Branchenkenntnissen dadurch reduzieren läßt, daß das IDW die ISA in deutsche Prüfungsstandards transformiert, so daß dann ein internationaler Prüfungsansatz für alle Jahresabschlüsse und damit auch alle Wirtschaftsprüfer gilt, ist anzuzweifeln.[749]

## h) Zusammenfassung

Als Ergebnis ist damit festzuhalten, daß alle von der Literatur begründet vorgetragenen Kritikpunkte nicht die Rechtmäßigkeit der Öffnungsklausel zu beseitigen vermögen. Aus rechtlicher, insbesondere verfassungsrechtlicher Sicht ist eine Durchbrechung des nationalen Dualismus aus Einzelbilanz und Konzernbilanz zulässig. Der Konzernabschluß ist keine Grundlage für die Gewinnausschüttung oder Besteuerung, sondern dient vorwiegend Informationsbedürfnissen. Bei den Kritikpunkten der Gleichwertigkeit und der Übereinstimmung mit den EU-Richtlinien vertritt die überwiegende Ansicht einen ergebnisorientierten Standpunkt, der Unvereinbarkeiten in Details nur unbefriedigend löst. Eine Änderung der EU-Richtlinien ist daher das rechtlich erstrebenswerte Ergebnis.[750]

---

[747] *Böcking/Orth*, DB 1998, 1241, 1246.
[748] *Pellens/Bonse/Gassen*, DB 1998, 785, 787. Auf eine Zweiteilung des Berufsstandes deutet dies aber nicht hin, vgl. *Böcking/Orth*, DB 1998, 1241, 1246.
[749] *Sell*, Bilanzdelikte, S. 53 f.
[750] Die Frage ob die deutsche Rechnungslegung an internationale Standards angepaßt werden muß und wenn ja, ob der eingeschlagene Weg der richtige ist, ist eine Frage der Zweckmäßigkeit und deshalb nicht Gegenstand dieser Ausführungen.

## 4. Regelungssysteme nach § 292a HGB

### a) Allgemeines

Weltweit sind gegenwärtig drei Normengefüge für die Rechnungslegung von Bedeutung: die *Generally Accepted Accounting Principles* (US-GAAP), die *International Accounting Standards* (IAS) und die Richtlinien der EU. Obwohl die zunehmende Internationalisierung der Kapitalmärkte und die vielfältigen Verflechtungen der Weltwirtschaft eine Vereinheitlichung der Rechnungslegung und deren Prüfung erfordern, besteht kein weltweit verbindliches Rechnungslegungssystem, das gleichzeitig nationale Unterschiede so aneinander anpaßt, daß von einer internationalen Gleichwertigkeit der Jahresabschlüsse gesprochen werden könnte.[751] Der deutsche Gesetzgeber versteht unter dem Begriff der *international anerkannten Rechnungslegungsgrundsätze* die IAS und die weit verbreiteten und akzeptierten US-GAAP.[752] Deren Systematik und Ausgestaltung soll zum besseren Verständnis der Unterschiede und der sich daraus für das Strafrecht ergebenden Konsequenzen im Folgenden kurz dargestellt werden.

### b) International Accounting Standards (IAS)

#### (1) Systematik

Das *International Accounting Standards Committee* (IASC) wurde im Jahre 1973 als privatrechtlich organisiertes weltweites Rechnungslegungsgremium von Berufsverbänden wirtschaftsprüfender Berufe gegründet. Das Ziel der Organisation ist es, internationale Rechnungslegungsgrundsätze zu erarbeiten, zu veröffentlichen und für deren weltweite Beachtung einzutreten.[753] Sowohl die Struktur als auch die Arbeitsergebnisse des IASC von dem angelsächsischen Rechnungslegungsverständnis geprägt.[754] Das IASC hat sich zur bedeutendsten Organisation mit weltweitem Aktionsgebiet im Bereich der Harmonisierung der Rechnungslegung ent-

---

[751] *Dörner/Schwengel*, DB 1997, 285; *Rost*, Rechnungslegung, S. 267.
[752] BT-Drucks. 13/9909, S. 12; MüKo HGB/*Busse von Colbe*, § 292a Rdn. 14.
[753] *Kaminski*, in: IDW (Hrsg.), WP-Handbuch, Abschnitt B, Rdn. 75; IAS Explained, S. 5.
[754] Diese Dominanz wird sich künftig auch nicht ändern. In dem Entscheidungsorgan, dem *Board* des IASC, hat der kontinentaleuropäische Block selbst bei geschlossener Stimmabgabe keine beschlußfähige Mehrheit, *Grammer*, SteuerStud 1998, 359, 362; *Pellens/Füllbier/Ackermann*, DB 1996, 285, 287; *Gräfer/Demming*, in: Gräfer/Demming (Hrsg.), Rechnungslegung S. 20; *Förschle/Holland/Kroner*, S. 2.

wickelt und zählt momentan ca. 140 Mitglieder aus über 100 Staaten.[755] Das maßgebliche Organ ist das *Board* des IASC,[756] welches sich aus Angehörigen wirtschaftsprüfender Berufe und der Industrie aus 13 Ländern, sowie vier international ausgerichtete Organisationen zusammensetzt, die ein Interesse an der Gestaltung von Jahresabschlüssen besitzen. Ihm obliegen die Themenauswahl, die Diskussion während des Entwicklungsprozesses sowie die endgültige Verabschiedung der IAS.[757] Die auf eine Selbstfinanzierung angewiesene Organisation wird zu einem großen Teil von den weltgrößten Wirtschaftsprüfungsgesellschaften getragen.[758]

Das IASC hat seine Arbeitsergebnisse in einem *Framework for the Preparation and Presentation of Financial Statements* und in bislang 39 IAS zusammengefaßt.[759] Das im Jahre 1989 veröffentlichte Framework ist als eine theoretische Grundlage zu verstehen, deren Relevanz insbesondere darin liegt, bestehende Lücken zu schließen oder Auslegungszweifel zu beseitigen.[760] Es ist im Verhältnis zu den einzelnen IAS nachrangig. Letztere bilden ein für zukünftige Entwicklungen offenes System.

Von dem Bemühen nach möglichst weitgehender Anerkennung gekennzeichnet, enthielten die IAS bis 1988 zahlreiche Wahlrechte um den zwischen anglo-amerikanischen und kontinentaleuropäischen Rechnungslegungssystemen bestehenden Konflikt zu umgehen. Sowohl nach US-GAAP als auch nach EU-Richtlinien erstellte Jahresabschlüsse waren IAS-konform.[761] Im Rahmen des *Comparability Projects* wurde eine Vielzahl der Wahlrechte gestrichen, um eine Vergleichbarkeit der Jahresabschlüsse zu ermöglichen.[762]

Die IAS erzeugten in den im IASC vertretenen Ländern bislang keine unmittelbaren Rechtswirkungen.[763] Dies kann sich zukünftig durch eine mögliche Aner-

---

[755] v. *Eitzen*, Wirtschaftsprüfer, S. 30, 151. Der Mitgliederkreis des IASC ist identisch mit dem der International Federation of Accountants (IFAC). Da sich einzelne Staaten bei der IFAC durch mehrere Institutionen vertreten lassen können, übersteigt die Zahl der Mitglieder die Anzahl der vertretenen Staaten.

[756] Deutsches Mitglied ist das IDW. Nach Entsendung eines Mitgliedes in den Board des IASC sind auch die deutschen Unternehmen in diese Empfehlungen eingebunden.

[757] *Haller*, DB 1993, 1297, 1298.

[758] *Grammer*, SteuerStud 1998, 359, 363.

[759] Am 01.01.1999 waren von diesen 31 in Kraft getreten.

[760] *Grammer*, SteuerStud 1998, 359, 363.

[761] *Grammer*, SteuerStud 1998, 359, 363.

[762] Heymann/*Henssler*, vor § 290 Rdn. 15.

[763] *Kleekämer/Kuhlewind/Alvarez*, in: Baetge/Dörner/Kleekämper/Wollmert (Hrsg.), Rechnungslegung nach IAS, Kapitel 1, Rdn. 107; *Euler*, in: Budde/Moxter/Offerhaus (Hrsg.), FS Beisse, S. 183; Heymann/*Henssler*, vor § 290 Rdn. 14.

kennung der IAS als weltweiter Zulassungsstandard an Wertpapierbörsen durch die privatrechtliche Internationale Organisation der Börsenaufsichtsbehörden (IOSCO) ändern. Diese hat der IASC im Jahr 1987 eine Zusammenarbeit dergestalt vorgeschlagen, zur Börsenzulassung ausländischer Unternehmen einen nach den IAS aufgestellten Konzernabschluß ohne zusätzliche Bedingungen zu akzeptieren, sofern dis IAS zu einem in sich geschlossenen System mit eingeschränkten Wahlrechten weiterentwickelt werden, welches unter Anhebung der Anforderungen den Informations- und Schutzbedürfnissen der Anleger entspricht.[764] Die IOSCO versteht darunter eine weitergehende Annäherung der IAS an die US-GAAP.[765] Ob die IOSCO die bestehenden und überarbeiteten IAS grundsätzlich akzeptieren wird bleibt wegen der Schwierigkeiten in der Vergangenheit abzuwarten.[766]

(2) Bestandteile

Nach IAS 1, § 7 umfaßt ein IAS-Abschluß die folgenden Bestandteile:
- Bilanz,
- Gewinn- und Verlustrechnung,
- eine Aufstellung, die entweder
  - sämtliche Veränderungen des Eigenkapitals oder
  - sämtliche Veränderungen des Eigenkapitals, die nicht durch Kapitaltransaktionen mit Eigentümern und Ausschüttungen an die Eigentümer entstehen, darstellt,
- Kapitalflußrechnung und
- Bilanzierungs- und Bewertungsmethoden sowie erläuternde Anhangangaben.

Ein Lagebericht ist nicht zwingend vorgeschrieben. In IAS 1, § 8 wird aber die Veröffentlichung von Informationen, die Unternehmenslage betreffend, empfohlen. Mögliche Bestandteile umschreibt IAS 1, § 8 wie folgt:

---

[764] Begr. RegE, BR-Drucks. 967/96, S. 10; *Ernst/Seibert/Stuckert*, S. 132.
[765] *Goebel*, DB 1995, 2489. In diesem Zuge hat das IASC bislang in zehn IAS die im Interesse kontinentaleuropäischer Staaten bestehenden Wahlrechte eingeschränkt. Sechs dieser ab 1. Januar 1995 anzuwendenden IAS sind daher mit dem deutschen Vorsichtsprinzip nur noch eingeschränkt vereinbar. Dadurch wird es zunehmend schwerer, durch eine entsprechende Ausübung der Wahlrechte eine Übereinstimmung deutscher Konzernabschlüsse mit den Anforderungen der IAS zu erzielen, Begr. RegE, BR-Drucks. 967/96, S. 10; *Ernst/Seibert/Stuckert*, S. 131.
[766] *Förschle/Holland/Kroner*, S. 7. Der Zeitplan sah vor, die uneingeschränkte Anwendung der IAS durch die IOSCO zum 1.1.1999 auszusprechen. Dies wurde aber nicht vollständig verwirklicht.

„Der Bericht könnte einen Überblick geben über die Hauptfaktoren und Einflüsse, welche die Ertragslage bestimmen, einschließlich der Veränderungen des Umfeldes, in dem das Unternehmen operiert, die Reaktionen des Unternehmens auf diese Veränderungen und deren Auswirkungen auf die Investitionspolitik des Unternehmens, um die Ertragslage einschließlich der Dividendenpolitik zu erhalten und zu verbessern,

die Finanzierungsquellen des Unternehmens, die Grundsätze bezüglich des Verschuldungsgrades sowie die Grundsätze des Risikomanagements und

die Stärken und Ressourcen des Unternehmens, deren Wert sich nicht in einer nach IAS erstellten Bilanz wiederspiegelt."

Nicht beinhalten die IAS hingegen Standards über Form und Inhalt eines zu erteilenden Testats. Dies richtet sich nach den jeweiligen nationalen Vorschriften.

c) *Generally Accepted Accounting Principles* (US-GAAP)

(1) Systematik

In den USA ist die 1934 gegründete Börsenaufsichtsbehörde, die *Security Exchange Commission* (SEC), für die Erarbeitung und Veröffentlichung von Rechnungslegungsstandards primär zuständig.[767] Diese Funktion wurde auf ein vom Berufsstand der amerikanischen Wirtschaftsprüfer geschaffenes Komitee übertragen, das seitdem mehrmals abgelöst wurde.[768] Seit 1973 ist das privatrechtlich organisierte *Financial Accounting Standards Board* (FASB) das maßgebliche Standardisierungsgremium.[769] Seine Autorität begründet sich einerseits auf der Kompetenzverleihung der SEC, andererseits auf der Verpflichtung des *American Institute of Certified Public Accountants* (AICPA), dessen Verlautbarungen sowohl bei der Prüfung von börsennotierten, als auch von nicht börsennotierten Gesellschaften zu befolgen. Durch diese Anerkennung kommt den US-GAAP, deren zentralen Bestandteil die Verlautbarungen des FASB und seiner Vorgängerorganisationen bilden, Gesetzesqualität zu.[770]

Ähnlich wie beim Begriff der Grundsätze ordnungsgemäßer Buchführung handelt es sich bei den US-GAAP um einen unbestimmten Rechtsbegriff ohne gesetz-

---

[767] Securities Exchange Act von 1934, KPMG (Hrsg.), Rechnungslegung, S. 4 f., 325 ff.
[768] Accounting Release Series Nr. 4 von 1938. Näher dazu *Grammer*, SteuerStud 1998, 359, 360.
[769] *Haller*, Rechnungslegung, S. 54; KPMG (Hrsg.), Rechnungslegung, S. 8; *Niehus/Thyll*, US-GAAP, S. 3.
[770] Heymann/*Henssler*, vor § 290 Rdn. 20; *v. Eitzen*, Wirtschaftsprüfer, S. 167; *Niehus/Thyll*, US-GAAP, S. 5.

liche Definition.[771] Die einzelnen US-GAAP-Quellen werden in einem hierarchischen Gliederungssystem zusammengefaßt, dem sog. *House of GAAP*.[772] Es ist nicht eindeutig, was alles zu den US-GAAP zählt bzw. wie diese zu ermitteln sind.[773] Nach ihrer Entstehungsgeschichte sind sie zu unterscheiden in formelle Prinzipien *(promulgated principles)* und informelle Prinzipien *(non-promulgated principles)*.[774] Die formellen US-GAAP sind von den dazu ermächtigten Institutionen herausgegebene Verfahrensnormen und Grundsätze. Die informellen haben sich in der Praxis entwickelt. Als US-GAAP erlangen Rechnungslegungspraktiken aber erst Bedeutung, wenn sie zuvor von den offiziellen Gremien, in erster Linie der SEC, akzeptiert werden.

Seit 1992 werden die US-GAAP nach den für Abschlußprüfer verbindlichen SAS *(Statements on Auditing Standards)* in fünf Ordnungen eingeteilt, wobei der Konkretisierungsgrad und der Anwendungsvorrang der US-GAAP von der 1. Ordnung bis zur 5. Ordnung kontinuierlich abnimmt.[775] Zur Regelung offener Detailfragen besitzt die betriebswirtschaftliche Literatur innerhalb der 5. Ordnung einen erheblichen Einfluß. Zu dieser Gruppe werden ebenfalls die *Statements of Financial Accounting Concepts* gerechnet, die das sog. *Conceptual Framework* des FASB bilden. Dieses *Framework* ist eine Zusammenfassung bestehender Rechnungslegungsgrundsätze und bildet die Basis für die Entwicklung zukünftiger Standards.[776]

Diese Grundsätze lassen sich wie folgt schlagwortartig zusammenfassen:

- Grundsatz der *fair presentation*
  Er verlangt die wahrheitsgemäße Darstellung der wirtschaftlichen Situation des Unternehmens. Primär wird von den Informationen verlangt, daß sie für Investorinteressen Relevanz und Zuverlässigkeit besitzen.[777] Sekundär sollten die Grundsätze der Vergleichbarkeit und der Stetigkeit beachtet werden.[778]

---

[771] *v. Eitzen*, Wirtschaftsprüfer, S. 167; *Grammer*, SteuerStud 1998, 359, 361.
[772] Eingehender dazu *Kuhlewind*, Bilanzrechtstheorie, S. 25 ff., 27; KPMG (Hrsg.), Rechnungslegung, S. 5; *v. Eitzen*, Wirtschaftsprüfer, S. 169 ff.; *Niehus/Thyll*, US-GAAP, S. 16 ff.; *Grammer*, SteuerStud 1998, 359, 360. Zurückgeführt wird die Bezeichnung auf *Rubin*, Journal of Accountancy, Vol. 157 (Juni 1984), S. 122-129.
[773] *Haller*, Rechnungslegung, S. 74.
[774] *Haller*, Rechnungslegung, S. 66 ff.; *v. Eitzen*, Wirtschaftsprüfer, S. 168.
[775] *v. Eitzen*, Wirtschaftsprüfer, S. 169; *Niehus/Thyll*, US-GAAP, S. 16 f.
[776] *Kuhlewind*, Bilanzrechtstheorie, S. 33.
[777] *Heymann/Henssler*, vor § 290 Rdn. 20; *Haller*, Rechnungslegung, S. 199 ff.; *Kuhlewind*, Bilanzrechtstheorie, S. 61; *v. Eitzen*, Wirtschaftsprüfer, S. 170.
[778] *v. Eitzen*, Wirtschaftsprüfer, S. 171.

- Grundsatz des *accrual principle*
  Dieser Grundsatz beinhaltet die periodengerechte Erfolgsermittlung.[779] Wie in der deutschen Rechnungslegung werden hieraus die Unterprinzipien des Realisationsprinzips und der Rechnungsabgrenzung gebildet.
- Das *going-concern principle*
  Zu den grundlegenden Prinzipien zählt auch das Prinzip der Unternehmensfortführung.[780]
- Das Prinzip *substance over form* (wirtschaftliche Betrachtungsweise)
  Die wirtschaftliche Betrachtungsweise ist bezeichnend für die amerikanische Rechnungslegung, das operative Jahresergebnis festzustellen. Entscheidend ist nicht das juristische Eigentum, sondern die wirtschaftliche Wirkung einer Sachverhaltsgestaltung, also das wirtschaftliche Eigentum.[781]
- Wesentlichkeitsgrundsatz
  Nach diesem Kriterium sollen nur wesentliche Sachverhalte in den Jahresabschluß eingehen.[782] Unwesentliche Vorgänge unterliegen damit nicht den Regelungen der US-GAAP.

Der maßgebliche Abschluß nach diesem Rechnungslegungssystem ist der Konzernabschluß, an dem sich auch die Höhe der Ausschüttungen orientiert.[783]

(2) Bestandteile

US-Jahresabschlüsse unterliegen wesentlich geringeren Formerfordernissen als die nach Handelsrecht zu erstellenden; dort gilt der Grundsatz *substance over form*.[784] Grundsätzlich besteht ein nach US-GAAP erstellter Jahresabschluß aus folgenden Bestandteilen:

- der Bilanz (*balance sheet*),[785]
- der Gewinn- und Verlustrechnung (*income statement*),[786]
- dem Anhang (*notes*),[787]
- der Kapitalflußrechnung (*statements of cash flows*)[788] und

---

[779] *Kuhlewind*, Bilanzrechtstheorie, S. 107.
[780] *Kuhlewind*, Bilanzrechtstheorie, S. 77 f; *Niehus/Thyll*, US-GAAP, S. 14.
[781] *Kuhlewind*, Bilanzrechtstheorie, S. 66 f; *Niehus/Thyll*, US-GAAP, S. 15.
[782] *Kuhlewind*, Bilanzrechtstheorie, S. 94 f; *Niehus/Thyll*, US-GAAP, S. 15.
[783] *Förschle/Holland/Kroner*, S. 6 f..
[784] *Kuhlewind*, Bilanzrechtstheorie, S. 76 f; *Niehus/Thyll*, US-GAAP, S. 67.
[785] *Haller*, Rechnungslegung, S. 289 ff.; KPMG (Hrsg.), Rechnungslegung, S. 35 ff.
[786] *Haller*, Rechnungslegung, S. 271 ff.; KPMG (Hrsg.), Rechnungslegung, S. 133 ff.
[787] *Haller*, Rechnungslegung, S. 365 ff.; KPMG (Hrsg.), Rechnungslegung, S. 19 ff.

- der Eigenkapitalentwicklung (*Statement of Changes in Stockholders' Equity*).[789]

Die Erteilung eines Testats richtet sich bei diesem Rechnungslegungssystem ebenfalls nach den nationalen Vorschriften des jeweiligen Staates.

d) Vergleich zur HGB-Rechnungslegung

Die Rechnungslegungssysteme unterscheiden sich hinsichtlich ihrer Herkunft und insbesondere Zielsetzung von der HGB-Rechnungslegung. Die handelsrechtliche Rechnungslegung einerseits und die US-amerikanische andererseits stellen jeweils die stärksten Ausprägungen der kontinental-europäischen bzw. der anglo-amerikanischen Rechnungslegungskonzeptionen dar.[790]

Die Rechnungslegung nach dem Verständnis des Handelsrechts verfolgt mehrere Ziele. Primär stehen dabei die Anteilseigner- und die Gläubigerinteressen im Vordergrund. Diese werden teilweise als gleichwertig angesehen, teilweise überwiegen die Gläubigerinteressen. Das Gläubigerschutzprinzip nach deutschem Recht erfährt seine Ausprägungen unter anderem durch das Vorsichtsprinzip, das Imparitätsprinzip und das Anschaffungskostenprinzip. Der hohe Stellenwert des Gläubigerschutzes resultiert aus der Verknüpfung von Bilanz- und Gesellschaftsrecht. Weiteres Bilanzziel ist auch die Ermittlung eines ausschüttbaren Gewinns (=Zahlungsbemessungsfunktion), sowie (bei der Steuer- bzw. Einheitsbilanz) die Ermittlung eines steuerpflichtigen Gewinns. Da diese Ziele teilweise in einem Konflikt zueinander stehen, kann die handelsrechtliche Rechnungslegung als Versuch einer Konfliktbewältigung zwischen Informationsinteressen und unterschiedlichen Ausschüttungsbemessungsgrenzen umschrieben werden.[791] Im Rahmen der Ausschüttung dominieren dabei die Kapitalerhaltungsinteressen. Der Vorteil dieses Systems liegt damit darin, daß es den Bestand des Unternehmens langfristig sichert. Es wird nicht das betriebswirtschaftlich richtige Ergebnis, sondern nur der Gewinn ermittelt, das bedenkenlos versteuert und ausgeschüttet werden kann.

Im Gegensatz dazu steht die anglo-amerikanische Ausrichtung der Rechnungslegung ausschließlich auf eine geeignete Information der Rechnungslegungsadressaten über einen periodengerechten Vermögenszuwachs (=periodengerechte Ge-

---

[788] *Haller*, Rechnungslegung, S. 351 ff.; KPMG (Hrsg.), Rechnungslegung, S. 143 ff.
[789] KPMG (Hrsg.), Rechnungslegung, S. 155 ff.
[790] v. *Eitzen*, Wirtschaftsprüfer, S. 155.
[791] Aus dieser Prämisse eines Interessenausgleiches resultiert die Forderung nach Neutralität des Wirtschaftsprüfers, *Schroers*, Abschlußprüfer, S. 102.

winnermittlung), die für wirtschaftliche Entscheidungen nützlich sind.[792] Dabei ist die Bewertung nicht an den Grundsatz der nominellen Kapitalerhaltung gebunden. Da dieses System nicht den Zweck der Zahlungsbemessungsfunktion verfolgt, können daher sowohl der Bilanzzweck als auch die Regeln zu seiner Erstellung einseitiger ausgerichtet werden.

### 5. *Konsequenzen des § 292a HGB für die §§ 331 ff. HGB*

Es ist die Frage zu beantworten, welche strafrechtlichen Konsequenzen für den Wirtschaftsprüfer daraus entstehen, daß eine Gesellschaft von der Befreiungsmöglichkeit des § 292a HGB Gebrauch macht. Die §§ 331 ff. HGB sind auf bisher nicht erkannte Strafbarkeitslücken bzw. Erweiterungen der strafrechtlichen Verantwortlichkeit wegen der durch § 292a HGB erweiterten Prüfungsanforderungen zu untersuchen. Insbesondere ist dabei die Frage zu diskutieren, ob und gegebenenfalls wie das deutsche Strafrecht die Einhaltung der internationalen Rechnungslegungsgrundsätze im gleichen Umfang schützt wie die handelsrechtliche Rechnungslegung.

### a) Auswirkungen auf § 332 HGB

Da nach § 292a II Nr. 5 HGB der Prüfer nicht zu dem in § 319 HGB genannten Personenkreis gehören muß, ist es nunmehr möglich, einen ausländischen Prüfer am Ort des in Anspruch genommenen Kapitalmarktes zu bestellen.[793] Für § 332 HGB ist daher in den folgenden Untersuchungen zwischen einer inländischen und einer ausländischen Prüfung zu differenzieren.

### (1) Deutsche Prüfung und Testat

Zunächst ist die Frage nach der Anwendbarkeit von den handelsrechtlichen Prüfungsnormen und damit auch der Strafnormen zu beantworten.

§ 292a I 1 HGB befreit von der Einhaltung der Vorschriften über die Aufstellung eines Konzernabschlusses und Konzernlageberichts nach §§ 290-315 HGB.

---

[792] v. *Eitzen*, Wirtschaftsprüfer, S. 169. Betriebswirtschaftlich ist dieses Ergebnis das richtigere, *ders.*, S. 177.
[793] Heymann/*Henssler*, § 292a Rdn. 15; Ebenroth/Boujong/Joost/*Wiedmann*, § 292a Rdn. 21; BBK/*Berger*/*Lütticke*, § 292a Rdn. 36.

Von anderen Pflichten, insbesondere der Prüfungspflicht, befreit er nicht.[794] Die Prüfungsanforderungen bei einem befreiten Konzernabschluß ergeben sich weiterhin aus § 317 HGB.[795] Insoweit wird kein neuer Maßstab für die Vorgehensweise und den Umfang der Abschlußprüfung in das deutsche Recht eingeführt. Ebenso gelten das Berufsrecht und die Grundsätze ordnungsgemäßer Berufsausübung weiter.[796] Die Öffnungsklausel bedeutet also nicht die Übernahme ausländischer Prüfungstechniken und -anforderungen. Der Konzernabschluß ist von einem nach § 318 HGB bestellten Konzernabschlußprüfer zu prüfen. Da es sich bei dieser Prüfung um eine Prüfung nach den §§ 316 ff. HGB handelt, richten sich die Berichts- und Testatspflicht nach §§ 321, 322 HGB.[797] Damit ist der § 332 HGB hinsichtlich Prüfungsbericht und Testat auch auf den befreienden Konzernabschluß nach § 292a HGB anzuwenden.

Wird zur Herstellung der Gleichwertigkeit ein handelsrechtlicher Konzernlagebericht erstellt, so ist die Anwendung des § 332 HGB unproblematisch. Sowohl Prüfung als auch Testat des Konzernlageberichts erfolgen dann nach § 315 HGB, da es nach den international anerkannten Rechnungslegungen kein dem Konzernlagebericht entsprechendes Äquivalent gibt bzw. von der Möglichkeit, die Gleichwertigkeit durch die Berichtsinstrumente der internationalen Rechnungslegung erweiternde Angaben herzustellen, kein Gebrauch gemacht wurde. Weicht der Wirtschaftsprüfer von den handelsrechtlichen Vorgaben ab, testiert aber eine Prüfung nach HGB, liegt ein inhaltlich unrichtiger Bestätigungsvermerk vor, da die Prüfungsfeststellungen nicht mit dem Testat übereinstimmen.[798]

Die Strafnorm des § 332 HGB ist damit auf die Prüfungen des befreienden Konzerabschlusses bzw. Konzernlageberichts anwendbar. Inhalt und Umfang der strafrechtlich sanktionierten Verhaltensweisen entsprechen den einer deutschen Jahresabschlußprüfung.

(2) Erstreckung auf die Zusatzangaben in § 292a HGB

Der Abschlußprüfer ist nach § 292a II Nr. 5 HGB verpflichtet, die tatsächliche Übereinstimmung mit international anerkannten Rechnungslegungsgrundsätzen

---

[794] Adler/Düring/Schmaltz, § 292a Rdn. 47; BBK/*Berger/Lütticke*, § 292a Rdn. 35; *Wollmert/Oser*, DB 2000, 729, 734.
[795] So auch *Ruhnke/Schmidt/Seidel*, BB 2002, 138, 141.
[796] *Niehus*, in: Matschke/Schildbach (Hrsg.): FS Sieben, S. 487 f.
[797] Adler/Düring/Schmaltz, § 292a Rdn. 48 f.; Ebenroth/Boujong/Joost/*Wiedmann*, § 292a Rdn. 21; BBK/*Berger/Lütticke*, § 292a Rdn. 36.
[798] Staub/*Dannecker*, § 332 Rdn. 23.

und das Vorliegen der Voraussetzungen für die befreiende Wirkung zu prüfen und zu testieren. Zu Recht weist die Literatur darauf hin, daß diese Vorschrift nicht als lex specialis zu der allgemeinen Prüfungsvorschrift des § 321 HGB zu verstehen ist. Diese Angaben sind zusätzlich zu den dort genannten zu prüfen und zu testieren.[799]

Angesichts des Wortlauts des § 332 HGB einschließlich der Klammerverweisungen auf § 321 HGB für den Prüfungsbericht bzw. § 322 HGB für den Bestätigungsvermerk ist fraglich, ob die zusätzlichen durch § 292a HGB geforderten Angaben von § 332 HGB erfaßt werden.

Die Worte *Prüfungsbericht* und *Bestätigungsvermerk* stellen normative Verweisungen dar. Unzweifelhaft ist der Tatbestand einschließlich der Verweisungen im Sinne der Art. 103 II GG, § 1 StGB so hinreichend bestimmt, daß er eine zuverlässige und feste Grundlage für die Rechtsprechung bilden kann.[800]

Der Gesetzgeber hat den Charakter der normativen Verweisung auf die konkretisierenden Normen besonders deutlich durch die jeweilige Klammerverweisung zusätzlich hervorgehoben.[801] Diese besondere Abgrenzungsschärfe ist neben einer eindeutigen Verweisung als Besonderheit des § 332 HGB hervorzuheben. Je genauer eine Festlegung erfolgt, desto eindeutiger ist die Norm umschrieben, auf die sich die Verweisung bezieht. Im Umkehrschluß bedeutet diese genaue Grenzziehung, daß ausschließlich auf die Normen der §§ 321, 322 HGB mit ihrem jeweiligen Inhalt abzustellen ist.

Bei einer genauen Betrachtung der §§ 321, 322 HGB ist festzustellen, daß die nach § 292a II Nr. 5 HGB geforderten Prüfungsfeststellungen dort nicht erwähnt sind. Das Fehlen dieser Angaben in §§ 321, 322 HGB ist um so erstaunlicher, als diese Normen durch das KonTraG vollständig neu gefaßt wurden und dieses Gesetz in einem inneren Zusammenhang mit dem KapAEG zu sehen ist.[802]

Das bedeutet, daß die zusätzlich zu testierenden Angaben in § 292a II Nr. 5 HGB des Vorliegens der Befreiungsvoraussetzungen in Prüfungsbericht und Bestätigungsvermerk nicht vom Tatbestand des § 332 HGB erfaßt werden. Damit besteht eine Strafbarkeitslücke.

Das heißt, daß sowohl der unzutreffende Bericht als auch das unrichtige Testat über

---

[799] BBK/*Berger/Lütticke*, § 292a Rdn. 35; Ebenroth/Boujong/Joost/*Wiedmann*, § 292a Rdn. 21 f.; Heymann/*Herrmann*, § 292a Rdn. 15; *Ordelheide*, WPg 1996, 548.
[800] Vgl. Schönke/Schröder/*Eser*, § 1 Rdn. 18.
[801] *Tiedemann*, in: Krekeler/Tiedemann/Ulsenheimer (Hrsg.), HWiStR, Art. Blankettstrafgesetz, S. 1.
[802] *Böcking/Orth*, DB 1998, 1241, 1242.

- die Angabe der international anerkannten Rechnungslegungsgrundsätze,
- den Einklang mit der 4. und 7. Richtlinie der EU,
- die Gleichwertigkeit der Aussagekraft des Abschlusses mit einem den EU-Richtlinien entsprechenden Jahresabschluß und
- die Erfüllung der Voraussetzungen für die Befreiung

nicht nach § 332 HGB strafbar sind.[803]

Zur Schließung dieser Lücke ist in den §§ 321, 322 HGB jeweils ein neuer Absatz bzw. Satz notwendig, dessen Formulierung wie folgt lauten könnte:

> „Wurde von der Befreiungsmöglichkeit des § 292 HGB Gebrauch gemacht, so ist das Vorliegen der diesbezüglichen Voraussetzungen gesondert zu berichten/bestätigen."

(3) Ausländische Prüfung und Testat

Für den Konzernabschluß und den Konzernlagebericht ist die Aufstellung in deutscher Sprache nicht gesetzlich kodifiziert, ergibt sich aber aus dem Grundsatz der Klarheit. § 292a HGB befreit hiervon, da sich das Spracherfordernis nur auf die Offenlegung bezieht. Eine Aufstellung in einer fremden Sprache ist damit nicht ausgeschlossen, solange diese für die Offenlegung übersetzt wird. Dabei bleibt fraglich, welche Fassung der Abschlußprüfer zu prüfen und zu testieren hat.[804]

Der Abschlußprüfer muß nach § 318 HGB bestellt sein, braucht dabei aber nicht aus dem Auswahlkreis des § 319 HGB zu stammen.[805] Das bedeutet konkret, daß ein ausländischer Prüfer am Ort eines in Anspruch genommenen Kapitalmarktes gewählt werden kann. Damit stellt sich die Frage, ob der § 332 HGB auf ein anzuerkennendes ausländisches Testat Anwendung findet.

Nach §§ 3, 9 StGB findet zur Bestimmung des Tatortes das sog. Ubiquitätsprinzip Anwendung, wonach in örtlicher Hinsicht die Tat sowohl dort als begangen gilt, wo ein Tatbeteiligter gehandelt hat, als auch dort, wo ein tatbestandsmäßiger Erfolg eingetreten ist.[806] Bei sog. Distanzdelikten, bei denen der Ort der Handlung und des Erfolges auseinanderfallen, gelten beide Orte als Tatort.[807] Andererseits folgt aus der gesetzlichen Formulierung des *zum Tatbestand gehörenden Erfolges*, daß bloße Auswirkungen der Tat, die für die Tatbestandsverwirklichung nicht mehr

---

[803] So auch Staub/*Dannecker*, § 332 Rdn. 34.
[804] *Küting/Hütten*, WPg 1999, 12, 14.
[805] BBK/*Berger/Lütticke*, § 292a Rdn. 36; Heymann/*Henssler*, § 292a Rdn. 15.
[806] Schönke/Schröder/*Eser*, § 9 Rdn. 3.
[807] Schönke/Schröder/*Eser*, § 9 Rdn. 3.

relevant sind, keinen Tatort begründen können.[808] So ist es konsequent, daß bei abstrakten Gefährdungsdelikten neben dem Ort der abstrakt gefährlichen Handlung nicht auch noch jener Ort, an dem die Gefährdung zu einer konkreten umschlägt oder einen Schaden bewirkt, zu einem weiteren Tatort wird.[809] Nach zutreffender und ganz überwiegender Ansicht wird § 332 HGB als abstraktes Gefährdungsdelikt eingeordnet, wobei die Vollendung beim schriftlichen Prüfungsbericht mit Eingang des Berichts beim Aufsichtsrat, beim Bestätigungsvermerk hingegen schon mit der abschließenden Unterzeichnung gegeben ist.[810] Damit ist allein der Tätigkeitsort ausschlaggebend. Dies ist überall dort, wo der Täter eine auf die Tatbestandsverwirklichung gerichtete Tätigkeit ausgeübt hat.[811] Handlungen, die über die tatbestandsmäßigen Handlungen hinausgehen und der Beendigung dienen, also dem Abschluß der Rechtsgutsverletzung, vermögen nicht einen eigenen Tatort zu begründen.[812] Für den Fall, daß Prüfungsbericht und Testat im Ausland angefertigt werden hat das zur Folge, daß dort der Ort des Handels liegt. Im Fall des Prüfungsberichts wird ein weiterer Tätigkeitsort beim Sitz der Kapitalgesellschaft durch den für die Vollendung notwendigen Zugang des Berichts geschaffen. Im Fall des Bestätigungsvermerks wird kein weiterer Tätigkeitsort begründet, da die Vollendung bereits im Ausland mit der Unterzeichnung erfolgt ist. Die Erteilung eines inhaltlich unrichtigen Bestätigungsvermerks eines ausländischen Abschlußprüfers ist damit nach § 332 HGB nicht strafbar.

Eine Strafbarkeit kann auch nicht nach den Katalogen der §§ 5, 6 StGB begründet werden. Nur bei gleichzeitigem Vorliegen des Tatbestandes eines Subventionsbetruges nach § 264 StGB ist das deutsche Strafrecht nach § 6 Nr. 8 StGB einschlägig.

Der Geltungsbereich des deutschen Strafrechts wird auch nicht durch § 7 StGB erweitert, wonach eine gegen einen Deutschen begangene Auslandsstraftat strafbegründend wirkt. Der Begriff des Deutschen orientiert sich am RuStaG und setzt eine natürliche Person voraus, keine Kapitalgesellschaft.[813]

---

[808] Schönke/Schröder/*Eser*, § 9 Rdn. 6.
[809] Schönke/Schröder/*Eser*, § 9 Rdn. 6 m.w.N.; LK/*Gribbohm*, § 9 Rdn. 20.
[810] Heyman/*Otto*, § 332 Rdn. 4; Geilen/Zöllner, § 403 Rdn. 35; AktG GK/*Klug*, § 403 Anm. 6; a.A. für den Bestätigungsvermerk: Staub/*Dannecker*, § 332 Rdn. 58; BBK/*Hense*, § 332 Rdn. 40; MüKo HGB/*Quedenfeld*, § 332 Rdn. 39; Erbs/Kohlhaas/*Schaal*, § 332 Rdn. 40 (erst mit Zugang an den Vorstand).
[811] Schönke/Schröder/*Eser*, § 9 Rdn. 4; LK/*Gribbohm*, § 9 Rdn. 7.
[812] Dannecker, NStZ 1985, 49, 51; Schönke/Schröder/*Eser*, § 9 Rdn. 4; LK/*Gribbohm*, § 9 Rdn. 9; a.A. OLG Düsseldorf, MDR 1988, 515.
[813] Schönke/Schröder/*Eser*, vor §§ 3-7 Rdn. 34.

#### (4) Zusammenfassung

Als Ergebnis ist damit festzustellen, daß sich für § 332 HGB keine Veränderungen für den Wirtschaftsprüfer ergeben. Prüfungs- und Berichtspflicht folgen sowohl für den internationalen als auch den deutschen Konzernabschluß aus den §§ 321, 322 HGB. Auf die zusätzlichen Berichtserfordernisse des § 292a II Nr. 5 HGB findet § 332 HGB mangels Verweisung keine Anwendung; es liegt eine Strafbarkeitslücke vor. Dementsprechend hat sich die Relevanz des § 332 HGB und damit das strafrechtliche Risiko durch das KapAEG nicht verändert.

§ 332 HGB findet auf ein inhaltlich unrichtiges ausländisches Testat keine Anwendung; ein inhaltlich unrichtiger Prüfungsbericht unterfällt hingegen dem Anwendungsbereich der Norm.

### b) Auswirkungen auf § 331 Nr. 2 HGB

Auch § 331 Nr. 2 HGB ist auf durch das KapAEG entstandene Änderungen zu untersuchen. Dabei ist unter anderem der Frage nachzugehen, ob die in § 332 HGB aufgedeckte Strafbarkeitslücke hinsichtlich der ergänzenden Angaben nach § 292a II Nr. 5 HGB von § 331 Nr. 2 HGB – bei Vorliegen der entsprechenden subjektiven Voraussetzungen – erfaßt wird. Wegen des Sonderdeliktcharakters kann § 331 HGB für den Wirtschaftsprüfer nur über eine Teilnahme nach § 27 StGB mit notwendigem doppeltem Gehilfenvorsatz Bedeutung erlangen.

#### (1) Anwendbarkeit

Bei dieser Norm stellt sich die Frage, ob die Tatbestandmerkmale des *Konzernabschlusses*, des *Konzernalgeberichts* oder des *Konzernzwischenabschlusses* sich ausschließlich auf die handelsrechtliche Konzernrechnungslegung nach §§ 290-315 HGB beziehen, oder ob darunter auch die Berichtsinstrumente der internationalen Rechnungslegungssysteme der IAS oder US-GAAP zu verstehen sind.

Systematisch verhält es sich so, daß § 292a HGB davon befreit, genau die Gegenstände der normativen Verweisung des § 331 Nr. 2 HGB zu erstellen, sofern dafür den Voraussetzungen des § 292a HGB entsprechende Abschlüsse erstellt werden. Diese internationalen Abschlüsse gelten nicht als handelsrechtliche Konzernabschlüsse, ersetzen diese also nicht, § 292a I 2 HGB.[814]

---

[814] Heymann/*Henssler*, § 290 Rdn. 15; BBK/*Berger/Lütticke*, § 292a Rdn. 1 ff.; *Wollmert/Oser*, DB 2000, 729; *Ordelheide*, WPg 1996, 545, 546.

Daher ist zu untersuchen, ob die Tatbestandsmerkmale des *Konzernabschlusses* oder *Konzernlageberichts* unter Berücksichtigung von Art. 103 II GG auf die Bestandteile der internationalen Rechnungslegungssysteme verweisen.

(2) Auslegung der Tatbestandsmerkmale

Die Anwendung der Norm beinhaltet die Notwendigkeit ihrer Auslegung. Die Problematik der Auslegung von Rechtsnormen ist Gegenstand der juristischen Methodik und ist im Strafrecht insbesondere unter den in Art. 103 II GG verwurzelten Aspekten des Gesetzlichkeitsprinzips und des Bestimmtheitsgebotes relevant.[815] Ohne an dieser Stelle späteren vertiefenden Darstellungen vorzugreifen, ist zur Beantwortung obiger Frage eine Anwendung von Auslegungsregeln und eine Abgrenzung zur Analogie notwendig.[816]

Die herrschende strafrechtliche Dogmatik geht zutreffend von der Anwendbarkeit der allgemeinen Interpretationsgrundsätze im Strafrecht aus.[817] Ergibt die grammatikalische Auslegung noch keinen Aufschluß darüber, ob unter dem Tatbestandsmerkmal *Konzernabschluß* nur der handelsrechtliche oder auch der nach internationalen Regeln erstellte zu verstehen ist, folgt die Lösung aus der Systematik des Gesetzes:

§ 331 Nr. 3 HGB knüpft an die Unterscheidung zwischen Mutterunternehmen an, die nach § 290 HGB einen Konzernabschluß und Konzernlagebericht erstellen, und solchen Mutterunternehmen, welche von den Befreiungsvoraussetzungen in §§ 291, 292 HGB Gebrauch machen.[818] Durch das KapAEG wurde § 331 Nr. 3 HGB mit dem Ziel neu gefaßt, dort auch die Offenlegung eines nach § 292a HGB erstellten unrichtigen Konzernabschlusses zu sanktionieren.[819] Danach sind die Tatbestandsmerkmale des *Konzernabschlusses* und *Konzernlageberichts* in § 332 Nr. 2 HGB auf den handelsrechtlichen Konzernabschluß nach §§ 290 ff. HGB zu beschränken.

Eine Ausdehnung der Begriffe auf die Berichtsinstrumente der international anerkannten Rechnungslegung würde darüber hinaus eine gegen das Gesetzlichkeitsprinzip verstoßende Analogie darstellen. Da die Berichtsinstrumentarien von dem

---

[815] Vgl. die ausführlichen Darstellungen dazu bei *Jakobs*, AT, Rdn. 63-105; *Jescheck/Weigend*, AT, S. 126-159; *Maurach/Zipf*, AT, §§ 9-10.
[816] Vgl. unten S. 198.
[817] Schönke/Schröder/*Eser*, § 1 Rdn. 36; *Jescheck/Weigend*, AT, S. 154 f.
[818] Staub/*Dannecker*, § 331 Rdn. 86; MüKo HGB/*Quedenfeld*, § 331 Rdn. 54; Heymann/*Otto*, § 331 Rdn. 70; Erbs/Kohlhaas/*Schaal*, § 331 Rdn. 33.
[819] Erbs/Kohlhaas/*Schaal*, § 331 Rdn. 2.

handelsrechtlichen Konzernabschluß abweichende Inhalte und auch Bezeichnungen besitzen, wäre eine Erstreckung auf diese eine über die natürliche Wortbedeutung hinausgehende unzulässige Analogie.[820]

(3) Zusammenfassung

Mangels Anwendbarkeit des § 331 Nr. 2 HGB auf den internationalen Konzernabschluß ergeben sich aus dem KapAEG für diese Norm keine Änderungen.

c) Auswirkungen auf § 331 Nr. 3 HGB

§ 331 Nr. 3 HGB sanktioniert die Offenlegung eines unrichtigen Konzernabschlusses oder Konzernlageberichts, der zum Zweck der Befreiung nach §§ 291, 292 HGB und seit Inkrafttreten des KapAEG auch nach § 292a HGB erstellt wurde.

(1) Besonderheiten für einen Wirtschaftsprüfer

Wegen des Sonderdeliktscharakters des § 331 Nr. 3 HGB kann der Wirtschaftsprüfer grundsätzlich nur Teilnehmer sein. Selbst bei mittelbarer Täterschaft seitens des Wirtschaftsprüfers kann dieser wegen des Sonderdeliktscharakters der Norm nicht Täter nach § 331 Nr. 3 HGB sein.[821] Dabei ist vorliegend folgende Besonderheit zu beachten: Die Tathandlung des § 331 Nr. 3 HGB ist die vorsätzliche oder leichtfertige Offenlegung der betreffenden Unterlagen. Damit ist § 331 Nr. 3 HGB der einzige bilanzstrafrechtliche Tatbestand, der Leichtfertigkeit, also eine graduell gesteigerte Form der bewußten oder unbewußten Fahrlässigkeit, im subjektiven Tatbestand ausreichend sein läßt.[822] Ob die Unrichtigkeit der Konzernbilanz vorsätzlich oder fahrlässig zustandegekommen ist, bleibt für § 331 Nr. 3 HGB ohne Bedeutung. Eine Teilnahme kommt für den Wirtschaftsprüfer allerdings nur bei einer vorsätzlichen Offenlegung in Frage, da es eine Teilnahme an einer Fahrlässigkeitstat nach den allgemeinen strafrechtlichen Grundsätzen nicht gibt.[823]

§ 331 Nr. 3 HGB stellt nur auf eine unrichtige Wiedergabe bzw. Verschleierung der Verhältnisse des Konzerns ab. Ob der Prüfungsbericht oder der Bestätigungs-

---

[820] Schönke/Schröder/*Eser*, § 1 Rdn. 55.
[821] Schönke/Schröder/*Cramer/Heine*, § 25 Rdn. 6.
[822] Heymann/*Otto*, § 331 Rdn. 78; Erbs/Kohlhaas/*Schaal*, § 331 Rdn. 54; Staub/*Dannecker*, § 331 Rdn. 101.
[823] Schönke/Schröder/*Cramer/Heine*, § 27 Rdn. 26 f.; *Jescheck/Weigend*, AT, S. 655; *Jakobs*, AT, S. 653 f.

vermerk zutreffend ist, spielt hierbei keine Rolle. Damit erlangt § 331 Nr. 3 HGB für den Wirtschaftsprüfer in zwei Fallkonstellationen Bedeutung: erstens, wenn er bei der Erstellung der unrichtigen Bilanz vorsätzlich mitwirkt, und zweitens, wenn er bei einer ausschließlichen Prüfung die Unrichtigkeit erkennt und die Haupttat fördern will.

(2) § 292a HGB als Bestandteil der Strafnorm

Die entscheidende Frage ist, ob sich die Berichtsinstrumentarien der international anerkannten Rechnungslegungssysteme der IAS oder US-GAAP unter die Tatbestandsmerkmale des *Konzernabschlusses*, *Konzernlageberichts* und der *unrichtigen Wiedergabe* oder *Verschleierung* subsumieren lassen.

Da § 292a HGB über das normative Tatbestandsmerkmal des § 331 Nr. 3 HGB jetzt zur Ausfüllung eines Straftatbestandes herangezogen wird, sind seine gesamten Tatbestandsmerkmale unter strafrechtlichen Gesichtspunkten und nach Maßstäben zu würdigen, die für die Auslegung von Straftatbeständen gelten.[824] Dies bedeutet unter der Geltung des Art. 103 II GG insbesondere ein Analogieverbot. Zivilrechtlich gebotene extensive Auslegungen im Wege der Analogie sind im Strafrecht zu Ungunsten des Täters unzulässig.[825]

Die Frage ist also, ob und wie sich die Berichtsinstrumentarien der international anerkannten Rechnungslegungssysteme der IAS oder US-GAAP unter die Tatbestandsmerkmale des *Konzernabschlusses*, *Konzernlageberichts*, der *unrichtigen Wiedergabe* oder *Verschleierung* strafrechtlich subsumieren lassen. Die in § 292a II HGB genannten Voraussetzungen dienen dazu, den Gegenstand der befreienden Rechnungslegung zu konkretisieren. Auch wenn die Anforderungen nach § 292a HGB zivilrechtlich unproblematisch sind, ergeben sich unter strafrechtlichen Gesichtspunkten einige Besonderheiten. Dazu gehört auch eine andere verfassungsrechtliche Beurteilung der Zulässigkeit einer derartigen Verweisung.

(a) International anerkannte Rechnungslegungsgrundsätze

So ist der unbestimmte Rechtsbegriff der international anerkannten Rechnungslegungsgrundsätze in § 292a II Nr. 2a HGB streng genommen nicht eindeutig, da momentan keine international uneingeschränkt anerkannten Rechnungslegungsgrundsätze vorhanden sind, bzw. keine zu dessen Anerkennung berufene Stelle

---

[824] *Tiedemann*, Verfassungsrecht, S. 39 f.; BVerfGE 48, 48, 60 f.
[825] *Otto*, Aktienstrafrecht, vor § 399 Rdn. 113.

existiert.[826] Unter Berücksichtigung der Regelungsabsicht des Gesetzgebers, der faktischen Verbreitung, der Inanspruchnahme durch deutsche Unternehmen und der in DRS 1.10 enthaltenen Definition ist das Tatbestandsmerkmal letztlich dahingehend auszulegen, daß sowohl die IAS als auch die US-GAAP von diesem Begriff erfaßt sein sollen.[827]

(b) Konzernlagebericht

Werden diese beiden Systeme vorausgesetzt, so ergeben sich Probleme mit dem Tatbestandsmerkmal des Konzernlageberichts nach § 292a II Nr. 2 HGB. In den beiden Systemen existiert kein dem Lagebericht vergleichbares Berichtsinstrument.[828] Das Tatbestandsmerkmal verweist damit auf einen nicht geregelten Sachverhalt. Um die Gleichwertigkeit der Aussagekraft zu einem handelsrechtlichen Konzernlagebericht herzustellen, kann der Konzern einen den Anforderungen des § 315 HGB entsprechenden Lagebericht erstellen. Dieser Lagebericht tritt aber nicht an die Stelle des nicht existenten internationalen Konzernlageberichts, da der dem HGB entsprechende Lagebericht nicht nach international anerkannten Rechnungslegungsgrundsätzen erstellt wurde. Es würde eine unzulässige Analogie zu Ungunsten des Betroffenen nach Art. 103 II GG darstellen, wenn die Auslegung des Tatbestandsmerkmals sich auf den nationalen Konzernlagebericht erstrecken würde. Strafrechtlich läuft das Tatbestandsmerkmal damit leer.

(c) Die Feststellung der unrichtigen Darstellung bzw. Verschleierung

Die unrichtige oder verschleiernde Darstellung der Verhältnisse des Konzerns muß inzident festgestellt werden. Die zentrale Frage lautet, nach welchem Maßstab diese Beurteilung zu erfolgen hat.

Einleitend kann zur Bestimmung der Unrichtigkeit und der Verschleierung auf die allgemeinen Definitionen zu § 331 HGB zurückgegriffen werden. Danach ist die Wiedergabe unrichtig, wenn die Darstellung der geschilderten wirtschaftlichen Situation der Gesellschaft der in Wirklichkeit bestehenden Sachlage nicht entspricht.[829] Eine Verschleierung ist dann gegeben, wenn die wirtschaftlich bedeut-

---

[826] BBK/*Berger/Lütticke*, § 292a Rdn. 16.
[827] MüKo HGB/*Busse von Colbe*, § 292a Rdn. 14; Heymann/*Henssler*, § 292a Rdn. 7; BBK/*Berger/Lütticke*, § 292a Rdn. 16 f.; DRS 1.10.
[828] Staub/*Dannecker*, § 331 Rdn. 92; BBK/*Berger/Lütticke*, § 292a Rdn. 29; Ebenroth/Boujong/Joost/*Wiedmann*, § 292a Rdn. 8; MüKo HGB/*Busse von Colbe*, § 292a Rdn. 28.
[829] Heymann/*Otto*, § 331 Rdn. 24; Staub/*Dannecker*, § 331 Rdn. 40; MüKo HGB/*Quedenfeld*, § 292a Rdn. 32 ff.

samen Verhältnisse zwar objektiv richtig dargestellt werden, ihre Erkennbarkeit aber so erschwert wird, daß die Gefahr einer unzutreffenden Beurteilung der wirtschaftlichen Situation besteht.[830] Der Maßstab ist insoweit die objektive Wirklichkeit.

Jedoch kann zur Ausfüllung des bei den Bewertungen, Schätzungen und Prognosen notwendigen Maßstabes nicht auf die Vorschriften des Bilanzrechts, die GoB und das Gebot des richtigen Ausweises der Vermögens-, Finanz- und Ertragslage der Gesellschaft zurückgegriffen werden.[831] Zur Ausfüllung ist allein auf die Rechnungslegungs- und Bewertungsregeln des ausgewählten Rechnungslegungssystems zurückzugreifen.

Damit verweist § 331 Nr. 3 HGB in Verbindung mit § 292a HGB nicht mehr auf die Vorschriften des 3. Buches des HGB sowie ergänzend auf die GoB und die Verlautbarungen des IDW, sondern wahlweise auf die IAS oder die US-GAAP.[832] Würde die Zulässigkeit einer derartigen Verweisung bejaht, würden ausländische, privatrechtlich organisierte Vereinigungen über die Ausfüllung deutscher Strafnormen entscheiden und über diese Verweisungskette Eingang in das deutsche Strafrecht finden. Das bedeutet für das Strafrecht, daß § 292a HGB in diesem Zusammenhang eine normativ ausfüllende Funktion zukommt. Dies unterscheidet sich deutlich von der Befreiungsfunktion des Konzernrechts.

Zur Verdeutlichung soll der Begriff des *Gewinns* dienen. Der handelsrechtliche Gewinn wird wegen der gleichzeitigen Verwendung als Besteuerungsbasis (erzielter Gewinn = ausschüttbarer Gewinn) vorsichtig ermittelt; dieser Betrag kann dann aber im Rahmen der Kapitalerhaltungsvorschriften bedenkenlos ausgeschüttet werden. Dieser objektiv und vorsichtig zu ermittelnde Bilanzgewinn ist Ausdruck des erst durch das AktG 1965 vervollständigten Aktionärsschutzes. Die IAS verlangen hingegen eine Darstellung des Vermögenszuwachses entsprechend einem *true and fair view* ohne steuerrechtliche Aspekte berücksichtigen zu müssen.

Da § 292a HGB im Rahmen des § 331 Nr. 3 HGB als Teil einer Strafnorm anzusehen ist, stellt sich das Problem der Zulässigkeit eines derartigen Verweises

---

[830] Heymann/*Otto*, § 331 Rdn. 27; Staub/*Dannecker*, § 331 Rdn. 48; MüKo HGB/*Quedenfeld*, § 292a Rdn. 38.
[831] Staub/*Dannecker*, § 331 Rdn. 98; a.A. Heymann/*Otto*, § 331 Rdn. 26; MüKo HGB/*Quedenfeld*, § 292a Rdn. 34; Erbs/Kohlhaas/*Schaal*, § 331 Rdn. 37, die zur Ausfüllung des § 331 Nr. 3 HGB über den § 331 Nr. 2 HGB auf den § 331 Nr. 1 HGB zurückverweisen.
[832] So die einhellige Ansicht zu §§ 291, 292 HGB, vgl. MüKo HGB/*Busse von Colbe*, § 291 Rdn. 14, § 292 Rdn. 7; BBK/*Berger/Lütticke*, § 291 Rdn. 21, § 292 Rdn. 22; Ebenroth/Boujong/Joost/*Wiedmann*, § 291 Rdn. 10, § 292 Rdn. 10; Heymann/*Henssler*, § 291 Rdn. 15, § 292 Rdn. 6.

bzw. einer derartigen Ausfüllung eines unbestimmten Rechtsbegriffs unter dem Gesichtspunkt des Gesetzlichkeitsprinzips nach Art. 103 II GG. Auf den aus dieser Verbindung entstehenden und bislang nicht erkannten Problemkreis ist folgend einzugehen.

(i) Analogieverbot

Aus dem Gesetzlichkeitsprinzip des Art. 103 II GG, § 1 StGB folgt zum einen das Verbot strafbegründender Analogie. Analogie bedeutet dabei die Übertragung einer gesetzlichen Regel auf einen nicht geregelten Einzelfall.[833] Die Analogie ist damit eine Methode der richterlichen Rechtsfortbildung zur Auffindung und Ausfüllung bestehender Gesetzeslücken.[834]

Vorliegend geht es aber nicht um die Frage, ob die Tatbestandsmerkmale der unrichtigen Wiedergabe oder Verschleierung der Verhältnisse eines Konzerns in einer zum Zwecke der Befreiung nach § 292a HGB erstellten Bilanz durch Analogie strafbegründend geschlossen werden können. § 331 Nr. 3 HGB stellt mit seinem Regelungszweck genau auf diese Konstellation ab. Auch ist es keine Frage der Auslegung der Norm, ob zur Beurteilung der unrichtigen Wiedergabe oder Verschleierung der Verhältnisse auch ein anderer Maßstab als der handelsrechtliche herangezogen werden darf. Bereits zu § 291 HGB wie auch zu § 292 HGB ging die einhellige Ansicht zutreffenderweise davon aus, daß das maßgebliche Recht dasjenige des jeweiligen Sitzes des Mutterunternehmens sein sollte.[835] Daher kommen alle Auslegungsmethoden zu demselben Ergebnis. Zur Beantwortung der zur Tatbestandsverwirklichung relevanten Frage ist das jeweils einschlägige bzw. gewählte Rechnungslegungssystem entscheidend. Dies gilt auch für § 292a HGB.

Daher ist die verfassungsrechtliche Zulässigkeit einer derartigen dynamischen Verweisung für das Strafrecht zu diskutieren.

(ii) Dynamische Verweisungen und verfassungsrechtliche Schranken

Sowohl die IAS als auch die US-GAAP werden fortlaufend weiterentwickelt, um einerseits neue Erkenntnisse und andererseits neue wirtschaftliche Phänomene rechnungslegungstechnisch umzusetzen. Dies geschieht durch private Institute, die

---

[833] Maunz/Dürig/*Schmidt-Aßmann*, Art. 103 Abs. 2 Rdn. 226; GGK/*Fielitz*, Art. 103 Rdn. 40; Seifert/Hömig, Art. 103 Rdn. 8; Schönke/Schröder/*Eser*, § 1 Rdn. 24.

[834] Schönke/Schröder/*Eser*, § 1 Rdn. 24.

[835] MüKo HGB/*Busse von Colbe*, § 291 Rdn. 14, § 292 Rdn. 7; BBK/*Berger/Lütticke*, § 291 Rdn. 21, § 292 Rdn. 22; Ebenroth/Boujong/Joost/*Wiedmann*, § 291 Rdn. 10, § 292 Rdn. 10; Heymann/*Henssler*, § 291 Rdn. 15, § 292 Rdn. 6.

schneller und flexibler reagieren können als dies ein Gesetzgeber in einem formellen Verfahren vermag. Da § 292a HGB auf die jeweils gültige Fassung der in Bezug genommenen Regelungen verweist und damit auch zeitlich nach dem Erlaß der Verweisungsnorm erfolgte Änderungen in die Verweisung einschließt, handelt es sich um eine dynamische Verweisung.[836] Ob eine derartige dynamische Verweisung mit dem Demokratie- und Rechtsstaatsprinzip des Art. 20 II GG vereinbar ist, bildet seit langem einen Gegenstand verfassungsrechtlicher Diskussion.[837] Als Schranken dynamischer Verweisungen kommen Art. 80 GG, das Demokratie- und das Rechtsstaatsprinzip nach Art. 20 GG, sowie für das Strafrecht ergänzend Art. 103 II, 104 I 1 GG in Betracht.

(a) Begrenzungen dynamischer Verweisungen durch Art. 80 GG

Greift man den Aspekt der Ähnlichkeit einer Ermächtigung zur Rechtssetzung und einer dynamischen Verweisung auf, so folgt aus Art. 80 GG, daß dem Gesetzgeber nicht im Wege einer dynamischen Verweisung das erlaubt sein kann, was ihm nach Art. 80 GG verboten ist.[838] Da nach der zutreffenden Ansicht eine Rechtssetzung durch Private im Rahmen des Art. 80 GG ausgeschlossen ist, ist es konsequent, auch eine dynamische Verweisung auf die Normung privater Gremien als unzulässig einzustufen.[839] Nach einer Ansicht soll dies aber nicht zwangsläufig deren Verfassungswidrigkeit bedeuten. Sie sollen verfassungskonform dahingehend auszulegen sein, daß ihnen eine widerlegbare Beweisfunktion bezüglich der Erfüllung unbestimmter Rechtsbegriffe zukommt und sie somit als antizipierte Sachverständigengutachten einzustufen sind.[840]

---

[836] Staub/*Dannecker*, § 331 Rdn. 94; *Hommelhoff*, in: Böttcher/Hueck/Jähnke (Hrsg.), FS Odersky, S. 783 m.w.N.; *Schenke*, NJW 1980, 743; *Nicklisch*, NJW 1983, 841, 843; *Marburger*, Technik, S. 384; *Ossenbühl*, DVBl. 1967, 401, 404 f.

[837] Vgl. etwa Maunz/Dürig/*Schmidt-Aßmann*, Art. 19 Abs. 4 Rdn. 207; *Brugger*, VA 1987, 1, 37 f.; *Breuer*, AöR 1976, 44, 77 f.; *Badura*, in: Püttner, (Hrsg.), FS Bachof, S. 176 f.; *Arndt*, JuS 1979, 784, 787; *Backherms*, JuS 1980, 9, 11; *Schenke*, in: Oberndorf/Schambeck (Hrsg.), FS Fröhler, S. 108 f.; *ders.*, NJW 1980, 743, 745 f.; *Schäfer*, Regeln, S. 102 ff.

[838] *Schenke*, NJW 1980, 743, 745.

[839] *Schäfer*, Regeln, S. 106; *Schenke*, in: Oberndorf/Schambeck (Hrsg.), FS Fröhler, S. 108; *ders.*, NJW 1980, 743, 746. Eingehend zum Recht der Technik, *Nickusch*, Normativfunktion, S. 198 ff.

[840] *Breuer*, AöR 1976, 46, 60; *Schenke*, in: Oberndorf/Schambeck (Hrsg.), FS Fröhler, S. 110; *Schäfer*, Regeln, S. 121.

(b) Begrenzung dynamischer Verweisungen durch das Demokratieprinzip

Der in Art. 20 II 1 GG enthaltene Grundsatz demokratischer Legitimation verlangt die Identität von Regierenden und Regierten.[841] Diese Legitimationskette wird dann durchbrochen, wenn die Gesetze der Form nach von dem vom eigenen Staatsvolk berufenen Parlament erlassen werden, dem Inhalt nach aber von den Trägern fremder Staatsgewalt festgelegt werden.[842] Dies ist dann der Fall, wenn der Gesetzgeber dynamisch auf Vorschriften eines anderen Normgebers verweist, denn dann entscheidet in Zukunft nicht mehr der vom Staatsvolk legitimierte Gesetzgeber über den sachlichen Inhalt und damit auch über die Strafbarkeit, sondern der Normgeber des Verweisungsobjekts und damit ein Träger fremder Staatsgewalt.[843]

Bei dynamischen Verweisungen zwischen Bundes- und Landesebene wird ebenfalls von einer faktischen Übertragung von Rechtssetzungsbefugnissen ausgegangen. In den Bereichen der ausschließlichen und der konkurrierenden Gesetzgebung des Bundes soll eine derartige Kompetenzverlagerung zulässig sein.[844]

Art. 20 II 1 GG verlangt weiter, daß der nach der Verfassung zuständige Gesetzgeber die ihm zukommende Aufgabe, objektives Recht zu setzen, selbst wahrnimmt und den Inhalt seiner Gesetze in eigener Verantwortung bestimmt. Für Strafnormen findet dieser Grundsatz in Art. 103 II, 104 I 1 GG nochmals eine eigene Ausprägung, die auch eine Kompetenzzuweisung beinhaltet. In jedem Fall muß die abstrakt-generelle Entscheidung über die Strafbarkeit eines Verhaltens beim Gesetzgeber verbleiben und darf nicht an einen Verordnungsgeber delegiert werden.[845] Der Gesetzgeber darf sich dieser Kompetenzzuweisung nach Art. 103 II GG nicht entledigen und die Entscheidungsbefugnis in einem über Art. 80 GG hinausgehenden Fall auf einen anderen übertragen.[846]

Dieser Verantwortung kommt der Gesetzgeber nicht nach, wenn er auf Regelungen eines andern Normgebers in der jeweils geltenden Fassung pauschal verweist. Er kann deren Inhalt nicht vollumfänglich zu seinem eigenen Willen machen, da die zukünftige Entwicklung für ihn nicht überschaubar oder beeinflußbar

---

[841] *Arndt*, JuS 1979, 784, 785; *Ossenbühl*, DVBl. 1967, 401, 402 f.

[842] Dies ist bereits im Verhältnis vom nationalen Bundesgesetzgeber zu den Landesgesetzgebern der Fall, vgl. *Arndt*, JuS 1979, 784, 785, *Volkmann*, ZRP 1995, 220, 223.

[843] *Arndt*, a.a.O.; *Ossenbühl*, DVBl. 1967, 401, 404.

[844] Bei der ausschließlichen Gesetzgebungsbefugnis wird dies mit dem Argument des Art. 71 GG begründet, vgl. *Schenke*, NJW 1980, 743, 748.

[845] Maunz/Dürig/*Schmidt-Aßmann*, Art. 103 Abs. 2 Rdn. 201; *Tiedemann*, Tatbestandsfunktionen, S. 249; *Volkmann*, ZRP 1995, 220, 223; BVerfGE 71, 108, 115.

[846] Maunz/Dürig/*Schmidt-Aßmann*, Art. 103 Abs. 2 Rdn. 184; Seifert/Hömig, Art. 103 Rdn. 9; *Volkmann*, ZRP 1995, 220, 222; *Arndt*, JuS 1979, 784, 786; *Ossenbühl*, DVBl. 1967, 401, 402.

ist.[847] Dies bezieht sich nicht nur auf eine Kompetenzverlagerung zwischen hoheitlichen Normgebern, sondern gilt auch im Verhältnis zu privaten Gremien.[848] Er überläßt damit die rechtsverbindliche Konkretisierung der gesetzlichen Standards nichtstaatlichen Gremien.

(c) Begrenzung dynamischer Verweisungen durch das Rechtsstaatsprinzip

Durch eine dynamische Verweisung auf Vorschriften nichtstaatlicher Gremien wird der in Art. 20 II 2 GG enthaltene Grundsatz der Gewaltenteilung verletzt, da hierdurch verdeckte Ermächtigungen zur Rechtssetzung über den in Art. 80 GG genannten Umfang hinaus auf nichtstaatliche Gremien verlagert werden.[849] Dies trifft insbesondere auf den Fall zu, daß auf den Inhalt von Regelsystemen privater Institutionen verwiesen wird, wie dies im Bereich der Technik durch private Normungsausschüsse geschieht.[850]

Desweiteren folgt aus dem Rechtsstaatsprinzip das Gebot, Rechtsnormen öffentlich und vollumfänglich zu verkünden.[851] Für Strafnormen ist dieser Grundsatz nochmals in Art. 104 I 1 GG statuiert. Erst durch die Verkündung wird die Norm existent. Dies ist bei einem Verweis auf Regelungen eines privaten Gremiums problematisch. Die Rechtsprechung und ihr folgend die Literatur konkretisieren die Anforderungen an die Publikation dahingehend, daß das Verweisungsobjekt hinreichend bestimmt bezeichnet und seine Verlautbarung für die Betroffenen zugänglich und ihrer Art nach für amtliche Anordnungen geeignet sein muß.[852] Allein aus dieser Anforderung folgt die verfassungsrechtliche Unzulässigkeit dynamischer Verweisungen, da der Verweis auf die *jeweils geltende Fassung* das Verweisungsobjekt nicht hinreichend genau konkretisiert.

(iii) Stellungnahme

Es sprechen mehrere verfassungsrechtliche Argumente gegen die Zulässigkeit derartiger dynamischer Verweisungen, so daß diese generell als verfassungsrechtlich

---

[847] *Arndt*, JuS 1979, 784, 786; *Ossenbühl*, DVBl. 1967, 401, 402; *Nicklisch*, NJW 1983, 841, 843; *Bullinger*, Selbstermächtigung, S. 22; BVerfGE 47, 285, 313; a.A. *Schenke*, NJW 1980, 743, 748.
[848] *Arndt*, a.a.O., m.w.N.; *Bullinger*, Selbstermächtigung, S. 22 ff.
[849] *Arndt*, JuS 1979, 784, 787. Vgl. auch BVerfGE 47, 285, 311 ff.
[850] *Schenke*, NJW 1980, 743, 744; *ders.*, in: Oberndorf/Schambeck (Hrsg.), FS Fröhler, S. 108.
[851] Dies entspricht auch ständiger Rechtsprechung, vgl. BVerfGE 5, 25, 31; 8, 274, 302; 22, 330, 346; 26, 338, 367.
[852] BVerfGE, 44, 322, 350 m.w.N.; BVerwG, NJW 1962, 506 f.; NJW 1978, 1450, 1453.

unzulässig einzustufen sind.⁸⁵³ Auch Ansichten, die in Ausnahmefällen zur Zulässigkeit derartiger Verweisungen gelangen, kommen vorliegend nicht zum Tragen:

Die Ansicht, die eine dynamische Verweisung verfassungskonform reduzieren und ihnen, was für private Normungen in Betracht kommt, im Hinblick auf den in ihnen zum Ausdruck kommenden Sachverstand die Funktion eines antizipierten Sachverständigengutachtens zubilligen will, ist abzulehnen.⁸⁵⁴ Sie verkennt, daß diese privaten technischen Regeln nicht nur Tatsachen wiedergeben, sondern auch normative Wertungen enthalten können. Über diese normativen Wertungen kann und darf nicht nach Beweisrecht entschieden werden.⁸⁵⁵ Da vorliegend die Unrichtigkeit der Konzernbilanz das Ergebnis einer normativen Wertung ist, kann diese Verweisung nicht in der Form eines antizipierten Sachverständigengutachtens aufrecht erhalten werden.

Eine andere Ansicht erachtet die dynamische Verweisung auf private Regelwerke ausnahmsweise dann für verfassungskonform, wenn der Gesetzgeber flankierende Absicherungen mit weit höheren Anforderungen als bei einem Verweis auf Verwaltungsvorschriften vorgenommen hat.⁸⁵⁶ Der Staat müsse, in Abhängigkeit von der Bedeutung der privaten Normsetzung, auf die Bildung, Besetzung und Ausgewogenheit der normsetzenden Stellen Einfluß nehmen und die Durchschaubarkeit und eine gewisse Publizität der Entscheidungsfindung gewährleisten.⁸⁵⁷ Dies muß vorliegend verneint werden. Es ist nicht davon auszugehen, daß der deutsche Gesetzgeber bei den beiden privaten anglo-amerikanisch orientierten Organisationen irgendeinen Einfluß auf Zusammensetzung und Entscheidungsfindung auszuüben vermag.

Eine weitere Ansicht bejaht die Zulässigkeit derartiger Verweisungen, wenn sie sich an eine klar abgrenzbare Berufsgruppe richtet, deren Angehörige der Umgang mit komplexen und sich rasch ändernden Normen zumutbar ist.⁸⁵⁸ In dieser Allgemeinheit kann dieser Standpunkt nicht aufrecht erhalten werden. Sowohl der Normgeber wie auch die Qualität der zu beurteilenden Norm bleiben bei dieser isolierten Betrachtung des Normadressaten unberücksichtigt; gerade dies sind aber die Ansatzpunkte der verfassungsrechtlichen Untersuchung.

Letztlich existiert ein weiteres Argument gegen die Zulässigkeit einer dynamischen Verweisung auf die IAS oder die US-GAAP: Die gesamte verfassungsrecht-

---

[853] *Schünemann*, in: Küper (Hrsg.), FS Lackner, S. 376.
[854] *Schenke*, NJW 1980, 743, 749.
[855] Maunz/Dürig/*Schmidt-Aßmann*, Art. 19 Abs. 4 Rdn. 206.
[856] Maunz/Dürig/*Schmidt-Aßmann*, Art. 19 Abs. 4 Rdn. 207.
[857] Maunz/Dürig/*Schmidt-Aßmann*, Art. 19 Abs. 4 Rdn. 207.
[858] *Satzger*, Europäisierung, S. 241 ff.; Staub/*Dannecker*, § 331 Rdn. 94.

liche Diskussion setzt als Prämisse voraus, daß es sich bei den privaten Gremien ebenfalls um nationale Institutionen handelt. Dies ist aber bei den englischen bzw. US-amerikanischen Vereinigungen vorliegend anders. Diese Organisationen unterliegen in keiner Weise deutscher Hoheitsgewalt. Die Kompetenz zur Ausfüllung deutscher Strafnormen würde nicht nur auf eine private, sondern zusätzlich auch auf eine ausländische Organisation verlagert.

Eine Einbeziehung der Rechnungslegungsgrundsätze der IAS oder der US-GAAP durch eine dynamische Verweisung verbietet sich daher wegen der Verletzung der gewaltenteilungssichernden Funktion der Art. 20 I, II 2, 103 II GG. Allerdings folgt daraus nicht eine Straflosigkeit einer Offenlegung fehlerhafter Konzernabschlüsse im Sinne von § 292a HGB nach deutschem Recht. Der Tatbestand des § 331 Nr. 3 HGB in Verbindung mit dem auf § 292a HGB verweisenden normativen Tatbestandsmerkmal[859] ist im Wege teleologischer Reduktion verfassungsgemäß auszulegen:[860]

Der Gesetzgeber kann und will nur einen Verstoß gegen nationales Recht sanktionieren, nicht aber die Einhaltung ausländischer privatrechtlicher Vorschriften dem Schutz des deutschen Strafrechts unterstellen. Im Hinblick auf das geschützte Rechtsgut, das Vertrauen in die Richtigkeit der Informationen über bestimmte wirtschaftliche Angaben der Gesellschaft, sieht der Gesetzgeber sowohl die nach nationalem Recht erstellten Konzernabschlüsse, als auch die nach internationalen Regeln und zum Zwecke der Befreiung aufgestellten Konzernabschlüsse als geeignetes Handlungs- bzw. Angriffsobjekt an, so daß beide Verhalten gleich strafbedürftig und strafwürdig sind. Wegen der Unzulässigkeit einer dynamischen Verweisung auf die internationalen Rechnungslegungsgrundsätze kann aber nicht die unrichtige oder verschleiernde Erstellung eines Konzernabschlusses nach US-GAAP oder IAS, gemessen am jeweiligen Maßstab dieser Regelungssysteme, strafbewehrt sein. Diese Differenzierung wird auch aus den unterschiedlichen Formulierungen der § 331 Nr. 2 und Nr. 3 HGB deutlich. Während die unrichtige oder verschleiernde *Darstellung* nach § 332 Nr. 2 HGB sanktioniert wird, ist die *Verwendung* einer unrichtigen oder verschleiernden Darstellung innerhalb des Geltungsbereichs des Strafrechts nach § 331 Nr. 3 HGB sanktioniert.

Einen Verstoß gegen nationales Recht stellt somit die ungerechtfertigte Inanspruchnahme des Befreiungstatbestandes des § 292a HGB dar, sofern dessen Voraussetzungen – ein den US-GAAP oder IAS entsprechender Konzernabschluß – nicht vorliegen. Eine Befreiung von der nationalen Pflicht zur Konzernbilanzer-

---

[859] Staub/*Dannecker*, Vor § 331 Rdn. 83.
[860] *Larenz*, Methodenlehre, S. 391 ff.; *Larenz/Canaris*, Methodenlehre, S. 210 ff., jeweils m.w.N.

stellung macht der Gesetzgeber von der Einhaltung der Befreiungsvoraussetzungen abhängig.

Strafbar ist danach das nach nationalem Recht zu beurteilende Unterlaufen des Befreiungstatbestandes des § 292a HGB. Sofern der Täter behauptet, die Voraussetzungen des § 292a HGB zu erfüllen und zu diesem Zweck einen Konzernabschluß offenlegt, dessen Unrichtigkeit er kennt, nimmt er einen Befreiungstatbestand in Anspruch, der ihm tatsächlich nicht zusteht, da der Konzernabschluß gerade nicht den entsprechenden Regeln folgt. Die Gefährdung bzw. Verletzung des geschützten Rechtsguts – Vertrauen in die Richtigkeit von Informationen – erfolgt dabei in gleicher Weise wie bei einem nach nationalen Regeln erstellten unrichtigen Konzernabschluß.

Die Feststellung der Unrichtigkeit des Konzernabschlusses, und damit die Verletzung international anerkannter Rechnungslegungsstandards, ist nicht die primäre Aufgabe des deutschen Strafrechts. Dies obliegt vielmehr jenem Land, in dem die Gesellschaft diesen Abschluß als Zugangsvoraussetzung zu dem nationalen Kapitalmarkt verwendet. National kann und darf der Gesetzgeber nur das unberechtigte Ausnutzen eines Befreiungstatbestandes in Verbindung mit der dadurch bedingten Gefährdung des geschützten Rechtsguts sanktionieren. Die Frage der Unrichtigkeit des Abschlusses oder der Verschleierung der Verhältnisse des Konzerns kann daher nicht pauschal, sondern nur für jeden Einzelfall gesondert erfolgen. In einem Verfahren ist diese Frage dann durch Sachverständigengutachten oder durch ein ausländisches Gerichtsurteil, das als Indiz gewertet werden kann, zu klären.

Durch diese teleologische Reduktion genügt der Verweis auf § 292a HGB innerhalb des § 331 Nr. 3 HGB verfassungsrechtlichen Anforderungen und ist daher als verfassungskonform anzusehen.

(3) Folgerungen für den Wirtschaftsprüfer

Als Konsequenz für den Wirtschaftsprüfer folgt daraus, daß aus dem Verweis auf § 292a HGB innerhalb des § 331 Nr. 3 HGB ein neues strafrechtliches Risiko im Rahmen einer Teilnahme entstanden ist. Die gesondert zu testierenden Bestätigungen nach § 292a II Nr. 5 HGB, insbesondere das Vorliegen der Befreiungsvoraussetzungen, sind – neben der Strafbarkeit nach § 332 HGB – zu einem eigenständigen Tatbestand ausgestaltet.

(4) Zusammenfassung

Zusammenfassend läßt sich festhalten, daß die Verwendung von unbestimmten Rechtsbegriffen in Strafnormen verfassungsrechtlich zulässig und geboten ist. Bei deren Handhabung ist aber unter dem Gesichtspunkt des Art. 103 II GG eine Beschränkung auf den notwendigen Umfang geboten. Seiner Garantiefunktion kann die Norm nur nachkommen, sofern die Auslegung eine gesicherte ex-ante Konkretisierbarkeit erreicht.

Die Rechtsprechung des BVerfG bleibt derzeit damit noch hinter diesen Erwartungen zurück. Daher wird hier der Ansicht gefolgt, daß eine verfassungskonforme Auslegung wertausfüllungsbedürftiger Begriffe erfordert, sie auf den zweifelsfreien Bedeutungskern zu beschränken.

Das KapAEG bringt hinsichtlich § 331 Nr. 3 HGB für den Wirtschaftsprüfer neue strafrechtliche Risiken. Genauso wie bei den Befreiungsmöglichkeiten nach §§ 291, 292 HGB ist die Erstellung eines unrichtigen oder verschleiernden Konzernabschlusses nach den in § 292a HGB genannten internationalen Rechnungslegungsgrundsätzen als Befreiungsvoraussetzung strafbar. Insbesondere die Bestätigung des Vorliegens dieser Voraussetzungen nach § 292a II Nr. 5 HGB stellt einen neuen Straftatbestand für den Wirtschaftsprüfer dar, der im Rahmen einer Teilnahme relevant werden kann. Hinsichtlich des Konzernlageberichts besteht eine Strafbarkeitslücke, da es kein vergleichbares Berichtsinstrument nach den international anerkannten Rechnungslegungsgrundsätzen gibt. Der nach nationalen Vorgaben erstelle Lagebericht entspricht nicht diesen Erfordernissen. Diese Lücke ist bereits für § 292 HGB i.V.m. den US-GAAP festzustellen.

### d) Auswirkungen auf § 333 HGB

Der Vollständigkeit halber sei hier auch § 333 HGB erwähnt. Für einen deutschen Wirtschaftsprüfer ändert sich dessen Relevanz bei der Prüfung eines befreienden Konzernabschlusses nicht. Wird der befreiende Konzernabschluß durch eine ausländische Wirtschaftsprüfungsgesellschaft erstellt und testiert, so erstreckt sich der Anwendungsbereich des § 333 HGB über § 5 Nr. 7 StGB auch auf ausländische Personen.[861]

### 6. Zusammenfassung

Die Möglichkeit, einen Konzernabschluß nach IAS oder US-GAAP zu erstellen, ändert grundsätzlich nichts an der Bedeutung des Strafrechts für den Wirtschaftsprüfer. Die Wiedergabe eines subjektiv richtigen Prüfungsberichts und Testats wird nach § 332 HGB im gleichen Umfang geschützt, wie die Berichtspflichten bei ei-

---

[861] Schönke/Schröder/*Eser*, § 5 Rdn. 13.

nem handelsrechtlichen Konzernabschluß. Allerdings werden die zusätzlichen Berichtspflichten nach § 292a II Nr. 5 HGB wegen der Bestimmtheitsanforderungen an strafrechtliche Normen nicht von § 332 HGB sanktioniert. Eine Falschdarstellung dieser Punkte bleibt nach dieser Norm sanktionslos. Einschränkungen hinsichtlich der Anwendbarkeit deutschen Strafrechts bestehen bei der Möglichkeit, einen ausländischen Prüfer mit der Erstellung eines befreienden Konzernabschlusses zu beauftragen, sofern dieser ausschließlich im Ausland tätig wird. Die Norm des § 331 Nr. 2 HGB ist nicht auf die Berichtsinstrumentarien internationaler Rechnungslegung anwendbar. Hinsichtlich § 331 Nr. 3 HGB bringt das KapAEG eine Änderung bzw. Erweiterung der strafrechtlichen Relevanz für die Berufsausübung des Wirtschaftsprüfers. Im Rahmen einer Teilnahme an einer Tat nach § 331 Nr. 3 HGB stellt § 292a II Nr. 5 HGB einen neuen Tatbestand für den Wirtschaftsprüfer dar. Das deutsche Strafrecht beschränkt sich in § 331 Nr. 3 HGB auf die unrechtmäßige Inanspruchnahme eines Befreiungstatbestandes. Die Richtigkeit der nach internationalen Rechnungslegungsgrundsätzen erstellten Konzernabschlüssen wird nicht dem Schutz des deutschen Strafrechts unterstellt. Diese Grundsätze finden wegen des dynamischen Charakters der Verweisung auf ausländische privatrechtliche Normsysteme keinen Eingang in das deutsche Strafrecht (Art. 103 II GG). § 333 HGB legt einen mit der deutschen Konzernrechnungslegung identischen Strafschutz zugrunde. Die Bedeutung und Relevanz des Strafrechts insgesamt ist für den Wirtschaftsprüfer daher bei einer Rechnungslegung nach internationalen Rechnungslegungssystemen identisch zu der nach Handelsrecht.

## IV. Wirtschaftsstrafrechtliche Besonderheiten

Das folgende Kapitel soll der Frage nachgehen, ob die festgestellte untergeordnete Bedeutung des Strafrechts für die Tätigkeit des Wirtschaftprüfers allein von der Ausgestaltung der den Jahresabschluß betreffenden Strafvorschriften abhängt oder ob weitere Umstände die Bedeutung des Strafrechts beeinflussen.

Nachfolgende Ausführungen konzentrieren sich demgemäß auf die Fragen, welche Besonderheiten des Bilanzstrafrechts zu beachten sind und welche Problemkreise unbestimmte Tatbestandsmerkmale, eine unklare Rechtslage und Prognoseentscheidungen beinhalten.

### A. Bilanzstrafrechtliche Sonderprobleme

*1. Relativität der Bilanzwahrheit als Grundlagenproblem*

Die Unrichtigkeit einer Bilanz ist ungleich schwerer festzustellen als beispielsweise das Tatbestandsmerkmal des Irrtums beim Betrug. Während letzterer als Divergenz zwischen Vorstellung und unnormierter Wirklichkeit definiert wird, ist die Beurteilungsgrundlage einer Bilanz schwerer abzuleiten, da die Bilanzwahrheit nicht absolut, sondern relativ ist.[862]

Das dritte Buch des HGB enthält detaillierte Vorgaben zur Erstellung der Bilanzen.[863] Weiterführende Vorschriften befinden sich in den an die Rechtsform der Gesellschaft anknüpfenden Spezialgesetzen. Auch der Maßgeblichkeitsgrundsatz nach § 5 I 1 EStG sowie der umgekehrte Maßgeblichkeitsgrundsatz nach § 5 I 2 EStG gehören dazu, wobei trotz dieser Verbindung die Eigenständigkeit und Unterschiedlichkeit von Handelsbilanz und Steuerbilanz zu beachten bleibt.

Die Regeln zur Bilanzerstellung sind damit Verfahrensvorschriften zur Erstellung einer formalisierten Abbildung der wirtschaftlichen Situation des Unterneh-

---

[862] Schönke/Schröder/*Cramer*, § 263 Rdn. 33.
[863] Es gibt unterschiedliche Bilanzarten und dementsprechend auch unterschiedliche Ziele der Bewertung in der Bilanz. Die hier einschlägige Handelsbilanz nach § 264 II HGB soll einen möglichst sicheren Einblick in die Vermögens- und Ertragslage des Unternehmens gewähren. Nur sie ist Gegenstand der handelsrechtlichen Rechnungslegung.

mens.[864] Sie lassen sich unterteilen in Abgrenzungsregeln, Gliederungsregeln und Bewertungsregeln.[865]

Abgrenzungsregeln legen fest, was überhaupt in der Bilanz angeführt werden muß und in welchem Rechnungsabschnitt dies zu geschehen hat.[866] Beispielsweise gehören Aktivierungs- und Passivierungsge- oder -verbote dazu und somit auch die grundlegende Vorschrift des § 240 I, II HGB, nach der das Betriebsvermögen zu bestimmen ist.

Gliederungsregeln bestimmen die äußere Form des Jahresabschlusses und geben Aufschluß darüber, ob ein Geschäftsvorfall einzeln dargestellt werden muß oder mit anderen zusammengefaßt werden darf.[867] Für Kapitalgesellschaften ergibt sich ein detaillierter Gliederungskatalog aus §§ 265, 266, 275 HGB.

Bewertungsregeln sollen eine einheitliche Bewertung gleicher Vorgänge sicherstellen. Dabei werden sowohl die Höhe des Wertansatzes, als auch die Wahl des Verfahrens zu seiner Ermittlung vom HGB vorgeschrieben.[868] Grundlegende Bewertungsregeln enthält § 252 HGB. Das materielle Recht der Rechnungslegung zielt damit auf die Gewährleistung eines möglichst korrekten, jedenfalls nicht beschönigenden Bildes des Unternehmens.[869]

Insbesondere die Bewertungsregeln gestatten es, eine Bilanz in gewissen Grenzen je nach Zweck und Adressaten zu ändern. Dazu dienen zum einen die gesetzlichen Wahlrechte, die sich in Bilanzierungswahlrechte, Bewertungswahlrechte und Wahlrechte für die Darstellung untergliedern lassen.[870] Zum anderen existieren Ermessensspielräume, also gesetzlich nicht vorgesehene aber faktisch vorhandene Wahlrechte, und die Möglichkeit zur Sachverhaltsgestaltung.[871] Ermessensspielräume resultieren aus der Notwendigkeit, Schätzungen und Prognosen zu verwenden oder auch aus rechtlichen Unklarheiten. Mit diesen Instrumentarien der Bilanzpolitik, insbesondere mit der Möglichkeit geschickter Sachverhaltsdarstellungen, läßt sich das durch den Jahresabschluß zu vermittelnde Bild in erheblichem Umfang zielgerecht beeinflussen.[872]

---

[864] *Baetge/Kirsch/Thiele*, Bilanzen, S. 101 f.; *Schüppen*, Bilanzstrafrecht, S. 6; *Bitz/Schneeloch/Wittstock*, S. 9 f.
[865] *Schüppen*, Bilanzstrafrecht, S. 6; *Bitz/Schneeloch/Wittstock*, S. 10.
[866] *Bitz/Schneeloch/Wittstock*, S. 10.
[867] *Bitz/Schneeloch/Wittstock*, S. 10.
[868] *Lück*, StB-Handbuch Rdn. 469 ff.; Überblick bei *Bitz/Schneeloch/Wittstock*, S. 321 ff.
[869] *K. Schmidt*, Handelsrecht, S. 439.
[870] *Bitz/Schneeloch/Wittstock*, S. 532 f., 534 ff., 543 f.
[871] Zu nennen sind hier beispielsweise die Lagerhaltung oder Leasinggeschäfte.
[872] *Wöhe*, Bilanzierung, S. 50 ff.

Aus dem Vorhandensein dieser Gestaltungsmöglichkeiten folgt, daß es nicht eine allein richtige Bilanz geben kann. Die Bilanzwahrheit ist daher als *relativ* zu bezeichnen. Sie ist solange gegeben, wie die Wahlrechte und Ermessensspielräume in zulässiger Weise ausgeübt werden.

Dieses Ergebnis wird in der Literatur nicht uneingeschränkt geteilt. Teilweise wird die Ansicht vertreten, eine unrichtige Darstellung liege bereits dann vor, wenn die wiedergegebenen Verhältnisse nicht mit der Wirklichkeit übereinstimmten.[873] Der anzuwendende Beurteilungsmaßstab läßt aber gerade die Feststellung einer fehlenden Übereinstimmung mit der Wirklichkeit nicht zu. Anders als im allgemeinen Strafrecht, etwa beim Betrug gem. § 263 StGB, ist nicht die Wirklichkeit der Maßstab, so daß jede abweichende Darstellung davon unrichtig wäre. Zwar soll die Übereinstimmung mit der Wirklichkeit durch eine reale Darstellung der wirtschaftlichen Lage des Unternehmens erreicht werden, wie es in der Generalnorm des § 264 II 1 HGB postuliert wird. Die Wirklichkeit durchläuft jedoch zwei Zusammenfassungsstufen nach bestimmten Regeln, bevor sie komprimiert im Jahresabschluß wiedergegeben wird. Zunächst werden die Geschäftsvorfälle nach bestimmten Grundsätzen im Kontenplan der betrieblichen Buchführung erfaßt. Nach den Abbildungs- und Bewertungsregeln des HGB mit den entsprechenden Spielräumen wird daraus der Jahresabschluß entwickelt. Das damit gewonnene Ergebnis ist durch zwei vorzunehmende und einzuhaltende rechtliche Bewertungen gelaufen, oder wie es die neuere Literatur formuliert, *doppelt abstrahiert*.[874]

Für das Bilanzstrafrecht bedeutet das, daß dieses an der Schwelle einsetzt, an der die erlaubte *Bilanzverschleierung* aufhört und die *Bilanzfälschung* beginnt. Eine Bilanz kann damit unter anderem durch das Einstellen von fingierten Vorgängen, das Auslassen realer Vorgänge oder das Überschreiten der gesetzlichen Spielräume verfälscht werden. Die tatsächliche Schwierigkeit liegt im Nachweis dieser Verfälschungen. Dies ist wegen der Komplexität der Rechnungslegung, insbesondere der Konzernrechnungslegung, faktisch nahezu ausgeschlossen. Darüber hinaus verlangen sowohl die Rechtsprechung als auch die Literatur eine gewisse Wesentlichkeit der Bilanzrechtsverletzung, so daß bei geringfügigen Verletzungen keine Tatbestandsmäßigkeit gegeben sein soll.[875]

---

[873] *Dannecker*, in: Blumers/Frick/Müller (Hrsg.), Betriebsprüfungshandbuch, Abschnitt K, Rdn. 645; Heymann/*Otto*, § 331 Rdn. 24.

[874] *Schüppen*, Bilanzstrafrecht, S. 14; *Tiedemann*, in: Krekeler/Tiedemann/Ulsenheimer (Hrsg.), HWiStR, Art. Bilanzstrafrecht, S. 5.

[875] *Dannecker*, in: Blumers/Frick/Müller (Hrsg.), Betriebsprüfungshandbuch, Abschnitt K, Rdn. 645; *Castan*, in: Castan/Heymann/Ordelheide (Hrsg.), BeckHdR, D 10, Rdn. 56 f.

Während für die Darstellungen in der Bilanz die aufgezeigten Abbildungsvorschriften einzuhalten sind, bestehen für den Anhang und den Lagebericht keine derartigen Strukturvorschriften. Verbale Darstellungen in Anhang und Lagebericht sind daher an der unnormierten Wirklichkeit zu messen und nicht an der Einhaltung von Rahmenbedingungen.

## 2. Bedeutung der GoB und der Verlautbarungen des IDW

Zur Ausfüllung des gesetzlich nicht konkretisierten Umfanges der Abschlußprüfung nach § 317 HGB sind weitere Regeln zur inhaltlichen Bestimmung erforderlich. Diese werden unter dem im Gesetz nicht genannten Begriff der *Grundsätze ordnungsgemäßer Abschlußprüfung* (GoA) zusammengefaßt. Beispielsweise umschreibet § 321 HGB die Berichtspflichten, und der IDW PS 200 konkretisiert die Vorgehensweise bei der Prüfungsdurchführung. Da nicht alle Prüfungsgrundsätze gesetzlich kodifiziert sind, ist hinsichtlich ihrer Rechtsverbindlichkeit zu differenzieren: Die im Gesetz genannten GoA sind Rechtsnormen und als solche unmittelbar verpflichtend. Die gesetzlich nicht kodifizierten GoA werden vom IDW in Form von Stellungnahmen veröffentlicht. Für diese Bestimmungen ergibt sich die gleiche Bindungswirkung wie für andere Verlautbarungen des IDW. Auf diese ist daher folgend einzugehen.

Die Facharbeit wird in Deutschland entscheidend durch das IDW geprägt, welches zur Förderung des Fachgebietes der Abschlußprüfung zu fachlichen und beruflichen Fragen, die den gesamten Wirtschaftsprüfer-Beruf betreffen, gutachterlich Stellung nehmen kann.[876] Diese Kommentare werden bislang in Verlautbarungen, Stellungnahmen und Fachgutachten veröffentlicht. Begrifflich ist dabei die *Verlautbarung* als ein Oberbegriff aller fachlichen Stellungnahmen zu verstehen. *Fachgutachten* werden dagegen in einem förmlichen Verfahren verabschiedet und beziehen sich auf grundsätzliche Bilanzierungs- und Prüfungsfragen. *Stellungnahmen* sind Verlautbarungen zu Fachfragen, die mehr als nur eine Tagesbedeutung haben.[877] Die Verlautbarungen des privatwirtschaftlichen Institutes besitzen keine Rechtsnormqualität und sind für den Wirtschaftsprüfer damit nicht unmittelbar rechtlich verpflichtend.[878] Faktisch sind sie im gleichen Umfang verpflichtend wie

---

[876] *Kaminski*, in: IDW (Hrsg.), WP-Handbuch, Abschnitt B, Rdn. 8.
[877] *Wiedefeldt*, in: IDW (Hrsg.), WP-Handbuch, Anhang 3, Rdn. 2, 6; *Sell*, Bilanzdelikte, S. 48.
[878] Adler/Düring/Schmaltz, § 323 Rdn. 23; KK AktG/*Claussen/Korth*, 2. Aufl., § 317 HGB Rdn. 35; MüKo HGB/*Ebke*, § 323 Rdn. 27; BBK/*Hense*, § 323 Rdn. 16; *Hopt*, WPg 1986, 498, 503; a.A. *Scherrer*, DB 1977, 1325, 1326 f.

eine Rechtsnorm selbst. Beachtet nämlich ein Wirtschaftsprüfer ohne gewichtige Gründe die Grundsätze eines Fachgutachtens oder einer Stellungnahme nicht, so muß er damit rechnen, daß dies sowohl zivil- als auch berufsrechtlich zu seinem Nachteil ausgelegt werden kann.[879] Damit besitzen Fachgutachten und Stellungnahmen eine *verhaltenssteuernde Funktion*, die kaum geringer als die einer Rechtsnorm ist; sie entfalten damit erhebliche faktische Wirkung.[880]

Darüber hinaus existieren weitere fachliche Stellungnahmen, die für den Wirtschaftsprüfer relevant sind. Dazu zählen Fachmeinungen in Kommentaren, sonstigen Fachveröffentlichungen und schließlich das WP-Handbuch. Diese Medien geben die Auffassung des Berufsstandes wieder, sind aber ebenfalls keine Rechtsnormen.

Desweiteren obliegt es der Wirtschaftsprüferkammer nach § 57 II Nr. 5 WPO,

„die allgemeine Auffassung über Fragen der Ausübung des Berufes des Wirtschaftsprüfers und des vereidigten Buchprüfers in Richtlinien"

festzulegen, wovon sie bislang aber noch keinen Gebrauch gemacht hat.[881] Die Wirtschaftsprüferkammer und das IDW haben eine gemeinsame Stellungnahme verabschiedet.[882] In der VO 1/1995 *Zur Qualitätssicherung in der Wirtschaftsprüferpraxis* werden Empfehlungen ausgesprochen, die ebenfalls keinen rechtsverbindlichen Charakter haben, faktisch den Wirtschaftsprüfer jedoch binden, da eine grundlose Abweichung von ihnen einen zivilrechtlichen Fahrlässigkeitsvorwurf zu begründen vermag.

Die Prüfungsvorschriften lassen sich folglich in einen rechtlich normierten und damit unmittelbar verpflichtenden Teil und einen lediglich faktisch bindenden Teil unterscheiden. Die Frage, ob sich aus dieser Zweiteilung unterschiedliche Folgen in der Anwendung für das Strafrecht ergeben, wird im Grundsätzlichen weiter unten ausführlich behandelt.[883]

Die Verlautbarungen des IDW finden keinen unmittelbaren Eingang in das Strafrecht. Beispielsweise werden nicht die Tatbestände der §§ 264a, 265b StGB dadurch zu Blankettstraftatbeständen, indem zur Ausfüllung der Tatbestandsmerkmale der *unrichtigen vorteilhaften Angaben* oder *unrichtigen oder unvollständigen*

---

[879] IDW, WPg 1998, 9 f.; *Kaminski*, in: IDW (Hrsg.), WP-Handbuch, Abschnitt A, Rdn. 282. *Taupitz*, Standesordnung, S. 761.
[880] *Taupitz*, Standesordnung, S. 761 prägt dort den Begriff der *verhaltenssteuernden Funktion*.
[881] Zur theoretischen Frage, welche Bindungswirkung diesen Richtlinien unter dem Gesichtspunkt der Eigenverantwortlichkeit zukäme vgl. *Sell*, Bilanzdelikte, S. 47.
[882] IDW/WPK, WPg 1995, 824 ff.
[883] Vgl. oben S. 191.

*Bilanzen* auf die berufsrechtlichen Verlautbarungen zur Prüfungsdurchführung verwiesen wird. Ebenso wird im Rahmen der §§ 332, 322 HGB zur Beurteilung der inhaltlichen Richtigkeit des Bestätigungsvermerks nicht auf die berufsrechtlichen Grundsätze zur Erteilung von Bestätigungsvermerken abgestellt.[884] Auch bei (echten) Blanketten im verfassungsrechtlichen Sinn können sie nicht zur Ausfüllung strafrechtlicher Blankettstraftatbestände herangezogen werden: Das Gesetzlichkeitsprinzip des Art. 103 II GG wäre unter den Aspekten der Kompetenzverlagerung und der Gesetzesbestimmtheit verletzt. Die Ausfüllung der Blankette würde nicht mehr durch eine staatliche Stelle erfolgen, sondern durch eine private Organisation, deren Regeln dann als Tatbestandsmerkmale fungieren.[885] Damit liegt aber nicht mehr eine *Rechtsquelle* im Sinne des Gesetzlichkeitsprinzips vor.[886] Gleichzeitig würde eine derartige Verweisung einen dynamischen Blankettstraftatbestand mit dem wechselnden Inhalt der entsprechenden Prüfungsempfehlungen schaffen. Eine solche dynamische Verweisung auf private Regelwerke ist nach ganz herrschender Ansicht verfassungsrechtlich unzulässig, da sie sowohl das Demokratiegebot wie auch das Publikationsgebot von Rechtsvorschriften verletzt.[887]

Bedeutung erlangen die Verlautbarungen bei der Ausfüllung normativer Tatbestandsmerkmale. So sind die Merkmale der *unrichtigen Bilanz* in § 265b StGB oder der *unwahren Tatsachen* in § 263 StGB normative Tatbestandsmerkmale, die der Auslegung bedürfen. Im Rahmen der Auslegung dieser Tatbestandsmerkmale stellen die berufsrechtlichen Verlautbarungen Indizien zur Gewinnung eines Urteils dar.

Eine andere Problematik des Bilanzstrafrechts hat hingegen an Relevanz verloren. Wegen der umstrittenen Rechtsnatur der Grundsätze ordnungsgemäßer Buchführung[888] war es ungewiß, wie die ausfüllenden Generalklauseln der §§ 238 I, 243 I, 264 II HGB strafrechtlich unter dem in Art. 103 II GG verankerten Aspekt des Gewohnheitsrechtsverbots zu handhaben waren.[889] Es stellte sich in Ermanglung detaillierter Regelungen die Frage, ob die aktienrechtlichen Vorschriften, die

---

[884] Grundsätze für die Erteilung von Bestätigungsvermerken bei Abschlußprüfungen, IDW, FG 3/1988, WPg 1989, 27 ff.
[885] Vgl. *Otto*, Aktienstrafrecht, vor § 399 Rdn. 111; *Schünemann*, in: Küper (Hrsg.), FS Lackner, S. 371.
[886] Maunz/Dürig/*Schmidt-Aßmann*, Art. 103 Abs. 2 Rdn. 199; *Schünemann*, in: Küper (Hrsg.), FS Lackner, S. 370 f.
[887] *Schünemann*, in: Küper (Hrsg.), FS Lackner, S. 376 m.w.N.
[888] Das HGB 1897, das in erster Linie zur Rechtsangleichung an das BGB überarbeitet wurde, führt erstmals den Begriff der *Grundsätze ordnungsmäßiger Buchführung* auf.
[889] Schönke/Schröder/*Eser*, § 1 Rdn. 8 ff.; *Jescheck/Weigend*, AT, S. 128 f.

## Bilanzstrafrechtliche Sonderprobleme

bis dorthin die ausführlichsten Regelungen enthielten, Ausprägungen der GoB darstellten, die verallgemeinerungsfähig waren. Da sich die bilanzstrafrechtlichen Normen mit ihrer Verweisung auf das materielle Bilanzrecht indirekt auf die sie konkretisierenden Normen, also die GoB, erstrecken, kann ein Verstoß gegen diese ein objektives Tatbestandsmerkmal einer Strafnorm erfüllen.[890] Durch die positivrechtliche Konstituierung vieler GoB durch das BiRiLiG verlor die Problematik viel von ihrer Relevanz, wenngleich auch nach der Geltung dieses Gesetzes ein Anwendungsbereich für ungeschriebene GoB verbleibt.[891]

Für alle Bilanzierungspflichtigen werden die in § 243 I HGB festgeschriebenen Grundsätze ordnungsgemäßer Buchführung vorausgesetzt. Diese werden definiert als

„Regeln zur Führung von Büchern und zur Erstellung von Jahresabschlüssen, die in der Rechtsprechung und praktischer kaufmännischer Übung, in Erlassen und Empfehlungen zuständiger Behörden und Verbände sowie der wissenschaftlichen Diskussion entwickelt worden sind und weithin akzeptiert werden".[892]

Die Einordnung der GoB ist in der Literatur äußerst umstritten. Die vertretenen Ansichten reichen dabei von *Handelsbräuchen* und *außerrechtlichen Fachnormen* über *Tatsachen* hin zu *Gewohnheitsrecht* und *Rechtsnormen*.[893]

Zur Feststellung ihrer Rechtsnatur ist zwischen den kodifizierten und nichtkodifizierten GoB zu unterscheiden. Die kodifizierten GoB sind durch den gesetzgeberischen Akt zur Rechtsnorm geworden und als solche zu beachten.[894] Für die übrigen GoB hat der Gesetzgeber einen anderen Weg eingeschlagen, um ihnen im Ergebnis ebenfalls Rechtsnormcharakter beizumessen. Der Begriff der GoB findet heute in §§ 238 I 1, 243 I HGB Verwendung, wobei ihm eine normausfüllende Bedeutung zugemessen wird.[895] Damit sind die nichtkodifizierten GoB per gesetzge-

---

[890] LK/*Tiedemann*, § 283 Rdn. 110.
[891] *Leffson*, GoB, S. 26 f.; *K. Schmidt*, Handelsrecht, S. 419 f.
[892] *Bitz/Schneeloch/Wittstock*, S. 11.
[893] Vgl. zu den verschiedenen Quellen der GoB *Lück*, Rechnungslegung, S. 7. Baumbach/*Hopt*, HGB, § 238 Anm. 4A, vertritt die Ansicht, daß es sich z.T. um Gewohnheitsrecht, z.T. um Handelsbräuche handelt. Die Ansicht, daß durch das BiRiLiG nunmehr viel davon *kodifiziert* ist, kann nur dahingehend verstanden werden, daß mit der Umsetzung in eine Gesetzesnorm sich auch die Eigenschaft in eine Rechtsnormqualität geändert hat. Vgl. zu den einzelnen Ansichten die Nachweise bei *Schüppen*, Bilanzstrafrecht, S. 154; *de Weerth*, Bilanzordnungswidrigkeiten, S. 144; *K. Schmidt*, Handelsrecht, S. 418 ff.; *Moxter*, in: Gross (Hrsg.), FS Wysocki, S. 19 ff.
[894] KK AktG/*Claussen/Korth*, 2. Aufl., § 238 Rdn. 13.
[895] KK AktG/*Claussen/Korth*, 2. Aufl., § 238 Rdn. 13; *Schüppen*, Bilanzstrafrecht, S. 154.

berischer Anordnung rechtsverbindlich. Innerhalb dieser Normen sind sie als unbestimmter wertausfüllungsbedürftiger Rechtsbegriff aufzufassen, da sich ihr Inhalt aus einem *außerrechtlichen Normensystem* herleitet.[896] Für das Strafrecht kommt allein eine deduktive (normative) Herleitung aus tragenden Bilanzrechtsgrundsätzen zur Konkretisierung in Frage.[897] Zweck dieses unbestimmten Rechtsbegriffes ist es, Regelungslücken zu vermeiden und das Bilanzrecht für neue Entwicklungen offen zu halten.[898]

In der bisherigen Praxis haben die Fachausschüsse der Wirtschaftsprüfer und die (Finanz-)Gerichte bestimmt, was als GoB zu gelten hat.[899] Insbesondere die Rechnungslegungsstandards des IDW mit ihrem außerrechtlichen Normcharakter haben zur Fortentwicklung der GoB beigetragen. Zukünftig wird in diesem Zusammenhang auch die Arbeit des DRSC von Bedeutung sein.

Durch eine weitgehende Normierung der GoB ist die Rechtssicherheit und Vorhersehbarkeit hinsichtlich einer möglichen Strafbarkeit verbessert worden.

Festzuhalten ist damit, daß durch die Relativität der Bilanzwahrheit und durch die tatsächliche Komplexität eine Feststellung der unrichtigen oder verschleiernden Darstellung im Jahresabschluß oder in sonstigen Unterlagen erschwert wird. Konkretisierend wirkt sich hingegen die weitgehende Normierung der GoB durch das BiRiLiG und durch die Verlautbarungen des IDW aus.

## B. Unbestimmte Tatbestandsmerkmale

Das Bilanzstrafrecht ist in besonderer Weise von unbestimmten Rechtsbegriffen geprägt. Als Beispiele mögen die Begriffe *Grundsätze ordnungsgemäßer Buchführung* in § 238 I 1 HGB, *unrichtige Wiedergabe oder Verschleierung* in

---

[896] *Leffson*, GoB, S. 22 f.; *v. Eitzen*, Wirtschaftsprüfer, S. 155 m.w.N.
[897] *Dannecker*, in: Blumers/Frick/Müller (Hrsg.), Betriebsprüfungshandbuch, Abschnitt K, Rdn. 618. Zum Streit, ob induktiv oder deduktiv hergeleitet werden soll, vgl. die Fundstellen bei *Schüppen*, Bilanzstrafrecht, S. 155. Für das Strafrecht kann aber nur die logisch-deduktive Methode Gültigkeit haben, nicht aber die empirisch-induktive, so auch Baumbach/*Hopt*, HGB, § 238 Anm. 4A; *Leffson*, GoB, S. 29 f.
[898] *K. Schmidt*, Handelsrecht, S. 419 f. Die Dynamisierung des Begriffes ist für die strafrechtliche Brauchbarkeit nicht hinderlich; die gleiche Problematik enthält die zulässige Verwendung der Klausel *Stand der Wissenschaft und Technik*.
[899] *Flume*, DB 1973, 1661, 1666. Unstreitig haben die Fachgutachten für das standesrechtliche Verfahren Bedeutung. Für das zivilrechtliche Verfahren ist die Bindungswirkung der Fachgutachten umstritten, bejahend KK AktG/*Claussen*, § 162 Anm. 16; ablehnend *Leffson*, Wirtschaftsprüfung, S. 101; *Nann*, Wirtschaftsprüferhaftung, S. 31.

§ 331 Nr. 1 HGB, *Verschweigen erheblicher Umstände* in § 332 I HGB oder *unrichtige oder unvollständige Angaben* in § 265b I Nr. 1a StGB dienen. Unter der Geltung des Art. 103 II GG ist die Problematik aufzuzeigen, wie mit diesen unbestimmten Rechtsbegriffe insbesondere im Hinblick auf das Bestimmtheitsgebot und das Analogieverbot umgegangen wird.

## 1. Begriff und Zulässigkeit unbestimmter Tatbestandsmerkmale

Ein unbestimmter Rechtsbegriff wird von der Lehre umschrieben als ein Begriff, dessen Inhalt und Umfang weitgehend ungewiß ist, obwohl eine semantische Interpretation durchgeführt wurde.[900] Dabei können sowohl normative, als auch deskriptive Begriffe unbestimmt in diesem Sinn sein.[901] Innerhalb der Gruppe der normativen Begriffe ist die der *wertausfüllungsbedürftigen Begriffe* hinsichtlich des Bestimmtheitsgebotes am problematischsten.[902] Zur Lösung des daraus resultierenden Spannungsverhältnisses zwischen Rechtssicherheit und Gleichbehandlungsgebot einerseits und starren und kasuistischen Vorschriften andererseits werden von der Rechtsprechung und Lehre verschiedene Lösungswege vorgeschlagen. Die Notwendigkeit, Begriffe zu verwenden, die in besonderem Maße der Deutung durch den Richter bedürfen, wird allseits anerkannt.[903] Gleichzeitig gilt es, ein Leerlaufen des Bestimmtheitsgebotes zu verhindern.

---

[900] *Engisch*, Einführung. S. 106 ff.; *Koch/Rüßmann*, Begründungslehre, S. 194. Innerhalb der Lehre ist allerdings die weitere Einteilung der unbestimmten Begriffe umstritten. Einerseits besteht die Zweiteilung in *Begriffskern* und *Begriffshof*, vgl. *Schünemann*, in: Kaufmann/Bemmann/Krauss (Hrsg.), FS Bockelmann, S. 125, andererseits eine Dreiteilung in positive und negative Gewißheit, sowie Zweifelsfälle, vgl. *Koch/Rüßmann*, Begründungslehre, S. 195.

[901] Zur Abgrenzung *Darnstädt*, JuS 1978, 441 ff.

[902] Beispielhaft seien die Begriffe *Vorsicht, angemessene Zeit, erhebliche Nachteile, Grundsätze ordnungsgemäßer Buchführung, den tatsächliche Verhältnissen entsprechendes Bild* oder *unrichtige oder unvollständige Unterlagen* nach § 265b StGB genannt. Der Rechtsanwender wird durch diesen Verweis auf außerrechtliche Maßstäbe zu deren Ausfüllung aufgefordert.

[903] BVerfGE 47, 109, 120 f.; 73, 206, 234 f.

## 2. Bestimmtheitsgebot des Art. 103 II GG

### a) Konkretisierung der Anforderungen durch das BVerfG

Das BVerfG sieht in dem Bestimmtheitsgebot einerseits den Zweck, daß der Gesetzgeber und nicht die vollziehende oder rechtsprechende Gewalt über die materiellen Voraussetzungen der Strafbarkeit entscheidet und andererseits den individuellen Zweck des Schutzes des jeweiligen Normadressaten.[904] Das an den Gesetzgeber gerichtete Bestimmtheitsgebot verpflichtet diesen, die Voraussetzungen der Strafbarkeit so konkret zu umschreiben, daß es für den Adressaten grundsätzlich vorhersehbar ist, ob ein geplantes Handeln einen Straftatbestand erfüllt, oder, wie es das BVerfG formuliert,

„daß Tragweite und Anwendungsbereich der Straftatbestände zu erkennen sind und sich durch Auslegung ermitteln lassen".[905]

Die Strafnorm muß dabei um so präziser sein, je schwerer die angedrohte Strafe ist.[906] Andererseits schließt dies die Verwendung unbestimmter, wertausfüllungsbedürftiger Begriffe und Generalklauseln nicht von vornherein aus.[907] Das Strafrecht kann nicht völlig auf Begriffe verzichten, die sich nicht eindeutig allgemeingültig umschreiben lassen und mithin einer Auslegung durch den Richter bedürfen.[908] Gegen eine Verwendung derartiger Begriffe bestehen nach Ansicht des BVerfG jedenfalls dann keine Bedenken,

„wenn sich mit Hilfe der üblichen Auslegungsmethoden – insbesondere durch Heranziehung anderer Vorschriften desselben Gesetzes und durch Berücksichtigung des Normzusammenhangs – oder aufgrund einer gefestigten Rechtsprechung eine zuverlässige Grundlage für die Auslegung und Anwendung der Norm gewinnen läßt".[909]

Die Frage der *gesetzlichen Bestimmtheit* kann damit je nach betroffenem Adressatenkreis unterschiedlich zu beantworten sein. Das BVerfG führt dazu aus:

„Richtet sie sich ausschließlich an Personen, bei denen auf Grund ihrer Ausbildung oder praktischen Erfahrung bestimmte Fachkenntnisse regelmäßig vorauszusetzen sind und regelt sie Tatbestände, auf die sich solche Tatbestände zu beziehen pflegen,

---

[904] BVerfGE 78, 374, 381 ff.; 47, 109, 120.
[905] BVerfGE 25, 269, 285; 41, 314, 319; 47, 109, 120; 55, 144, 152; 75, 329, 342 f.; 78, 374, 381 f.; 87, 363, 391 f.; 87, 399, 411.
[906] BVerfGE 14, 245, 251; 41, 314, 320; 75, 329, 342 f.
[907] BVerfGE 26, 186, 204; 45, 363, 371; 48, 48, 56; 66, 337, 355.
[908] BVerfGE 71, 108, 114 f.; 73, 206, 235; 75, 329, 341 f.; NJW 1974, 1860, 1862; NJW 1986, 1671, 1672.
[909] Ständige Rechtsprechung, vgl. BVerfGE 48, 48, 56 f.; 26, 186, 204.

so begegnet die Verwendung unbestimmter Rechtsbegriffe unter dem Gesichtspunkt des Art. 103 II GG keinen Bedenken, wenn allgemein davon ausgegangen werden kann, daß der Adressat auf Grund seines Fachwissens imstande ist, den Regelungsgehalt solcher Begriffe zu verstehen und ihnen konkrete Verhaltensanweisungen zu entnehmen."[910]

In einem Urteil das standesrechtliche Berufsrecht betreffend vertritt das BVerfG den Standpunkt, daß bei berufsrechtlichen Regelungen die Anforderungen an das Bestimmtheitserfordernis anders zu bemessen seien als im allgemeinen Strafrecht.[911] Als Grund wird der gegenüber dem allgemeinen Strafrecht andere, nunmehr eng umgrenzte und sachkundige Personenkreis angeführt.[912] Zuvor wird nochmals hervorgehoben, daß der Art. 103 II GG nicht nur bei Kriminalstrafen, sondern auch bei Disziplinarstrafen und ehrengerichtlichen Strafen gilt, allerdings mit gewissen Einschränkungen, die sich aus der Natur der Rechtsgebiete ergeben.[913] Die Einschränkungen betreffen nur die Tatsache, daß

„eine Einzelnormierung weder nötig noch möglich ist, daß vielmehr Generalklauseln deshalb gerechtfertigt sind, weil eine erschöpfende Aufzählung der Berufspflichten unmöglich ist und weil diese im allgemeinen den Berufsangehörigen bekannt sind."[914]

Die geringeren Anforderungen an das Bestimmtheitserfordernis resultierten aus der homogeneren Vorbildung der Adressaten und dem Bewußtsein, was einem pflichtgemäßen Verhalten entspricht.

Auf den Untersuchungsgegenstand bezogen bedeutet dies, daß die Anforderungen an den Bestimmtheitsgrundsatz bei Bilanzdelikten wegen des hier interessierenden Täterkreises des Wirtschaftsprüfers, abweichend vom allgemeinen Strafrecht, geringer sind. Zwar handelt es sich nicht um berufsrechtliche Vorschriften, sondern um Vorschriften des Nebenstrafrechts, die wegen des Adressatenkreises aber mit berufsrechtlichen Regelungen vergleichbar sind. Dies entspricht der konsequenten Anwendung der Adressatentheorie. Da die Anforderungen geringer sind,

---

[910] BVerfGE 48, 48, 57; 26, 186, 204. Daneben wird vom BVerfG das Argument herangezogen, wonach die Verwendung von Generalklauseln und unbestimmten, wertausfüllungsbedürftigen Rechtsbegriffen zulässig sein soll, *wenn sie zum überlieferten Bestand an Strafrechtsnormen gehören*, vgl. BVerfGE 26, 41, 43.
[911] BVerfGE 45, 346, 352.
[912] BVerfGE 45, 346, 352; 26, 186, 203.
[913] BVerfGE 45, 346, 352; 26, 186, 203.
[914] BVerfGE 26, 186, 203 f.; 33, 125, 164; 66, 337, 355. Auch die Entscheidung zur Reform des anwaltschaftlichen Standesrechts greift nicht die Verwendung einer Generalklausel an, sondern nur die Rechtsnatur der zur Ausfüllung herangezogenen Vorschriften, BVerfG, NJW 1988, 191.

können im Ergebnis die unbestimmten Tatbestandsmerkmale weiter ausgelegt werden, als im Vergleich zu allgemeinen Strafvorschriften. Mit dieser Argumentation reduziert das Gericht zwar die eingangs aufgestellten hohen Anforderungen; die Reduktion auf ein Bestimmbarkeitserfordernis bleibt aber bestehen.

Die Rechtsprechung des BGH orientiert sich weitgehend an der des BVerfG.[915] Unter Bezugnahme auf die verfassungsgerichtliche Rechtsprechung führt der BGH aus:

> „Welchen Grad an Bestimmtheit der einzelne Tatbestand haben muß, läßt sich allgemein nicht sagen; das hängt von der Besonderheit des jeweiligen Tatbestandes und von den Umständen ab, die zu der gesetzlichen Regelung geführt haben. Eine Rolle kann hierbei spielen, ob die vom Gesetzgeber verwendeten Begriffe völlig neu sind oder an schon bisher benutzte und durch die Rechtsprechung umschriebene und präzisierte Begriffe anknüpfen können."[916]

Soweit die Besonderheiten des jeweiligen Tatbestandes zu berücksichtigen sind, wird auch auf den Empfängerhorizont des Adressaten und damit auf die Adressatentheorie des BVerfG Bezug genommen.

b) Konkretisierungen der Literatur

An diesem Abstellen auf den Adressatenkreis setzt gleichzeitig die Kritik der Literatur an der Ansicht des BVerfG ein. Wird auf die Auslegungsmethoden und die diesbezügliche Rechtsprechung verwiesen, so wird das Bestimmtheitserfordernis durch ein Bestimmbarkeitserfordernis ersetzt. Dieses Bestimmbarkeitserfordernis wird weitergehend relativiert, wenn die Anforderungen an die Bestimmbarkeit von unterschiedlichen individuellen Kenntnissen verschiedener Adressatenkreise auszugehen hat.[917] Daher hat die Literatur alternative Abgrenzungskriterien entwickelt um den Anforderungen des Art. 103 II GG insbesondere hinsichtlich der Generalklauseln besser gerecht zu werden.

Eine Ansicht will die restriktive Auslegungsmethode als strafrechtliches Prinzip übernehmen und die Auslegung an dieser Maxime ausrichten.[918] Sie findet aber weder in der Literatur noch in der Rechtsprechung eine Stütze, da nach der geltenden Dogmatik nicht die restriktive, sondern die richtige Auslegung die allein maßgebliche ist.[919]

---

[915] BGHSt 30, 285, 287.
[916] BGHSt 30, 285, 287.
[917] *Tiedemann*, Verfassungsrecht, S. 44 f.
[918] *F. Müller*, Methodik, Rdn. 130 ff., 373 ff., 394 ff.; *Schüppen*, Bilanzstrafrecht, S. 164.
[919] *Tiedemann*, in: Belke/Oemichen (Hrsg.), Wirtschaftsstrafrecht, S. 30.

Der überwiegende Teil der Literatur versucht eine weitergehende verfassungskonforme Einengung unbestimmter Tatbestandsmerkmale als vergleichsweise die Rechtsprechung. Diese verfassungskonforme Auslegung gebietet es, unklare Straftatbestände auf ihren zweifelsfreien Bedeutungskern einzuschränken.[920]
Für das Bilanzstrafrecht hat sich auf dieser Grundlage eine ganz h.M. gebildet, die unbestimmte Tatbestandsmerkmale eng auslegen will, und eine Verurteilung nur zuläßt, wenn nach allen ernsthaft vertretenen Auffassungen ein Normverstoß vorliegt und hierüber kein Zweifel möglich ist.[921]
Als Beispiel mag das insolvenzstrafrechtliche Tatbestandsmerkmal der *Überschuldung* dienen. Ein Vorliegen dieses Merkmals sei nur dann zu bejahen, wenn alle ernsthaft vertretenen Methoden zum Ergebnis der Überschuldung führen.[922]

c) Tendenzen in der Rechtsprechung und Gesetzgebung

Die neuere Rechtsprechung ist teilweise um eine Eingrenzung der Merkmale bemüht und greift dabei auf eine, dem Gesetzestext nicht zu entnehmende, aber bereits vom Reichsgericht benutzte *Wesentlichkeit* zurück.[923] Durch diesen restriktiven Umgang erfolgt eine Beschränkung der unbestimmten Begriffe auf eindeutige Fälle.[924]
Der Vorwurf der Literatur, das Merkmal der Wesentlichkeit sei unbestimmt geblieben, verkennt die Einzelfallbezogenheit dieses einengenden Merkmals. Die Wesentlichkeit ist dann zu bejahen, wenn die Ertrags- und Vermögenslage in wichtigen Punkten unrichtig oder verschleiert ist.[925] Es komme auf die wirtschaftliche Bedeutung und auf die Auswirkung im Jahresabschluß an. Ein Verstoß ist je-

---

[920] *Tiedemann*, in: Belke/Oemichen (Hrsg.), Wirtschaftsstrafrecht, S. 34; ders., Verfassungsrecht und Strafrecht, S. 42 f.; Roxin, AT I, § 5, Rdn 26 ff.; Schönke/Schröder/*Eser*, § 1 Rdn. 22; weitere Nachweise bei *Schüppen*, Bilanzstrafrecht, S. 166, Fn. 851.
[921] Adler/Düring/Schmaltz (1979), Exkurs zu §§ 400, 405, 407 Rdn. 11, *Dannecker*, in: Blumers/Frick/Müller (Hrsg.), Betriebsprüfungshandbuch, Abschnitt K, Rdn. 645; Staub/*Dannecker*, § 331 Rdn. 43; Heymann/*Otto*, § 331 HGB Rdn. 25; *Tiedemann*, in: Krekeler/Tiedemann/Ulsenheimer (Hrsg.), HWiStR, Art. Bilanzstrafrecht, S. 5; *Cobet*, Rechnungslegung, S. 13; MüKo HGB/*Quedenfeld*, § 331 Rdn. 41 f.
[922] LK/*Tiedemann*, vor § 283 Rdn. 147; Schönke/Schröder/*Stree*, § 283 Rdn. 51; Lackner/*Kühl*, § 283 Rdn. 6; *Schlüchter*, wistra 1984, 41, 43; *Wessels/Hillenkamp*, BT 2, S. 205 f., Rdn. 461 ff.
[923] BGH, 1 StR 625/80, Urt. v. 10.02.1981, zitiert nach *Tiedemann*, in: Belke/Oemichen (Hrsg.), Wirtschaftsstrafrecht, S. 35. Vgl. dazu auch die Rechtsprechung des RG zur Bilanzmanipulation, RGSt 14, 80, 82; 37, 433, 435; 49, 358, 363.
[924] Diese Beschränkung auf eindeutige Fälle entspricht dem Bereich des *Begriffkerns* der Methodenlehre, vgl. *Schünemann*, in: Kaufmann/Bemmann/Krauss (Hrsg.), FS Bockelmann, S. 125.
[925] Küting/Weber/*Pfenning*, § 331 HGB Rdn. 7.

denfalls dann wesentlich, wenn ein Leser des Jahresabschlusses aufgrund unrichtiger oder verschleiernder Darstellungen andere Schlußfolgerungen als bei einer gesetzeskonformen Darstellung ziehen muß.[926]

Der Gesetzgeber trägt den Bestrebungen der Lehre beim Erlaß neuerer Vorschriften insofern Rechnung, als er ebenfalls um eine Einengung der unbestimmten Rechtsbegriffe bemüht ist. Der positive Verweis auf außerrechtliche Normsysteme ist, unter dem Gesichtspunkt des Art. 103 II GG, zunächst die Anerkennung dieser Systeme zur Ermittlung des Sinngehaltes einer Norm. Wenn beispielsweise in § 323 StGB auf die *allgemein* anerkannten Regeln der Technik oder in § 283 I Nr. 8 StGB auf eine den Anforderungen einer ordnungsgemäßen Wirtschaft *grob* widersprechende Handlungsweise abgestellt wird, berücksichtigt dies die restriktive Auslegungstendenz der Literatur, ein unbestimmtes Tatbestandsmerkmal nur dann als erfüllt anzusehen, wenn die Voraussetzungen dafür nach allen ernsthaft vertretenen Ansichten vorliegen.

d) Zusammenfassung

Die Zulässigkeit und Notwendigkeit unbestimmter Rechtsbegriffe im Strafrecht ist wegen der Notwendigkeit flexibler Regelungen unbestritten, wenngleich deren Anzahl für eine möglichst weitgehende ex-ante Konkretisierbarkeit auf den unbedingt notwendigen Umfang zu begrenzen ist, um der Garantiefunktion des Art. 103 II GG gerecht zu werden.[927]

Obwohl Rechtsprechung und Literatur methodisch unterschiedliche Argumentationen benutzen, um den Anforderungen des Art. 103 II GG gerecht zu werden, liegen sie im Ergebnis nicht weit voneinander entfernt.

Im Ergebnis sind die Tatbestände durch Nichtanwendung in unklaren Bereichen verfassungskonform, also restriktiv auszulegen. Die Bejahung eines unbestimmten Tatbestandsmerkmals erfolgt erst dann, wenn nach allen ernsthaft vertretenen Ansichten ein Normverstoß vorliegt.

3. *Analogieverbot des Art. 103 II GG*

a) Auslegung unbestimmter Tatbestandsmerkmale

Jede Anwendung einer Norm beinhaltet gleichzeitig die Notwendigkeit ihrer Auslegung. Die Auslegung zählt ebenso zu den Grundfragen der Rechtswissenschaft

---

[926] Küting/Weber/*Pfenning*, § 331 HGB Rdn. 16.
[927] *Schüppen*, Bilanzstrafrecht, S. 171.

wie die damit in Zusammenhang stehende und für das Strafrecht bedeutsame verfassungsrechtliche Frage der Gesetzesgebundenheit nach Art. 103 II GG, § 1 StGB.[928]

Die heutige juristische Methodenlehre unterscheidet die Institute der Auslegung und der Rechtsfortbildung.[929] Das Ziel der Auslegung ist, die abstrakte Norm *sprechen zu lassen*, sie auf einen konkreten Fall zur Anwendung zu bringen, indem ihr heute rechtlich maßgeblicher normativer Sinngehalt ermittelt wird.[930] Das geschützte Rechtsgut ist damit das Ziel der Auslegung. Zur Ermittlung dieses Sinnes dienen verschiedene Auslegungskriterien, wobei die Lehre einhellig von der Anwendbarkeit der allgemeinen Interpretationsgrundsätze auch im Strafrecht ausgeht.[931] Diese Kriterien lassen sich jeweils logisch nachrangig darstellen als:

- der Wortsinn (= die wörtliche oder grammatikalische Auslegung),
- der Bedeutungszusammenhang (= die systematisch-logische Auslegung),
- die Regelungsabsicht (= die historische Auslegung),
- objektiv-teleologische Kriterien (= objektiv-teleologische Auslegung).

Hinsichtlich der Rangfolge dieser Kriterien ist nach einstimmiger Ansicht zunächst der Wortsinn heranzuziehen. Ergibt dieser keine eindeutigen Ergebnisse, ist nach Ziel- und Zweckmäßigkeitsvorstellungen des Gesetzgebers zu suchen. Liefern diese ebenfalls keine eindeutigen Ergebnisse, ist eine Auslegung im Hinblick auf *vernünftige Zwecke* nach objektiv-teleologischen Kriterien geboten.[932] Auch das BVerfG geht in seinen Ausführungen zur Norminterpretation von dieser Grundlage aus. Hinsichtlich einer Rangfolge hält es sich aber zurück und nimmt eine *gegenseitige Ergänzung* der verschiedenen Methoden an, ohne eine Abfolge zur Sinnermittlung anzugeben.[933] Der Wille des Gesetzgebers könne aber nur berücksichtigt werden, sofern er im Gesetz selbst einen *hinreichend bestimmten Ausdruck* gefunden habe.[934]

---

[928] Vgl. dazu die ausführlichen Darstellungen in den Lehrbüchern zum Allgemeinen Teil des Strafrechts, etwa: *Jakobs*, AT, S. 63 ff.; *Jescheck/Weigend*, Strafrecht AT, S. 126 ff.; *Maurach/Zipf*, Strafrecht AT, S. 109 ff.; *Otto*, AT, § 2, Rdn. 1 ff.; *Wessels/Beulke*, AT, S. 11 f., Rdn. 44 ff.

[929] *Larenz/Canaris*, Methodenlehre, S. 187 ff.

[930] So die überwiegende Ansicht, vgl. *Larenz/Canaris*, Methodenlehre, S. 139; *Bydlinski*, Methodenlehre, S. 436; *Wessels/Beulke*, AT, S. 13 f., Rdn. 56.

[931] *Jescheck/Wiegend*, AT, S. 137 f.; *Wessels/Beulke*, AT, S. 14 f., Rdn. 57 ff.; *Otto*, AT, § 2, Rdn. 41 ff.

[932] *Larenz/Canaris*, Methodenlehre, S. 221 ff.; *Bydlinski*, Methodenlehre, S. 553 ff.

[933] BVerfGE 11, 126, 130.

[934] BVerfGE a.a.O.

Demgegenüber ist es das Ziel der Rechtsfortbildung, Regelungslücken zu schließen und fehlerhaftes Gesetzesrecht *über den Plan hinaus* zu berichtigen.[935] Anders als bei der Auslegung ist im Rahmen der Rechtsfortbildung ein Überschreiten der Wortlautgrenze oder ein Abweichen von der gesetzlichen Intention möglich.

Der Übergang von der Auslegung zu der Analogie ist fließend und teilweise nur schwer zu bestimmen, da sich die Institute methodisch ähneln und auf die gleichen Hilfsmittel zurückgreifen.[936] Vor dem Hintergrund der Fundamentalnorm des Art. 103 II GG kommt der Abgrenzung damit entscheidendes Gewicht zu.[937]

Dem Gesetzlichkeitsprinzip unterliegt der gesamte Straftatbestand mit sämtlichen materiell-rechtlichen Voraussetzungen.[938] Das Analogieverbot des Art. 103 II GG ist dabei nicht nur im engen technischen Sinn zu verstehen; vielmehr soll eine Rechtsanwendung, die über den Inhalt der bestehenden gesetzlichen Strafnorm hinausgeht, ausgeschlossen werden.[939] Einer Gesetzesumgehung darf nicht mit einer auf Analogie beruhenden Erweiterung des Straftatbestandes begegnet werden.

Vor diesem verfassungsrechtlichen Hintergrund ist die im Bilanzrecht häufig anzutreffende Rechtsfigur der *wirtschaftlichen Betrachtungsweise* untersuchungsbedürftig. Diese Rechtsfigur betrachtet den Tatbestand weniger von der äußeren rechtlichen Gestaltung, sondern vielmehr von dem wirtschaftlichen Zweck. Der Ursprung dieser Konstruktion liegt im Steuerrecht und findet seine Ausprägung beispielsweise in §§ 39, 41 I, 42 AO. Die Erstreckung der Anwendung der wichtigen Figur auf andere Rechtsgebiete wird von der Rechtsprechung uneinheitlich beurteilt.[940] Für die Auslegung der unbestimmten Tatbestandsmerkmale ergibt sich daraus die Frage, wie eine zulässige Auslegung von der unzulässigen Analogie abzugrenzen ist, und ob die wirtschaftliche Betrachtungsweise eine Art der Auslegung oder der Analogie ist.

---

[935] *Larenz/Canaris*, Methodenlehre, S. 232 ff.
[936] *Wessels/Beulke*, AT, S. 14, Rdn. 56.
[937] Der Art. 103 II GG wird als wesentlicher Bestandteil des Rechtsstaatsprinzip angesehen, der sowohl eine Norm des objektiven Rechts als auch ein grundrechtsähnliches Recht darstellt, vgl. BVerfGE 9, 89, 95.
[938] Tröndle/*Fischer*, § 1 Rdn. 3; *Jarass/Pieroth*, Art. 103 Rdn. 42.
[939] *Jarass/Pieroth*, Art. 103 Rdn. 47.
[940] *Tiedemann*, Wirtschaftsstrafrecht 1, S. 175 ff.; Otto, Jura 1989, 328 ff.

b) Abgrenzung Auslegung – Analogie

(1) Abgrenzung der Literatur

Nach einhelliger Ansicht in der Literatur kann keine scharfe Abgrenzung vorgenommen werden, sondern die Übergänge müssen als fließend angesehen werden.[941] Daraus wird teilweise der Schluß gezogen, eine Abgrenzung sei wegen dieser Randunschärfe unmöglich.[942] Auf eine Abgrenzung aber wegen Grenzfällen gänzlich verzichten zu wollen, ist unter der Geltung des Art. 103 II GG nicht vertretbar.

Mit der herrschenden Ansicht in der Literatur ist die *Wortlautgrenze* das entscheidende Abgrenzungskriterium.[943] Umstritten ist insoweit nur, ob die *natürliche Wortbedeutung*[944] oder der noch *mögliche Wortsinn*[945] die Grenze bildet.

(2) Abgrenzung des Bundesverfassungsgerichts

Diese Abgrenzung entspricht im wesentlichen auch der Ansicht des Bundesverfassungsgerichts. Art. 103 II GG verpflichtet den Gesetzgeber, die Voraussetzungen der Strafbarkeit so konkret zu umschreiben, daß Anwendungsbereich und Tragweite der Straftatbestände sich aus dem Wortlaut ergeben oder jedenfalls durch Auslegung ermitteln lassen.[946] Zum einen dient diese Pflicht dem rechtsstaatlichen Schutz der Normadressaten. Für jeden soll die Strafbarkeit seines Verhaltens vorhersehbar sein. Zum anderen soll Art. 103 II GG gewährleisten, daß der Gesetzge-

---

[941] *Jakobs*, Strafrecht AT, S. 75 ff.; *Wessels/Beulke*, AT, S. 14, Rdn. 56.
[942] *Sax*, Analogieverbot, S. 147 ff.; *Krey*, Gesetzesvorbehalt, S. 49 ff. Abzulehnen ist ebenfalls die Ansicht, die Analogie sei ein Unterfall der systematischen Auslegung, so daß zur Lückenfüllung bei unbestimmten Rechtsbegriffen damit auch im Strafrecht auf die Analogie zurückgegriffen werden, vgl. *Raisch/Maasch*, in: Andreae/Kirchhoff/Pfeiffer (Hrsg.), FS Benisch, S. 216. Dieser Ansatz verstößt gegen die von Art. 103 II GG gezogene Grenze der Gesetzesgebundenheit.
[943] *Bydlinski*, Methodenlehre, S. 441; *Engisch*, Einführung, S. 195 ff.; *Zippelius*, Methodenlehre, S. 48 ff.; *Krey*, Gesetzesvorbehalt, S. 127 ff.; *ders.*, JZ 1978, 361, 428, 465; *Roxin*, AT I, S. 104 ff.; BVerfGE 92, 1, 12.
[944] *Baumann/Weber/Mitsch*, AT, S. 144; *Baumann*, MDR 1958, 394; *Tröndle/Fischer*, § 1, Rdn. 10.
[945] *Jarass/Pieroth*, Art. 103 Rdn. 47; *Schönke/Schröder/Eser*, § 1 Rdn. 55 f.; *Jescheck/Wiegend*, AT, S. 134 ff.; *Bydlinski*, Methodenlehre, S. 441 f.; *Larenz/Canaris*, Methodenlehre, S. 143, 174.
[946] BVerfGE 71, 108, 114 ff.; 75, 329, 341; 92, 1, 12.

ber selbst und nicht die rechtsprechende oder vollziehende Gewalt über die Strafwürdigkeit eines Verhaltens entscheidet.[947]

Für die Rechtsprechung folgt aus diesen Grundsätzen ein Verbot analoger oder gewohnheitsrechtlicher Strafbegründung. Unter Analogie wird dabei nicht nur der technische Begriff verstanden, sondern jede Rechtsanwendung, die über den Inhalt einer gesetzlichen Norm hinausgeht. Ausgehend vom Gesetzestext als maßgebliches Kriterium der Auslegung ist der *mögliche Wortsinn* die äußerste Grenze zulässiger richterlicher Rechtsauslegung. Die Grenze ist dabei aus der Sicht des Normadressaten zu bestimmen.[948] Begründet wird diese Ansicht damit, daß der Adressat anhand der Gesetzesnorm in der Regel voraussehen können muß, ob ein Verhalten strafbar ist. Die Begründung der Strafbarkeit durch Interpretation über den erkennbaren Wortsinn hinaus darf nicht zum Nachteil des Betroffenen vorgenommen werden.[949] In verbleibenden Grenzfällen geht der Adressat dann für ihn erkennbar wenigstens das Risiko einer Bestrafung ein.[950]

Das schließt andererseits eine Verwendung von Begriffen nicht aus, die in besonderem Maß einer Deutung durch den Richter bedürfen.[951] Wegen der notwendigen Allgemeinheit und Abstraktheit zur Regelung der unterschiedlichsten Sachverhalte gibt es im Strafrecht unvermeidlich Grenzfälle, in denen die Strafbarkeit eines Verhaltens zweifelhaft ist und einer Wertung durch den Richter bedarf. Das Bestimmtheitserfordernis darf unter diesem Gesichtspunkt nicht überzogen werden, da das Gesetz sonst zu starr und kasuistisch würde und eine Anpassung an gewandelte Verhältnisse oder den Besonderheiten des Einzelfalls nicht mehr gegeben wäre.[952] Über diese Bewertung darf der Richter aber nicht hinausgehen. Es ist die Entscheidung des Gesetzgebers, eine erkannte Strafbarkeitslücke bestehen zu lassen oder zu schließen; der Richter darf diesem jedenfalls nicht durch Analogie vorgreifen.

In seinen Überlegungen zur Auslegung im Strafrecht geht das BVerfG von dem noch möglichen Wortsinn aus.[953] Dieser wird als Grenze richterlicher Interpretationsfreiheit angesehen. Dieser Interpretationsspielraum wird durch das Kriterium eingeengt, daß die Beurteilung in erster Linie von dem für den Adressaten erkennbaren und verstehbaren Wortlaut auszugehen habe. Wenn damit auf den Verständ-

---

[947] BVerfGE 47, 109, 120.
[948] BVerfGE 73, 206, 235; 75, 329, 341; 92, 1, 12.
[949] BVerfGE 47, 109, 121, 124; 64, 389, 393.
[950] BVerfGE, 75, 329, 341.
[951] BVerfGE 92, 1, 12.
[952] BVerfGE 75, 329, 341.
[953] BVerfG, NJW 1986, 1671, 1672.

nishorizont eines durchschnittlichen Adressaten abgestellt wird, findet aber die Auslegung an der natürlichen Wortbedeutung ihre Grenze, da diese die für den Betroffenen erkenn- und verstehbare bildet.[954] Nach Ansicht des BVerfG soll mit *ausreichender Sicherheit* vorhergesagt werden können, ob ein Verhalten strafbar ist, oder nicht. Im Rahmen der Norminterpretation ist dieses Kriterium aber nur eine Leerformel. Unzweifelhaft gibt es Verhaltensweisen, die einen Tatbestand deutlich positiv erfüllen wie negativ nicht erfüllen. Für den demzufolge verbleibenden Grenzbereich wird eine ausreichende Sicherheit bezüglich der Vorhersehbarkeit der Strafbarkeit gefordert.

Ausgehend von dem möglichen Wortsinn im allgemeinen Sprachgebrauch argumentiert das BVerfG ebenfalls einschränkend mit dem Zweck und Sinnzusammenhang des Normgefüges[955] sowie den gesetzgeberischen Intentionen.[956]

(3) Stellungnahme

Nach Abwägung der Argumente ist der Ansicht zu folgen, daß die natürliche Wortbedeutung die Grenze bildet. Dies hat den Vorteil, gequälte Auslegungen bis an die Grenze der möglichen Bedeutung zu vermeiden, die für das Ganze gesehen schädlich sind.[957] Auch dient dies der Vorhersehbarkeit und Eingrenzbarkeit gerichtlicher Entscheidungen und damit auch der Rechtssicherheit.

Zusammenfassend ist festzuhalten, daß der erkennbare Wortsinn die Grenze der möglichen Auslegung darstellt. Eine Ausweitung zur Vermeidung von Gesetzeslücken ist ebenfalls unzulässig. Sofern ein Verhalten gleich strafwürdig erscheint wie das kriminalisierte, ist es Sache des Gesetzgebers, korrigierend tätig zu werden. Die Gerichte dürfen jedenfalls nicht korrigierend im Wege einer analogen, also über den erkennbaren Wortlaut hinausgehenden Anwendung eingreifen.[958] Als Beispiel kann die Behandlung der Vorgesellschaft dienen. Zivilrechtlich werden auf sie punktuell die Regeln der zu errichtenden Gesellschaft analog angewendet. Für das Strafrecht hat wegen des Analogieverbotes eine Gleichstellung der Vorgesellschaft mit der GmbH oder der AG zu Ungunsten der Betroffenen zu unterbleiben.[959] Desweiteren kann hier die umstrittene Behandlung der Aktivierung beim

---

[954] Wird dieser Ansicht uneingeschränkt gefolgt, wäre ein je nach Adressat differenzierter und einzelfallabhängiger Auslegungsspielraum die Folge.
[955] BVerfGE 92, 1, 20, abweichendes Votum.
[956] BVerfGE 92, 1, 16.
[957] *Baumann/Weber/Mitsch*, AT, S. 144.
[958] BVerfGE 92, 1, 13; 71, 108, 116; BVerfG, NJW 1986, 1671, 1672.
[959] Im Ergebnis ebenso Scholz/*Tiedemann*, vor §§ 82 Rdn. 27.

konzerninternen Erwerb immaterieller Wirtschaftsgüter genannt werden. Ein strafrechtlicher Durchgriff durch die gewählte zivilrechtliche Gestaltungsmöglichkeit kommt bei dem Ansatz und der Bewertung immaterieller Wirtschaftsgüter nicht in Betracht.[960] Letztlich sei der insolvenzstrafrechtliche Bilanzbegriff erwähnt, der im Sinne des Handelsrechts auszulegen ist und sich damit nicht auf die Gewinn- und Verlustrechnung erstreckt.[961]

(4) Wirtschaftliche Betrachtungsweise im Strafrecht

Unter Zugrundelegung dieser Ergebnisse stellt sich die Frage, ob die wirtschaftliche Betrachtungsweise zu den im Strafrecht zulässigen Auslegungsmethoden oder zur Analogie zu rechnen ist und damit auf Strafnormen nicht anzuwenden ist. Eine Untersuchung hat aufgezeigt, daß der Begriff der *wirtschaftlichen Betrachtungsweise* eine Leerformel ist, die mit verschiedenen Inhalten ausgefüllt werden kann:[962]

- Sachverhaltsfeststellung und -beurteilung,
- Begründung einer begrifflichen Eigenständigkeit innerhalb eines Rechtsgebietes im Verhältnis zum BGB oder HGB,
- Präzisierung der im Rahmen der teleologischen Interpretation heranzuziehenden vernünftigen Zwecke als wirtschaftliche Zwecke,
- Ermöglichung eines Durchgriffs zur Erfassung von Umgehungshandlungen und Rechtsmißbräuchen.

Die Sachverhaltsfeststellung und -beurteilung im Lichte der wirtschaftlichen Betrachtungsweise wird herangezogen zur Würdigung von Lebenssachverhalten, zur Ausfüllung von wertausfüllungsbedürftigen Begriffen und bei der Bilanzierung nach wirtschaftlichen Gesichtspunkten.[963] So ist beispielsweise bei § 265b StGB die Frage, ob ein Kredit privaten oder betrieblichen Zwecken dient, nicht zivilrechtsakzessorisch, sondern nach wirtschaftlichen Gesichtspunkten zu beantwor-

---

[960] *Tiedemann*, in: Ficker/König/Kreuzer (Hrsg.), FS v. Caemmerer, S. 654 f.; *ders.*, in: Hanack/Rieß/Wendisch (Hrsg.), FS Dünnebier, S. 527 f.; *Moxter*, StuW 1989, 232, 238; *Münzinger*, Bilanzrechtsprechung, S. 280 ff.; vgl. auch *Crezelius*, Steuerliche Rechtsanwendung, S. 216 ff. und unten S. 213.
[961] Vgl. dazu *Schüppen*, Bilanzstrafrecht, S. 149 ff.
[962] *Rittner*, Wirtschaftliche Betrachtungsweise, S. 47 f.; *Schüppen*, Bilanzstrafrecht, S. 133 f.
[963] *Schüppen*, Bilanzstrafrecht, S. 134 f. Generell kann bei wertausfüllungsbedürftigen Begriffen ein Anwendungsproblem sowohl als Tatfrage, wie auch als Rechtsfrage formuliert werden, vgl. *Zippelius*, Methodenlehre, S. 98 ff.

ten.[964] Ebenso ist bei der Ermittlung des Betriebsvermögens nach §§ 242, 246 HGB nach wirtschaftlicher Betrachtungsweise zu entscheiden und nicht nach der zivilrechtlichen Eigentumsordnung.[965]

In der zweiten Funktion wird die wirtschaftliche Betrachtungsweise benutzt, um die Eigenständigkeit von Begriffen innerhalb verschiedener Rechtsgebiete zu legitimieren, die Zivilrechtsakzessorietät also zu verneinen, bzw. auch eine Eigenständigkeit der Begriffsinterpretation für jede einzelne Norm innerhalb eines Gesetzes zu begründen.[966]

Drittens dient die wirtschaftliche Betrachtungsweise im Rahmen der teleologischen Interpretation der Auslegung der vernünftigen Zwecke als wirtschaftliche Zwecke. Kriterien der teleologischen Interpretation ergeben sich für das Bilanzrecht insbesondere aus den Generalklauseln der § 243 I HGB (GoB) und § 253 IV HGB (vernünftige kaufmännische Beurteilung).

In der vierten Anwendungsgruppe ermöglicht und begründet die wirtschaftliche Betrachtungsweise einen Durchgriff durch eine gewählte rechtliche Gestaltung zur Erfassung von Umgehungshandlungen und Rechtsmißbräuchen. Dies geschieht in der Weise, daß vom Ergebnis her der Normzweck interpretiert wird, um *Gesetzesumgehungen zu bekämpfen* und die *Heranziehung der wirklich Verantwortlichen zu gewährleisten*.[967] Dabei handelt es sich teilweise noch um Auslegung, soweit die Gesetzesumgehungen mit den Instrumentarien der eigenständigen Auslegung und teleologischen Interpretation verhindert werden könnten, darüber hinaus aber unbestreitbar um Rechtsfortbildung.

Überwiegend wird die wirtschaftliche Auslegung von der Literatur als teleologische Auslegungsmethode anerkannt.[968] Wird zutreffenderweise die gruppendifferenzierte Betrachtung der verschiedenen Inhalte zugrunde gelegt, muß die Beant-

---

[964] Schönke/Schröder/*Lenckner*, § 265b Rdn. 5; *Lackner*, § 265b Rdn. 2; LK/*Tiedemann*, § 265b Rdn. 26 ff., 29.
[965] *Münzinger*, Bilanzrechtsprechung, S. 62 ff.
[966] Unabhängig hiervon bestehen im strafrechtlichen Schrifttum Bestrebungen, die Selbständigkeit der strafrechtlichen Begriffsinterpretation zu betonen und eine Zivilrechtsakzessorietät zu verneinen, vgl. *Bruns*, JR 1984, 133, 141; *Tiedemann*, Wirtschaftsstrafrecht 1, S. 176 f.; *Wessels/Beulke*, AT, S. 14 f., Rdn. 58. Auch die Rechtsprechung ist zu dieser Frage uneinheitlich. Für eine Lösung vom Zivilrecht einerseits BGHSt 32, 256, 259, andererseits für eine Zivilrechtsakzessorietät BGHSt 24, 54, 61 f. (Teerfarbenbeschluß).
[967] *Tiedemann*, Wirtschaftsstrafrecht 1, S. 180 ff., 185; *Bruns*, JR 1984, 133, 134; *Crezelius*, Steuerliche Rechtsanwendung, S. 219.
[968] *Beisse*, StuW 1981, 2; *Moxter*, StuW 1989, 232; *Mellwig*, BB 1983, 1613 ff.; *Tiedemann*, in: Belke/Oemichen (Hrsg.), Wirtschaftsstrafrecht, S. 34; *Otto*, StV 1984, 462, 463; *Bruns*, JR 1984, 133, 139.

wortung der Frage, ob die wirtschaftliche Betrachtungsweise zu den Auslegungsmethoden oder zur Analogie zu rechnen ist, differenzierter ausfallen.

In der Funktion der Sachverhaltsfeststellung und -ermittlung bewegt sich die wirtschaftliche Betrachtungsweise deutlich im Bereich der Auslegung. In diesem Stadium juristischer Arbeit wird der Sachverhalt in eine Form der Aussage gebracht, in welcher der Beurteiler alles und nur das aufnimmt, was für die rechtliche Beurteilung von Bedeutung sein kann.[969]

Auch in der Funktion der Begründung der Eigenständigkeit der Interpretation von rechtstechnischen Begriffen ist die wirtschaftliche Betrachtungsweise noch zur Auslegung zu rechnen. Das Problem der eigenständigen Interpretation ist nicht nur ein spezifisches der wirtschaftlichen Betrachtungsweise, sondern im Schrifttum unter dem Schlagwort der *Relativität der Rechtsbegriffe* bekannt.[970] Dabei ist mittlerweile anerkannt, daß der Gesetzgeber innerhalb verschiedener Gesetze oder auch innerhalb desselben Gesetzes mit demselben Wort verschiedene Bedeutungen ausdrücken kann.[971] Die wirtschaftliche Betrachtungsweise stellt dabei eine Methode zur Ermittlung der jeweils verfolgten Zwecke des Gesetzgebers dar.

In der Funktion der teleologischen Interpretation von Gesetzesbegriffen ist die Einordnung als Auslegungsmethode unzweifelhaft.

In der Funktion der Durchgriffsermöglichung ist strafrechtlich genauer zu differenzieren: Wird eine Gesetzesumgehung unter Heranziehung der wirtschaftlichen Betrachtungsweise methodisch mit Wortinterpretation oder teleologischen Kriterien verhindert, ist dies zulässige Auslegung. Wird aber versucht, eine Gesetzesumgehung durch wirtschaftliche Betrachtungsweise zu erfassen, obwohl die Umgehungshandlung vom Wortlaut nicht mehr abgedeckt ist, verstößt dies gegen den Grundsatz des Art. 103 II GG.

Festzuhalten ist somit, daß die wirtschaftliche Betrachtungsweise im Strafrecht nicht zur grenzenlosen Interpretation der Strafvorschriften herangezogen werden kann, sondern nur im Rahmen der Auslegung, nicht aber der Rechtsfortbildung zur juristischen Würdigung dient. Wenn auch handelsrechtlich die Rechtsfortbildung im Rahmen der Generalklauseln der §§ 243 I, 264 II HGB erwünscht sein mag, kann sie nicht die Bilanzstraftatbestände ebenfalls im Wege der Analogie zu *Generalstrafbestimmungen* umfunktionieren. Eine vom Zivilrecht abweichende strafrechtliche Würdigung des gleichen Sachverhalts ist daher vor dem Hintergrund des Art. 103 II GG möglich, wenn nicht sogar geboten.[972]

---

[969] *Larenz/Canaris*, Methodenlehre, S. 102 ff.
[970] *Engisch*, Einführung, S. 94, 209.
[971] *Engisch*, Einführung, S. 94; *Wessels/Beulke*, AT, S. 14 f., Rdn. 58.
[972] *Wessels/Beulke*, AT, S. 15, Rdn. 58.

## Unbestimmte Tatbestandsmerkmale

(5) Beispiel

Als Beispiel zur Funktion der wirtschaftlichen Betrachtungsweise soll die Rechtsfigur des *faktischen Geschäftsführers* dienen, dargestellt anhand der Rechtsprechung des BGH.

Nach gefestigter Rechtsprechung des BGH kann *Geschäftsführer* oder *Mitglied des Vorstandes* einer Aktiengesellschaft auch derjenige sein, der ohne förmlich dazu bestellt und im Handelsregister eingetragen ist, diese Stellung im Einverständnis mit den verantwortlichen Organen *tatsächlich einnimmt* und eine *überragende Stellung bei der Geschäftsführung einnimmt*.[973]

Entscheidungserhebliche Frage war jeweils, ob für eine strafrechtliche Verantwortlichkeit ein gesellschaftsrechtlich gültiger Erwerb der betreffenden Stellung Voraussetzung ist. Der BGH definiert die Begriffe des *Vorstandes* oder *Geschäftsführers* nicht neu, sondern übernimmt deren zivilrechtlichen Inhalt für das Strafrecht, wodurch die Begriffsakzessorietät gewahrt ist. In Abgrenzung zum Zivilrecht stellt das Gericht klar, daß an eine strafrechtliche Verantwortlichkeit strengere Anforderungen zu stellen sind und es darauf ankommt, ob eine nach außen gerichtete Geschäftsführertätigkeit vorliegt, die in Kenntnis des jeweils *maßgeblichen Gesellschaftsorgans* durchgeführt wird.[974]

Ausgehend vom Wortlaut der Vorschriften der §§ 283 ff. StGB, 84 I GmbHG kann argumentiert werden, der BGH stelle allein auf das tatsächliche Ausüben der Tätigkeit ab und bewege sich mit der Gleichbehandlung von Geschäftsführer und faktischem Geschäftsführer im Bereich unzulässiger strafbegründender Analogie. Dieses Ergebnis wurde aber nicht durch Analogie, sondern durch teleologische Auslegung gefunden: Das Gericht argumentiert, daß es der Zweck der Vorschrift sei, das wirklich verantwortliche Organ der Gesellschaft den Strafvorschriften zu unterwerfen.[975] Die handelsrechtlichen Vorschriften dienten dem redlichen Geschäftsverkehr und seien kein Schild für einen Rechtsmißbrauch. Sie gestatteten es daher, auch strafrechtlich auf den tatsächlich Handelnden und damit Verantwortlichen zuzugreifen.[976] Eine andere Auffassung unterlaufe den Schutz der Allgemeinheit vor unlauterer Handhabung der Geschäftsführung.[977]

---

[973] BGHSt 3, 32, 37; 21, 101, 104; 31, 118, 120.
[974] BGHSt 21, 101 102 f.
[975] BGHSt 21, 101, 104. Dabei wird betont, daß eine derartige Auslegung noch mit dem Wortlaut der Vorschrift vereinbar sei. Ob dies tatsächlich so ist, sei dahingestellt, da die Feststellung das gefundene Ergebnis festigen soll und (auch) eine Argumentation vom Ergebnis her ist.
[976] BGHSt 21, 101, 105.
[977] BGHSt 31, 118, 122.

Wird die teleologische Auslegung herangezogen und der Begriff des *Geschäftsführers* auch unter wirtschaftlichen Gesichtspunkten interpretiert, so kommt es nicht in erster Linie auf das Innehaben der Position, sondern vielmehr auf das Handeln in dieser Funktion an. Die teleologische Auslegung führt zu dem Ergebnis, daß der Begriff des Geschäftsführers funktional zu interpretieren und damit ein Handeln nach außen nach § 35 GmbHG gegeben ist. Damit ist das Ergebnis nicht durch (unzulässige) Analogie, sondern durch (zulässige) Auslegung gefunden. Sowohl die systematischen als auch die historischen sowie die teleologischen Erwägungen des BGH lassen sich zu dem auf die wirtschaftliche Betrachtungsweise bezogenen Satz zusammenfassen, daß sie durch ihre funktionale Betrachtungsweise den Zweck der Strafandrohung verwirklichen.

(6) Zusammenfassung

Die wirtschaftliche Betrachtungsweise kann im Rahmen der Auslegung – und nur dort – als teleologische Auslegungsmethode herangezogen werden. Eine weitergehende Anwendung innerhalb des Strafrechts verbietet sich aus verfassungsrechtlichen Gründen.

### 4. *Eigenständigkeit des Strafrechts bei der Norminterpretation*

Das Bilanzstrafrecht bildet als Nebenstrafrecht die Nahtstelle zwischen Handels- und Strafrecht. Es ist daher zu fragen, ob objektive Tatbestandsmerkmale in beiden Rechtsgebieten stets einheitlich zu handhaben sind oder auch unterschiedlich gehandhabt werden können.

Die juristische Methodenlehre stellt allen Rechtsgebieten grundsätzlich die gleichen *Instrumentarien der juristischen Arbeitsweise* zur Verfügung.[978] Durch Art. 103 II GG wird die Anwendung bestimmter Teile dieser Methodik im Strafrecht untersagt. Das Bestimmtheitsgebot schließt vor allem die Analogie zu Ungunsten des Betroffenen aus und verlangt eine tendenziell restriktive Auslegung der Tatbestände.[979] Diese in der Literatur und Rechtsprechung geteilte Ansicht gibt zutreffend das BVerfG wieder:

> „Indem § 240 I Nr. 4 KO a.F. hinsichtlich der Pflicht zur Bilanzerrichtung auf die „Bestimmungen des HGB" ... verwies, verleiht er dem § 39 II HGB im Umfang jener Bezugnahme den Charakter einer Strafnorm. Dies bedeutet, daß das Tatbestandsmerkmal ... nunmehr, soweit eine Bestrafung ... in Frage steht unter **strafrechtlichen** Ge-

---

[978] *Bydlinski*, Methodenlehre, S. 593.
[979] *Schüppen*, Bilanzstrafrecht, S. 179.

sichtspunkten und nach Maßstäben zu würdigen ist, die für die Auslegung von Strafgesetzen gelten."[980]

Wie gezeigt, kann die durch Art. 103 II GG angeordnete Nichtanwendung einzelner Auslegungsmethoden zu unterschiedlichen Interpretationen desselben Tatbestandsmerkmals bei der Verwendung in unterschiedlichen Rechtsgebieten führen.[981] Aus dieser Möglichkeit unterschiedlicher Interpretation folgt die Problemstellung, ob unter dem Gesichtspunkt einer Einheitlichkeit der Rechtsordnung die strafrechtliche Interpretation auch für die außerstrafrechtlichen Rechtsmaterien die Maßgebende sein soll, quasi die strafrechtlichen Besonderheiten in andere Rechtsgebiete zurückwirken, oder ob eine *Normspaltung* hinzunehmen ist.[982]

Von dem Gebot der Einheit und Widerspruchsfreiheit der Rechtsordnung ausgehend wird stellenweise gefordert, eine *Normspaltung* durch die Übertragung der strafrechtlichen Verengung auf die außerstrafrechtliche Norm zu vermeiden.[983] Die überwiegende Ansicht will hingegen die Normspaltung akzeptieren und als *verfassungsrechtlich kleineres Übel* hinnehmen.[984] Das BVerfG geht ebenfalls von der Möglichkeit unterschiedlicher Interpretationen aus, wenn es ausführt, daß ein Tatbestandsmerkmal eng auszulegen ist, *soweit es Bestandteil der genannten Strafvorschrift ist*.[985]

Eine Rückwirkung strafrechtlicher Interpretation wegen der besonderen Anforderungen des Art. 103 II GG ist letztlich zu verneinen.[986] Dieses Ergebnis ist mit dem Argument zu begründen, daß bei einer eventuellen Nichtigkeit der Strafnorm sich diese Nichtigkeit nicht auf die ausfüllende Norm auswirken würde. Die Einheit der Rechtsordnung tritt hinter die besonderen Auslegungsanforderungen des Strafrechts zurück.

Das allgemeine Bilanzrecht wird demgemäß nicht durch eine verfassungskonforme restriktive Auslegung und den Verzicht der Analogie geformt. Die normim-

---

[980] BVerfGE 48, 48, 60 f.; *Tiedemann*, Verfassungsrecht, S. 39 f.
[981] *Bydlinski*, Methodenlehre, S. 595.
[982] Vgl. dazu die Diskussion zu §§ 1, 38 GWB a.F., sog. *Teerfarben-Urteil* des BGH, BGHSt 24, 54. Eingehend dazu Immenga/Mestmäcker/*Dannecker*/*Biermann*, vor § 81 Rdn. 30 ff. m.w.N.
[983] *Tiedemann*, in: Grünwald/Miehe/Rudolphi (Hrsg.), FS Schaffstein, 195, 197 ff.; ders., Wirtschaftsstrafrecht 1, S. 188 ff.; *Dannecker*, Rivista Trimestrale di Diritto Penale dell'Economia 1990, 451; *Möhring*, GRUR 1968, 541, 543 f.; *Raisch*, ZHR 1966, 161, 165 ff.
[984] *Steindorff*, in: Paulus/Diederichsen/Canaris (Hrsg.), FS Larenz, S. 242 f.; *Ulmer*, WuW 1971, 885 f.; *Herschel*, JuS 1965, 259, 261 f.; *Schulze-Osterloh*, in: Kohlmann (Hrsg.), Steuerstrafrecht, 50 f.; *Kleier*, Empfehlungsverbote, S. 58 f.; *Richter*, Diskriminierung, S. 19 f.; *Stephan*, Zusammenschlußbegriff, S. 39.
[985] BVerfGE 48, 48, 62.
[986] *Herschel*, NJW 1968, 533, 534.

manenten wirtschaftlichen Bewertungs- und Beurteilungsspielräume können daher in zivilrechtlichen und steuerrechtlichen Rechtsstreitigkeiten anders auszufüllen sein als in strafrechtlichen Verfahren.[987] Eine uneingeschränkte Übernahme zivilrechtlicher und steuerrechtlicher Interpretationen handelsrechtlicher Begriffe ins Strafrecht verbietet sich also. Das schließt aber nicht eine einheitliche Anwendung aus, sofern die unterschiedlichen Verfahrensarten eine solche erlauben.[988]

## 5. Teilergebnis

Damit kann als Teilergebnis zu dem Problemkreis der unbestimmten Tatbestandsmerkmale festgehalten werden, daß diese den Anforderungen des Gesetzlichkeitsprinzips genügen, wenngleich deren Verwendung auf ein Minimum zu beschränken ist.

Das Bestimmtheitsgebot des Art. 103 II GG gebietet eine restriktive Auslegung dieser Merkmale. Strafrechtlich ist ein unbestimmtes Tatbestandsmerkmal als gegeben anzusehen, wenn die Voraussetzungen dafür nach allen ernsthaft vertretenen Ansichten gegeben sind und eine gegenteilige Auffassung schlichtweg unhaltbar erscheint.

Bei der Auslegung der Tatbestände bildet der erkennbare Wortsinn die teilweise fließende Grenze zur unzulässigen Analogie. Die wirtschaftliche Betrachtungsweise kann im Strafecht nur dort Anwendung finden, wo sie als Methode teleologischer Auslegung Verwendung findet. Sie ist daher im Strafrecht nur eingeschränkt anwendbar.

Die damit verfassungsrechtlich begründete engere und damit stellenweise von anderen Rechtsgebieten abweichende Interpretation von Tatbestandsmerkmalen bleibt auch unter dem Gesichtspunkt der Einheitlichkeit der Rechtsordnung bestehen. Eine Rückwirkung strafrechtlicher Auslegungsergebnisse in andere Rechtsgebiete hinein ist ausgeschlossen.

## C. Unklare Rechtslage

Aus den obigen Ausführungen geht auch die Lösung für die Problemstellung hervor, wie eine Auslegung unbestimmter Tatbestandsmerkmale bei unklarer Rechtslage zu erfolgen hat. Beispielsweise bestehen in der Rechtsprechung hinsichtlich

---

[987] *Schüppen*, Bilanzstrafrecht, S. 182.
[988] *Dannecker*, Rivista Trimestrale di Diritto Penale dell'Economia 1990, 451; *Kleier*, Empfehlungsverbote, S. 57 ff.; *Schulze-Osterloh*, in: Kohlmann (Hrsg.), Steuerstrafrecht, S. 56 f.

der Auslegung der Tatbestandsmerkmale der *Unrichtigkeit subventionserheblicher Tatsachen* in § 264 StGB, der *Unrichtigkeit der Unterlagen* nach § 265b StGB oder der *Überschuldung* nach § 283 StGB durchaus unterschiedliche Auffassungen.[989]

Die Lösung besteht in diesem Fall ebenfalls in der Anwendung der von der Literatur entwickelten verfassungskonformen Einengung unbestimmter Tatbestandsmerkmale. Wenn eine gegenteilige Rechtsprechung existiert, liegt ein Verstoß eben nicht nach allen ernsthaft vertretenen Ansichten vor. Das betreffende Tatbestandsmerkmal ist demgemäß nicht erfüllt, eine Strafbarkeit nach der entsprechenden Norm nicht gegeben. Für den Wirtschaftsprüfer entsteht in dieser Fallkonstellation nicht eine Hinweispflicht auf eine abweichende Rechtsauffassung im Bestätigungsvermerk. Ein Hinweis, etwa in Form einer Ergänzung, kommt nicht in Betracht, da eine weitergehende Erläuterung zum Prüfungsergebnis nicht angebracht ist.[990]

## D. Prognoseentscheidungen

Von erheblicher Bedeutung sind die Möglichkeiten der strafrechtlichen Ahndung unzutreffender Prognoseentscheidungen. Diese sind sowohl im Rahmen der Jahresabschlußprüfung anzufinden, wie etwa bei der Darstellung und Überprüfung der Risiken zukünftiger Entwicklung nach § 317 II 2 HGB, als auch Anlaß einer gesonderten Prüfung, so etwa bei der freiwilligen Prospektprüfung. Mit Prognoseentscheidungen kommt der Wirtschaftsprüfer also in nahezu allen Bereichen seiner Tätigkeit in Berührung. Bei einer Krisensituation kann bereits der Wertansatz des Fortführungsprinzips nach § 252 I Nr. 2 HGB eine prognostische Einschätzung enthalten.

---

[989] Weitere Beispiele bei Scholz/*Tiedemann*, vor §§ 82 Rdn. 21 ff.
[990] Adler/Düring/Schmaltz, § 322 Rdn. 179. Evtl. kann intern einer unklaren Rechtslage durch die Bildung von Rückstellungen begegnet werden, *Kaminski*, in: IDW (Hrsg.), WP-Handbuch, Abschnitt E, Rdn. 81 ff.

Die Feststellung der Unrichtigkeit dieser zukunftsbezogenen Angaben bereitet erhebliche Schwierigkeiten. Da eine Täuschung über zukünftige Ereignisse begrifflich nicht möglich ist, kann sich die Unrichtigkeit der Aussage nur darin zeigen, daß die Aussage eine unrichtige Erwartung wiedergibt.[991] Die unrichtige Erwartung kann nun darauf beruhen, daß die der Erwartung zugrunde liegenden Tatsachen überhaupt nicht, unzureichend oder falsch gewürdigt worden sind.[992] Können die zukunftsbezogenen Angaben bei objektiver Würdigung der Tatsachen nicht aus diesen entwickelt werden, so liegt eine Unrichtigkeit vor.[993] Im übrigen hat das unbestimmte Tatbestandsmerkmal der Unrichtigkeit einen großen Randbereich, in dem eine sichere Entscheidung nicht möglich ist. Wie bereits oben ausgeführt wurde, gebietet in diesem Fall das Bestimmtheitsgebot des Art. 103 II GG eine verfassungskonforme Eingrenzung des Merkmals dahingehend, daß die Unrichtigkeit nach allen ernsthaft vertretenen fachmännischen Urteilen vorliegen muß, eine abweichende Auffassung schlichtwegs nicht vertretbar ist.[994]

Vergegenwärtigt man sich vor diesem juristischen Hintergrund die Komplexität und Anzahl der betriebswirtschaftlichen Berechnungsmodelle zur Rentabilität und Entwicklung von Unternehmen oder Vermögensanlagen, führt dies zur Schlußfolgerung, daß außerordentlich viele Ergebnisse begründbar und damit vertretbar sind. Strafrechtlich ist nicht überprüfbar, ob die Wahl der Beurteilungsmethode zweckmäßig war. Allein eine angemessene und vollständige Berücksichtigung der zugrundeliegenden Tatsachen sowie die Wahl einer vertretbaren Beurteilungsmethode sind strafrechtlich überprüfbar. Dementsprechend kann nur überprüft werden, ob alle verfügbaren Informationen verwendet worden sind, die grundlegenden Annahmen an sich realistisch und in sich widerspruchsfrei sind und ein anerkanntes Prognoseverfahren richtig und konsequent gehandhabt wurde. Solange das Verfahren als betriebswirtschaftlich vertretbar angesehen wird, kann es strafrechtlich nicht beanstandet werden, insbesondere nicht mit dem Argument, eine andere Methode hätte zu einem anderen Ergebnis geführt. Beachtet der Wirtschaftsprüfer diesen Rahmen, so erfüllt er, unabhängig vom gefundenen Ergebnis, nicht das Tatbestandsmerkmal der *unrichtigen Angaben*. Der Spielraum, innerhalb dessen mehrere Aussagen vertretbar sind, ist dementsprechend groß.[995] De facto läßt sich damit die

---

[991] Schönke/Schröder/*Lenckner*, § 265b Rdn. 39.
[992] Schönke/Schröder/*Lenckner*, § 265b Rdn. 39; LK/*Tiedemann*, § 265b Rdn. 54.
[993] Schönke/Schröder/*Lenckner*, § 265b Rdn. 39; LK/*Tiedemann*, § 265b Rdn. 54.
[994] Schönke/Schröder/*Lenckner*, § 265b Rdn. 39; LK/*Tiedemann*, § 265b Rdn. 54; *Schüppen*, Bilanzstrafrecht, S. 167, Fn. 855 m.w.N.
[995] LK/*Tiedemann*, § 264 Rdn. 64.

These belegen, daß sich Prognosenentscheidungen nahezu vollständig wegen verfassungsrechtlicher Einengungen einer strafrechtlichen Überprüfbarkeit entziehen.

## E. Zusammenfassung

Die vorstehenden Ausführungen haben gezeigt, daß es neben den Abschlußprüferdelikten selbst noch weitere Gründe für die untergeordnete Bedeutung des Strafrechts für den Wirtschaftsprüfer gibt:

Die Feststellung der Unrichtigkeit der Bilanz ist wegen der Relativität der Bilanzwahrheit und faktischen Ermittlungsschwierigkeiten außerordentlich schwierig.

Wegen verfassungsrechtlicher Vorgaben sind die unbestimmten Tatbestandsmerkmale der Bilanzstraftatbestände restriktiv zu interpretieren. Die Randunschärfen der Begriffe sind durch eine Reduktion auf den unzweifelhaften Bedeutungskern zu vermeiden. Negativ bedeutet dies, daß ein Tatbestandsmerkmal solange nicht als erfüllt anzusehen ist, wie nach einer ernsthaft vertretenen Ansicht nicht die Voraussetzungen für dessen Erfüllung vorliegen. Die für die gesamte Rechtswissenschaft entwickelten Auslegungsmethoden sind wegen der Anforderungen der Art. 103 II GG nur eingeschränkt anzuwenden. Auf Analogie und Gegenanalogie zu Ungunsten des Betroffenen ist zu verzichten.

Bei unklarer Rechtslage setzt eine Strafbarkeit erst bei den Ergebnissen ein, die nach keiner ernsthaft vertretenen Ansicht mehr zu halten sind.

Bei Prognoseentscheidungen kann nur danach gefragt werden, ob ein vertretbares Modell zur Erstellung der Prognosen angewandt und befolgt wurde, nicht hingegen, ob ein anderes Modell zu einer anderen, im Nachhinein zutreffenderen Prognose gelangt wäre.

Dieses Ergebnis bedeutet, daß alle diese Gründe zur untergeordneten Bedeutung des Strafrechts für den Wirtschaftsprüfer beitragen. Die verfassungsrechtlichen Vorgaben, verbunden mit der Anzahl der *vertretbaren* Ansichten, führen zu einer erheblichen Reduzierung des Anwendungsbereichs von Strafnormen mit bilanzstrafrechtlichem Bezug.

# V. Außerhalb der Jahresabschlußprüfung liegende Prüfungsanlässe

## A. Systematisches

Abschließend sollen die außerhalb der Jahresabschlußprüfung liegenden Prüfungsanlässe auf ihre strafrechtlichen Besonderheiten bzw. Abweichungen gegenüber den Jahresabschlußdelikten untersucht werden. Im wesentlichen soll dabei zwei Fragen nachgegangen werden: Zunächst ist zu klären, ob die nahezu gleichlautenden Strafvorschriften der §§ 331, 332 HGB bzw. §§ 400, 403 AktG einheitlich auszulegen sind, oder ob sich aus der Stellung, dem Zusammenhang und der Anwendung auf unterschiedliche Prüfungsaufgaben unterschiedliche Anforderungen an die Auslegung ergeben. Die weitere zu klärende Frage ist, ob der Schutzbereich der Norm immer gleich zu bestimmen ist,[996] oder ob sich Konsequenzen aus den verschiedenen Zielsetzungen der einzelnen Prüfungen für den jeweiligen Schutzbereich ergeben. Diese Frage ist im Hinblick auf mögliche zivilrechtliche Schadensersatzansprüche von besonderer Relevanz.[997] Eine Dritthaftung des Wirtschaftsprüfers kommt nach Ansicht der Literatur und der (gegenwärtigen) Rechtsprechung nur unter den Voraussetzungen der § 823 II, 826, 831 BGB in Betracht. Von der Anwendbarkeit allgemeiner deliktischer Anspruchsgrundlagen neben der spezialgesetzlichen Regelung des § 323 HGB wird von der Rechtsprechung und der herrschenden Ansicht in der Literatur seit jeher einheitlich ausgegangen. Die Haftungsnorm des Handelsrechts stellt für die Haftung des Abschlußprüfers keine abschließende Regelung dar.[998] Für die Anwendung der §§ 823 ff. BGB ist also Raum, ohne daß sich der Abschlußprüfer dabei auf die Haftungshöchstsumme des § 323 II 1 HGB berufen könnte. Unter strafrechtlichen Gesichtspunkten ist ausschließlich die Schutzgesetzqualität von Strafnormen für § 823 II BGB relevant.

---

[996] So etwa *Czech*, Haftung, S. 190; *Ebke*, Wirtschaftsprüfer, S. 46 m.w.N.; *Esser*, Haftung, S. 111; Palandt/*Thomas*, § 823 Rdn. 57, 61. Teilweise wird der Schutzbereich unabhängig vom Prüfungsanlaß auf die Gesellschaft und die verbundenen Unternehmen beschränkt, so Baumbach/*Hopt*, HGB, § 323 Rdn. 7, teilweise auch auf die Aktionäre und Gläubiger ausgedehnt, so *Gloeckner*, Haftung, S. 58.

[997] Vgl. dazu *Ebke*, WPK-Mitteilungen 1997, 108 ff.

[998] Diese Ansicht geht ohne nähere Begründung bis zur Entstehung der Abschlußprüfung zurück; vgl. RGZ 157, 213, 216; BGH, BB 1961, 652; *Ebke*, Wirtschaftsprüfer, S. 38 ff. m.w.N. für das zum AktG geltende Schrifttum.

Sofern ein Wirtschaftsprüfer gegen ein den Schutz eines Dritten bezweckendes Gesetz verstößt, wobei nach der h.M. diese Norm eine Rechtsnorm im Sinne der Rechtsquellenlehre sein muß, haftet er für den verursachten Schaden.[999] Drittschutz wird der Norm dann zugesprochen, wenn sie nach dem Willen des Gesetzgebers, sei es auch neben dem Schutz der Allgemeinheit, gerade dazu dienen soll, den einzelnen oder einzelne Personenkreise gegen die Verletzung eines Rechtsguts zu schützen.[1000] Ob und gegebenenfalls wann die §§ 331 ff. HGB bzw. §§ 400 ff. AktG diesen Drittschutz besitzen, sollen die nachfolgenden Ausführungen zeigen.[1001]

## B. Aktienrechtliche Prüfungen

Aus der Vielzahl der Prüfungen aus besonderem Anlaß wurden die vier praxisrelevantesten zur näheren Betrachtung ausgewählt: Die Gründungsprüfung nach § 33 AktG und die Sonderprüfungen nach den §§ 142, 258 und 315 AktG.

Für die strafrechtliche Beurteilung von Prüfungsanlässen der AG außerhalb der Jahresabschlußprüfung sind nach dem Inkrafttreten des BiRiLiG die nahezu wortgleichen §§ 399 ff. AktG einschlägig. Für den Wirtschaftsprüfer ist damit § 403 AktG die maßgebliche Norm. Sie ist für diejenigen Untersuchungen einschlägig, die das AktG als Prüfungen kennzeichnet und näher regelt.[1002]

---

[999] Palandt/*Thomas*, § 823 Rdn. 56; vgl. die Zusammenfassung der neueren Systematisierungsversuche bei MüKo BGB/*Mertens*, § 823 Rdn. 162 ff.
[1000] Palandt/*Thomas*, § 823 Rdn. 57; BGHZ 66, 388, 390.
[1001] Den aktien- und handelsrechtlichen Vorschriften kommt kein solcher Drittschutz zu. Weder § 168 AktG bzw. § 323 HGB noch die handelsrechtlichen Bewertungs- und Bilanzierungsvorschriften vermitteln einen Drittschutz, vgl. Adler/Düring/Schmaltz (1979), § 168 AktG Rdn. 40; Adler/Düring/Schmaltz, § 323 Rdn. 184; *Czech*, Haftung, S. 190; *Esser*, Haftung, S. 110; *Hopt*, WPg 1986, 461, 466; *Quink*, BB 1992, 1675, 1679; RGZ 73, 30, 31; BGH, BB 1961, 652; BGH, NJW 1979, 1829 zu den funktionell vergleichbaren §§ 92, 93 AktG; ausführlich dazu *Ebke*, Wirtschaftsprüfer, S. 48 f. A.A *Gloeckner*, Haftung, S. 56. Die berufsrechtlichen Normen der §§ 2 I, 43 I und 48 I WPO entfalten ebenfalls nach zutreffender Ansicht keinen Drittschutz, vgl. *Honsell*, JuS 1976, 621, 627; *Ebke*, Wirtschaftsprüfer, S. 50; MüKo BGB/*Mertens*, § 823 Rdn. 200; *Esser*, Haftung, S. 110; BGH, NJW 1973, 321; OLG Saarbrücken, BB 1978, 1434, 1436 dahingestellt bei *Durchlaub*, DB 1974, 905, 907; a.A. *Lammel*, AcP 179, 337, 362, Fn. 146.
[1002] GroßKomm AktG/*Otto*, § 403 Rdn. 13; Erbs/Kohlhaas/*Fuhrmann*, § 403 Anm. 2.

Der Inhalt und die Intensität der Berichtspflicht hängen damit von der jeweils gestellten, im einzelnen unterschiedlichen Prüfungsaufgabe ab.[1003] Bei den Tatbeständen handelt es sich, wie bereits oben gezeigt, um unechte Blankettstraftatbestände.[1004] Das bedeutet, daß sich der vollständige Tatbestand erst durch das Zusammenlesen bzw. Zusammenfügen von Straftatbestand und Ausfüllungsnorm ergibt. Daraus resultiert die Gefahr der Normspaltung für die Ausfüllungsnorm, da ihre Tatbestandsmerkmale nun unter strafrechtlichen Gesichtspunkten und nach Maßstäben zu würdigen sind, die für die Auslegung von Straftatbeständen gelten.[1005] Beispielsweise erhält das Tatbestandsmerkmal der *erheblichen Umstände* des § 403 AktG in Verbindung mit § 33 AktG bei einer Gründungsprüfung eine andere Ausfüllung, wie im Zusammenhang mit einer Sonderprüfung nach § 142 AktG. Dies bedeutet eine unterschiedliche Ausfüllung der Normen in Abhängigkeit von der Prüfungsaufgabe. Durch diese Kombination entsteht jeweils ein auf den jeweiligen Prüfungsanlaß bezogener eigener Tatbestand.

Das geschützte Rechtsgut des § 403 StGB ist, wie bereits dargestellt, das Vertrauen in den Prüfungsbericht und damit in die Richtigkeit und Vollständigkeit der gewissenhaft und unparteiisch durch ein externes Kontrollorgan geprüften Unterlagen.[1006]

Nicht gefolgt werden kann hierbei der Ansicht, das Rechtsgut habe einen blankettartigen, mit der jeweiligen Prüfungsaufgabe wechselnden Einschlag.[1007] Auch wenn einer unterschiedlichen und wechselnden Wirkungsweise der Normen zugestimmt werden kann, ist der methodische Ansatz sowohl ungenau als auch unzutreffend. Das Rechtsgut einer Norm kann keinen blankettartigen Charakter haben. Das Rechtsgut ist als eine geistige Realität aufzufassen, die durch Gefährdung und Verletzung verschiedener Güter, der sog. Angriffsobjekte, beeinträchtigt werden kann.[1008] Es ist nicht materieller Natur, sondern beschreibt die Beziehung von Menschen zu Lebensinteressen.[1009] Als abstrakter Wert und geistige Realität bleibt

---

[1003] Geilen/Zöllner, § 403 Rdn. 2; Geßler/Hefermehl/Eckardt/*Kropff*, vor § 399 Rdn. 4 Erbs/Kohlhaas/*Fuhrmann*, § 403 Anm. 3.

[1004] Vgl. oben S. 84.

[1005] *Tiedemann*, in: Krekeler/Tiedemann/Ulsenheimer (Hrsg.), HWiStR, Art. Blankettstrafgesetz, S. 6; *ders.*, Verfassungsrecht, S. 39 f.; *Otto*, Aktienstrafrecht, vor § 399 Rdn. 113.

[1006] Geilen/Zöllner, § 403 Rdn. 2; Heymann/*Otto*, § 332 Rdn. 2; *ders.*, § 403 Rdn. 2; GroßKomm AktG/*Otto*, § 403 Rdn. 2; Erbs/Kohlhaas/*Fuhrmann*, § 403 Anm. 1.

[1007] Geilen/Zöllner, § 400 Rdn. 2 f.; § 403 Rdn. 4.

[1008] *Otto*, AT, § 1, Rdn. 31; *Jescheck/Weigend*, AT, S. 257.

[1009] *Jescheck/Weigend*, AT, S. 258.

dieses Gut ohne Rücksicht auf den Prüfungsanlaß unverändert.[1010] Die Tatmodalitäten des § 400 AktG und der Umfang und die Intensität der prüfungsartabhängigen Berichterstattung nach § 403 AktG sind vielmehr als verschiedene Angriffsobjekte auf das den Normen zugrundeliegende Rechtsgut zu begreifen. Durch die unterschiedliche Ausfüllung der Strafnorm entsteht theoretisch für jeden einzelnen Prüfungsfall eine eigene Strafnorm. Bei einer Sonderprüfung nach § 142 AktG wird die Strafnorm des § 403 AktG inhaltlich mit § 142 AktG ausgefüllt, so daß man diese Norm als § 403/§ 142 AktG bezeichnen kann.

Die systematische Fehlerhaftigkeit eines blankettartigen Rechtsguts wird insbesondere dann deutlich, wenn in Abhängigkeit der Ausfüllungsnorm das Rechtsgut unterschiedlichen Trägern zugeordnet wird. Sieht man das Vertrauen in die Richtigkeit der Information als das geschützte Rechtsgut an, so ist bei einer Gründungsprüfung, die überwiegend im öffentlichen Interesse erfolgt, die Gemeinschaft Trägerin des Universalrechtsguts. Bei einer Sonderprüfung im alleinigen Aktionärsinteresse wären dann die Aktionäre Träger des Individualrechtsguts. Damit würde sich in Abhängigkeit der Prüfungsaufgabe der Charakter des Rechtsguts ändern. Dieses Ergebnis kann methodisch aber nicht richtig sein.

Der Blankettcharakter der Norm kommt bei der Bestimmung des Schutzbereiches zum Ausdruck, zu dessen Konkretisierung insbesondere der Gesetzeszweck der Ausfüllungsnorm heranzuziehen ist. Der Schutzbereich der Norm ergibt sich aus dem Schutzzweck, also dem teleologischen Zweck der Norm. Zweck des § 403 AktG ist es, vor Schäden, insbesondere vor Vermögensschäden, aus unrichtiger Berichterstattung des Prüfers Schutz zu gewähren. In diesen Bereich einbezogen sind einerseits die Gesellschaft selbst, andererseits die Aktionäre, die Gläubiger, die Arbeitnehmer sowie Dritte, die in rechtlicher Beziehung zu der Gesellschaft stehen oder treten wollen.[1011] Zu fragen ist daher bei jeder Ausfüllung gesondert, zu welchem Zweck die betreffende Prüfungsart geschaffen wurde und welche Interessen dadurch gewahrt werden sollten, mit dem Ziel, diesen weiten Schutzbereich der jeweiligen Ausfüllung des Tatbestandes anzupassen.

Die Eingrenzung dieses Schutzbereichs ist zum einen wichtig für die Bestimmung der Schutzgesetzqualität nach § 823 II BGB. Aus der Einbeziehung in den Schutzbereich folgt grundsätzlich, daß die Strafnorm auch Schutzgesetz im Sinne des § 823 II BGB zu Gunsten der entsprechenden Personengruppen ist. Zum anderen ist sie wichtig für die Bestimmung des strafprozessualen Begriffs des *Verletzten*

---

[1010] *Otto*, AT, § 1, Rdn. 31.
[1011] Heymann/*Otto*, § 332 Rdn. 3; GroßKomm AktG/*Otto*, § 403 Rdn. 2; ders., Aktienstrafrecht, § 403 Rdn. 2; Geilen/Zöllner, § 403 Rdn. 2, 5; Erbs/Kohlhaas/*Fuhrmann*, § 403 Anm. 1.

nach § 172 StPO. Nach einer am Zweck orientierten teleologischen Auslegung des Begriffs ist nur derjenige als Verletzter anzusehen, der dem Schutzbereich der verletzten Norm unterfällt.[1012] Es ist daher ebenfalls nicht zutreffend, ausgehend von der Blankettnorm des § 403 AktG, einen einheitlichen Schutzbereich für alle Prüfungsanlässe anzunehmen und erst auf der Stufe der haftungsausfüllenden Kausalität eine Einschränkung vorzunehmen.[1013] Wenn der entsprechende Prüfungsanlaß nicht im Interesse derer erfolgt, die einen Schaden behaupten, besteht für sie mangels Schutzgesetzqualität keine Möglichkeit, sich auf § 823 II BGB als Anspruchsgrundlage zu berufen.

Ob sich der Schutzbereich wegen des Blankettcharakters der Norm für alle Prüfungsanlässe gleich definieren läßt, sollen die nachfolgenden Ausführungen ebenfalls zeigen.

Systematisch macht es für die Ausfüllung auf der Ebene der objektiven Tatbestandsmerkmale keinen Unterschied, ob ein Tatbestandsmerkmal durch eine normative Verweisung oder durch eine Blankettverweisung ausgefüllt wird. Unterschiede ergeben sich erst bei der Behandlung des Irrtums. Diesbezüglich ist es ungeklärt, wie ein Irrtum über die Existenz der Ausfüllungsnorm zu handhaben ist. Die Rechtsprechung und ihr folgend ein Teil der Literatur sieht diesen Fall als bloßen Verbotsirrtum an.[1014] Ein anderer Teil der Literatur nimmt hingegen einen Tatbestandsirrtum an. Eine Zuwiderhandlung ist nur dann vorsätzlich begangen, wenn der Täter die Verbotsmaterie der Zuwiderhandlung kennt.[1015]

## 1. Gründungsprüfung nach § 33 AktG

### a) Allgemeines und Prüfungszweck

§ 33 AktG entspricht im wesentlichen der bereits in § 27 AktG 1937 enthaltenen Regelung. Der Zweck der Prüfung ist, die ordnungsgemäße Errichtung der Aktiengesellschaft sicherzustellen, also solche Gründungen zu verhindern,

---

[1012] *Frisch*, JZ 1974, 7, 10; *Bloy*, JR 1980, 480 f.
[1013] GroßKomm AktG/*Otto*, § 403 Rdn. 3.
[1014] BGHSt 9, 164, 172; 14, 223, 228; Schönke/Schröder/ *Cramer/Sternberg-Lieben*, § 15 Rdn. 101; vgl. dazu auch *Schlüchter*, wistra 1985, 45; *Tiedemann*, JuS 1989, 689, 695.
[1015] *Tiedemann*, in: Krekeler/Tiedemann/Ulsenheimer (Hrsg.), HWiStR, Art. Blankettstrafgesetz, S. 5; *ders*, Tatbestandsfunktionen, S. 335 ff. m.w.N.; vgl. oben S. 91.

"die nicht die im Interesse der künftigen Gläubiger und der Aktionäre notwendigen Sicherungen erfüllen".[1016] Es soll damit verhindert werden, daß Anteile in Umlauf gelangen, die nur einen Scheinwert darstellen. Die (zusätzliche) Prüfung durch einen externen Prüfer ist nach § 33 II AktG in vier Fällen vorgesehen, in denen das Risiko unsolider Prüfungen als besonders hoch eingestuft wird.[1017] Ebenso hebt der Gesetzgeber in § 34 I Nrn. 1, 2 AktG zwei Positionen hervor, deren Einhaltung die Gründung unsolider Gesellschaften verhindern soll: die Richtigkeit und Vollständigkeit der Angaben der Gründer und die Werthaltigkeit der Sacheinlagen und Sachübernahmen. Der Gesetzgeber will die Ordnungsmäßigkeit des Gründungshergangs überwachen; daraus folgt der Charakter einer Ordnungsmäßigkeitsprüfung. Die Prüfung dient damit wie auch die Jahresabschlußprüfung aktienrechtlichen Publizitätserfordernissen.[1018]

Die Bestellung des Prüfers erfolgt im Auftrag des Gerichts.[1019] Anders als bei der Jahresabschlußprüfung besteht keine vertragliche Bindung zur Gesellschaft.[1020] Ähnlich wie ein vom Gericht beauftragter Insolvenzverwalter ist der Gründungsprüfer nicht Organ der Gesellschaft, sondern übt ein ihm übertragenes Amt aus. Seine Tätigkeit erfolgt dabei im öffentlichen Interesse.[1021]

b) Prüfungsgegenstand und Umfang

Der Prüfungsumfang ergibt sich aus § 34 AktG. Danach sind sämtliche mit der Gründung zusammenhängende Vorgänge zu kontrollieren, die für die Aktionäre sowie die gegenwärtigen und zukünftigen Gläubiger erkennbar von Bedeutung sein können.[1022] Insbesondere die Richtigkeit und Vollständigkeit der Angaben der Gründer und die Werthaltigkeit der Sacheinlagen und Sachübernahmen sind zu überprüfen, § 34 I Nrn. 1, 2 AktG. Diese Werthaltigkeit ist nur dahingehend zu kontrollieren, ob der Wert die von der Gesellschaft zu erbringende Gegenleistung

---

[1016] Begr. RegE, *Kropff*, § 33, S. 53, zitiert nach Geßler/Hefermehl/Eckardt/*Kropff*, § 33 Rdn. 1; *Schnellenbach*, Änderungen, S. 85.
[1017] GroßKomm AktG/*Röhricht*, § 33 Rdn. 9.
[1018] A.A. *Schnellenbach*, Änderungen, S. 87.
[1019] Durch das TransPuG vom 19.07.2002, BGBl. I, S. 2681, kann im Fall einer Gründung gem. § 33 Abs. 2 Nrn. 1, 2 AktG auch der beurkundende Notar Gründungsprüfer sein.
[1020] *Gloeckner*, Haftung, S. 65, m.w.N.; GroßKomm AktG/*Röhricht*, § 33 Rdn. 21.
[1021] KK AktG/*Kraft*, 2. Aufl., § 33 Rdn. 20.
[1022] GroßKomm AktG/*Röhricht*, § 34 Rdn. 3.

erreicht, ob also eine Über- oder Unterbewertung vorliegt[1023]. Die Zweckmäßigkeit unternehmerischer Entscheidungen ist nicht Gegenstand der Prüfung.[1024] Dieser Umfang der Prüfung und der Berichtspflicht verfolgt einen doppelten Zweck: Zum einen soll die interessierte Öffentlichkeit unterrichtet und davor bewahrt werden, daß Anteile mit Scheinwert in Umlauf geraten, §§ 34 II 2, 37 IV Nr. 4 AktG. Zum anderen dienen Prüfung und Bericht der Vorbereitung und Erleichterung der Eintragung durch das Registergericht, § 38 AktG.

Die Prüfung beschränkt sich grundsätzlich auf die konkreten Umstände, die Anlaß für die Durchführung der Prüfung waren. Angesichts des Prüfungszwecks muß sich bei Vorliegen entsprechender Anzeichen die Prüfung aber auch auf solche Umstände erstrecken, die sich bereits im Zeitpunkt der Prüfung abzeichnen und für die abschließende Prüfung und Entscheidung durch das Registergericht bedeutsam sein können.[1025] Dies sind beispielsweise sich bereits jetzt abzeichnende Leistungsstörungen, zu erwartende Wertminderungen der von der Gesellschaft im Wege der Sacheinlage zu erwerbenden Gegenstände oder die mangelnde Liquidität der Gründer.[1026]

c) Konsequenzen für § 403/§ 33 AktG

(1) Schutzbereich

Die Gründungsprüfung entspricht in ihren Zielen der Jahresabschlußprüfung. Neben den privaten Interessen der Aktionäre und Gläubiger werden auch öffentliche Interessen verfolgt. Die Einreichung des Prüfungsberichts zum Handelsregister verdeutlicht, daß diese Prüfung ein Stück der aktienrechtlichen Publizität ist. Für den Schutzbereich folgt daraus, daß diese Prüfungsart dem gleichen Personenkreis wie die Jahresabschlußprüfung Schutz gewähren soll. Daher sind die Gesellschaft, die Aktionäre, Gläubiger, Arbeitnehmer sowie Dritte, die gegenwärtige oder zukünftige rechtliche Beziehungen zu der Gesellschaft unterhalten, vom Schutzbereich der Norm umfaßt. Für diese Personen ist bei einer Gründungsprüfung § 403 AktG Schutzgesetz im Sinne des § 823 II BGB.

---

[1023] Erbs/Kohlhaas/*Fuhrmann*, § 403 Anm. 3; GroßKomm AktG/*Röhricht*, § 34 Rdn. 8.
[1024] GroßKomm AktG/*Röhricht*, § 34 Rdn. 3.
[1025] GroßKomm AktG/*Röhricht*, § 34 Rdn. 9; *Hüffer*, § 34 Rdn. 2.
[1026] GroßKomm AktG/*Röhricht*, § 34 Rdn. 9; *Hüffer*, § 34 Rdn. 2; Geßler/Hefermehl/Eckardt/*Kropff*, § 34 Rdn. 10.

### (2) Auslegung

Wendet man die gewonnenen Erkenntnisse zur Auslegung des Tatbestandes des § 403 AktG an, bedeutet dies für das Tatbestandsmerkmal des *Verschweigens erheblicher Umstände*, daß es anders, stellenweise weiter auszulegen ist als das gleichlautende Merkmal des § 332 HGB bei einer Jahresabschlußprüfung. Sowohl eine abzusehende negative Wertentwicklung von Sacheinlagen, als auch die persönlichen wirtschaftlichen Verhältnisse der Gründer können in diesem Sinne als erheblich angesehen werden. Die *Erheblichkeit* eines Umstands ist bei einer Gründungsprüfung folglich anders zu bestimmen, als bei einer Jahresabschlußprüfung.

### (3) Testat

Die Gründungsprüfung wird seitens des Gründungsprüfers mit einem Bericht abgeschlossen. Eine Strafbarkeit wegen eines inhaltlich unrichtigen Bestätigungsvermerks ist bei § 403 AktG nach wie vor nicht vorgesehen, da im Rahmen dieser Prüfungen nach dem Gesetzeswortlaut kein Bestätigungsvermerk erteilt wird. Wird gleichwohl, wie in der Praxis durchaus üblich, das Prüfungsergebnis in einer testatähnlichen Schlußbemerkung zusammengefaßt, sind für dessen strafrechtliche Beurteilung nicht die Strafnormen des HGB oder der Spezialgesetze einschlägig, sondern die allgemeinen Delikte des StGB.

## 2. Aktienrechtlichen Sonderprüfungen

Sonderprüfungen waren bereits vor der Einführung der Pflichtprüfung bekannt. Die Tätigkeit der Prüfer hat in diesen Verfahren nicht nur kontrollierende, sondern auch teilweise gestaltende Wirkung. Im Gegensatz zu der Jahresabschlußprüfung werden hier ganz andere Zielsetzungen verfolgt. Auch im Rahmen dieser Sonderprüfungen ist der Wirtschaftsprüfer zur gewissenhaften und unparteiischen Prüfung verpflichtet, also nicht Vertreter von Aktionärsinteressen gegenüber der Gesellschaft oder dem Vorstand.

### a) Sonderprüfung nach § 142 AktG

#### (1) Allgemeines und Prüfungszweck

Die Sonderprüfung war bereits vor der Pflichtprüfung in den §§ 266-270 HGB a.F. existent. Sie diente in erster Linie der Stärkung der Stellung der Minderheitsaktionäre. Die Anforderungen zu deren Durchführung wurden in mehreren Reformschritten stets herabgesetzt. Nach der gegenwärtigen Fassung des § 142 II AktG muß das Gericht auf Antrag von Aktionären, die 10% des Grundkapitals oder einen anteiligen Nennbetrag von € 1 Mio. erreichen, einen Sonderprüfer bestellen, wenn Tatsachen vorliegen, die den Verdacht rechtfertigen, daß bei dem zu überprüfenden Vorgang Unredlichkeiten oder grobe Verletzungen des Gesetzes oder der Satzung vorgekommen sind. Diese Aktionärsminderheit kann auch einen von der Mehrheit bestellten Sonderprüfer auswechseln lassen, § 142 IV AktG.

Im Rahmen der Organisationsverfassung der AG enthält § 142 AktG das Untersuchungsrecht der Aktionäre, das Anwendung findet, wenn die Kontrollmechanismen des Aufsichtsrats nur unzureichend funktionieren.[1027] In erster Linie ist die Hauptversammlung berufen, eine Entscheidung über eine Sonderprüfung zu treffen. Lehnt sie dies ab, steht einer Aktionärsminderheit ein Antragsrecht bei Gericht zu. Der primäre Zweck der Prüfung ist die Feststellung und Klärung tatsächlicher Verhältnisse in der Gesellschaft zur Aufklärung und zugleich als Grundlage zur Vorbereitung von Ersatzansprüchen gegen Gründer, Verwaltungsmitglieder oder Dritte.[1028] Die praktische Bedeutung der Prüfung ist gering; die präventive Wirkung begründet sich in ihrer Existenz.[1029]

(2) Prüfungsgegenstand und Umfang

Die Gegenstände der Sonderprüfung sind Einzelvorgänge bei der Gründung oder bei der Geschäftsführung.[1030] Dazu zählen sowohl Maßnahmen der Kapitalbeschaffung als auch der Kapitalherabsetzung, § 142 I 1 AktG. Der Begriff der Geschäftsführung beschränkt sich nach überwiegender Ansicht nicht nur auf den Vorstand, sondern erstreckt sich auch auf den Aufsichtsrat und leitende Angestellte.[1031] Beispielsweise kann die Frage, ob der Vorstand seine kaufmännische Sorgfaltspflicht oder der Aufsichtsrat seine Überwachungspflicht in einer konkreten Angelegenheit erfüllt hat, Gegenstand der Prüfung sein. Der Jahresabschluß kann weder ganz noch teilweise Gegenstand einer Sonderprüfung sein; § 316 HGB ist insoweit lex specialis.[1032] Da allerdings die Aufstellung des Jahresabschlusses eine Maßnahme der

---

[1027] GroßKomm AktG/*Bezzenberger*, § 142 Rdn. 6.
[1028] GroßKomm AktG/*Bezzenberger*, § 142 Rdn. 8; KK AktG/*Kronstein/Zöllner*, § 142 Rdn. 2.
[1029] GroßKomm AktG/*Bezzenberger*, § 142 Rdn. 8; KK AktG/*Kronstein/Zöllner*, § 142 Rdn. 3; Adler/Düring/Schmaltz, §§ 142-146 Rdn. 3.
[1030] KK AktG/*Kronstein/Zöllner*, § 142 Rdn. 6; Adler/Düring/Schmaltz, §§ 142-146 Rdn. 7.
[1031] GroßKomm AktG/*Bezzenberger*, § 142 Rdn. 11; Geßler/Hefermehl/Eckardt/*Kropff*, § 142 Rdn. 2; KK AktG/*Kronstein/Zöllner*, § 142 Rdn. 8 f.; *Hüffer*, § 142 Rdn. 4 f.
[1032] Geßler/Hefermehl/Eckardt/*Kropff*, § 142 Rdn. 6; KK AktG/*Kronstein/Zöllner*, § 142 Rdn. 11; Adler/Düring/Schmaltz, §§ 142-146 Rdn. 8.

Geschäftsführung ist, können einzelne Posten des Jahresabschlusses Gegenstand einer Sonderprüfung sein, beispielsweise Anlaß und Umfang der zu bildenden Rückstellungen.[1033]

(3) Konsequenzen für § 403/§ 142 AktG

(a) Schutzbereich

Der Schutzbereich folgt aus der Ausfüllung des § 403 AktG mit dem Zweck und den Zielsetzungen des § 142 AktG. Das Recht, eine Sonderprüfung einzusetzen, auch gegen den Willen der Kapitalmehrheit, ist Ausdruck des Eigentumsrechts der Aktionäre, insbesondere der Minderheitsaktionäre. Nur sie und die Gesellschaft selbst haben ein Interesse an der Klärung von Vorgängen, was gleichzeitig zur Vorbereitung eines Schadensersatzanspruchs genutzt werden kann. Daher ist nur der genannte Personenkreis von dem Schutzbereich in diesem Fall umfaßt. Die Sonderprüfung ist kein Instrument der aktienrechtlichen Publizität und daher ist ihre Zielrichtung nicht mit der des Jahresabschlusses vergleichbar. Die Kenntniserlangung durch die Gläubiger und weitere Dritte begründet bei ihnen keine Verletzteneigenschaft, da das Rechtsinstitut nicht zu ihrem Schutz geschaffen wurde, sondern die Realisierung des Minderheitenschutzes der Aktionäre darstellt.[1034]

(b) Auslegung

Bei dieser Prüfung sind weder Umfang noch Inhalt des Prüfungsberichts oder das Prüfungsergebnis gesetzlich vorgeschrieben. Der Wirtschaftsprüfer hat seine Tätigkeit daher frei nach dem Gebot der Vollständigkeit und der Beschränkung auf das, was für die spätere Beurteilung durch die Hauptversammlung notwendig ist, auszurichten. Da die Grenze der Vollständigkeit weitgehend der eigenen Beurteilung des Prüfers unterliegt, ist hier das strafrechtlich relevante Risiko der Vollständigkeit höher als im Rahmen einer Jahresabschlußprüfung.

Das Tatbestandsmerkmal der *erheblichen Umstände* ist dementsprechend weit auszulegen. Die Prüfung verfehlt ihren Zweck, wenn sich der Prüfer darauf beschränkt, nur das Prüfungsergebnis in seinem Bericht mitzuteilen. Es müssen vielmehr alle Umstände und Einzelheiten dargelegt und erläutert werden, damit auch der einzelne Aktionär in die Lage versetzt wird, sich ein genaues Bild über den

---

[1033] GroßKomm AktG/*Bezzenberger*, § 142 Rdn. 16.
[1034] GroßKomm AktG/*Bezzenberger*, § 142 Rdn. 41.

geprüften Vorgang zu machen.[1035] Soweit es in einem sachlichen Zusammenhang steht und zur Beurteilung des Vorgangs erforderlich ist, muß der Prüfer auch über Tatsachen berichten, die geeignet sind, der Gesellschaft einen nicht unerheblichen Nachteil zuzufügen.[1036] Damit sind die unechten Blankette hier entsprechend dem Prüfungszweck eigenständig auszulegen.

### b) Sonderprüfung nach § 258 AktG

#### (1) Allgemeines und Prüfungszweck

Die Möglichkeit einer Sonderprüfung nach §§ 258 ff. AktG wurde durch das AktG 1965 geschaffen. Sie soll im Interesse einer qualifizierten Minderheit innerhalb eines schnellen Verfahrens klären, ob innerhalb des festgestellten Jahresabschlusses bestimmte Posten nicht wesentlich unterbewertet sind oder Unvollständigkeiten des Anhangs vorliegen. Diese Sonderprüfung ist ein Ausdruck des mit dem AktG 1965 vervollständigten Aktionärsschutzes. Sie dient gleichzeitig drei Zwecken: der Durchsetzung der Bewertungsvorschriften, soweit sie eine Unterbewertung verbieten; dem Schutz der organschaftlichen Zuständigkeit der Hauptversammlung mit ihrem Beschlußrecht über die dividendenmäßige Verwendung des Jahresüberschusses und letztlich der Durchsetzung einer vollständigen Berichterstattung.[1037] Ihre praktische Relevanz ist gering, die Bedeutung liegt ganz überwiegend auf der präventiven Seite.[1038]

Die Sonderprüfung dient der Kontrolle der Rechtmäßigkeit der Bilanzierung und damit auch der Einhaltung der Bewertungsvorschriften nach §§ 253 ff., 279 ff. HGB, soweit diese eine Unterbewertung verbieten. Das mit dem AktG 1965 eingeführte Niederstwertprinzip dient ganz vorwiegend den Interessen der Aktionäre, insbesondere dem Schutz ihres Gewinnanspruches. Damit wurde die Bildung stiller Reserven über den zulässigen Rahmen hinaus beseitigt, § 253 IV, V HGB. Gleichzeitig bedeutet dies die Wahrung der Rechte der Hauptversammlung und des Dividendenrechts der Aktionäre. Die Bildung stiller Reserven ist nichts anderes, als daß ein real erzielter Gewinn nicht als solcher ausgewiesen, sondern für eine Innenfinanzierung des Unternehmens verwendet wird[1039]. Ein an sich verteilbarer Bilanzgewinn steht dadurch nicht zur Disposition der Hauptversammlung.

---

[1035] Geßler/Hefermehl/Eckardt/*Kropff*, § 145 Rdn. 6.
[1036] Geßler/Hefermehl/Eckardt/*Kropff*, § 145 Rdn. 6; Erbs/Kohlhaas/*Fuhrmann*, § 403 Anm. 3.
[1037] MüKo AktG/*Hüffner*, § 258 Rdn. 2.
[1038] MüKo AktG/*Hüffner*, § 258 Rdn. 9.
[1039] MüKo AktG/*Hüffner*, § 258 Rdn. 3.

Letztlich dient § 258 AktG auch der Vollständigkeit der Angaben im Anhang des Jahresabschlusses, § 258 I Nr. 2 AktG. Eine Anwendung auf den Konzernanhang findet nach dem Gesetzeswortlaut nicht statt.

(2) Prüfungsgegenstand und Umfang

Prüfungsgegenstand sind bei der Sonderprüfung nach § 258 AktG die betreffenden Posten des Jahresabschlusses, deren nicht unwesentliche Unterbewertung behauptet wird. An die Substantiierung dieser Angaben werden nicht allzu hohe Anforderungen gestellt.[1040] Für einen Antrag ist im Gegensatz zu § 142 AktG eine kleinere Minderheit antragsbefugt, § 258 II 3 AktG.

Untersuchungsgegenstand im Fall einer unzulässigen Unterbewertung sind die Gliederungsposten des § 266 HGB. Einzelne Vermögensgegenstände oder Verbindlichkeiten, mehrere Bilanzposten oder eine Bilanzseite als solche kann nicht Gegenstand der Untersuchung sein, da ansonsten die Jahresabschlußprüfung wiederholt würde.[1041] Im Fall der Unvollständigkeit des Anhangs können das vollständige wie das teilweise Fehlen der Angaben sowie deren Unrichtigkeit Gegenstand der Sonderprüfung sein.[1042]

Der Umfang der Prüfung ergibt sich nicht aus dem Gesetz, sondern aus dem gerichtlichen Prüfungsauftrag. An diesen hat sich der Prüfer zu halten und Unklarheiten in Absprache mit dem Gericht zu beseitigen. Hinsichtlich der Prüfungstechnik sind die der Abschlußprüfung zugrundeliegenden Verfahren anzuwenden.[1043]

(3) Konsequenzen für § 403/§ 258 AktG

(a) Schutzbereich

Durch die dreifache Zielrichtung in dieser Konstellation wird deutlich, daß bei dieser Prüfungsart nicht nur Aktionärsrechte geschützt werden, sondern auch die Einhaltung der Bewertungsvorschriften gesichert wird. Letzteres liegt als Teil der aktienrechtlichen Publizität im öffentlichen Interesse. Dies unterstreicht auch die Pflicht, den Prüfungsbericht zum Handelsregister einzureichen und damit öffentlich werden zu lassen.

---

[1040] MüKo AktG/*Hüffner*, § 258 Rdn. 11.
[1041] MüKo AktG/*Hüffner*, § 258 Rdn. 14.
[1042] MüKo AktG/*Hüffner*, § 258 Rdn. 27.
[1043] MüKo AktG/*Hüffner*, § 258 Rdn. 31.

Für den Schutzbereich und damit auch die Verletzteneigenschaft folgt daraus, daß sie ebenfalls entsprechend den drei Zweckrichtungen zu bestimmen ist. Sowohl die Durchsetzung der Bewertungsvorschriften als auch die Vollständigkeit der Berichterstattung erfolgt sowohl im Interesse der Gesellschaft als auch im öffentlichen Interesse. Die Wahrung des Entscheidungsrechts der Hauptversammlung über die Gewinnverwendung und Dividendenausschüttung erfolgt hingegen ausschließlich im Interesse der Aktionäre. Da bei einer Prüfung nach § 258 AktG grundsätzlich alle drei Zwecke gleichzeitig gewahrt werden, ist der Kreis der Verletzten weit zu bestimmen und damit identisch mit dem Schutzbereich bei einer Jahresabschlußprüfung. Damit fallen die Gesellschaft, die Aktionäre, Gläubiger, Arbeitnehmer sowie Dritte, die ein rechtliches Interesse an der Gesellschaft besitzen, in den Schutzbereich. Für diese ist § 403 AktG Schutzgesetz nach § 823 II BGB.

(b) Auslegung

Auch hinsichtlich der Auslegung der Tatbestandsmerkmale ist die Ähnlichkeit zu der Jahresabschlußprüfung nicht zu übersehen. Gelangt der Prüfer zu einer vom Jahresabschluß abweichenden Beurteilung indiziert dies aber noch nicht eine fehlerhafte Leistung des Abschlußprüfers; die Ergebnisse der Sonderprüfung können auf einer anderen Informationsgrundlage beruhen.

Wesentliche Bezugsgrundlage ist hier nicht das Gesetz, sondern der gerichtliche Prüfungsauftrag. Der Prüfungsumfang und damit auch die Beurteilung der Erheblichkeit einzelner Umstände sind an ihm zu messen.

c) Sonderprüfung nach § 315 AktG

(1) Allgemeines und Prüfungszweck

Der Abhängigkeitsbericht sowie dessen Prüfung durch den Abschlußprüfer haben den Zweck, die Einhaltung der in § 311 AktG definierten Grenzen der zulässigen Einflußnahme zu fördern. Die Kontrolle dieses Benachteiligungsverbots mittels einer Sonderprüfung soll die mit § 311 AktG verbundenen Beweisschwierigkeiten beseitigen. Der Abhängigkeitsbericht nach § 312 AktG ist nur für die Verwaltungsmitglieder und die Abschlußprüfer einzusehen, nicht aber für die Aktionäre. Der Sonderprüfungsbericht hingegen ist nach § 145 IV 3 AktG zum Handelsregister einzureichen und jedem einzelnen Aktionär auf Verlangen in Abschrift zu erteilen, § 145 IV 4 AktG.

Der Antrag der Sonderprüfung kann auf zwei Arten gestellt werden. Liegen die Voraussetzungen des § 315 S. 1 AktG vor, so ist der Antrag eines einzelnen Aktionärs ausreichend. Diese formalen Voraussetzungen sind entweder der eingeschränkte Bestätigungsvermerk des Abschlußprüfers (Nr. 1), die Einwendungen des Aufsichtsrats in seinem Bericht (Nr. 2) oder die Selbsteinschränkung des Vorstandes (Nr. 3). Durch das KonTraG ist die weitere Möglichkeit nach § 315 S. 2 AktG geschaffen worden, beim Vorliegen sonstiger Tatsachen, die einen Verdacht einer pflichtwidrigen Nachteilszufügung rechtfertigen, einen Antrag auf Sonderprüfung zu stellen. Dazu ist aber erforderlich, daß ein oder mehrere Aktionäre mit 5% der Anteile des Grundkapitals oder einem anteiligen Betrag von € 500.000 die Prüfung beantragen.

Sind keine außenstehenden Aktionäre vorhanden, kommt eine Prüfung nach § 315 AktG nicht in Betracht. Dies gilt selbst für 100%ige Tochtergesellschaften. Dies entspricht sowohl dem Zweck der Sonderprüfung nach § 315 AktG als auch der gesetzgeberischen Grundentscheidung, Gläubigern keine eigenständigen gesellschaftsrechtlichen Informationsmöglichkeiten zur Vorbereitung von Schadensersatzansprüchen zu gewähren.[1044]

Damit dient die Prüfung nach § 315 AktG, insbesondere mit ihren Erleichterungen gegenüber dem hier ebenfalls anwendbaren § 142 AktG, den Interessen der Aktionäre, Verstöße aufzudecken und Schadensersatzansprüche nach § 317 AktG geltend zu machen.[1045] Diese Prüfungsarten bestehen nicht im Interesse der Gläubiger; ihnen kommen sie höchstens mittelbar zugute.[1046]

(2) Prüfungsgegenstand und Umfang

Der Umfang und der Inhalt der Prüfung folgen aus dem Prüfungszweck. Dieser liegt darin, den Aktionären alle Informationen zu verschaffen, die zur Geltendmachung von Ansprüchen nach §§ 311, 317 AktG relevant sind.[1047] Die Sonderprüfung erstreckt sich auf eine Kontrolle der geschäftlichen Beziehung des herrschenden zu dem verbundenen oder abhängigen Unternehmen.[1048] Dabei beschränkt sich die Prüfung nicht nur auf eine Tatsachenermittlung. Vielmehr hat der Prüfer auch zu beurteilen und zu bewerten, ob Rechtsgeschäfte oder Maßnahmen für die abhängige Gesellschaft nachteilig waren, also mit den Pflichten eines ordentlichen und gewissenhaften Geschäftsleiters einer unabhängigen Gesellschaft unvereinbar

---

[1044] MüKo AktG/*Kropff*, § 315 Rdn. 10; a.A. KK AktG/*Koppensteiner*, 2. Aufl., § 315 Rdn. 4.
[1045] KK AktG/*Koppensteiner*, 2. Aufl., § 315 Rdn. 2; MüKo AktG/*Kropff*, § 315 Rdn. 1.
[1046] MüKo AktG/*Kropff*, § 315 Rdn. 10.
[1047] MüKo AktG/*Kropff*, § 315 Rdn. 27.
[1048] KK AktG/*Koppensteiner*, 2. Aufl., § 315 Rdn. 7.

waren.[1049] Im Gegensatz zu dem genau bezeichneten Untersuchungsgegenstand in § 142 AktG erstreckt sich der Gegenstand bei dieser Untersuchung ohne weiteres auch auf die Beziehungen zu anderen verbundenen Unternehmen. Der Anfangsverdacht ist damit auf alle Tatbestände auszudehnen, die einen Verstoß beinhalten können.[1050] Eine Festlegung des Untersuchungsgegenstandes durch das Gericht erfolgt hier, im Gegensatz zu § 142 AktG, nicht.

Der Prüfungsbericht ist unter Hervorhebung des Wesentlichen so eingehend und deutlich abzufassen, daß ein sachkundiger Außenseiter die fraglichen Beziehungen selbst unter dem Gesichtspunkt von Ersatzansprüchen oder personellen Konsequenzen würdigen kann.[1051] Der Prüfungsbericht muß bei dieser Prüfungsart also auch Tatsachen umfassen, deren Bekanntwerden der Gesellschaft einen Nachteil zuzufügen vermag, sofern nur ihre Kenntnis für die Beurteilung des betreffenden Vorgangs erheblich ist, § 145 IV 2 AktG.

(3) Konsequenzen für § 403/§ 315 AktG

(a) Schutzbereich

Für die Bestimmung des Schutzbereichs für diesen Prüfungsfall bedeutet der eindeutige gesetzgeberische Verzicht einer Vorgehensmöglichkeit für die Gläubiger, daß diese Prüfung ausschließlich im Gesellschafts- und Aktionärsinteresse erfolgt.[1052] Diese Sonderprüfung ist nicht als Teil der aktienrechtlichen Publizität aufzufassen. Die nur mittelbare Begünstigung der Gläubiger und der interessierten Öffentlichkeit reicht nicht aus, um diese Gruppen in den Schutzbereich des § 403/ § 315 AktG mit einzubeziehen. Daher ist § 403/§ 315 AktG nur für die Konzerngesellschaften und dessen Aktionäre ein Schutzgesetz nach § 823 II BGB.

(b) Auslegung

Die Auslegung der Tatbestandsmerkmale in diesem Zusammenhang ist unter der Zielsetzung vorzunehmen, daß durch den Prüfungsbericht auch ein sachkundiger Außenstehender die betreffenden Beziehungen unter den Gesichtspunkten des Er-

---

[1049] MüKo AktG/*Kropff*, § 311 Rdn. 139.
[1050] MüKo AktG/*Kropff*, § 315 Rdn. 31.
[1051] MüKo AktG/*Kropff*, § 315 Rdn. 34.
[1052] Nicht weiter verfolgt werden soll die in diesem Zusammenhang bestehende Problematik, inwieweit den Sonderprüfer eine Vermögensbetreuungspflicht der Aktionäre der benachteiligten Gesellschaft nach § 266 StGB trifft. Vgl. dazu *Zielinski*, wistra 1993, 6 ff.; OLG Braunschweig, wistra 1993, 31.

satzanspruches oder einer personellen Konsequenz beurteilen kann. Alle Umstände, die dazu erforderlich sind, sind als *erhebliche Umstände* des § 403 AktG zu werten. Dies zeigt, daß der Begriff in dieser Kombination wiederum mit einem eigenen Inhalt zu füllen ist.

## C. Prospektprüfung

Zu den praktischen Tätigkeiten des Wirtschaftsprüfers gehört seit längerem auch die Prüfung von Publikumsgesellschaften, die ihre Anteile am Kapitalmarkt plazieren. Diese sog. Prospektprüfung ist eine außerhalb des Aktien- oder Handelsrecht stehende freiwillige Prüfung ohne einen gesetzlich abgesteckten Prüfungsrahmen.[1053] Diese Prospektprüfung ist strikt abzugrenzen von der börsen- und investmentrechtlichen Prospektprüfung nach §§ 45 ff. BörsG, 12 AuslInvestG. Die Prospektprüfung hat die Aufgabe festzustellen, ob der Prospekt die für eine Entscheidung des Kapitalanlegers wesentlichen prüfbaren Angaben vollständig und richtig enthält.[1054] Sie soll also die Angaben auf Vollständigkeit und Richtigkeit überprüfen. Diese Richtigkeit wird definiert als das Zutreffen der angegebenen Tatsachen, die Kennzeichnung und Glaubhaftmachung der Annahmen und die Schlüssigkeit der Folgerungen.

Nach der Beschreibung der Aufgaben der Prospektprüfung bietet sie keine Gewähr für den Eintritt des wirtschaftlichen Erfolges und der steuerlichen Auswirkungen der im Prospekt beschriebenen Kapitalanlage und entbindet den Anleger nicht von einer eigenen Beurteilung der Risiken und Chancen der dargestellten Tatsachen, Annahmen und Folgerungen.[1055]

### 1. Strafbarkeit unrichtiger Angaben in Prospekten nach § 264a StGB

a) Allgemeines

Im Zusammenhang mit dem Vertrieb von Kapitalbeteiligungen ist durch das Zweite Gesetz zur Bekämpfung der Wirtschaftskriminalität vom 15.05.1986 § 264a

---

[1053] Der Entwurf eines Vermögensanlagegesetzes, vgl. BT-Drucks 8/1405 vom 2.1.1978, ist bislang nicht Gesetz geworden. Vgl. in diesem Zusammenhang auch das Wertpapier-Verkaufsprospektgesetz (Verkaufsprospektgesetz) vom 13. 12.1990, BGBl. I, 2749, bei der die Zulassungsstelle eine entsprechende Prospektprüfung vornimmt, *Assmann/Lenz/Ritz*, § 6 VerkProspG Rdn. 6.
[1054] IDW, FG 1/1983, WPg 1983, 124 ff., Abschnitt B.
[1055] Vgl. Fußnote 1054.

StGB als abstraktes Vermögensgefährdungsdelikt im Vorfeld des Betruges geschaffen worden.[1056] Der Tatbestand ist dem des § 265b StGB nachgebildet, erfaßt aber rechtsformunabhängig eine Vielzahl von Anlageformen.

b) Rechtsgut

Der Gesetzgeber und ihm folgend ein großer Teil der Literatur definieren das primär geschützte Rechtsgut als das Funktionieren des Kapitalmarktes als Universalrechtsgut.[1057] Erst in zweiter Linie soll das Individualvermögen der Kapitalanleger geschützt sein. Eine Mindermeinung sieht hingegen nur das Individualrechtsgut als Schutzgut an.[1058] Das gesetzgeberische Motiv sei nicht mit dem geschützten Rechtsgut identisch. Daher sei nur das Individualvermögen geschützt. Für diese Doppelfunktion des Rechtsguts spricht zunächst die parallele Lösung der §§ 264, 265, 265b StGB. Entscheidend spricht aber die Verbreitung des Prospekts *gegenüber einem größeren Kreis von Personen*, also das

„Tatbestandserfordernis einer Tendenz zur Massenhaftigkeit der Tathandlung mit dem Ausschluß der Individualtäuschung".[1059]

Daher schützt § 264a StGB sowohl das individuelle Vermögen der Kapitalanleger und deren hierauf bezogene Dispositionsfreiheit als auch das überindividuelle Rechtsgut des Funktionierens des Kapitalmarktes. Da es einen Individualschutz bezweckt und dies nicht nur einen Rechtsreflex darstellt, ist es für den betroffenen Personenkreis ein Schutzgesetz im Sinne von § 823 II BGB.

c) Täterschaft

Zu prüfen ist, ob ein Wirtschaftsprüfer in seiner Eigenschaft als Prüfer des Prospekts zum Täterkreis des § 264a StGB zählen kann. Da der Tatbestand nicht als Sonderdelikt ausgestaltet ist, beschränkt sich der Täterkreis nicht auf die Emittenten, sondern erstreckt sich generell auf alle für den arbeitsteilig erstellten Inhalt verantwortlichen Personen.[1060]

---

[1056] BGBl. I, S. 721.
[1057] BT-Drucks. 10/318, S. 22; Lackner/*Kühl*, § 264a Rdn. 1; LK/*Tiedemann*, § 264a Rdn. 13 m.w.N.; *Otto*, BT, § 61 Rdn. 38; *Cerny*, MDR 1987, 271, 272.
[1058] *Joecks*, wistra 1986, 143 f.; Maurach/Schröder/*Maiwald*, BT I, § 41 III A 3, Rdn. 165; SK/*Samson/Günther*, § 264a Rdn. 7; Tröndle/*Fischer*, § 264a Rdn. 2; *Worms*, wistra 1987, 245.
[1059] BT-Drucks. 10/317, S. 22.
[1060] LK/*Tiedemann*, § 264a Rdn. 17; Schönke/Schröder/*Cramer*, § 264a Rdn. 38.

Täter kann zunächst jedermann sein, der in den Werbeträgern und im Zusammenhang mit dem Vertrieb von Kapitalanlagen unrichtige Angaben macht oder nachteilige Tatsachen verschweigt, die für die Anlageentscheidung erheblich sind.[1061] Im Fall der Täuschung durch Prospekte sind Täter diejenigen, die für den Prospektinhalt verantwortlich sind, sei es, weil sie an der Erstellung mitgewirkt haben oder sonst in dem Prospekt als Verantwortliche genannt werden. Das bedeutet, daß auch der mit der Prüfung der Prospektangaben betraute Wirtschaftsprüfer möglicher Täter sein kann. Da außer einem Zusammenhang der Tathandlung mit dem Vertrieb des Prospekts keine weiteren Anforderungen an die Täterschaft gestellt werden, ist die Abgrenzung des Tatbeitrages zur Teilnahme hin schwierig.

Nicht verwertbar für diese Abgrenzung sind die zivilrechtlichen Kriterien der Zurechnung. Das Zivilrecht, insbesondere die Rechtsprechung, knüpft an ein typisiertes Vertrauen an, das Gründern, Initiatoren, Prüfern von Prospekten generell oder wegen besonderer Sachkunde oder Ansehen entgegengebracht wird.[1062]

Strafrechtlich ist ein eigenständiges Kriterium der Täterschaftszurechnung erforderlich, das mit den Anforderungen der Tatherrschaftslehre übereinstimmt. Tatherrschaft hat daher zum einen, wer als *Konzeptionär* an der Erstellung des Prospekts nicht nur untergeordnet mitgewirkt hat. Tatherrschaft hat aber zum anderen auch derjenige, der nicht *Konzeptionär* ist, sich die Angaben aber dergestalt zu eigen macht, daß er selbst die Verantwortung für die Richtigkeit dieser Angaben übernimmt.[1063] In Abweichung vom Zivilrecht ist hier eine zurechnungsbegründende Handlung erforderlich, die auf eine Übernahme der Verantwortung nach außen abzielt. Im Grundsatz wird damit der graduelle Unterschied in der Verantwortung für eine Information zwischen dem Informationsgeber und dem Kontrolleur der Information ausgedrückt.

Bei dem Prospektprüfer wird es an einer Tatherrschaft bzw. am Täterwillen in der Regel fehlen, so daß für ihn eine Teilnahme einschlägig ist. Eine abweichende Beurteilung kann sich dann ergeben, wenn er als *Konzeptionär* bei der Prospekterstellung mitgewirkt hat, oder wenn eine mittelbare Täterschaft kraft überlegenen Sachwissens in Betracht kommt.[1064]

Bei den Teilnahmen der beratenden Berufe stellt sich hinsichtlich des Vorsatzes zusätzlich das Problem des berufsadäquaten Verhaltens. Diesbezüglich ist fraglich,

---

[1061] LK/*Tiedemann*, § 264a Rdn. 17; *Otto*, BT, § 61, Rdn. 62 ff.
[1062] LK/*Tiedemann*, § 264a Rdn. 75. Vgl. BGHZ 71, 284, 287 ff.; 77, 172; 79, 337 ff.; 114, 263 ff.; BGH, NJW 1984, 865 f.
[1063] LK/*Tiedemann*, § 264a Rdn. 75; SK/*Samson/Günther*, § 264a Rdn. 53.
[1064] *Otto*, BT, § 61, Rdn. 63; *Schmidt-Lademann*, WM 1986, 1241, 1243; *Pabst*, Kapitalanlagen, S. 40 ff.

ob das Nichtüberschreiten der berufsmäßigen Rolle strafbar ist. Die Literatur schränkt in einem solchen Fall die objektive Zurechnung ein.[1065] Die Rechtsprechung verlangt in einem solchen Fall einen qualifizierten Gehilfenvorsatz, der über die Erfüllung der Berufspflichten hinaus gezielt auf die Förderung der Haupttat gerichtet ist. Bedingter Vorsatz ist diesbezüglich generell nicht ausreichend.[1066]

d) Auslegung des objektiven Tatbestandes

Als relevantester Unterschied zu allen bisher genannten Prüfungen ist hervorzuheben, daß die Bezugsbasis hier nicht die subjektive Basis des § 403 AktG ist, es also nicht um eine Abweichung zwischen Prüfungsergebnis und Prüfungsbericht geht. Die Bezugsbasis ist bei § 264a StGB die unnormierte Realität. Das Tatbestandsmerkmal *unrichtig* bedeutet hier also *objektiv* und nicht subjektiv unrichtig.

Den Tatbestand verwirklicht demzufolge, wer in Prospekten gegenüber einem größeren Kreis von Personen unrichtige vorteilhafte Angaben macht oder nachteilige Tatsachen verschweigt. Die Handlung muß in Zusammenhang mit dem Vertrieb von Wertpapieren stehen und sich auf anlagerelevante Kriterien beziehen. Die Ähnlichkeit des Tatbestandes zu § 265b StGB wird bei der Definition dieser Merkmale sichtbar. Danach ist eine Angabe unrichtig, wenn mit ihr nicht vorhandene objektive Umstände als vorhanden oder nicht vorhandene Umstände als vorhanden bezeichnet werden.[1067]

Was zu diesen entscheidungserheblichen Kriterien zählt ergibt sich wegen der unbestimmten und damit für alle Rechtsformen offenen Gesetzesformulierung für alle inländischen Wertpapiere aus der BörsenzulassungsVO und, soweit die Anlage nicht börsennotiert ist, aus den Mindestanforderungen für Prospekte der VerkaufsprospektVO von 1990, für ausländische Wertpapiere letztlich aus § 3 AuslInvestG. Diese Normen sind nicht als abschließender Mindeststandard zu verstehen.[1068] Die Erheblichkeit der Angaben wird damit außerstrafrechtlich und zugleich normativ festgelegt, was zur eindeutigen Bestimmbarkeit dieses Tatbestandsmerkmals beiträgt.[1069] Damit sind auch die vielfach vorhandenen Liquiditätsberechnungen und Prognosen und damit auch die Arbeitsergebnisse eines Prospektprüfers von dem Tatbestandsmerkmal grundsätzlich erfaßt.[1070] Das Merkmal der anlageerheblichen

---

[1065] LK/*Roxin*, § 27 Rdn. 21 m.w.N.
[1066] Scholz/*Tiedemann*, § 82, Rdn. 25 m.w.N.
[1067] BT-Drucks. 10/318, S. 24; Tröndle/*Fischer*, § 264a Rdn. 14; LK/*Tiedemann*, § 264a Rdn. 54.
[1068] LK/*Tiedemann*, § 264a Rdn. 47.
[1069] *Arzt/Weber*, BT, Rdn. 86.
[1070] Tröndle/*Fischer*, § 264a Rdn. 14; *Cerny*, MDR 1987, 271, 276; *Joecks*, wistra 1986, 142, 145.

Umstände ist als wirtschaftsstrafrechtliches Merkmal restriktiv auszulegen und nur auf eindeutig erhebliche Umstände anzuwenden, bei denen Sachkundige nicht unterschiedlicher Ansichten sein können.[1071]

Als zweiter gravierender Unterschied zu den anderen Prüfungsarten ist die strafrechtliche Überprüfbarkeit der Qualität der Arbeitsergebnisse des Prüfers zu nennen. Diese besteht für beide denkbaren Fallvarianten der Beteiligung des Prüfers an der Tathandlung. Zum einen erfüllt er den Tatbestand in dem Fall, in dem er die Unrichtigkeit bzw. Unvollständigkeit des zu prüfenden Prospektes erkennt und in seinem Prüfungsbericht (vorsätzlich) nicht kenntlich macht. Zum anderen kann er den Tatbestand dadurch erfüllen, daß er durch unzureichende Prüfungsmethoden (bedingt vorsätzlich) zu unzutreffenden Prüfungsergebnissen gelangt. Die Strafverfolgung wird im letzteren Fall durch die strafrechtlichen Schwierigkeiten, Prognoseentscheidungen und Plausibilitätsprüfungen zu überprüfen, im Ergebnis sehr eingeengt.

Zusammenfassend ist damit für § 264a StGB festzuhalten, daß ein Prospektprüfer grundsätzlich Täter dieses Straftatbestandes sein kann. Beschränkt sich seine Mitwirkung an der Prospekterstellung auf eine Prüfung der Angaben und Erwartungen der Initiatoren, wird regelmäßig nur eine Teilnahme vorliegen. Die Unrichtigkeit seiner Arbeitsergebnisse mit dem dazugehörigen Vorsatz nachzuweisen, bereitet der Praxis auch wegen strafrechtlicher Besonderheiten im Umgang mit Prognoseentscheidungen größte Probleme. Im Gegensatz zu den bisher behandelten Prüfungen richtet sich die *Unrichtigkeit* seiner Arbeitsergebnisse nach der unnormierten, objektiven Realität und bezieht sich nicht auf eine subjektive, relative Grundlage.

Die Bedeutung des Strafrechts für derartige Prüfungsanlässe kann daher insgesamt als untergeordnet bezeichnet werden.

## 2. *Keine Vermögensbetreuungspflicht nach § 266 StGB*

Die Tätigkeit des Wirtschaftsprüfers innerhalb der Prospektprüfung dient sowohl öffentlichen Interessen als auch Anlegerinteressen. Dies reicht aber nicht aus, um eine Vermögensbetreuungspflicht im Sinne des § 266 StGB zu bejahen. Kennzeichnend für diese ist, daß das Verhältnis seinem Inhalt nach wesentlich durch die Besorgung fremder Vermögensangelegenheiten geprägt ist. Dies wäre aber nur zu bejahen, wenn auch eine Überprüfung des wirtschaftlichen Erfolges und der steuerlichen Vorteile vorgeschrieben wäre. Dies ist aber gerade nicht der Fall.

---

[1071] LK/*Tiedemann*, § 264a Rdn. 48.

Weiterhin ist zu berücksichtigen, daß die Prüfung nicht durch gesetzliche Vorschrift, sondern auf Betreiben des Prospektherausgebers, den Marktanforderungen entsprechend, durchgeführt wird.

Auch hier ist die zivilrechtliche Beurteilung der Frage einer Drittverantwortlichkeit von der strafrechtlichen Frage des Bestehens einer Fürsorgepflicht zu unterscheiden und das zivilrechtliche Ergebnis nicht unreflektiert in das Strafrecht zu übertragen.

## D. Sonstige betriebswirtschaftliche Prüfungen

Als sonstige betriebswirtschaftliche Prüfungen seien hier die Prüfungsanlässe der Unterschlagungsprüfung und der Kreditwürdigkeitsprüfung erwähnt. Diese betriebswirtschaftlichen Prüfungen unterscheiden sich insoweit von den aktienrechtlichen Prüfungen, als für die Berichtspflicht des Prüfers nicht der aktienrechtliche Straftatbestand des § 403 AktG einschlägig ist, sondern die allgemeinen Strafvorschriften.[1072] Für freiwillig, also nicht per Gesetz angeordnete, durchgeführte Jahresabschlußprüfungen gilt ebenso dieser allgemeine strafrechtliche Rahmen.

### 1. Unterschlagungsprüfung

Auch nach Erlaß des KonTraG und KapAEG ist die Jahresabschlußprüfung nicht primär auf die Aufdeckung von Unterschlagungen ausgerichtet. Zur Aufdeckung bedarf es Prüfungsmethoden und -strategien, die sich von denen der Jahresabschlußprüfung unterscheiden.[1073]

Strafrechtlich unterscheidet sich diese Prüfung von den aktienrechtlichen dadurch, daß eine Unrichtigkeit des Berichts über das Prüfungsergebnis nicht wie bei § 403 AktG subjektiv zu bestimmen, sondern beispielsweise im Rahmen des § 266 StGB objektiv zu beurteilen ist. Eine Vermögensfürsorgepflicht im Sinne des § 266 StGB, die bei bedingt vorsätzlicher Nichtaufdeckung der Unterschlagungen den Tatbestand erfüllen würde, ist aber zu verneinen.[1074]

---

[1072] GroßKomm AktG/*Otto*, § 403 Rdn. 13.
[1073] *Marschdorf*, DStR 1995, 149, 153.
[1074] *Nelles*, Untreue, S. 264 ff.; Schönke/Schröder/*Lenckner/Perron*, § 266 Rdn. 23; LK/*Schünemann*, § 266 Rdn. 75.

## 2. Kreditwürdigkeitsprüfung

Auch der § 265b StGB knüpft nicht an das vorsätzliche Abweichen von den Prüfungsfeststellungen in Prüfungsbericht oder Testat an, sondern an die objektiv zu beurteilende Unrichtigkeit oder Unvollständigkeit. Dies erhöht die Bedeutung des Strafrechts für den Wirtschaftsprüfer.

Das bedingt vorsätzliche Erstellen einer unrichtigen bzw. unvollständigen Bilanz, die Überprüfung einer solchen ohne Aufdeckung der erkannten Fehler und gegebenenfalls die Erteilung eines dem Bestätigungsvermerk vergleichbaren Testats führt damit zu einer Strafbarkeit. Die tatsächlichen Schwierigkeiten liegen bei der Ermittlung des zumindest bedingten Vorsatzes.

# E. Zusammenfassung

Die teilweise gleichlautenden Strafvorschriften sind nicht einheitlich auszulegen, sondern wegen der unterschiedlichen Prüfungsanlässe der jeweiligen Prüfungsaufgabe entsprechend. Damit sind auch die §§ 331, 332 HGB und die §§ 400, 403 AktG der jeweiligen Prüfungsaufgabe entsprechend und damit unterschiedlich zu interpretieren.

Innerhalb der aktienrechtlichen Sonderprüfungen ist zwischen Prüfungsarten zu differenzieren, die aktienrechtliche Publizitätszwecke verfolgen und solchen, die reine Gesellschaftsinterna und Ausdruck des Eigentumsrechts der Aktionäre sind. Dementsprechend ist der Schutzbereich der Norm in Abhängigkeit von der Prüfungsaufgabe unterschiedlich weit bzw. eng zu bestimmen.

Bei sonstigen betriebswirtschaftlichen Prüfungsanlässen wie der Unterschlagungsprüfung oder der Kreditwürdigkeitsprüfung aber auch bei den sog. freiwilligen Jahresabschlußprüfungen sind grundsätzlich nicht die Spezialtatbestände des Aktien- oder Handelsrechts für den Wirtschaftsprüfer einschlägig, es sei denn, der Wirtschaftsprüfer beteiligt sich an einer Haupttat nach §§ 331 HGB, 400 AktG. Durch den Wegfall der privilegierenden §§ 332 HGB, 403 AktG sind die Arbeitsergebnisse und die Berichterstattung an der objektiven Wirklichkeit zu messen, was eine in diesen Fällen eine Erhöhung der Relevanz des Strafrechts für die Arbeit des Wirtschaftprüfers bedeutet.

## VI. Gesamtergebnis

In der vorliegenden Arbeit wird die Frage nach der Bedeutung des Strafrechts für die Tätigkeit der Wirtschaftsprüfer untersucht. Anläßlich spektakulärer Unternehmensschieflagen, bei denen zuvor uneingeschränkt testierte Jahresabschlüsse vorlagen, besteht unter strafrechtlichen Gesichtspunkten ein Untersuchungsbedarf. Dazu werden hier sowohl die mit der Schaffung des Wirtschaftsprüfer-Berufes verfolgten Ziele als auch deren strafrechtliche Absicherung im Rahmen der Jahresabschlußprüfung betrachtet. Die Untersuchungen erstrecken sich dabei auf die jüngst verabschiedeten Gesetzesänderungen durch das KonTraG und das KapAEG. Darüberhinaus zeigt die Abhandlung grundlegende Problematiken bei der Anwendung und Auslegung des Wirtschaftsstrafrechts auf. Abschließend wird der Frage einer unterschiedlichen Bedeutung des Strafrechts bei anderen Prüfungsanlässen als der Jahresabschlußprüfung nachgegangen.

Insgesamt zeigt die Untersuchung, daß das Strafrecht, insbesondere die §§ 331 ff. HGB, für die Aufgaben bzw. die Tätigkeit des Wirtschaftsprüfers eine nur untergeordnete Bedeutung besitzt. Solange der Wirtschaftsprüfer auch nur halbwegs ordnungsgemäß arbeitet, macht er sich nicht strafbar. Dieser Umstand resultiert aus einer Verknüpfung mehrerer Faktoren.

Das Strafrecht dient zum einen nicht der inhaltlichen Kontrolle der Arbeit des Wirtschaftsprüfers. Diese Funktion kommt dem Zivil- und dem Berufsrecht zu. Besonders deutlich tritt dies bei der für den Wirtschaftsprüfer maßgeblichen Norm des § 332 HGB hervor. Nicht die Übereinstimmung des Prüfungsberichts oder des Bestätigungsvermerks mit den objektiven Verhältnissen, sondern die Übereinstimmung mit dem subjektiv gefundenen Prüfungsergebnis ist durch diese Norm geschützt. Dem entspricht es auch, daß durch das Strafrecht nicht ein umfassender Schutz der Rechnungslegung gewährt wird, sondern nur ein punktueller.

Sämtliche Normen des Wirtschaftsstrafrechts verlangen weiterhin auf der subjektiven Tatbestandsseite Vorsatz. Für eine Teilnahme an Sonderdelikten ist dem Wirtschaftsprüfer ein doppelter Gehilfenvorsatz nachzuweisen. Dies ist nicht nur wegen tatsächlichen, sondern auch wegen den nachfolgend beschriebenen rechtlichen Ermittlungsschwierigkeiten problematisch.

Die Auslegung der unbestimmten Tatbestandsmerkmale des Bilanzstrafrechts beschränkt sich wegen der verfassungsrechtlichen Vorgaben des Art. 103 II GG auf zweifelsfreie Fälle, was beispielsweise die Feststellung der Unrichtigkeit eines Jahresabschlusses wegen der ohnehin gegebenen Relativität der Bilanzwahrheit zusätzlich erschwert. Desweiteren verbieten sich Analogieschlüsse zu Ungunsten des Betroffenen. Prognoseentscheidungen entziehen sich nahezu vollständig einer strafrechtlichen Überprüfbarkeit.

Weitergehend ergibt die Untersuchung:

Der Beruf des Wirtschaftsprüfers wurde hauptsächlich zur Beseitigung der Mängel des Aktienrechts geschaffen. Namentlich sollte die Profession Unrichtigkeiten der Rechnungslegung bzw. Bilanzdelikte erkennen. Diese Zielsetzung wurde erst auf internationalen Druck durch das KonTraG als gesetzlicher Maßstab festgesetzt.

Der Wirtschaftsprüfer ist kein Garant für die Richtigkeit der Informationen, die in einer Bilanz enthalten sind. Er nimmt im Rahmen der Jahresabschlußprüfung zwar auch öffentliche Interessen wahr, jedoch liegt die alleinige Verantwortlichkeit für die Richtigkeit der Angaben bei der Gesellschaft. Die diesbezüglich insbesondere im Zusammenhang mit dem Bestätigungsvermerk häufig bestehende Fehlvorstellung soll durch das KonTraG korrigiert werden.

Das KonTraG hat zu einer gesteigerten Bedeutung und damit zu einer erweiterten strafrechtlichen Verantwortung des Wirtschaftsprüfers geführt. Durch die Ausdehnung des Prüfungsumfangs in Prüfungsbericht und Bestätigungsvermerk müssen diese mehr mit den tatsächlichen Prüfungsfeststellungen übereinstimmende Angaben als bisher enthalten. Dies ist insbesondere hinsichtlich der Vollständigkeit der Erklärungen von Bedeutung.

Hingegen verändert das KapAEG nicht die Bedeutung des Strafrechts. Wegen der Anwendbarkeit von nationalem Prüfungsrecht auf einen nach international anerkannten Grundsätzen erstellten Konzernabschluß ändert sich die Relevanz des § 332 HGB nicht. Wegen verfassungsrechtlicher Schranken können die nach § 292a II Nr. 5 HGB erforderlichen Zusatzangaben nicht strafrechtlich sanktioniert werden. Diese offensichtlich unbeabsichtigte Gesetzeslücke wurde bislang nicht erkannt.

Auch außerhalb der Jahresabschlußprüfung besteht grundsätzlich die gleiche strafrechtliche Absicherung. Die einschlägigen Strafnormen sind dabei nicht einheitlich, sondern jeweils in Abhängigkeit vom jeweiligen Prüfungsanlaß auszulegen.

Eine demgegenüber deutliche Anhebung der Bedeutung des Strafrechts tritt für den Wirtschaftsprüfer bei betriebswirtschaftlichen Prüfungsanlässen außerhalb der Privilegierungen durch die aktien- oder handelsrechtlichen Vorschriften ein. Berichterstattung und Arbeitsergebnisse sind an der objektiven Wirklichkeit zu messen.

## Anhang: Aktuelle Fälle

### ➤ Aktiengesellschaft für Beteiligungen an Telekommunikationsunternehmen (AGFB)[1075]

Dem Vorstand wurde Bilanzfälschung und Kapitalanlagebetrug vorgeworfen. In den Geschäftsberichten wurde der Inhalt des Testats wiedergegeben, daß die Bestimmungen des Gesetzes über Unternehmensbeteiligungen eingehalten seien. Dies war objektiv nicht zutreffend.

### ➤ Balsam AG[1076]

In diesem Fall richteten sich die strafrechtlichen Vorwürfe des Betruges, Bilanz- und Gründungsschwindels gegen den Vorstand und Firmengründer, den Finanzchef sowie den Wirtschaftsprüfer.

Die Jahresabschlüsse der letzten 10 Geschäftsjahre sind systematisch gefälscht worden. Das Kontrollsystem der Kreditgeber wurde systematisch durch filigran ausgedachte Scheingeschäfte unterlaufen, wobei dem Wirtschaftsprüfer eine herausragende Funktion zukam. Er soll die Jahresabschlüsse falsch testiert und seine Berichtspflichten verletzt haben und wurde wegen schweren Betruges angeklagt. Zwei Wirtschaftsprüfungsgesellschaften erteilten unbeschränkte Testate, obwohl die Luftgeschäfte bereits erheblichen Umfang annahmen. Weder der Jahresabschluß noch die Bilanzen ließen die Devisenspekulationen erkennen. Das System der gefälschten Belege war so filigran angelegt, daß selbst der gerichtlich bestellte Wirtschaftsprüfer nicht mehr durchblickte und in der Verhandlung seinen Vortrag mehrfach korrigieren mußte. Das strafrechtliche Verfahren gegen den Wirtschaftsprüfer wurde eingestellt. Der Prüfer einigte sich außergerichtlich mit den Gläubigern in einem Präzedenzfall auf einen Schadensersatz von rund 50 Millionen Mark. Die beiden Hauptangeklagten, der Firmengründer Balsam und der Finanzchef Schlienkamp erhalten Haftstrafen von acht bzw. zehn Jahren.

---

[1075] Handelsblatt v. 11.9.1996, Nr. 176, S. 17.
[1076] Handelsblatt v. 12.10.1994, Nr. 197, S. 25; v. 6.10.1994, S. 1; v. 12.6.1996, Nr. 111, S. 9; FAZ v. 21.4.1995, Nr. 93, S. 16; v. 25.4.1996, Nr. 97, S. 16; SZ v. 24.11.1994, S. 31; Spiegel Nr. 36/1999, S. 108; Spiegel Nr. 14/2000, S. 257;
http://www.spiegel.de/wirtschaft/0,1518,42590,00.html;
http://www.spiegel.de/wirtschaft/0,1518,42609,00.html;
http://www.spiegel.de/wirtschaft/0,1518,70881,00.html.

## Anhang

### ➤ Berliner Bankgesellschaft[1077]

Dem Vorstand sowie dem Wirtschaftsprüfer (BDO) wurden vorliegend Falschbewertungen und wissentliche falsche Testate vorgehalten. Es wurde ein Defizit von vier Milliarden Mark durch Verluste von Immobiliengeschäften sowie unkalkulierbaren Risiken mit Fondsgesellschaften aufgedeckt, wobei die Bilanzierungs- und Prüfungsfehler zu der Höhe und der Nichtentdeckung des Fehlbetrages beigetragen haben. Die Problematik der falschen Testate soll bereits 1997 bekannt gewesen sein. Da die BDO wissentlich etwas Falsches genehmigt habe, sei der Tatbestand des Bilanzbetruges erfüllt. Gegen die Prüfungsgesellschaft werden Schadensersatzansprüche in Milliarden-Euro-Höhe geltend gemacht.

### ➤ Beteiligungsgesellschaft für Gemeinwirtschaft BGAG[1078]

Der gegen den Vorstand erhobene Vorwurf lautet Bilanzfälschung. Die Gesellschaft verfügte über eine Beteiligung von 100% statt der ausgewiesenen Minderheitsbeteiligung von unter 50%. Dies bedeutet den unterbliebenen Ausweis einer bestehenden Mehrheitsbeteiligung.

### ➤ Bremer Vulkan Verbund[1079]

Dem Vorstand wurden Untreue und Bilanzfälschung vorgehalten. Fördergelder des Bundes und der EU, die für die maroden ostdeutschen Werften bewilligt wurden, sollen widerrechtlich zum Stopfen von Finanzlöchern der Westunternehmen verbraucht worden sein. Gravierende Fehler bei der Treuhand/BvS haben zur Ermöglichung beigetragen. Berichte der Wirtschaftsprüfer, die durchaus kritische Anmerkungen enthielten, wurden nicht beachtet. Die Abschlußprüfer hätten deutlicher als geschehen auf die wirtschaftliche Lage des Konzerns eingehen müssen. Durch die Ausnutzung des jeweiligen Ermessensspielraumes bei den Rückstellungen für Restrukturierungen hat die Ertragsrechnung ihre Aussagefähigkeit verloren. Das Liquiditätsrisiko wurde vom Vorstand ungeachtet anders lautender Studien von Unternehmensberatern auch gegenüber den Wirtschaftsprüfern heruntergespielt. Gerichtliche Gutachter bestätigen dem ehem. Vorstandsvorsitzenden Hennemann allerdings, daß er in zentralen Punkten der Anklage unschuldig sei, da nach ihrer Ansicht der Bremer Vulkan Verbund bis zuletzt zu retten gewesen wäre. Sachver-

---

[1077] http://www.spiegel.de/wirtschaft/0,1518,210677,00.html; Welt am Sonntag v. 10.6.2001.
[1078] Handelsblatt v. 6.9.1990, Nr. 172, S. 1; 7./8.9.1990, Nr. 173, S. 17.
[1079] Handelsblatt v. 20.6.1996; Nr. 127, S. 1, 27; v. 21./22.6.1996, Nr. 118, S. 13; v. 23.9.1996, Nr. 184, S. 21; v. 25./26.10.1996, Nr. 207, S. 22; FAZ v. 21.6.1996; Nr. 142, S. 17; http://www.spiegel.de/spiegel/0,1518,102252,00.html.

Anhang

ständige sollen die zentrale Frage klären, ob die fraglichen DM 854 Mio. aus bilanzrechtlicher Sicht als eigenes Geld des Konzerns anzusehen seien, oder ob das Geld den ostdeutschen Werften gehöre, für die der Vorstandsvorsitzende eine Vermögensbetreuungspflicht eingegangen sei. Nach Ansicht des Gerichtsgutachters kam es darauf gar nicht an, da der Konzern zu dem Zeitpunkt über Vermögensreserven verfügte, um daraus Liquidität von 2,5 Milliarden DM schöpfen zu können. Der Konzern war im letzten Vierteljahr vor Konkurs nach dem Rücktritt Hennemanns strategisch führungslos und praktisch handlungsunfähig.

## ➢ *Coop AG*[1080]

Dem Vorstand und dem ehemaligen Vorstand wurden Untreue, Bilanz-fälschung und Kreditbetrug vorgehalten. Es sollen Ausschüttung nicht erwirtschafteter Dividenden und Falschbewertungen vorgekommen sein. Das Verfahren endete mit Freiheitsstrafen und Bewährungsstrafen für die ehemaligen Vorstände.

## ➢ *Daimler-Benz AG*[1081]

Gegen den Vorstandsvorsitzenden und den Aufsichtsratsvorsitzenden wurde der Vorwurf der unrichtigen Darstellung der Vermögensverhältnisse erhoben. Vorgeworfen wurde ihnen die bewußt falsche Darstellung der Gewinnsituation in der Hauptversammlung. Eine von den eigenen Zahlen abweichende Verlustprognose ging dem Finanzvorstand am Vorabend der HV zu. Er leitete die Information aber nicht weiter, da nicht ersichtlich war, auf welchen Grundlagen die Prognose erstellt wurde. Die Staatsanwaltschaft mußte sich mit der Frage befassen, wie wahrscheinlich es gewesen war, einen Gewinn zu erzielen. Die Ermittlungen wurden letztlich eingestellt.

---

[1080] Handelsblatt v. 6.10.1994, S. 4; v. 5.12.1989, Nr. 234, S. 8; v. 10.11.1992; Nr. 218, S. 7; FAZ v. 13.4.1991, Nr. 86; S. 15; v. 10.11.1992, Nr. 262, S. 15.
[1081] Handelsblatt v. 11.6.1996, Nr. 110, S. 13; v. 12.8.1996, Nr. 154, S. 13; 23.12.1996, Nr. 248, S. 14; FAZ v. 11.6.1996, Nr. 133, S. 18; v. 5.7.1996, Nr. 154, S. 17; 21.12.1996, Nr. 298, S. 15.

## ➢ EM.TV[1082]

Die Vorwürfe richten sich gegen die Gründer des Unternehmens, Thomas und Florian Haffer. Ihnen wird Betrug, Kursmanipulation und Bilanzfälschung (unrichtige Darstellung der Vermögensverhältnisse) vorgeworfen. Das Unternehmen hatte euphorische Prognosen abgegeben, die nicht einzuhalten waren. Umsätze übernommener Gesellschaften wurden zur Einhaltung dieser Prognosen zu früh verbucht und durch den Umsatz mit Geschäften aufgebläht, die noch gar nicht fix abgeschlossen waren. Nach Bekanntwerden dieser Manipulationen stürzte der Kurs der Aktie von einst über € 110 auf € 1. Das Gericht verurteilte Thomas Haffer zu einer Geldstrafe von € 1,2 Mio. und Florian Haffer zu einer Geldstrafe von € 240.000,- wegen unrichtiger Darstellungen der Vermögensverhältnisse der Gesellschaft.

## ➢ Enron[1083]

Dem Firmengründer und Vorstand, dem Finanzvorstand und weiteren Managern werden Bilanzbetrug, Geldwäsche in Milliardenhöhe vorgeworfen. Der Energiekonzern lagerte Vermögenswerte und Schulden in angeblich unhabhängige Firmen (so genannte Special Purpose Entities, kurz SPEs) aus, verbuchte zugleich fiktive Profite sowie Profite aus „Roundtrip"-Geschäften und polierte so sein Ergebnis um geschätzte 1,4 Milliarden Dollar auf. Insgesamt hinterließ der Konzern beim Zusammenbruch $ 67 Mill. Schulden. Die Anleger und Banken wurden über die tatsächlichen Risiken in keiner Weise aufgeklärt, so daß für sie die Insolvenz entgegen aller getätigter Aussagen überraschend eintraf. Als erstes Strafverfahren wurde das gegen den ehemaligen Finanzmanager abgeschlossen; er erhielt fünf Jahre Gefängnis. Die beteiligte Wirtschaftsprüfungsgesellschaft (Arthur Andersen) wurde schuldig gesprochen, in Kenntnis der Umstände kistenweise Akten für Klienten geschreddert zu haben. Den Verantwortlichen von Arthur Anderson droht fünfjäh-

---

[1082] Der Spiegel, Nr. 44/2002, S. 222; Nr. 02/2003, S. 67; Nr. 16/2003, S. 154;
http://www.spiegel.de/wirtschaft/0,1518,195768,00.html;
http://www.spiegel.de/wirtschaft/0,1518,243883,00.html;
http://www.spiegel.de/wirtschaft/0,1518,231512,00.html;
http://www.spiegel.de/wirtschaft/0,1518,241928,00.html;
http://www.spiegel.de/wirtschaft/0,1518,229703,00.html;
http://www.spiegel.de/wirtschaft/0,1518,221296,00.html.

[1083] Der Spiegel, 4/2002, S. 92; http://www.spiegel.de/wirtschaft/0,1518,218051,00.html;
http://www.spiegel.de/wirtschaft/0,1518,201074,00.html;
http://www.spiegel.de/wirtschaft/0,1518,182027,00.html.

rige Bewährungsstrafe und eine Geldstrafe bis zu € 530.000; die Prüfungsgesellschaft selbst steht dadurch vor einer Umstrukturierung durch Fusionen.

➢ *FlowTex*[1084]

In diesem medienwirksamen Fall wurden die Firmenchefs wegen Betruges, Bilanzfälschung, Geldwäsche und Steuerhinterziehung angeklagt. Durch fingierte Leasinggeschäfte mit nicht existierenden Bohrsystemen ist ein Schaden von ca. 3,4 Milliarden DM entstanden. Von 3500 finanzierten Bohrsystemen existierten tatsächlich nur 400. Alle Systeme wurden an Leasinggesellschaften verkauft und anschließend zurückgeleast. Dieses System betrieben die Firmenchefs seit 1990. Bis 1997 haben die Kreditgeber keine konsolidierte Bilanz des weltweit verzweigten Konzerns mit 90 Tochterunternehmen vorgelegt bekommen. Spätestens in 1997, so verlautet aus Bankerkreisen, hätte jeder wissen müssen, daß mit Luftblasen gehandelt wird. Die Gläubigerbanken fordern nun Schadensersatz in Höhe von etlichen Millionen von der Wirtschaftsprüfungsgesellschaft KPMG. Die KPMG-Gruppe hatte als Wirtschaftsprüfer die Jahresabschlüsse seit 1997 testiert. Es wird von beiden Seiten angestrebt, die Angelegenheit auf dem Gesprächsweg zu lösen. Das Strafverfahren gegen Manfred Schmieder ist abgeschlossen, er wurde zu 12 Jahren Haft verurteilt.

---

[1084] Der Spiegel, Nr. 9/2000, S. 109; Nr. 16/2001, S. 36; Nr. 33/2001, S. 44;
http://www.spiegel.de/wirtschaft/0,1518,64379,00.html;
http://www.spiegel.de/wirtschaft/0,1518,64706,00.html;
http://www.spiegel.de/wirtschaft/0,1518,65046,00.html;
http://www.spiegel.de/wirtschaft/0,1518,113638,00.html;
http://www.spiegel.de/wirtschaft/0,1518,118447,00.html;
http://www.spiegel.de/wirtschaft/0,1518,159644,00.html;
http://www.spiegel.de/wirtschaft/0,1518,173357,00.html.

## ➢ *Holzmann AG*[1085]

Die strafrechtlichen Vorwürfe gegen den Vorstands- sowie Aufsitsratsvorsitzenden lauteten hier ebenfalls Betrug und Untreue. Der Vorstandsvorsitzende verkündete noch 10 Tage vor Stellung des Insolvenzantrages den Vollzug des *Turnarounds* des krisengebeutelten Baukonzerns. Dann mußte er zusammen mit dem Aufsichtsratvorsitzenden der erstaunten Öffentlichkeit ein Defizit von 2,4 Milliarden DM eingestehen. Ihren Erklärungen zu folge gingen die Verluste auf dolose Handlungen der ehemaligen Vorstände zurück, die die Altlasten systematisch verschleiert hätten. Die beauftragte Wirtschaftsprüfungsgesellschaft KPMG kommt hingegen zu dem Schluß, daß die gesamten Schulden 1999 angefallen sind und widerlegt damit die unplausible Behauptung der Manager. Zweifelhaft ist insbesondere die Rolle des Aufsichtsratsvorsitzenden C. v. Boehm-Berzing, der gleichzeitig Vorstand der größten Gläubigerin von Holzmann, der Deutschen Bank, ist. Er steht unter dem Verdacht, seinen Posten zum Vorteil dieser Bank mißbraucht zu haben. Offenbar hat die Bank zusammen mit dem Vorstand die Situation monatelang verschwiegen, andere Institute getäuscht und zwischenzeitlich ihren Ausstieg aus dem Unternehmen in die Wege geleitet. Interne Aufstellungen über die tatsächlichen Verluste hielt das Unternehmen ebenso unter Verschluß wie ein Gutachten der Beraterfirma McKinsey aus 1998, das einen Wertberichtigungsbedarf von mehr als einer Milliarde DM aufdeckte. Weitere Vorwürfe betreffen die Fälschung von Aufsichtsratsprotokollen durch den Vorstandsvorsitzenden und das Unterlassen der Bilanzierung von Risiken. Den Abschlußprüfern, der KPMG, werden schwere Versäumnisse vorgeworfen, u.a. den Jahresabschluß testiert zu haben, obwohl notwendige Wertberichtigungen und Rückstellungen nicht vorgenommen worden waren, als auch das System des Verkaufs von Objekten zu überhöhten Preisen unter gleichzeitiger Zusage überhöhter Mietpreisgarantien zur Verdeckung der Finanzlücken nicht durchschaut zu haben.

---

[1085] Der Spiegel, Nr. 33/2000, S. 83; Nr. 19/2001, S. 96; Nr. 18/2002, S. 118; Nr. 4/2004;
http://www.spiegel.de/wirtschaft/0,1518,281868,00.html;
http://www.spiegel.de/wirtschaft/0,1518,198934,00.html;
http://www.spiegel.de/wirtschaft/0,1518,131619,00.html;
http://www.spiegel.de/wirtschaft/0,1518,188338,00.html;
http://www.spiegel.de/wirtschaft/0,1518,131619,00.html;
http://www.spiegel.de/wirtschaft/0,1518,125274,00.html;
http://www.spiegel.de/wirtschaft/0,1518,65114,00.html;
http://www.spiegel.de/wirtschaft/0,1518,64238,00.html;
http://www.spiegel.de/wirtschaft/0,1518,64130,00.html.

## Anhang

### ➤ *HypoVereinsbank AG*[1086]

Frühere Vorstandsmitglieder Hypobank wurden der der Bilanzfälschung beschuldigt. Ein Sondergutachten deckte Altlasten bei der Hypobank in Höhe von DM 3,6 Milliarden auf. Die Differenzen entstanden durch die fehlerhafte Bewertung von Immobilienrisiken. Dabei soll ein Generalbevollmächtigter dem Vorstand riskante Kreditanträge zur Bewilligung empfohlen und dafür Schmiergelder kassiert haben. Laut Sondergutachten war es anhand der vorhandenen Unterlagen möglich, die richtige Bewertung vorzunehmen. Gegen die ehemaligen Vorstände der Hypobank werden jetzt auch zivilrechtliche Schadensersatzansprüche geprüft. Von den ehemaligen Prüfern der Hypobank wurde eine Stellungnahme seitens der Bankenaufsicht gefordert.

### ➤ *Klöckner/Humbold/Deutz AG*[1087]

Vorstandsmitglieder des Tochterunternehmens Wedag wurden des Betruges und der Bilanzfälschung beschuldigt. Es wurden von den dort Verantwortlichen eingetretene Verluste nicht bilanziert. Das gesamte Buchführungs- und Berichtwesen wurde über Jahre hinweg so geschickt manipuliert, daß dies weder den kritischen Augen der Wirtschaftsprüfer noch den Controllern der Konzernspitze auffiel. Dabei umfaßt die Täterkette mindestens 15 Personen. Über die wahre Lage wurde gleichzeitig intern bilanziert und sorgfältig zwischen den wirklichen und den gefälschten Zahlen unterschieden. Auf dieser Grundlage sind die betroffenen Jahresabschlüsse als nichtig zu bezeichnen. Durch diese Handlungen ist ein Schaden von 650 Mio. DM entstanden. Die Motive der Täter sind nach wie vor unklar.

### ➤ *Mannesmann AG*[1088]

Der ehemalige Vorstandsvorsitzende sieht sich mit dem Vorwurf der Untreue konfrontiert. Dem ehem. Mannesmann-Chef wird vorgeworfen, es unterlassen zu ha-

---

[1086] Der Spiegel, Nr. 48/1998, S. 116; Nr. 17/1999; Nr. 44/1999, S. 124; Nr. 25/2001, S. 91; Nr. 41/2003, S. 100; http://www.spiegel.de/wirtschaft/0,1518,48592,00.html;
http://www.spiegel.de/wirtschaft/0,1518,49313,00.html;
http://www.spiegel.de/wirtschaft/0,1518,49846,00.html;
http://www.spiegel.de/wirtschaft/0,1518,51847,00.html;
http://www.spiegel.de/wirtschaft/0,1518,148692,00.html.
[1087] Handelsblatt v. 29.5.1996, Nr. 102, S. 11; v. 30.5.1996, Nr. 103, S. 9; 7./8.5.1996, Nr. 108, S. 9; FAZ v. 29.5.1996, Nr. 123, S. 15; v. 4.6.1996, Nr. 128, S. 21; v. 7.6.1996, Nr. 130, S. 20; v. 22.8.1996, Nr. 195, S. 17.
[1088] Handelsblatt v. 20.8.1996, Nr. 160, S. 9; v. 3.9.1996, Nr. 170, S. 12; FAZ v. 19.8.1996, Nr. 192, S. 17.

ben, einheitliche Ein- und Verkaufsrichtlinien zwischen dem Konzern und diverse seiner Familie gehörenden Unternehmen durchzusetzen. Der Beschuldigte zahlt das Bußgeld in Höhe von 1 Mio. DM für einen Schaden von DM 250.000 aus einer Interessenabwägung heraus, die nicht als Schuldeingeständnis zu werten sei.

### ➢ *Metallgesellschaft AG*[1089]

Dem ehemaligen Vorstandsvorsitzenden sowie dem Finanzvorstand wird Bilanzfälschung sowie Untreue vorgeworfen. Durch Falschinformationen und frisierte Unterlagen sollte die finanzielle Schieflage des Konzerns vertuscht werden. Letztere war ganz überwiegend durch fehlgeschlagene Spekulationsgeschäfte entstanden. Der Aufsichtsrat gibt bekannt, daß es nicht zu einem strafrechtlichen Verfahren gegen den ehemaligen Vorstandsvorsitzenden kommen wird. Finanziell sei nichts zu holen, das Verfahren koste Geld und binde Management-Zeit. Der Rechtsstreit würde sich über Jahre hinweg ziehen und dem Unternehmen erheblichen Schaden zufügen. Daher sei ein Vergleich zu befürworten.

### ➢ *MVG Aktiengesellschaft für Internationale Mode*[1090]

Der strafrechtliche Vorwurf lautet Untreue. Der ehemalige Vorstandsvorsitzende und Mehrheitsaktionär soll zum eigenen Vorteil durch mehrere In-Sich-Geschäfte private Unternehmen zu überhöhten Preisen an die MVG verkauft haben.

### ➢ *Schieß AG*[1091]

Dem Vorstand wird Bilanzfälschung vorgeworfen. Eine Wirtschaftsprüfungsgesellschaft legt ein Gutachten vor, wonach dem früheren Vorstand formale Verstöße gegen das Gesetz und die Satzung, Fehlverhalten in der Bilanzierung, sowie Falschbewertung der Vorräte vorgeworfen werden.

### ➢ *Sektkellerei Schloß Wachenheim*[1092]

Der ehemalige Vorstand muß sich wegen Bilanzfälschung, Untreue und Betruges verantworten. Wirtschaftsprüfer deckten eine grob fehlerhafte Bewertung des Vorratsvermögens, sowie zweifelhafte Geschäfte mit anderen Firmen, darunter die

---

[1089] Handelsblatt v. 3.3.1994, Nr. 44, S. 17, v. 4./5.3.1994, Nr. 45, S. 21; v. 21.3.1994, Nr. 56, S. 21; v. 12.8.1996, Nr. 154, S. 10.
[1090] Handelsblatt v. 26.10.1992, Nr. 207, S. 17.
[1091] Handelsblatt v. 1.6.1995, Nr. 105, S. 23.
[1092] Handelsblatt v. 13.10.1994, Nr. 198, S. 20; FAZ v. 14.10.1994, Nr. 239, S. 20; 16.11.1995, Nr. 267, S. 29.

Zahlung ohne jegliche Belege von DM 16 Mio. an ein französisches Unternehmen, auf.

### ➤ *Standard Elektrik Lorenz AG*[1093]

Der ehemalige Vorstandsvorsitzende soll Untreue sowie Steuerhinterziehung begangen haben. Er hat sowohl private Flüge als auch Aufwendungen für sein privates Ferienhaus als Geschäftsreisen bzw. Geschäftsaufwand deklariert und sie dem Unternehmen in Rechnung gestellt. Obwohl das Unternehmen verlautbaren ließ, die Vorgänge seien intern geprüft und nicht zu beanstanden, ermittelte die Staatsanwaltschaft wegen des Offizialdeliktes der Untreue. Der ehem. Vorstandsvorsitzende wurde wegen Betruges und Untreue zu einer Freiheitsstrafe von drei Jahren verurteilt.

### ➤ *Stumpf AG*[1094]

Der ehemalige Vorstandsvorsitzende hat vorbei am Wirtschaftsprüfer in die eigene Tasche gewirtschaftet und dabei die Tatbestände der Bilanzfälschung, der Steuerhinterziehung und des Betruges verwirklicht. Durch Scheingeschäfte und ungenehmigte Kredite hat er sich und Angehörige begünstigt. Der Schaden beläuft sich auf 19 Mio. DM.

### ➤ *Südmilch AG / Sachsenmilch AG*[1095]

Ehemalige Vorstandsmitglieder werden wegen des Vorwurfs des Betruges, der Untreue, des Kreditbetruges, des Subventionsbetruges und der Bilanzfälschung belangt. Die ehem. Vorstandsmitglieder der Südmilch AG sollen falsche Angaben bei der Börseneinführung über die tatsächlichen Baukosten für eine neue Molkerei gemacht haben. Ein dubioser Know-How-Vertrag, in dem bereits angeblich vorhandene Molkereikenntnisse für DM 38 Mio. an die Sachsenmilch verkauft wurden, wird von der Staatsanwaltschaft als Scheingeschäft gewertet, um finanzielle Löcher bei der Südmilch zu stopfen. Die Hauptgläubigerin, die Deutsche Bank, sieht sich auch von der Wirtschaftsprüfungsgesellschaft getäuscht. Diese hatte nicht testiert, daß die zusammengetragenen Zahlen plausibel sind, sondern nur, daß rein rechnerisch richtig vorgegangen wurde. Dies stelle eine unübliche Grauzone dar.

---

[1093] FAZ v. 21.12.1996, Nr. 298, S. 15; v. 14.11.1990, Nr. 266, S. 22; v. 22.5.1991, Nr. 116, S. 21.
[1094] FAZ v. 14.2.1996, Nr. 38, S. 22; 27.7.1996, Nr. 173, S. 14; Handelsblatt v. 23.7.1996, Nr. 140, S. 9.
[1095] FAZ v. 13.3.1995, Nr. 61, S. 20; v. 10.6.1996, Nr. 132, S. 19; v. 20.6.1996, Nr. 141, S. 16; v. 10.10.1996, Nr. 236, S. 22; v. 29.11.1996, Nr. 279, S. 25; Handelsblatt v. 12.6.1996, Nr. 111, S. 15; v. 2.7.1996, Nr. 125, S. 18; 29./30.11.1996, Nr. 1996, Nr. 232, S. 14.

Die der Hauptversammlung vorgelegten und geänderten Jahresabschlüsse von 1991 bis 1995 sind wahrscheinlich alle falsch.

➤ *Telekom AG[1096]*

Aktiven und ehemaligen Managern, u.a. dem ehemaligen Finanzvorstand und dem Vorstandsvorsitzenden werden Falschbilanzierung sowie Kapitalanlagebetrug vorgehalten. Die Telekom AG bewertete 1995 ca. 35.000 Immobilien neu, um für den Börsengang 1996 eine Eröffnungsbilanz vorlegen zu können. Auf Grundlage neuer Gutachten korrigierte die Telekom AG im Jahr 2000 den Wert der Immobilien um rund 3,9 Milliarden DM nach unten. Die Staatsanwaltschaft hat Ermittlungen gegen gegenwärtige und ehemalige Manager wegen des Verdachts der Falschbilanzierung und des Kapitalanlagebetruges aufgenommen. Im Rahmen eines streng vertraulichen Berichts einer Wirtschaftsprüfungsgesellschaft wurde nachträglich eine Überbewertung des Immobilienvermögens in der Eröffnungsbilanz 1995 und damit ein Korrekturbedarf festgestellt. Die Gesellschaft verteidigt sich mit dem Argument, daß die eigenen Wirtschaftsprüfer die Immobilien mehrfach selbst untersucht und die Bewertung für korrekt befunden hätten. Die Immobilien seien in der Bilanz – solange sie betrieblich genutzt wurden – mit den Herstellungs- oder Wiederbeschaffungskosten, vermindert um die Abschreibungen für Abnutzung, angesetzt worden. Da die betreffenden Immobilien nun nicht mehr betrieblich genutzt würden, sei für sie der Veräußerungswert anzusetzen. Bei der aufgetretenen Differenz handelt es sich um den Unterschiedsbetrag zwischen den zulässigen Wertansätzen. Die Untersuchung wurde wegen Anhaltspunkten auch auf die technischen Anlagen der Telekom ausgedehnt, die ebenfalls in der Größenordnung zwischen 15 und 21 Milliarden DM überbewertet sein sollen. Nach Angaben der Telekom sei eine Überbewertung nicht möglich. Der Technikbesitz wurde bei der Erstellung der Eröffnungsbilanz 1995 um rund 14,8 Milliarden DM abgewertet worden. Die Staatsanwaltschaft prüft aber auch, ob die Sonderwertberichtigungen wegen zahlreicher Modernisierungsprogramme zutreffend vorgenommen wurden.

---

[1096] Der Spiegel, Nr. 12/2001, S. 98; http://www.spiegel.de/wirtschaft/0,1518,198260,00.html;
http://www.spiegel.de/wirtschaft/0,1518,130229,00.html;
http://www.spiegel.de/wirtschaft/0,1518,119076,00.html;
http://www.spiegel.de/wirtschaft/0,1518,143675,00.html;
http://www.spiegel.de/wirtschaft/0,1518,136627,00.html;
http://www.spiegel.de/wirtschaft/0,1518,131412,00.html

## Anhang

> *Thyssen AG*[1097]

Der Vorwurf der Untreue richtet sich an die Vorstandsmitglieder. Anläßlich der Abwicklung der Metallurgiehandel GmbH sei ein Schaden von DM 73 Mio. eingetreten, wobei der Strafvorwurf aus zwei zivilrechtlichen Streitfragen resultiert. Dabei handelt es sich um die Berechnung von Schulungskosten und Wertansätze in der Bilanz. Zum letzteren wurden Gutachten von Wissenschaftlern hinsichtlich der Frage angefordert, bis zu welchem Zeitpunkt Kenntnisse, die den Wertansatz in der Bilanz betreffen, zu berücksichtigen sind.

> *VK Mühlen AG*[1098]

Der Vorstand sah sich mit dem Vorwurf der Bilanzfälschung konfrontiert. Eine Sonderprüfung ergab, daß Verluste von DM 12 Mio. auf Weisung des Geschäftsführers unter Mitwirkung weiterer Führungskräfte massiv verschleiert worden waren.

> *World.com*[1099]

Dem ehemaligen Chef des Unternehmens, Bernhard Ebbers, und fünf weiteren Führungskräften werden Betrug, Bulanzfälschung und Verstöße gegen das Wertpapiergesetz vorgeworfen, die zu einem Schaden von elf Milliarden Euro und damit zum größten Finanzskandal der USA geführt. Das Unternehmen bzw. die angeklagten Personen sollen Investoren absichtlich falsch über die Gesellschaft informiert haben um so Aktien zu verkaufen. haben. Der Fall zeigt eine bisher ungeahnte Dreistigkeit. Bis zum Zusammenbruch im Juni 2002 sollen die Bilanzen um € 11 Mrd. geschönt worden seien; tatsächliche Verluste wurden als Gewinne verbucht. Ausgaben des Unternehmens wurden als Investitionen verbucht, was die Möglichkeit einer Abschreibung dieser Positionen über einen längeren Zeitraum eröffnete. Die Gewinne des Unternehmens wurden so um $ 3,8 Mrd. künstlich aufgebläht. Arthur Andersen, der Wirtschaftsprüfungsgesellschaft für 2001, fiel dies nicht auf. Dementsprechend wurde die angeblich falsche Bilanz von 2001 uneingeschränkt testiert. Die Vorstände hätten bereits zwei Jahre vor Bekanntwerden der

---

[1097] FAZ v. 9.8.1996, Nr. 184, S. 15; Handelsblatt v. 13.8.1996, Nr. 155, S. 11; v. 2.9.1996, Nr. 169, S. 13.
[1098] FAZ v. 14.6.1996, Nr. 136, S. 19; Handelsblatt v. 17.6.1996, Nr. 114, S. 19; 19./20.7.1996, Nr. 138, S. 11.
[1099] Der Spiegel, Nr. 27/2002, S. 89; http://www.spiegel.de/wirtschaft/0,1518,263202,00.html;
http://www.spiegel.de/wirtschaft/0,1518,256205,00.html;
http://www.spiegel.de/wirtschaft/0,1518,208716,00.html;
http://www.spiegel.de/wirtschaft/0,1518,205243,00.html.

Manipulationen darüber Bescheid gewußt. Aufgeflogen ist die Schwindelei bei einer Routineüberprüfung der Bücher nach Bestellung eines neuen Vorstandsvorsitzenden. Die folgende Insolvenz des Unternehmens war unabwendbar. Durch diesen Zusammenbruch wurde Anlegervermögen in der Größenordnung von $ 150 Mrd. vernichtet. Das Unternehmen hat sich mit der SEC auf eine Strafe von € 660 Mio. geeinigt. Die Strafverfahren gegen die Verantwortlichen sind gegenwärtig noch nicht abgeschlossen.

# Stichwortverzeichnis

## A

Abbildungsregeln
............... →Bilanzierungsvorschriften
Abgrenzungsregeln
............... →Bilanzierungsvorschriften
Abschlußprüfer ........................ 43
Abschlußprüfung .................... 8, 9
- Bestätigungsvermerk ............ 142
- Prüfungsbericht ............. 125, 138
- Prüfungsumfang .................. 122
abstraktes Gefährdungsdelikt ......... 114, 175
ADHGB ................................ 27
Adressaten d. Jahresabschlusses
..................... →Jahresabschluß
AGFB .............................. 245
Aktiengesetz
- Gründungsprüfung ................. 7
- Notverordnung 1931 .............. 29
- Novelle 1870 ..................... 27
- Novelle 1884 ..................... 28
- Novelle 1937 .................. 30, 72
- Novelle 1965 .................. 30, 72
- Prüfungen nach AktG ............ 221
-- Grüdungsprüfung, § 33 AktG .... 224
-- Sonderprüfung, § 142 AktG ..... 227
-- Sonderprüfung, § 258 AktG ..... 230
-- Sonderprüfung, § 315 AktG ..... 232
Aktualität des Wirtschaftsprüferstrafrechts .. 1
Analogie
- Abgrenzung zur Auslegung ........... 207
- Analogieverbot .................... 182
- Verbot des Art. 103 II GG ......... 204
Änderung der Strafvorschriften
..................... →Strafvorschriften, Änderung
Anhang ............................. 34
Annexkompetenz .................... 77
Anordnungskompetenz ............... 76
Aufsichtsrat ............... 7, 22, 131, 135
Auslegung ................. 80, 177, 204
- § 331 HGB und 292a HGB ........ 177
- Abgrenzung zur Analogie ......... 207
- Eigenständigkeit d. Strafrechts ..... 214
- i. Abhängigkeit d. Prüfungsanlasses 227, 229, 232, 234
- Richtlinienkonforme Auslegung ........ 80
- Teleologie .................... 187, 211
- u. Methodenlehre ................. 205

## B

Balsam AG ........................ 245
Bankbilanzrichtliniengesetz ......... 38
Begriffliche Eigenständigkeit ......... 211, 212
Berliner Bankgesellschaft ........... 246
Berufsrecht. →Wirtschaftsprüfer, Berufsrecht
Bestätigungsvermerk ........ 18, 23, 37, 39, 128
Bestimmtheitsgebot ............. **200**, 214
- Abgrenzung zur Analogie ......... 207
- BVerfG .......................... 200
- Literatur ........................ 202
- Tendenzen ...................... 203
Bewertungsregeln
..................... →Bilanzierungsvorschriften
BGAG ............................ 246
Bilanz
- Unrichtigkeit .................... 180
- Verschleierung .................. 180
- Zweck .................... 19, 51, **53**
Bilanzänderung .................... 110
- Ergänzungsprüfung .............. 111
- Feststellung des Jahresabschlusses ... 113
- unterlassene Nachprüfung ........ 113
Bilanzfälschung
- Abgrenzung z. Bilanzverschleierung 193
Bilanzierungsvorschriften ........... 191
- Abgrenzungsregeln ............... 192
- Bewertungsregeln ................ 192
- Generalklausel ................... 36
- Gliederungsregeln ................ 192
Bilanzpolitik
- Wahlrechte ...................... 192
Bilanzrichtliniengesetz .............. 32
- Änderung der WPO ............... 13
- Änderung Strafnormen ............ 74
- faktische Änderungen ............. 99
- Spezialität ....................... 97
Bilanzstrafrecht .................... 33
- Bedeutung § 331 HGB ........... 102
- Bedeutung § 332 HGB ........... 103
- Bedeutung § 333 HGB ........... 104

- Entwicklung ............................................. 26
- Generalprävention ................... 104, 107
- praktische Bedeutung ...................... 101
- Reformüberlegungen ....................... 108
- Schutzrichtungen ............................... 42
- Statistik ............................................. 102
Bilanzwahrheit ........................................ 191
- Relativität ......................................... 193
Blankettnorm ........................... 73, 196, 222
- § 331 HGB ......................................... 93
- § 332 HGB ......................................... 95
- Abgrenzung zu normativen TB-
  Merkmalen ......................................... 86
- Abgrenzungstheorien ........................ 86
- Begriff ................................................ 84
- Irrtum ............................................... 224
Bremer Vulkan Verbund ........................ 246
Bundesregierung
 -Maßnahmenkatalog .......................... 133

### C
Coop AG ................................................. 247

### D
Daimler-Benz AG .................................. 247
Demokratieprinzip ................................ 184
DRSC ..................................................... 152
Durchgriff
- b. wirtschaftlicher Betrachtungsweise
  .......................................................... 211

### E
EM.TV .................................................... 248
Enron ...................................................... 248
Ergänzungsprüfung ............ →Bilanzänderung
Erwartungslücke ..................... 18, 105, 130
EU-Richtlinie
- Abschlußprüferrichtlinie .................... 33
- Auslegung .......................................... 80
- Bilanzrichtlinie .................................. 32
- Konzernrichtlinie ............................... 33
- Rechtssetzungsbefugnis ..................... 75
- Umsetzung ................................... 74, 78
- unmittelbare Anwendung ................... 83
- Vereinbarkeit v. § 292a HGB .......... 156
Europarecht
- Einfluß auf d. Bilanzstrafrecht ............ 80

### F
Faktischer Geschäftsführer ...................... 213
FlowTex .................................................. 249

### G
Gemeinschaftsrecht→Europarecht, EU-
  Richtlinie
Gemeinschaftsrechtsgut ............. →Rechtsgut
Generalnorm .................... →true and fair view
Genossenschaft
- Reformdefizit ..................................... 98
- Spezialität .......................................... 38
Gesetzlichkeitsprinzip ............................ 196
GoB ..................................... 21, 37, 194
- Rechtsnatur ...................................... 196
Gründungsprüfung ................. →Aktiengesetz

### H
Historische Entwicklung
- einschlägige Strafvorschriften ............ 6
Holzmann AG .................................. 1, 250
HypoVereinsbank AG ............................ 251

### I
IAS ............................................. 147, **164**
- Bestandteile ..................................... 166
- Systematik ....................................... 164
IASC ...................................................... 164
- Framework ...................................... 165
IDW
- Verbindlichkeit v. Verlautbarungen .. 194
- verhaltenssteuernde Funktion .......... 195
Inländerdiskriminierung ......................... 148
Internationale Prüfungsvorschriften
- Verbindlichkeit .................................. 24
Internationale Rechnungslegungsvorschriften
  .......................................................... 179
- Gleichwertigkeit zum HGB ............. 159
- Konzernlagebericht .......................... 180
Internationalisierung ................................ 23
Irrtum
- bei Blanketten/normativen TB-
  Merkmalen ......................................... 91

### J
Jahresabschluß ......................................... 41
- Adressatenkreis ................ 7, 19, 23, 58
- Beglaubigungsfunktion ............... 23, 55
- Informationsfunktion ................. 22, 55

257

# Stichwortverzeichnis

- Kontrollfunktion .......... 21, 55
- praktische Bedeutung .......... 56
- Schutzgut .......... →Rechtsgut
- Zweck .......... 51, **54**
Jahresabschlußprüfung .......... 20, 29
- Umfang .......... 21
- Zweck .......... 22, **54**
Jahresabschlußstrafrecht ... →Bilanzstrafrecht
- Erweiterung .......... 46
- Systematik .......... 41

## K

KapAEG .......... 147
- Konzernlagebericht .......... 160
- Öffnungsklausel .......... 149
-- § 292a HGB als Strafnorm .......... 179
-- anwendbare Prüfungsnormen .......... 171
-- ausländ. Prüfung .......... 174
-- Befristung .......... 152
-- Beurteilungsmaßstab .......... 180
-- EU-Richtlinie .......... 156
-- Gleichwertigkeit .......... 151
-- Konsolidierungskreis .......... 150
-- Rechnungslegungssysteme .......... 156
-- Straflosigkeit Zusatzangaben .......... 172
-- Verfassungsmäßigkeit .......... 153
-- Voraussetzungen .......... 150
- Strafrechtliche Konsequenzen .......... 171
-- § 331 Nr. 2 HGB .......... 176
-- § 331 Nr. 3 HGB .......... 178
-- § 332 HGB .......... 171
-- § 333 HGB .......... 189
- Zweiteilung der Rechnungslegung ... 160
KapCoRiLiG .......... 39
Kapitalanlagebetrug .......... 236
- Auslegung Tatbestand .......... 238
- Rechtsgut .......... →Rechtsgut, § 264a StGB
- Vermögensbetreuungspflicht .......... 240
Kapitalismus .......... 6
Klöckner/Humbold/Deutz AG .......... 251
Konkurrenzen .......... 97
Konkursstrafrecht .......... 28, 32
- KO 1877 .......... 28
- StGB 1871 .......... 28
KonTraG .......... 18, 39, **121**
- Auswirkungen auf d. Strafrecht .......... 136
- Bestätigungsvermerk .......... 142
- Lageberichtprüfung .......... 124
- Neufassung Bestätigungsvermerk .......... 128
- Prüfungsbericht .......... 125, 138

- Prüfungsgrundsätze .......... 127
- Vorabstellungnahme .......... 126
Konzernrechnungslegung .......... 150
- Ausstrahlung auf d. Einzelabschluß .. 160
- Öffnungsklausel .......... →KapAEG, Öffnungsklausel
Kreditbetrug .......... 32
Kreditwesengesetz 1934 .......... 30
Kreditwürdigkeitsprüfung .......... 241
Kurs- und Prospektbetrug .......... 29, 32
KWG 1992 .......... 38

## L

Lagebericht .......... 34, 130
- Prüfung .......... 124
Leichtfertigkeit .......... 178

## M

Mannesmann AG .......... 251
Maßgeblichkeit .......... 52
Maßgeblichkeitsgrundsatz .......... 191
Metallgesellschaft AG .......... 252
MVG AG .......... 252

## N

Normative Tatbestandsmerkmale
.......... →Tatbestandsmerkmale
Normspaltung .......... 215, 222
Notverordnung 1931 .......... 8, 29

## P

peer review .......... →Qualitätskontrolle
Pflichtprüfung .......... 71
Prognoseentscheidungen .......... 217
Prospektprüfung .......... 235
Prüfungsbericht
- Gliederung .......... 140
PublG 1969 .......... 31
Publizität .......... 7, 15, 65, 133

## Q

Qualitätskontrolle .......... 14

## R

Rechnungslegung
- Unterschiede HGB / IAS, US-GAAP 170
- Zweiteilung durch KapAEG .......... 160
Rechtmäßigkeit
- von §§ 331 ff. HGB .......... 74
Rechtsgut

258

- § 264a StGB ........................... 236
- § 331 HGB ............................... 57
- § 332 HGB ............................... 63
- § 333 HGB ............................... 68
- § 403 AktG ............................ 222
- Begriff ...................................... 48
- Funktion .................................. 50
Rechtsgüterschutz ............... →Rechtsgut
Rechtssetzungsbefugnis→EU-Richtlinie,
  Rechtssetzungsbefugnis
Rechtsstaatsprinzip ................... 185
Redepflicht ................. 18, **126**, 146
Restriktive Auslegungsmethode ........... 202
Revision
- Zweck ................................. 7, 10
Richtlinie ..................... →EU-Richtlinie
Risikomanagementsystem ............ 124
Risikoüberwachungssystem .......... 128

**S**

Schieß AG ............................... 252
Schutzbereich .................... →Rechtsgut
- § 331 HGB ............................ 62
- § 332 HGB ............................ 68
- § 333 HGB ............................ 70
- b. Gründungsprüfung .......... 226
- b. Sonderprüfung ...... 229, 231, 234
Schutzbereich der Norm ............. 223
Schutzgut .......................... →Rechtsgut
Sektkellerei Schloß Wachenheim ..... 252
Sonderprüfung ................. →Aktiengesetz
stand still-Gebot ......................... 78
Standard Elektrik Lorenz AG ......... 253
Standesrecht
- effektivere Kontrolle .............. 110
Standesrichtlinien→Wirtschaftsprüfer,
  Berufsrecht
Strafbedürftigkeit
- von Bilanzdelikten ................. 26
Strafvorschriften .......... →Bilanzstrafrecht,
  Jahresabschlußstrafrecht, Konkursstrafrecht
- Änderung ............................. 71
- Bedeutung für Wirtschaftsprüfer 45, 102, 103
Stumpf AG ............................... 253
Subsidiarität .............................. 35
- zu den Normen des BiRiLiG ........ 97
Subsidiaritätsprinzip .................... 49
Südmilch AG ............................ 253

**T**

Tatbestandsmerkmale
- normative
  -- § 331 HGB ........................ 93
  -- § 332 HGB ........................ 95
  -- Abgrenzung zu Blanketten ..... 84
  -- Verlautbarungen IDW ......... 196
- unbestimmte ....................... 198
  -- Begriff ............................. 199
- unklare Rechtslage ................ 216
Teilnahme ................................ 102
Telekom AG ............................ 254
Teleologische Auslegung ......... →Auslegung
Testat ..................................... 227
- Straflosigkeit ausl. Testat ...... 174
Thyssen AG ............................. 255
TransPuG ................................ 40
true and fair view ................ 34, 36

**U**

Überschuldung ........................ 203
ultima ratio .............. →Subsidiaritätsprinzip
Unbestimmte Tatbestandsmerkmale
.......................... →Tatbestandsmerkmale
Unterschlagungsprüfung ............. 240
US-GAAP ........................ 147, **167**
- Bestandteile ........................ 169
- Systematik ......................... 167

**V**

verbale Darstellungen→Wirtschaftsprüfer,
  mdl. Äußerungen
Verfassungsrecht
- Verhältnis zu Gemeinschaftsrecht ...... 81
Verfassungswidrigkeit
- dynamischer Verweisungen ..... 154, **182**
- von § 331 HGB ..................... 78
Verhältnismäßigkeitsprinzip ......... 79
VerkaufsprospektVO ................. 238
Verletzter i.S.d. StPO ............... 224
Verschwiegenheit→Wirtschaftsprüfer,
  Verschwiegenheit
VK Mühlen AG ....................... 255
Vollendung
- § 332 HGB ................... 116, 175
Vorsatz .................................... 46

## W

Warnfunktion→Wirtschaftsprüfer, Warnfunktion
Wirtschaftliche Betrachtungsweise .......... 210
Wirtschaftskriminalität ................................ 2
Wirtschaftsprüfer
- Berichtspflicht ......................... 29, 31, 34
- Berufsgrundsätze .............................. 16
- Berufsrecht ................................. 13, 23
- Entwicklung d. Berufs ................ 6, 8, 11
- Haftung ................................... 2, 220
- Haftungsbegrenzungen ..................... 132
- Internationale Prüfungsvorschriften.... 24
- Internationale Rechnungslegung ....... 163
- Kapitalanlagebetrug .......................... 236
- mündliche Äußerungen ...................... 44
- Teilnahme an Delikten d. Klienten ... 102
- Verschwiegenheit ............... 4, 29, 40, 73
-- Qualitätskontrolle ........................ 15
- Warnfunktion ....................... 18, 72, 135
Funktion ................................................ 15
-Stärkung d. Unabhängigkeit .............. 131
Warnfunktion ................................. 16, 22
Wirtschaftsprüferordnung .......................... 12
- Änderungen ....................................... 12
Wirtschaftsprüfungsgesellschaft
- Konzentrationsprozeß ........................ 17
World.com ............................................. 255

# Buchtipps — Studien zum Wirtschaftsstrafrecht

○ Cobet, Hans
**Fehlerhafte Rechnungslegung.** Eine strafrechtliche Untersuchung zum neuen Bilanzrecht am Beispiel von § 331, Abs. 1, Nr. 1 des HGB
Band 1, 1991, 140 S., br., ISBN 3-89085-544-X, 19,43 € / 34,- sFr

○ Hamann, Hartmut
**Das Unternehmen als Täter im europäischen Wettbewerbsrecht**
Band 2, 1992, 260 S., br., ISBN 3-89085-619-5, 32,72 € / 58,- sFr

○ Stöckel, Joachim
**Der strafrechtliche Schutz der Arbeitskraft**
Band 3, 1993, 230 S., br., ISBN 3-89085-778-7, 24,54 € / 44,50 sFr

○ Weerth, Jan de
**Die Bilanzordnungswidrigkeiten nach § 334 HGB unter besonderer Berücksichtigung der europäischen Bezüge**
Band 4, 1993, 236 S., br., ISBN 3-89085-881-3, 39,88 € / 71,- sFr

○ Grub, Maximilian
**Die insolvenzstrafrechtliche Verantwortlichkeit der Gesellschafter von Personenhandelsgesellschaften**
Band 5, 1995, 204 S., br., ISBN 3-8255-0006-3, 39,88 € / 71,- sFr

○ Schwinge, Christina
**Strafrechtliche Sanktionen gegenüber Unternehmen im Bereich des Umweltstrafrechts**
Band 6, 1996, 300 S., br., ISBN 3-8255-0059-4, 50,11 € / 89,- sFr

○ Schünemann, Bernd (Hg.)
**Strafrechtssystem und Betrug**
Band 7, 2002, 250 S., br., ISBN 3-8255-0153-1, 27,90 € / 46,90 sFr

○ Moosmayer, Klaus
**Einfluß der Insolvenzordnung 1999 auf das Insolvenzstrafrecht**
Band 8, 1997, 246 S., br., ISBN 3-825-0176-0, 30,88 € / 71,- sFr

○ Luipold, Ann
**Die Bedeutung von Anfechtungs-, Widerrufs-, Rücktritts- und Gewährleistungsrechten für das Schadensmerkmal des Betrugstatbestandes**
Band 9, 1998, 220 S., br., ISBN 3-8255-0211-2, 40,80 € / 72,- sFr

○ Protzen, Peer Daniel G.
**Der Vermögensschaden beim sog. Anstellungsbetrug** – unter besonderer Berücksichtigung des Verschweigens ehemaliger Tätigkeit für das MfS – Zugleich ein Beitrag zur Lehre vom Vermögensschaden beim Betrug
Band 10, 2000, 384 + IV S., br., ISBN 3-8255-0278-3, 40,80 € / 72,- sFr

○ Penzlin, Dietmar
**Strafrechtliche Auswirkungen der Insolvenzordnung**
Band 11, 2000, 270 S., br., ISBN 3-8255-0292-9, 40,80 € / 72,- sFr

**CENTAURUS VERLAG**

# Buchtipps — Studien zum Wirtschaftsstrafrecht

◯ Berger, Sebastian
**Der Schutz öffentlichen Vermögens durch § 263 StGB.** Zur Anwendbarkeit des § 263 StGB und zum Vorliegen eines Vermögensschadens bei Angriffen auf inländisches öffentliches Vermögen sowie auf Vermögen der Europäischen Gemeinschaften
Band 12, 2000, 334 S., br., ISBN 3-8255-0307-0, 40,39 € / 72,– sFr

◯ Martens, Jürgen
**Subventionskriminalität zum Nachteil der Europäischen Gemeinschaften**
Eine Untersuchung zu Straftaten nach § 264 StGB als einer Form von Unregelmäßigkeiten bei Ausgaben aus Gemeinschaftsmitteln
Band 13, 2001, 340 S., br., ISBN 3-8255-0319-4, 30,58 € / 54,– sFr

◯ Stein, Henrike
**Die Regelung von Täterschaft und Teilnahme im europäischen Strafrecht am Beispiel Deutschlands, Frankreichs, Spaniens, Österreichs und Englands**
Zugleich eine Untersuchung zur strafrechtlichen Verantwortung des Unternehmensleiters für deliktisches Verhalten seiner Untergebenen
Bd. 14, 2002, 450 S., ISBN 3-8255-0327-5, 39,80 € / 65,80 sFr

◯ Papakiriakou, Theodoros
**Das griechische Verwaltungsrecht in Kartellsachen.**
Zugleich ein Beitrag zur Lehre vom Verwaltungs- und Unternehmensstrafrecht
Band 15, 2002, 380 S., br., ISBN 3-8255-0339-3, 38,80 € / 63,20 sFr

◯ Ludwig, Martin
**Betrug und betrugsähnliche Delikte im spanischen und deutschen Strafrecht**
Band 16, 2002, ca. 600 S., br., ISBN 3-8255-0352-6, 45,90 € / 75,50 sFr

◯ Papakiriakou, Theodoros
**Das europäischen Unternehmensstrafrecht in Kartellsachen.**
Beitrag zur materiellrechtlichen Ausgestaltung eines rechtsstaatlichen und effektiven Verwaltungs- bzw. Unternehmensstrafrechts am Beispiel ausgewählter Grundprobleme des europäischen Kartellbußgeldrechts
Band 17, 2002, 380 S., br., ISBN 3-8255-0359-3, 38,20 € / 63,– sFr

◯ Peter M. Röhm
**Zur Abhängigkeit des Insolvenzstrafrechts von der Insolvenzordnung**
Band 18, 2002, 388 Seiten, br., ISBN 3-8255-0373-9, € 31,70 / sFr 52,30

◯ Klein, Kerstin
**Das Verhältnis von Eingehungs- und Erfüllungsbetrug**
Band 19, 2003, 288 S., br., ISBN 3-8255-0390-9, 31,90 € / 55,50 sFr

◯ Maiazza, Robert
**Das Opportunitätsprinzip im Bußgeldverfahren unter besonderer Berücksichtigung des Kartellordnungswidrigkeitesrechts**
Band 20, 2003, 318 S., br., ISBN 3-8255-0394-1, 33,90 € / 58,80 sFr

**CENTAURUS VERLAG**

GPSR Compliance

The European Union's (EU) General Product Safety Regulation (GPSR) is a set of rules that requires consumer products to be safe and our obligations to ensure this.

If you have any concerns about our products, you can contact us on

ProductSafety@springernature.com

In case Publisher is established outside the EU, the EU authorized representative is:

Springer Nature Customer Service Center GmbH
Europaplatz 3
69115 Heidelberg, Germany

www.ingramcontent.com/pod-product-compliance
Lightning Source LLC
Chambersburg PA
CBHW031518100426
42873CB00013B/124